구상문학총서
제8권 신앙 에세이·묵상집

그분이 홀로서 가듯

구상문학총서
제8권 신앙 에세이·묵상집

그분이 홀로서 가듯

글쓴이 구상
펴낸이 정애주
편집 이현주 한미영 한수경 김기민 신지은
미술 권진숙 문정인
제작 홍순홍 윤태웅
영업 오민택 이경훈 국효숙 이진영
관리 이남진 안기현
총무 정희자 마명진 김은오

펴낸날 2008. 9. 17. 초판 1쇄 인쇄
      2008. 9. 29. 초판 1쇄 발행
펴낸곳 주식회사 홍성사
    1977. 8. 1. 등록 / 제 1-499호
    121-883 서울시 마포구 합정동 196-1
    TEL.02)333-5161 FAX.02)333-5165
    http://www.hsbooks.com E-mail:hsbooks@hsbooks.com

ⓒ 구상, 2008

ISBN 978-89-365-0785-5
값 22,000원   *잘못된 책은 바꿔 드립니다.

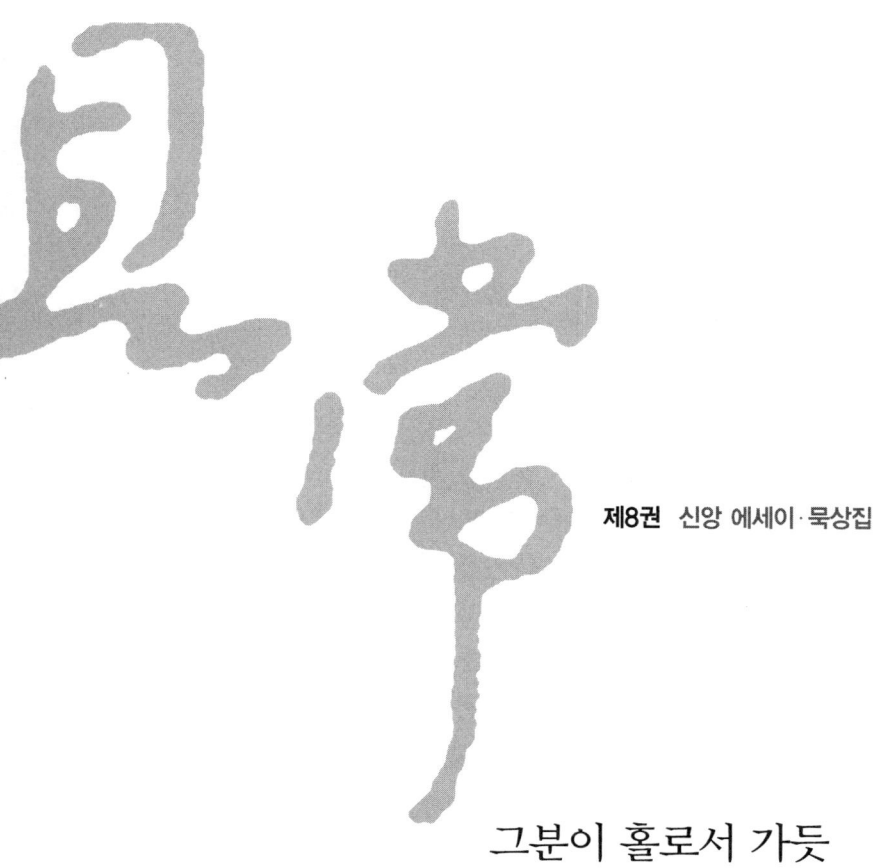

제8권 신앙 에세이·묵상집

그분이 홀로서 가듯

홍성사

차례

책머리에 7

제1부 인간의 유한성

무료와 은총 11　성인이 되는 비결 13　저승길 차림 16　그리스도 폴의 강 19　인간, 그 정의를 내려 보면 24　인간의 유한성 30　존재의 망각시대 33　소외와 불안 36　와선문답 40　나의 연애관 44　여성미 이야기 47　결혼의 비의 50　애정에 대하여 52　가정 단란의 비결 54　새해와 새 삶 61　마귀의 고기 65　여백의 계절 68　제야 71　요한 23세의 덕담 73　야인 선생과의 영혼놀이 76　한 은수자의 죽음 82　원효의 파계행 84　공초 선생의 치세훈 87　순교자와 예술가 89　와선 92　구약과 신약과 종교 94　예방 은총 98　하느님은 오직 한 분 101　실존적 확신 103　죄와 죄인 105　기어의 죄 107　삶의 지혜 몇 가지 109　때는 봄 117　마음의 더위를 식히는 이야기 119　새 삶의 가장 긴요한 물음 124　불교와 나 128　이웃사랑이라는 것 132　가진 것 없이 베풀기 136　소록도 취주단 139

제2부 죄와 은총

가톨릭 이미지의 변천 143　성당 경내 146　연보전 148　이런 목자 150　강론 152　교황의 호소 154　수도와 선 157　어느 새해 선물 160　어느 반신불수 부인 162　농가성진 164　성직에의 소명 166　성서의 이율배반 168　영전과 입교 170　한 소녀에게 173　추석 유감 175　수중 유물론 177　목자시비 179　공산연옥 180　북에 미리 보내는 글발 182　월남전선에서 186　비행기에서 188　어느 환담석 191　하와이교회 점묘 194　참된 기도 200　상구하화 202　죄와 은총 204　위정자와 종교가 209　종교인의 타락현상 211　신앙생활의 몇 가지 지침 216　신앙과 현실 220　동서관상의 교류 223　진리는 하나 228　시선일미 230　예술과 참선 234　발 밑을 살피다 239　울력의 현대화 241　오늘서부터 영원을 살자 243

제3부 신령한 힘에의 외경심
예수네 모자 253 탕아의 형 256 인간적이라는 것 259 예수의 형안 261 부활과 막달레나 265 정의와 사랑 267 죽일 놈 천지의 회생 270 인정, 불멸하는 생명의 꽃 273 신령한 힘에의 외경심 280 메리 크리스마스 288

제4부 기독교와 사회참여
현대 가톨릭 문학과 그 문제 의식 소고 295 신의 무덤 308 기독교와 사회참여 312 김대건 신부 약전 320

제5부 나자렛 예수
서문 341 수태예고 344 베들레헴 탄생 348 동방박사들의 예방 352 에집트 피난 356 아기들의 학살 359 소년 시절의 삽화 363 세례를 받음 366 악마의 유혹 369 첫 제자들 372 가나의 혼인잔치 375 병자를 낫게 함 379 산 위의 설교 383 탕자의 비유 387 사마리아 여인과 391 빵의 기적 394 물 위를 걸음 398 어린이들을 축복함 402 착한 이웃 405 나르드의 향유 408 예루살렘 입성 411 간음한 여자 414 최후의 만찬 417 마금 기도와 체포 421 재판을 받음 424 매질과 조롱을 당함 427 십자가를 짐 430 십자가에 못박힘 434 시체의 뒤처리 437 부활과 빈 무덤 440 부활과 발현 443 하늘에 오름 447

저작연보 452
일반경력 454

일러두기

1. 이 책의 제5부는 《나자렛 예수》(1979, 성바오로출판사)이며 제1부, 제2부, 제3부, 제4부 글의 주요 출처는 《그리스도 폴의 강》(1977, 성바오로출판사)이다. 이 외의 경우, 그 출처와 출처의 간행 연대를 해당 장의 끝부분에 밝혔다.
2. 본문의 성경 장절 표기는 《공동번역성서》(1977, 대한성서공회)를 따랐다.
3. 원문에서 한자로만 표기된 글자는 한글과 병기하였고, 의미 소통에 문제가 없는 부분은 한글로 바꾸었다.
4. 한글 맞춤법과 외래어 표기법에 맞지 않는 부분은, 저자의 의도를 최대한 살리는 데 원칙을 두되 일부 수정을 거쳤다.
5. 저자가 생전에 수정하기를 원하였던 부분은 저자의 의도를 따랐으며 당시 기록상의 착오 혹은 출판상의 오·탈자라고 판단되는 부분은 확인을 거쳐 수정하였다.

책머리에

여기 추려 모은 것들은 나의 문필생활 속에서 신앙이나 교회생활이 소재나 주제로 되어 있는 글들이다.

명색 태중(胎中)신자인 내가 아직 종교적 테마로 된 전작물(全作物) 하나 못 갖고 이런 이삭줍기 같은 글들을 신앙생활의 소산이라고 내놓게 되니 부끄러움이 앞선다.

더구나 나의 신학적 지식의 결핍과 자기류(自己流)의 사색에서 오는 교리의 이탈이나 자기 눈의 들보는 못 보고 남의 눈의 티끌만 밝히려 드는 그런 독선적 언표(言表)가 없지 않을 것으로 여겨져 사뭇 두렵다.

(1977년에 출간된 《그리스도 폴의 강》의 '책머리에'를 재수록한 것임 – 편집자)

제1부

인간의 유한성

무료와 은총 ▫ 성인이 되는 비결 ▫ 저승길 차림
그리스도 폴의 강 ▫ 인간, 그 정의를 내려 보면
인간의 유한성 ▫ 존재의 망각시대 ▫ 소외와 불안
와선문답 ▫ 나의 연애관 ▫ 여성미 이야기
결혼의 비의 ▫ 애정에 대하여 ▫ 가정 단란의 비결
새해와 새 삶 ▫ 마귀의 고기 ▫ 여백의 계절
제야 ▫ 요한 23세의 덕담 ▫ 야인 선생과의 영혼놀이
한 은수자의 죽음 ▫ 원효의 파계행
공초 선생의 치세훈 ▫ 순교자와 예술가 ▫ 와선
구약과 신약과 종교 ▫ 예방은총
하느님은 오직 한 분 ▫ 실존적 확신 ▫ 죄와 죄인
기어의 죄 ▫ 삶의 지혜 몇 가지 ▫ 때는 봄
마음의 더위를 식히는 이야기 ▫ 새 삶의 가장 긴요한 물음
불교와 나 ▫ 이웃사랑이라는 것
가진 것 없이 베풀기 ▫ 소록도 취주단

무료와 은총

뒤뜰에 감이 익어 간다. 동산에 밤송이가 입을 벌린다. 설명할 것도 없이 계절이 갖다 주는 자연의 조화(造化)다.

어스름한 달밤에 장독대 둘레에 핀 채송화 꽃들 위를 자세히 들여다 보면 막내딸 브로치만큼씩 한 조그만 나비들이 살랑살랑 날고 있다. 저 미물 같은 것들이 밤을 지새 가며 화분(花粉)을 나르고 있구나! 생각을 하면 눈물겹기까지 하다.

더욱이 저 노랑, 분홍, 자주, 보라 등의 꽃들이 저렇게 색색으로 물들기까지는 여러 천 년의 저 같은 역사(役事)가 거듭되었을 것에 생각이 미치면 경이와 더불어 아득한 느낌이 든다.

우리는 흔히 이스라엘 시대에 예수가 나서 친히 행한 기적에 흥미를 갖고 부러워한다. 또 오늘날에도 자기 자신이나 자기 주변에 초자연적인 기적이 일어나 이를 체험하고 목격하기를 바란다. 그렇지는 않더라도 불의(不意)의 행운이 불시에 찾아들기를 바란다. 하기야 이것이 인간의 상정(常情)이어서 나무랄 것이 못 될지도 모른다.

그러나 한편 곰곰이 생각하면, 우리가 자연이라고 부르는 이 만물의 현상 속에서, 우리가 당연한 듯이 보아 넘기는 생물의 번영 속에서 초자연적인 힘과 배려와 사랑을 발견해 내지 못할 것인가?

그야 무신론자는 이 자연의 오묘를 "청산도 절로, 녹수도 절로, 자기의 삶도 절로"라고 말할지도 모른다. 그러나 지극히 적어도 신앙을 가졌다는 나에게 있어서 이 속에서 신의 숨결과 손길과 사랑, 즉 완미(完美)한 섭리를 못 느끼고, 못 찾아내고, 못 생각한다면 그 것은 영혼의 장님이 아닐 수 없다.

그것은 마치 저 예수 시대에 예수의 가르침과 예수의 행하는 기적을 보고도 믿지 않을 뿐 아니라, 예수를 오히려 거스른 이스라엘 백성들과 무엇이 다르겠냐고 반문한다면 나의 과장일까?

얘기가 좀 비약되지만, 성녀 데레사는 그녀의 자서전 《작은 꽃》에서 각 인간에게 대한 하느님의 섭리의 오묘함을 다음과 같이 비유한다. 기억을 더듬어 그 줄거리만 적으면, "가령 두 타입의 아버지가 있어 한 분은 뜰에서 자기 아이가 놀다가 돌에 부딪혀 상처가 났을 때 이를 얼른 안아다가 약을 바르고 붕대를 감아서 치료해 주고, 또 한 분은 어린애가 다칠까봐 먼저 뜰이나 길을 살펴서 돌 같은 것을 앞질러 치워 그 어린애가 다치지 않게끔 미리 예방해 주었다. 두 분 중 어떤 아버지가 더 현명하고 고마운 분일까? 물론 돌을 미리 치워 논 아버지가 더 고마운 분임에는 틀림없으나, 사람들은 보통 이런 은혜는 모르고 상처에 약을 바르고 낫게 한 얕은 은혜에만 감사한다"라고 절묘한 표현을 했다.

참으로 성녀 중에도 데레사 성녀다운 말씀이다. 우리는 이러한 신의 예방은총(豫防恩寵)이나 그 비호(庇護)엔 눈이 어둡고 그저 금세 국이라도 끓여 먹을 호박덩이 같은 복을 하느님께 달라고 졸라대고, 또 바라는 것이다.

나와 우리집 식구는 아무 횡재도 변고(變故)도 없이 가을을 맞고, 또 보내고 있다. 어쩌면 무료할 정도다. 저러한 기적보다도 확연하고 무한한 은총 속에서 말이다.

성인(聖人)이 되는 비결

엄청난 표제를 보고 주제넘게 무슨 거룩한 설교를 늘어놓을까 봐 걱정 말기를 바란다. 이것은 이번에 내가 시골집(왜관)에 가서 읽은 책 제목에 불과하다.

이 책은 가톨릭 예수회의 수도사였던 윌리엄 도일 신부의 수기를 엮은 것으로, 그는 1873년 아일랜드에서 나서 1917년 제1차 세계대전 당시 군종신부로 활약하다가 전사한 분이다. 그는 자기의 심신(心身)생활의 반성이나 결심이나 그 지향 등을 메모나 일기로 적음으로써 이것을 또한 자기정진의 한 방법으로 삼았다.

그 수기는 아주 철저한 금욕과 극기의 사상으로 충만해 있으면서도 한편 즐거운 유머와 일상적인 친근성을 지니고 있어 우리에게 일상생활 속에서 덕(德)에 나아가는 길과 방법을 알기 쉽고 자세하게 가르치고 있다. 내가 하도 감명 깊게 읽었기에 여기 몇 대목을 옮겨서 소개하며 음미해 보기로 한다.

"우리는 자기를 이겨야 할 기회를 만났을 때마다 흔히 '이것은 나의 힘에 너무 겨웁다. 나는 성인이 아니니까!' 이렇게 말하고 그 유혹에 스스로 빠지고 만다. 그러나 그대는 왜 성인이 못 되는가? 성인이 되는 것은 인생의 큰 의무가 아닌가!"

실상 우리는 성인이라면 별개 세계의 존재처럼 여기고 자기는 그 세계에 들어갈 마음부터 안 먹는다. 이것은 결코 겸손해서가 아니라 자신의 약함을 합리화하는 것이요, 노력의 포기를 의미한다.

또한 우리는 성인이 되는 것을 초자연적인 헌신행위로 통념하고 있지만, 실은 인생의 의무를 다하는 것, 즉 내세의 자기구원(自己救援) 이외에 별것이 아니다.

그러면 이제 그 성인이 되는 방법은 도대체 무엇인가? 도일 신부는 그의 수기의 여러 곳에다 라틴어로 "자기에게 거슬러 행한다(Agere Contra)"라고 짧게 적어 놓고 있다. 즉 자기의 헛된 욕망이나 유혹을 물리치고 양심과 이성(理性)이 명하는 바를 택해서 행동하는 것이다. 그런데 이 자기를 정복하는 생활이란 위대한 고행이나 선행을 뜻함이 아니다.

그는 이 점에 대하여 세심하게 통찰함으로써 "큰 고행에는 얼마쯤의 외적 영예(外的 榮譽)가 따른다. 그러나 하느님과 자신만이 아는 작은 희생의 기회는 쉴 새 없이 있는 까닭에 더 어렵다. 큰 시련에는 사람의 주목을 끌고 거기에 다소 만족이 있지만 그것은 일시적인 것이요, 작은 극기의 기회는 언제나 남몰래 우리 옆에 따라붙고 있다"라고 지적한다.

그의 1909년 2월 2일 기록한 결심의 개조(個條)사항을 보면,
- 어린애들에게 부드럽고, 솔직하고, 또한 참을성을 가지고 대할 것
- 결코 남에게 나의 괴로움이나 근심 걱정이나 일의 분량 등을 말하지 않을 것
- 불친절, 분노, 또는 야박한 말을 입에 올리지 말 것
- 남에게 대하여, 또는 모든 일에 대하여 불평을 말하지 않을 것
- 언제나 시간을 정확히 지킬 것
- 작은 고통에 대하여 위안을 찾지 말 것

이라고 하였다. 이는 마치 '명랑한 생활운동'의 지침 같다고나 할까! 이렇게 살펴볼 때, 성인이 되는 것은 어렵고도 쉽고, 또한 쉽고도 어려운 일이라 하겠다.

그러나 도일 신부의 말씀대로 성인이 되는 것이 우리 인생의 의무인 이상, 아무리 힘들더라도 우리 모두 다 성인이 안 될 수도 없지 않은가!

저승길 차림

요즘 나는 동연대(同年代)들의 부음(訃音)에 자주 접한다. 우리 한국에 태어난 사람들이야 모두가 어슷비슷하지만, 특히 지금 60대 사람들은 철나자 격난의 세월 속에서 훤한 날을 한 번도 못 본 느낌이다. 그래서 평균 수명 연령도 못 누리고 약간의 어떤 충격이나 신병이 들면 그저 꼴깍꼴깍 숨지고 마는 모양이다.

세모(歲暮)에 모였던 중학 동기생들에게서도 그런 얘기가 거의 화제의 중심이 되었는데, 그들은 일제히 나에게 치하하기를, "자네야말로 기적같이 오래 산다"는 것이었다. 나는 20대부터 가슴을 앓아 병원 입원만도 십여 차례, 거기다 수술을 두 번이나 하는 등 때마다 "가망이 없을 것이다"는 소문을 놓았으니 "오히려 쭈그렁 밤송이가 몇 해를 간다던가!" 하는 속담 격이다.

그러한 연유 때문에 나는 비교적 다른 사람보다는 죽음에 더욱 가까이 다가서도 보고, 또 그 죽음을 곰곰이 생각해 보는 빈도도 잦았다고 할 수 있다. 그런데 죽음을 놓고 묵상할 때 제일 먼저 떠오르는 것은 솔직히 말해 죽음에 대한 공포다. 이 공포심을 좀더 분석해 보면 첫째는, 죽음에 이르는 고통에 대한 두려움이요 둘째는, 죽은 후에 올 미지의 세계에 대한 불안이다. 그런데 이상한 것은, 첫째의 죽음에 대한 고통은 왕왕 우리 삶의 고통이 너무 심하면 오히려 죽음의 안식을 더 원할 때가 있다는 것이다. 내가 직접 경험한 바로서도 해방 후 북한에서 필화(筆禍)사건으로 공산당의 결정서를 받고 탈출하다가 체포되었는데, 때마침 겨울이라 불기 하나 없는 유치장에서 얼어붙는 추위와 피곤과 절망에 휩싸여 오직 죽음만이 간절히 그리운 시간을 보낸 적이 있다. 이것은 내가 육신적 고통을 손쉽게 예로 든 것뿐이지, 우리의 삶 속에는 정신적 시달림이나 고통 속에서 죽음의 안식을 필요로까지 하는 때가 얼마든지 있다.

그러면 둘째 것, 즉 죽음 후에 오는 미지의 세계를 향한 불안이란 어떤 것일까? 가령 죽은 뒤에는 아무것도 없고 아무것도 남지 않는다면, 즉 우리 영혼의 불멸이나 내세가 없이 육신의 죽음으로 완전 종말을 짓고 만다면, 불안이고 공포고 있을 것이 무엇일까?

그렇다면 무신론자나 현세주의자들의 죽음에 대한 불안이란 무엇일까? 그들은 '죽음이 너무나 아프기 때문에' 싫은 것일까? 그것은 약품으로 안락사(安樂死)를 도모할 수도 있지 않겠는가? 이렇게 따져 보면 죽음의 불안에 대한 정체는 내세와 직결되어 있다. 그런데 내세를 믿는다는 나는 왜 죽음이 불안하고 두려워지는 것인가? 이것은 역시 신앙을 가졌다면서도 행복한 내세에 대한 확신이 없기 때문일 것이다. 만일 누구나 저승에서의 행복이 확보되어 있다면, 못 가 본 외국으로 즐거운 여행을 떠나듯 죽음을 맞이하고 그 길을 떠날 수 있을 것이다.

이런 의미에서 나는 어느 현철(賢哲)들의 사세구(辭世句)보다도 20세기의 대덕(大德)인 교황 요한 23세의 임종시의 지극히 평범한 말 "이제 나의 여행 채비는 다 되었다"에 깊은 의미를 느끼며 크게 감명을 받는다. 그렇다! 죽음엔 그 채비가 문제다. 무속신앙의 사람들도 저승의 노자(路資)를 갖추어 보내려 든다. 결국 죽음에 대한 불안의 정체가 내세의 길흉에 달려 있음을 볼 수 있게 된다.

사람은 누구나 죽음을 껴안고 산다. 이 때문에 오히려 인간은 무한을 자기 안에 품고 있다. 무한 속에서의 길흉의 가능성을 자기 스스로가 선택하고 결정해야 하기 때문에 인간은 죽음 앞에서 불안과 전율을 갖는 것이리라. 하나는 영원한 삶, 즉 천국이요, 하나는 영원한 죽음, 즉 지옥이다. 이 벼랑 앞에서 불안과 전율이 없다면 오히려 거짓말이다. 더욱이 죽음은 도둑처럼 불시에 오는 것이기에 그 불안은 항시적이다. 그래서 죽음은 오직 그 어떤 저승의 입장권이 준비되어 있느냐에 따라 그 의미가 달라진다. 이 판단이 스스로 설 정도로 이 세상을 잘 살아야 하고, 가브리엘 마르셀의 말마따나 현세에서부터 영원을 살아야 한다.

그래서 우리는 충족한 차림으로 외국 여행을 떠나듯 동경과 호기심과 즐거움을 가지고, 아니 이미 낯익은 고장에 들어서듯 죽음을 맞이하여 보지 않으려는가!

그리스도 폴의 강

나는 2,3년래 거의 글은 낙동강변 왜관 집에 들어앉아서 쓰고 있다. 나의 서재 마루에서는 강이 훤히 내다보인다. 연전에 진주(晉州) 시인 설창수(薛昌洙) 형이 왔다가 관수재(觀水齋)란 당호를 짓고 훌륭한 현판까지 새겨 보내 주었다. 한문으로 물[水]은 마음[心]과 한뜻의 글자여서 나의 서재에는 똑떨어진 이름이다.

내가 연작시(連作詩) 〈밭 일기〉 백 편을 끝내고 작년 봄부터 시작한 것이 바로 '강'이다. 〈현대시학(現代詩學)〉의 지난 5월 호에 10편을 발표했지만, 내 노트에는 그럭저럭 30여 편이 된다. 내가 강을 새 연작의 소재로 삼게 된 것은 강에서 아기 예수를 업어 건넸다는 그리스도 폴 성인의 일화가 크게 작용하였다. 누구나 잘 아는 얘기지만, 몇 번 거듭 듣고 해도 구수하고 홍그러운 얘기여서 여기에 다시 한 번 옮긴다.

옛날 서양 어느 더운 지방에 굉장히 힘이 센 젊은이가 있었다. 그는 일찍이 고향을 떠나 여러 지방을 돌면서 힘 겨루기를 하며 자기보다 힘이 센 장사를 만나기가 소원이었다. 그러다가 만난 것이 마귀(깡패?)였다. 그래서 그는 마귀를 두목으로 삼고 온갖 악행과 향락을 일삼으며 세상을 돌아다니던 중 어느 날 황혼 녘에 어느 강가에 다다랐다.

그들은 그날 밤 강변 어떤 은수자(隱修者)의 움에서 묵게 되는데,

두목은 그 움 안에 걸린 십자가 상을 보더니 그만 벌벌 떨면서, "나는 저자한테만은 당할 수가 없다"라고 실토하고 그만 뺑소니를 치고 마는 것이었다. 이리하여 새로운 강자를 알게 된 그는 오직 그 실물(예수)을 대하기가 유일한 소원이 되었다. 은수자의 권고대로 그 이튿날부터 세상을 다 끊어 버리고 강을 왕래하는 사람들을 업어 건네 주는 것을 자신의 소임과 수덕(修德)의 길로 삼은 그였지만, 달이 가고 해가 가도 그의 새 두목인 예수는 좀체 그 모습을 나타내지 않았다. 차차 그도 늙어 갔다.

날이 몹시 궂은 어느 날 밤이었다. 누가 찾길래 나가 보니 남루한 차림의 한 어린 소년이 강을 건네 달라고 애원했다. 그는 군말 없이 등을 둘러대 소년을 업고 물에 들어갔다. 그런데 물살이 센 강 복판에 이르렀을 때부터 등은 차차 무거워져서 그만 소년의 무게로 그가 물속에 고꾸라질 지경이었다. 온 세계를 자기 등에다 얹은 듯한 무게에 허덕대면서 간신히 대안(對岸)에 닿은 그는 소년을 떨어뜨리듯이 내려놓고 휙 돌아섰다. 그 찰나! 놀라운 일이었다. 거기 모래사장에는 그가 그렇듯 그리던 아기 예수가 찬란한 후광에 싸여 미소 짓고 있지 않은가!

그 출생지와 연대도 소상치 않지만, 그 성인을 주보로 한 성당이 강생 후 452년 칼케돈(Chalkedon)에 섰다니 아마 초대교회 시절의 인물이라고 짐작된다.

저러한 그리스도 폴의 전반(前半)의 생애와 그 삶이 어쩌면 비슷한 나는 이 낙동강을 저와 같은 회심(回心)의 일터로 삼고 시를 쓸 작정이었다. 물론 나는 정신적으로나 육체적으로나 남들을 업어 건네주기는커녕 나의 사랑하는 막내딸을 업고 실개천을 건널 힘도, 용기도 없으며, 저 성인처럼 세상을 끊어버리기는커녕 뻔질나게 서울을 오르내리며 아직도 세사(世事)와 속정(俗情)의 밧줄에 칭칭 감겨 있다.

　이러한 나에게 훌륭한 '강'이 써질 리 만무하다. 편마다의 시는 그 상념이 구지레하고 허접스럽다.

그리스도 폴의 강 4

　　바람도 없는 강이
　　몹시도 설렌다.

　　고요한 시간에
　　마음의 밑뿌리부터가
　　흔들려 온다.

　　무상(無常)도 우리를 울리지만
　　안온(安穩)도 이렇듯 역겨운 것인가?

　　우리가 사는 게
　　이미 파문(波紋)이듯이
　　강은 크고 작은
　　물살을 짓는다.

　이것은 시라기보다는 나의 심경 고백이다. 그런가 하면 현실을 보는 눈도 결코 온당치만은 않다.

그리스도 폴의 강 8

5월의 숲에서 솟아난
그 맑은 샘이
여기 이제 연탄빛 강으로 흐른다.
(이하 생략)

강에서는 존재의 내면에만 눈을 돌리려 했으나, 이렇듯 현실을 향한 고발이 튀어나온다. 그래도 깊이야 어떻든 더 많이 죽음과 내세와 같은 인식의 세계에 들어가게 되는 것이 사실이다.

그리스도 폴의 강 10

저 산골짜기 이 산골짜기에다
육신의 허물을 벗어
흙 한 줌으로 남겨 놓고
사자(死者)들이 여기 흐른다.

그래서 강은 뭇 인간의
갈원(渴願)과 오열(嗚咽)을 안으로 안고
흐른다.

나도 머지않아 여기를 흘러가며
지금 내 옆에 앉아
낚시를 드리우고 있는 이 막내애의
그 아들이나 아니면 그 손주 놈의

무심한 눈빛과 마주치겠지?

그리고 어느 날 이 자리에서
또 다시 내가 찬미(讚美)만의 모습으로
앉아 있겠지.

　마치 이 시는 불교의 윤회설(輪回說) 비슷해졌으나, 인류와 지상의 완성이 곧 천국이요, 또 우리의 부활도 그 안에서 이루어지리라는 우리의 새로운 신학적 인식과도 과히 배치되지 않을 줄 안다. 이제 '강'을 백 편만이라도 쓰기엔 아직 몇 년이 걸릴지 모른다. 더욱이 그리스도 폴의 강이 되려면 나의 앞으로의 온 삶을 온전히 다 바쳐도 이루어질지 의문이다. 그러나 오직 그 성인의 단순 소박한 회심과 수덕을 본받아나가노라면, 아니 항상 머리에 떠올리기만이라도 하면서 시를 써 나가노라면, 내 시도 그 어느 날 구원의 빛마저 보지 않을까 믿고 바라며 해 나가는 셈이다.

인간, 그 정의를 내려 보면

　자신이 없는 일에는 변명이 앞서듯이 내가 이 붓을 들게 된 경위부터 먼저 적어야 하겠다.
　편집자(《대한 불교》)로부터 '인간, 그 정의를 내려 보면'이란 제목의 글 청탁을 받고 나는 이것이 곧 내가 소속하는 종교인 가톨릭적 인간관을 밝히는 것이라면 우리 교회의 신학자나 철학자 중에 적당한 분을 천거해 드리겠다고 제의했다. 그랬더니 편집자의 말이 그런 게 아니고 당신의 인간관을 써 보라는 것이었다. 실토하면 나는 그 당장에 "인간이 무엇인지 모르오"라고 할 수도 없어 "그래 보마"고 대답해 놓고는 내심으로 남들이 써 가는 것을 보아서 나도 '그럭저럭 꾸며 댈' 속셈이었다. 그런데 공교롭게도 나는 그 후 즉시 시골집에 내려와 있게 되어 남이 쓴 것도 보지 못하게 되었고, 또 차차 생각하니 내가 명색이 신앙을 지니고 글을 쓴다는 사람인데, 그것도 저런 제목의 글을 종교신문에 쓰면서 '그럭저럭 꾸며 댄다'는 것은 도저히 못 할 짓이니 유치하거나 말거나 내가 살아오면서 나대로 인식하고 느끼는 인간을 피력할 수밖에 없다는 생각에 도달하게 되었다.
　실상이지 내가 문필생활 30년에 이렇듯 엄청난 제목 앞에 붓을 들어 보기는 처음이다. 얻어들은 풍월이지만 이런 때 당(唐)나라 시대 불교의 거장들은 곧장 30봉(棒)을 휘두른다고 했다니 나도 하다못해 ○△□ 어느 것이라도 그려 넣어 보내면 됨직도 하지만 솔직히 말하면 그런 용기도 없다. 그렇다고 이런 나 역시 인간에 대하여 아무런 물음도 없이 사는가 하면 그런 것은 천만 아니다.

내가 문학을 직분으로 삼고 더욱이 신앙생활을 하는 이상, 나의 사색이나 상념(想念)의 대부분이 이 문제와 맞서 있고, 또 최소한 나의 사색이나 상념의 배경이 되고 있는 것만은 사실이다. 오히려 이렇기 때문에 나에게 있어 인간이란 더욱 알지 못할 존재가 되어 있는지도 모른다.

이것은 불가지론(不可知論)처럼 인간은 본래 알 수 없는 것이라고 단정하고 들려는 것이 아니다. 이제는 그 저자의 이름도 기억 못하지만 연전에 나는 《인간, 알려지지 않은 것(Man, the unknown)》이라는 책을 본 일이 있는데, 그 취지는 오늘의 과학이(여기서 과학이란 자연과학만이 아니라 질서 지워진 모든 지식을 뜻함) 인간을 더욱 무엇인지 모르도록 분열시켜 놓았다는 것이었다. 즉 인간은 기계문명의 중압과 인쇄물의 범람, 물질과 과학의 만능시(萬能視), 기술시대의 인간의 도구화(道具化)로서 자기의 존재나 본질에 대하여 우선 생각할 여유를 잃어버렸을 뿐 아니라, 과거 종교나 관념철학이 수립하였던 인간에 대한 정의가 일제히 붕괴하고 분열되어 버렸다는 내용이었다. 이것은 물론 현대 실존주의를 초래케 한 사유를 설명하는 것이기도 하였다.

나 자신도 사상 편력의 역정은 다르나, 이 시대의 우리의 복잡하고 처절한 실존적 삶을 통한 체험은 나의 종교가 가르치는 교리의 인간관이나 이제까지의 관념철학들이 제시하는 인간관에 회의와 반항을 일으키고 끊임없는 의문을 제출하고 있다. 나는 이 끊임없는 의문에서 어떤 결정적 해답을 구한다기보다는 어떤 해답의 암시, 혹은 방향감각 같은 것을 얻고 거기서 희미하게나마 발하는 빛에 이끌려 살고 있다는 것이 솔직한 고백이 될 것이다.

이런 나의 존재의 체험과 그 의문 속에서 오직 확연하다고 여겨지는 게 있다면, 그것은 아주 진부한 얘기지만 양심과 사랑이 인간존재의 본질이라는 것이다. 이것은 내가 인간존재의 부정적인 면과 그 허무를 모르고 이런 옵티미즘적인 인간의 한 속성을 내세우는 게 아니다. 왜냐하면 나는 인간을 신(神)보다 더 직접적으로, 또 현실에서 지배(?)하고 있는 것은 인간의 양심과 사랑이라고 보고 믿기 때문이다. 만일 이 두 주인(?)이 없다면, 인간은 다소 고등한 기술을 가졌다 하더라도 유물론의 범주를 벗어나지 못하리라고 생각한다.

이 두 가지에 대하여 나는 다음과 같은 이야기를 가지고 있다.

아직도 공비들이 출몰할 무렵, 나는 지리산 지구에 종군하였다가 산에서 빨치산 선전서기를 하다가 귀순한 여자 공비를 만난 적이 있다. 나이는 갓 스물이나 되었을까? 아직도 앳된 소녀였다. 나의 실없을 만큼 연달은 질문에 그 소녀는 얼굴만 붉히며 대답이 없더니, 내가 "산에서도 그렇게 부끄러워했나?" 하고 핀잔 같은 말을 하자 의외에도 그녀는 "산에서야 부끄러운 게 있나요" 하고 아픔에 찼다고 형용할 수밖에 없는 표정을 짓는 것이었다.

나는 이 말에 말문이 막히고 말았다. 그도 그럴 것이 그 소녀의 고백대로 공산당, 더욱이 빨치산의 짐승 같은 생활에서야 양심의 표상인 수치심이 있을 턱이 없다. 즉, 부끄러움을 모른다는 것은 양심이 자거나 마비되었다는 말이요, 양심이 활동을 정지하면 인간으로서의 본질을 상실하게 된다. 따라서 양심이 깬다는 것은 곧 인간으로서의 회복을 뜻한다.

다음 사랑의 삽화는 어떤 소설에서 읽은 것이다.

일제 시 탄광으로 징용을 나갔다가 팔 하나를 잃은 농부가 어느 날 그 아들이 군대에서 돌아온다는 소식을 받고 터질 듯한 기쁨을 안고 정거장에 마중을 나갔다. 그런데 열차에서 내린 아들은 양 옆구리에 지팡이를 차고 있었다.

그 아들은 다리를 상한 것이다. 기가 차서 서로 인사말도 안 나오는 그 병신 부자는 마을로 돌아오다가 개천을 건너게 되었다. 묵묵히 등을 내민 아버지에게 업혀서 강을 건너던 아들이 먼저 말문을 열었다.

"이 주제로 돌아올 바엔 죽는 것이 나았어예."
"아니, 나 봐라. 팔 하나 없어도 잘만 안 사나."
"……."
"남 보기에 좀 덜 좋아서 그렇지, 살기사 왜 못 살아."
"차라리 아부지처럼 팔 하나 없는 편이 낫겠어예."
"야! 안 그렇다. 걸어만 댕김 뭐하노? 손을 제대로 놀려야 일이 되지."
"그럴까예?"
"그렇다니까. 이제부터 집에 앉아서 할 일은 네가 하고, 나댕기며 할 일은 내가 하고 그러문 안 되겠나, 그제?"

물론 오늘의 무신론적 실존주의자들은 이러한 인간의 마음의 통정(通情)을 비웃을 것이다. 그리고 이것은 아버지의 자손에 대한 동물적 본능이라고 거절할지도 모른다. "타인이 존재하는 자체, 이것이 지옥이다"(사르트르)라는 사람들에게서 이것은 하나의 조작된 관념유희로 들릴지 모른다. 그러나 우리 인간이란 단어 자체가 단수(單數)가 아니듯이, 인간이란 복수(複數)로서 존재하고 홀로는 그들이 말하는 실존 자체도 실현할 수 없는 게 아니겠는가?

사실 오늘날 양심과 사랑이란 어휘는 어쩌면 너무 낡았고 더럽혀진 느낌이 없지 않다. 왜냐하면 저렇듯 심연에 빠진 것도, 절망에 이르기까지 한 것도 인간의 성실로서 양심과 사랑 자체가 그들에게 무력하기 때문이다. 자기한테도 이방인이 된 자기, 자기를 상실한 영혼, 자기 자신에게도 이해 안 되는 자기, 이러한 암흑 속에서는 양심과 사랑이란 한낱 관념의 꽃처럼 보일 뿐이다.

그러나 이 절망의 수렁진창 속에서 이제까지 주체하지 못해 거부했던 양심과 사랑의 불씨는 그 밑바닥에서부터 다시 소생할 것이다. 그리하여 우리 인간에게 있어 자기 존재의 한계성과 불안정성을 가장 단적으로 인식시켜 주며 그 절망과 공허를 맛보게 하는 죽음도 저 인간의 양심과 사랑으로는 극복해 내는 것이다.

"자살만은 신도 짐승도 못하는 인간의 특권이다"라고 누가 말했지만 여기서 이 역설을 가해자가 아니라 인간의 자기 생명의 희생 행위에다 견주어 볼 때, 자신의 생명을 희생하는 사람은 자기 생명을 말살하련다기보다는 그 어떤 다른 현실에 들어가려는 것이라 하겠다. 즉, 그들의 행위는 본질적으로 창조적이다. 그들은 스스로 희생하여 자기를 더 높고 거룩하고 기리는 차원에다 올려놓음으로써 자기를 완성한다.

마침 오늘은 저 로마에서 한국 병인년 순교자 24위의 복자시복식(福者諡福式)이 거행되는 날이다. 백 년 전 동방의 작은 나라에서 양심의 이의(異意)를 거부하고 자기가 동경하는 세계를 위해 사학죄인(邪學罪人)으로 이름도 없이 목숨을 버린 그들이 오늘 세계 5억 가톨릭 신자들의 추앙과 존경을 받는다 생각하면 새삼 무한한 감명을 받는다.

얘기가 이탈했지만, 이렇듯 양심과 사랑은 인간의 존재를 그 '소유(所有)'에서 초월케 하는 것이다. "인간이란 극복되지 않으면 안 될 어떤 것이다"라고 니체가 얘기했다고 한다. 나는 그 사람의 전체 사상을 잘 모르므로 이 말만을 수락(受諾)한다면, 시대를 초월해서 가장 깊은 정신이 통찰한 진리라고 하겠다.

오늘까지의 성현이나 모든 지혜는 인간이 그 자연적 생존에서 극복되어야 하는 사상에 일치한다고 생각되며, 또한 가장 인간의 본질적 특성이며 존엄성 자체인 양심과 사랑을 절대적 희망으로 삼고 있다. 여기서 희망이란 말은 가브리엘 마르셀이 말한 비의(秘義)로서 이해되기 바란다.

이렇게 쓰다 보니 나는 역시 모범생이 못 되지만 예수 그리스도의 제자인 모양이다. 왜냐하면 예수 그리스도처럼 인간의 특성인 '양심과 사랑'을 주장해 가르치고 몸소 실천한 분은 안 계시기 때문이다.

인간의 유한성

학생 때 읽은 기억으로 독일의 철학자 짐멜의 단상(斷想)에 "인간의 가능성은 무한하다. 또한 인간의 불가능성도 무한하다. 거기에 우리의 고향이 있다"라고 갈파되어 있었다.

설명할 것도 없이 우리 인간은 유한한 것이고, 그 영위하는 일체의 것이 유한적인 것임에 틀림이 없다. 그럼에도 불구하고 우리 인간의 욕망이나 동경은 한이 없을 뿐 아니라, 유한한 어떤 것에도 만족을 얻지 못한다.

그래서 우리 인간은 유한성과 무한성의 긴장 관계 속에 사는 존재라고 하겠다. 왜냐하면 그 유한성은 인간의 경우 다른 생물들과는 달리 한낱 객관적 사실이 아니라 자각된 사실이기 때문이다. 그리고 이렇듯 유한한 것을 유한한 것으로 자각하기 위해서는 무한에 대한 자각도 있어야 한다.

그런데 이 '유한과 무한에의 자각'이 인간 번뇌의 씨앗이 된다. 가령 식물 같은 것은 내일 불 속에 던져질 운명에 있으면서도 아무것도 모르는 얼굴로 그때까지 살고 있고, 동물 역시 먹을 때는 있는 것까지 다 먹고 내일 굶주림에 아랑곳없이 살 수가 있지만, 인간은 먹으면 먹는 대로 걱정하고, 일에는 일대로 근심이 떠나지 않는다. 이러한 정황을 미국의 시인 월트 휘트먼은 다음과 같이 노래한다.

나는 변신해서 짐승들과 함께 살았으면 한다.
그들은 실로 평온하고 자족해한다.
나는 지켜 서서 오래 그들을 살펴본다.
그들은 고역(苦役)이 없고, 저희들의 처지에 불평하지 않는다.
그들은 어둠 속에서 깨어 일어나 저희들 죄 때문에 울지도 않는다.
그들은 신에게 향한 의무를 논해서 나를 괴롭히지도 않는다.
어느 하나 불만인 놈도 없고, 어느 놈도 소유욕에 미쳐 날뛰지도 않는다.
어느 하나 다른 놈에 대하여, 또는
수천 년 전에 살았던 동류(同類)에 대하여 무릎을 꿇지도 않는다.
어느 하나 온 세상에서 훌륭하거나 지나치게 불행하지도 않다.
-〈짐승〉의 졸역

 물론 이 노래는 시인의 역설이라 액면 그대로 받아들일 바는 아니지만, 인간의 유한과 무한에 대한 자각을 마치 저주하듯 그려 놓고 있다. 또 한편 미국의 여류시인 에밀리 디킨슨은,

내가 만일 한 마음의 아픔을 멎게 할 수 있다면
나의 삶은 헛되지 않을 것이다.
내가 만일 한 생명의 고통을 덜게 할 수 있다면
또는 그 오뇌(懊惱)를 식힐 수가 있다면
혹시 내가 할딱거리는 한 마리 로빈새를 도와서
그 보금자리에 다시 돌아가 살게 한다면
나의 삶은 정녕 헛되지 않을 것이다.
-〈내가 만일 한 마음의 아픔을 멎게 할 수 있다면〉의 졸역

라고 인간의 저러한 자각을 긍정적으로 정겹게 노래하고 있기도 하다.

저렇듯 인간은 유한과 무한에의 자각이 어떻게 이해되고 조화되느냐에 따라서 그 삶이 건전해지기도 하고 파탄도 일어난다. 즉 인간은 앞의 월트 휘트먼의 시처럼 인간의 저러한 본질적 여건(與件)의 양면을 고정시켜서 대립시킬 것이 아니라, 에밀리 디킨슨의 노래처럼 인간의 유한성에서 무한한 모습을 발견해야 하는 것이다. 왜냐하면 인간의 유한성은 고정되고 정지된 것이 아니라, 언제나 다이내믹한 것이요 무한한 새로운 가능성에 열려 있기 때문이다. 이것을 기독교에서는 신이 인간을 당신의 무한한 모습으로 만들었다고 한다. 그래서 신은 우리 인간을 항상 더 완전한 자기성취로 이끌어 간다고 한다.

그러므로 인간의 참된 삶이란, 자신의 유한성 속에 열려 있는 새롭고 무한한 모습과 가능성에 헌신하는 것을 의미한다. 그래서 아우구스티누스는 그의 《참회록》에서 "신이여! 당신은 우리를 당신께로 향하게 만드셨습니다" 하고 탄식하듯 고백하기에 이르는 것이다.

존재의 망각시대

저 데카당스의 비조(鼻祖)라고 불리우는 샤를르 보들레르의 유명한 수상집(隨想集)인 《나의 벌거숭이 마음》의 13절을 보면,
"우리 생활의 거의 전부는 실로 부질없는 호기심을 채우는 데 소비되고 있다. 그럼에도 불구하고 인간의 호기심을 최대한도로 자극시켜야 할 것들은 이와 반대로 세상 사람들의 일상생활 상태에서 판단하면 아무런 호기심을 자아내지 못하는가보다."
라고 전제하고 그는 다음과 같은 제일의적(第一義的) 의문들을 열거하고 있다.
"우리들의 죽은 벗들은 지금 어느 곳에 있을까?"
이것은 그가 제기한 첫 의문이다. 제아무리 삶에 도취하여 죽음을 잊고 사는 사람도 자기의 처자, 부모, 형제, 또는 다정한 이웃의 죽음 앞에서나 그 추억 속에서 이러한 죽음을 체험하지 않을 수 없다. 그리고 그 사랑하는 사람들을 영원히 상실케 된다는 데 견디기 어려운 아픔을 느끼며, 내세에서의 재회를 소박히 비는 것이 인간의 상정이라 하겠다. 그런데 이 물음이 마침내 자기 스스로가 죽은 뒤에는 어디로 갈까에 이르게 되면, 제아무리 무신론이나 내세불신(來世不信)을 표방하는 사람이라도 불안이 따르고 안절부절못할 수밖에 없을 것이다.
"무엇 때문에 우리는 여기 사는가?"
이것이 둘째로 보들레르가 내세우는 의문이다. 이것을 바꿔 말

하면 '인생에 목적은 있는가? 또 있다면 그것은 무엇인가?'일 것이다.

이 물음을 놓고 대부분의 사람들은 말문이 막힐 것이다. 그러나 우선 대답만은 해야 할 위치에 있는 사람들은 "사람은 일을 하려고 태어났다"라고도 말해 보고 "자기 이름을 후세에 남기기 위해서다"라고도 말할 것이다. 또 "처자식 때문에 산다"든가, "죽지 못해 산다"든가 하는 생활의 체념이나 삶의 비명을 쏟아 놓기도 할 것이다. 여하간 우리는 이렇듯 삶의 가장 첫 물음을 등한히 하고 있거나 회피하고 있는 게 사실이다.

이외에도 보들레르는 인간의 기원(起源)이라든가 자유의 문제, 인간이 살 수 있는 천체의 수효 등 기발한 설문을 내놓았으나 여기서는 생략하기로 하고, 이와 같이 실제 우리가 조금만 캐 보아도 인간의 가장 크고 중요한 문제들이 그의 말마따나 '허접스러운 일상의 호기심' 때문에 고스란히 망각되어 그날 퇴근 후의 레크레이션이나 저녁 식탁의 찬거리보다도 무관심 상태에 놓여 있으며, 또 이런 삶의 방심상태에서 모두 잘도 살고 있구나! 하는 놀라움마저 금할 길이 없다.

하이데거는 현대 자체를 '존재 망각의 밤'이라고 불렀는데, 이 말은 특히 우리 한국 젊은이들에게 해당되는 말이 아닌가 생각된다. 나의 연대(年代)를 과장하는 것 같지마는 우리가 학생 때는 그가 인문과학을 공부하든 사회과학을 공부하든, 혹은 자연과학을 공부하든 동서의 철학이나 문학 고전들을 거의 독파했다. 아니 독파는 못 해도 치장으로라도 서가에 꽂아놓고 이를 들춰 보는 게 대학생의 풍조였다. 그래서 정치과나 법과 학생들도 노장(老莊)을 말하고, 파스칼, 몽테뉴를 입에 담으며, 수학과나 의과 학생들도 육조선사(六祖禪師)들의 일화나 루소의 《참회록》을 화제로 삼았다.

그런데 요즈음 대학생들이나 소위 지식인들은 자기의 전공분야 이야기나 직능의 전문적인 이야기 이외에 이러한 존재론적인 화제나 인생론이 나오면,

"자식 골치 아프다, 집어치워라!"

하기가 일쑤요, 고작이다. 그러나 이러한 존재에 대한 망각이나 기피는 결국 삶의 맹목을 의미하며, 이 생명의 맹목감 속에서는 실상 진정한 가치관도 역사관도 설정될 수 없다. 그래서 결국 물질적인 풍조와 겹쳐서 그들의 삶을 향락주의나 찰나주의적인 인생관에 몰아넣게 되는 것이다.

존재론적인 인식의 환기! 이것이 한국 젊은이들의 제일의적 과제라 하겠다.

소외와 불안

소외란 말이 유행어처럼 쓰여지고 있다. 그 어원을 라틴어에서 찾아보면 타인화(他人化) 현상을 뜻한다고 한다. 즉, 한 인간을 타인을 가지고도 대체할 수 있는 존재로 보는 것이다.

그래서 우리가 상식적으로 다 아는 얘기지만, 인간이 스스로의 생활 향상을 위해 만들고 이룩한 기계나 이념이나 제도나 조직이 거꾸로 인간생활을 지배하기에 이르러 도리어 인간을 그 도구나 예속물로 만들어 버리려는 인간현상을 소외라고 한다.

그런데 여기서 나는 이러한 인간의 정신이나 정서와 그 과학과 기술의 균형 상실에서 오는 소외현상보다는 인간이 근원적 차원에서 지니는 소외의식을 좀 살펴볼까 한다.

20세기 프랑스의 위대한 시인인 폴 클로델은 그의 작품 〈황금의 머리〉의 머리말에서,

"나는 여기 있다. 아무것도 모르고 허청대고 있다. 알지 못할 세계 속의 소외자. 나의 마음은 암울에 차 있다. 내가 아는 것은 아무것도 없고, 또 이제 나는 아무것도 할 수가 없다. 무엇을 말할 것인가. 무엇을 행할 것인가. 힘없이 드리우고 있는 이 손을 무엇에 쓰랴. 마치 꿈속에서처럼 움직이고 있는 이 발을 무엇에 쓰랴."

라고 적어 놓고 있다. 신비의 시인, 은총의 시인이라고 불리우는 그의 실존적 체험의 표백이 저 정도일진대, 우리도 한번 자기 자신을 정직과 성실로 살펴볼 때 저보다 더 당황하지 않을 수 없을 것

이다.

우리가 무심한 일상 속에서 겪는 경험만으로도 가끔 거울을 들여다보다가 그 거울 속에 비춰진 자기 얼굴이 낯설어지는 경우가 있으며, 기계 톱니바퀴처럼 휘말려 돌아가다가 어쩌다 멈춰 서서 자기 생활을 돌아볼 때 그 삶의 맹목성에 놀라는 경우도 있으며, 또는 병이나 죽음에 다다를 때 자기가 이제까지 피땀으로 이룩한 생활이나 자기 것으로 만들었다는 물심(物心)의 소유 모두를 다 허망한 것으로 여기게 되기도 한다.

실상 인간의 삶을 인간의 지능으로만 따져서 소위 그 신비성을 무로 돌릴 때, 인간은 그 삶의 맹목감 속에서 소외감을 느끼지 않을 수 없고, 또 거기에 다른 불안을 피할 길이 없다.

이 불안이란 말 역시 라틴어의 어원으로는 원인 모를 가슴앓이[胸痛]로서 그 불명상태가 불안의 본질이라 하겠다. 그래서 불안을 한갓 개인적인 괴로움으로 이해한다면, 그것은 아직 불안의 본질을 포착하지 못한 천박한 생각이다. 즉, 불안이 어떤 개인적인 근심이나 걱정일 때, 거기에는 자기위안과 희망이 따르게 마련이다. 가령 어떤 횡액을 당하면 그와 반대의 횡재도 꿈꿔 보고, 암 같은 중병 환자가 체념을 입에 담으면서도 한편으로는 혹시나 하는 희망을 갖는 것 등이다.

그러므로 인간의 본질적 불안은 이러한 개인적인 것보다는 존재 자체의 맹목감에서 오는 보편적인 것이다.

게르만 민족의 신화를 그린 미트가르트의 지평선 저쪽의 땅덩이를 큰 뱀이 휘감고 있고, 그 뱀의 또아리 속에 우리 인간이 감겨져 죄어 있는 그림을 볼 때, 우리는 어떤 흉물스러운 힘 속에 자기도 모르게 칭칭 감겨 있으면서도 멋모르고 살고 있구나 하는 공포심이 저절로 일어난다.

이러한 인간의 근본적 소외와 불안을 R. M. 릴케는 다음과 같이 시로써 형상화해 놓고 있다.

> 우리는 일체가 될 수 없다.
> 철새가 그렇듯이.
> 우리들은 깨우치고 있지 않다.
> 뒤에 처지고 늦어 있음을.
> 우리들은 바람에 억지로 몸을 맡기고
> 차가운 연못 위에 떨어지려 한다.
> 개화(開花)와 조락(凋落)을 동시에 우리는 의식한다.
> 그리고 어디선가 사자는 아직 걸으며
> 그들은 당당한 동안 무력을 모른다.

즉, 우리 인간은 철새처럼 고향도 피안(彼岸)도 없이 방황하고 있으며, 더욱이 그 속에서도 본능이 쇠퇴된 철새처럼 계절에 뒤져 있는 것도 모르고 날고 있다. 그래서 찬바람처럼 우리를 거부하고 괴롭히는 소외와 불안 속에 떨면서 안식처를 구해 보아도 얼어붙은 연못처럼 나래를 펼 곳이 없다. 그러나 이와 반대로 동물인 사자는 오히려 자기의 무력을 모른다는 것이다.

그러면 왜 현대 인간들에게 이러한 인간존재의 불안과 소외, 즉 실존적 자각이 일게 되었는가? 여기서 단적으로 그 결론만을 얘기하면 절대적 진리, 즉 신의 상실과 거역에서 연유한다. 인간은 신을 잃음으로써 고아가 되고, 탕아가 되고, 고향 상실자가 되고 만 것이다.

이러한 정황(情況)을, 도스토예프스키는 〈카라마조프가의 형제들〉에서 이반이라는 무신론적 인물의 입을 빌려 "모든 것이 허용

되어 있기 때문에 인간은 인간에게 불안을 느낀다"라고 표현하고, 사르트르는 그의 희곡 〈잠겨진 문〉에서 인간은 오직 충돌하고 괴로워하고 권력과 물욕을 위해서 맹목적으로 싸운다는 허무적 인간상을 제시하고 있다.

흔히 요즘 인간회복이 모든 이에게서 입 담아지지만, 필경은 성서의 '탕아의 귀가(歸家)'가 이루어져 신령(神靈)한 것에 대한 외경심을 회복하지 않고서는 인간의 소외나 불안감은 치유되지 않을 것이라고 나는 믿는다.

와선문답(臥禪問答)

병실 지붕에서 비둘기가 운다.
"구으 그으, 윽, 구으, 윽."
이건 새소리라기보다는 아주 앓음소리를 내는데, 보통 가슴이나 어디가 아픈 게 아니라 영혼의 신음성이다. 그 순하디 순해 보이고 철없어 보이기까지 하는 비둘기에게 남모를 어떤 죄고(罪辜)가 있어서 저렇듯 숭하게까지 아파한단 말인가.

문: 자아 그러면 시작한다. 네가 무엇이냐?
답: 아이구 놀라라! 대뜸 내가 무엇인지 어찌 압니까? 선철(先哲)들의 "자기를 먼저 알라"는 말은 들었습니다만, 이제까지 안다는 것은 내가 '신(神)도 짐승도 못 되어' 쩔쩔매는 사람이라는 것밖에 모르겠습니다.
문: 그러면 더 명명백백(明明白白)한 사실인, 네가 왜 살고 있느냐?
답: 정직하게 고백합니다. 태어났으니 산다는 본능적 욕망 속에서 잘 살려고 버둥거리고 있습니다.
문: 네가 신봉하는 가톨릭 교리대로 왜 대답 못 하느냐?
답: 내가 신앙하는바 가톨릭교회 진리는 내가 깨우쳐 얻은 바가 아니라 부모에게서 물려받은 보물—이렇게 막 말해서 좋을는지요?—을 봉행보존(奉行保存)하고 있는 것이올시다. 그렇기 때문에 인생

의 제일의적 목적이 '신의 영광을 현양(顯揚)함에 있다'는 교리를 알 뿐이지 깨닫고 느끼지는 못했습니다. 어디 신과 진리를 깨닫고 보는 비법(秘法)은 없을까요?

문: 신을 보는 비법! 있지. 저 기독(基督)의 산상설법에 "마음이 조찰[貞潔]한 자는 진복자(眞福者)로다. 천주 너희들에게 보이실 것임이오"라고 하지 않았느냐?

답: 글쎄, 나 스스로 자기의 완악(頑惡)하고 천변무상(千變無常)한 마음에 혐오를 느끼고 주체할 수가 없는 실정입니다.

문: 간밤도 옆 병실에서 죽어 나가는 것을 보지 못하였느냐? 만일 네가 시방 죽는다면 어떻게 할 것이냐?

답: 성교(聖敎)의 법대로 죽지요, 그야 딴 도리가 없지요.

문: 네가 말한 듯이 물려받은 보물에 지나지 않는 신앙을 한번 내던져 볼 용기는 없느냐?

답: 내가 말했다고 그렇게 함부로 말씀하지 마십시오. 딱 잡아 얘기하지만, 나는 용기도 없고 그건 상상조차 못합니다. 그리고 나도 공부라고 좀 했는데, 가톨릭 교리 이외에 인생의 '종국적 의의(終局的意義)'를 해석 제시한 여타의 종교나 철학이나 사상은 없습니다. 엄밀히 따져서 불교만 하여도 '인생의 종국적 의의'를 합리화하는 게 아니겠습니까? 그 외 철학이나 사상들도 인생의 '일시적이거나 부분적인 의의'는 설명했으나 종국적 해결은 못 주고 있습니다. 나의 인생이 마침내 의지할 건 이것뿐입니다.

문: 그렇게 네가 열을 낼 건 없다. 그런데 그렇게 네가 진리의 보물을 껴안고서도 체득 못하니 가련한 일이다. 너는 아직도 종교를 화재보험이나 생명보험 들 듯이 들어 있는 셈이로구나.

답: 부끄럽습니다. 어떻게 하면 진리가 체득될까요?

문: 오직 기도하라. 즉, 구도(求道)의 정진이다. 오늘날 너나 모

든 현대 젊은이들이 빠져 있는 것은 구도와 기도의 포기요, 불신이다. 저 르낭의 유명한 말, "진리란 슬프고 괴롭고 귀찮은 것이다"와 같이 자포(自暴)와 자기(自棄)는 제1의 금물(禁物)이다.

답: 당신 말씀대로 이렇게 구경적(究竟的)인 문답은 괴롭고 귀찮습니다. 좀더 쉬운 설문을 해 주십시오.

문: 하하, 쉬운 문제라고? 그러면 네가 취미를 붙이는 이 세상 인류들이 추구 노력하는 이상이라든가 평화라든가 이런 것이 종당래(終當來) 달성되리라고 생각되는지 어떤지, 이런 것은……?

답: 그것도 막연한데요. 자유에서 생기는 윤리악이 없어져도 물리악이 남을 것이고, 이 인간악은 모든 악을 동기설(動機設)로 환원하여 신에게 책임전가를 하고 선으로 간주하기 전에는 좀처럼 없어질 것도 같지 않고…….

문: 그렇다면 정의니 부정이니 선이니 악이니 하고 떠들어 댈 것도 없지 않은가. 오늘의 우리 사회현실을 놓고라도…….

답: 그래도 인간에게 자연양심(自然良心)이 있지 않습니까? 그래서 그런 거죠.

문: 옳지, 옳아. 그 자연양심이 중요한 거지. 이게 곧 '절대자의 소리'요, '인간선악(人間善惡)을 선택하는 자유'인 것이지. 그러나 그것만 가지고는 부족하지!

답: 그러면 그것 이외 더 필요한 게 뭐죠?

문: 네가 앞서 말한 성교(聖敎), 즉 예수 그리스도의 가르침을 믿고 따르며 그 양심을 갈고 닦는 것이지!

답: 그건 그럴 수밖에 없다고 나도 생각하지만, 그래 당신은 주의 기도대로 "그 나라가 임하시며 아버지의 뜻이 하늘에서와 같이 땅에서도 이루어지소서" 하는 신국(神國)이 지상에 구현될 것 같습니까, 어떻습니까?

문: 하느님의 나라, 즉 진리의 세상이 성취된다는 것을 믿고 그 시민이 된 것이 바로 신자(信者)다.

답: 한 가지 기적 같은 것은 이렇게 확신도 없고 향방(向方)도 없이 자꾸 살아가고 있다는 사실입니다. 이제는 벌써 나도 인생귀로(人生歸路)에 가까웠는데 말입니다.

문: 기적이라면 기적이고, 은총(恩寵)이라면 은총이지! 나도 들은풍월인데 신학에서는 은총도 백성총(白聖寵), 흑성총(黑聖寵)으로 구분하는 일설이 있다는데, 말하자면 신의 은총은 악인이나 그 악행에까지 미치어 그 악행을 끝까지 맛보게 한다는 말일세.

답: 아, 그래요! 저는 흑성총의 장자(長子)인가 봅니다.

"구으 그으, 윽, 구으, 윽"
병실 지붕에서 비둘기가 운다.

나의 연애관

　내가 먼저 밝혀 둘 것은 연애란 한낱 동물적 정욕만의 소산이 아니라, 오히려 관념적인 성향이 짙어서 상대방의 육체적 아름다움뿐 아니라 인격적 가치에 대한 선택이라는 점이다.
　인류가 아직 미개하여 인격적 생활을 시작하기 전에는 오직 종족보전을 위한 충동적 성행위가 있었을 뿐이었는데, 연애는 거기서 진화한 인간들이 인격완성의 욕구에서 오는 일종의 성(性)의 도태(淘汰) 현상이라고 볼 수 있다. 이 도태는 선택에서 이루어졌고, 선택은 가치의식을 수반한 것이었다.
　이렇게 볼 때, 연애의 탄생은 인류 진화사상에 있어 비교적 오래지 않은 현상이라 하겠다. 그래서 연애는 상대를 에로스적으로만이 아니라, 인격적으로 발견하고 선택하고 받아들임으로써 자기의 확대성취를 가능케 하는 젊음의 가장 큰 원동력이기도 하다.
　흔히들 사랑은 받는 것이 아니라 주는 것이라고 하고, 또 이와 반대로 빼앗는 것이라고도 한다. 그러나 연애는 본질적으로 '기브 앤 드 테이크'를 동시에 이루는 것으로, 이 헌신행위의 주고받음은 물질적인 면보다 오히려 정신적인 영역에 속하는 것이다. 그래서 연애하는 남녀들은 서로 자기의 가장 귀한 생명마저 걸어 가며 모든 것을 다 바치겠다고 다짐한다. 그렇지만 이것은 반드시 목숨의 희생을 의미하지 않으며, 또한 그럴 필요도 없다. 오직 서로가 자기의 생명 안의 재산, 즉 자신의 흥미와 지식과 재능과 기쁨 등 모든 소유와 괴로움과 슬픔까지를 상대방에게 줌으로써 그의 삶을 풍족하게 하고 확대강화하면 족한 것이다.

그런데 상대방의 생명 안에 자기가 바친 것은 동시에 되돌려 받게 된다. 이것은 받기 위해 준 것이 아니기 때문에 주는 그 자체가 바로 한량없는 기쁨을 보상해 주기 때문이다. 이러한 소식을 프로이트 학파의 한 사람인 프롬은,

"진실로 줄 때에는 그는 반대로 자기에게 주어지는 것을 아니 받을 수 없다. 남에게 주는 일은 또한 그 상대방을 주는 사람으로 만들며, 그리고 그 두 사람은 생명이 가까워진 기쁨을 함께 누리게 된다."
라고 갈파했다.

이렇듯 연애의 헌신은 피동적 감정이 아니라 항상 능동적이며, 상대방의 사랑에 빠져 있을 것이 아니라 그의 생명과 인간성장에 '끊임없는 관여'를 하여야만 되는 것이다. 여기서 한 가지 주의할 것은 그러한 참여가 폭력화하지는 말아야 한다는 것이다.

"연애는 폭군 중에서도 가장 교만한 폭군이다"라고 누가 말했듯이, 사랑을 착각하여 지배와 착취로 임한다면, 그것이 아무리 상대의 내부에 참여하려는 수단으로 쓰여진다손 치더라도 거기에는 닫혀진 문이나 파괴만을 일삼는 절망적인 방법만이 남게 된다. 그래서 생명의 활동적인 관여란 존경과 합일에서 오는 헌신이어야 한다.

이러한 연애의 헌신행위만이 사랑으로 하여금 연속성을 지니게 하고, 그 가치평가의 향상과 발전이 있는 변화를 가져오며, 행복의 진정한 기쁨을 누리게 하며, 아름다운 결실을 맺게 할 것이다. 그리고 덧붙일 것은 연애도 그 완성에 있어서 인생의 본질처럼 결코 감미롭고 용이한 것이 아니요, 인간이 서로의 내외적인 여건으로

말미암아 제약과 모순과 갈등을 병행한다는 점이다.

 또한 인간의 감정 중에서도 가장 복잡하고 미묘하고 강렬한 감정인 연애는 기대와 실망, 헌신과 요구, 애정과 질투, 확신과 불안, 환희와 고독, 이러한 것들이 서로 쌍곡선을 이루고 있으며, 그러한 감정의 도가니 속에서 자기를 주체하고 상대를 애중(愛重)하기에는 전력을 다하여 그 감정의 폭풍을 참고 견디며 노력하는 길 이외에는 딴 도리가 없다.

 이러한 내외 여건과 감정의 시련 속에서 승리함으로써 비로소 연애는 인생에 있어서 가장 고귀한 것이 되고, 그 가치를 확보하게 되는 것이다.

여성미 이야기

　요즈음 거리에 나가보면 우리 젊은 여성들의 몸맵시나 치레가 놀라울 정도로 좋아지고 말쑥해졌다. 게다가 성형술과 화장술의 덕택인지 하나같이 미인 콘테스트에나 나갈 얼굴들을 하고 있다.
　그런데 한 가지 곤란한 것은 그 젊은 여성이 여학생인지, 여사무원인지, 가정부인지, 술집 호스테스인지 구별이 안 된다는 사실이다. 솔직히 말해서 이렇듯 오늘의 우리 여성들은 개성미는 고사하고 교양미도 잃었다는 얘기가 된다.
　로맹 롤랑과 헤르만 헤세의 서간집을 보면, 그 두 분 중 누가 그랬는지는 기억이 안 나지만 "나는 어떤 사람을 대할 때 그 사람의 식견이나 행동거지보다도 그 사람에게서 흘러나오는 내면의 빛에서 그를 판단한다"라고 하였는데, 우리의 요즘 여성에게선 그 저마다의 빛이라는 게 좀체 느껴지지 않고 있다.
　또 괴테는 그의 〈파우스트〉에서 절세미인 헬레나를 "수없이 찬미 받고 수없이 헐뜯긴 헬레나"라고 하였듯이, 참된 미라는 것은 누구에게나 손쉽게 아름다운 것일 수가 없는데 요새는 모두들 흔히 있는 얼굴과 맵시를 경쟁이나 하듯 만들어 가고 있다. 즉, 미란 그 자체에 있어서나 수용(受容)에 있어서나 개성적인 것이다. 그래서 니콜라이 하르트만은 미의 발견에 있어서 "사랑하는 사람만이 눈뜬 사람이다"라고 갈파하였고, 우리 속담에도 '제 눈에 안경'이라는 말이 있다. 또 그 미의 수용에 있어서도 '곰보 자국 구멍마다

정이 폭폭 든다'는 말이 있다.

그런데 그 개성적인 미의 외형을 살리고 죽이고 하는 것이 바로 그 내면에 달려 있는 것이다. 즉, 어떤 한 사람의 같은 얼굴이라도 그 사람의 심기(心氣) 여하에 따라 변한다. 기쁠 때는 기쁜 얼굴을 하게 되고, 슬플 때는 슬픈 얼굴을 하게 되고, 괴로울 때는 괴로운 얼굴을 하게 되고, 노여울 때는 노여운 얼굴을 하게 마련이다.

이러한 감정의 작용뿐 아니라 그 사람이 지닌 교양이나 지성이 그 외형을 돋보이게 하고 실망을 주기도 한다. 아무리 외형적으로 조형미를 갖추었다 하더라도 그 사람의 언어나 행동에서 무식이나 천박함이 드러났을 때, 우리는 오히려 그 미에서 불쾌감마저 느끼게 된다.

또한 속담에 '일색 소박은 있어도 박색 소박은 없다'는 말이 있듯이 어쩌다 반지르르한 얼굴은 타고났지만 덕성(德性)이 빠져 있을 때, 그 미는 우리에게 받아들여지지 않는다. 여기서 덕성이란 마음씨 곱게 쓰는 것을 말한다. 엄밀한 의미에선 아름다운 얼굴이라든가 아름다운 사람이라는 것이 따로 있는 게 아니라, 우리가 삶 속에서 지니는 '아름답게 보이는 순간'을 뜻하는 것이라 하겠다. 즉, 한 사람이 지닌 마음씨의 아름다움이 외형을 살리는 그런 순간을 말하는 것이다.

가령 예를 들면, 붐비는 버스 속에서 앉은 사람이 서 있는 사람의 짐을 자청해서 받을 때 그 사람의 얼굴, 차장이 노인을 부축해서 태우고 내릴 때의 얼굴, 발등을 밟히고 사과를 미소로써 받아들이는 얼굴, 이런 평범한 얼굴의 평범한 일상 속에서도 우리는 아름답게 보이는 순간과 아름다운 얼굴을 만날 수 있으며, 결국 계속적인 이런 얼굴이 아름다운 사람을 만들어 내는 것이리라.

이렇듯 미란 어느 한 사람의 육신적 조건이 발휘하는 것이 아니라, 그가 지니는 감성과 지성과 덕성의 총량과 총화로 이루어지는 것이다.

오늘날 여성들이 얼굴이나 맵시를 비롯한 외형적 미를 위하여 바치는 돈과 시간과 정성은 실로 엄청나다. 칠하고, 바르고, 문지르고, 뿌리고, 장식하고, 인치나 파운드를 규격에 맞추기 위해 미용체조를 하고, 단식을 하는 등 혼신의 노력을 기울인다. 그러나 여성은 결코 물건이 아니요 사람이다. 사람이 얼굴이나 몸의 부분적 생김새만으로 미가 성립될 수 없음은 자명한 일이 아니겠는가?

물론 나는 육체미에 대한 여성들의 노력을 부정하려 들지 않는다. 오직 이와 함께 정서를 기르고, 교양을 쌓고, 마음을 닦아서 외형의 아름다움을 빛내고 지탱할 내면의 아름다움을 키워 나갈 것을 촉구하는 바다.

결혼의 비의(秘義)

지금은 은퇴 중인 정치가 Y씨의 아드님과 한학자(漢學者)인 L씨의 따님이 얼마 전 결혼을 했는데, 흥그러운 화제를 모은 것은 이 혼사가 당사자들이나 어느 중매를 통해서 이루어진 것이 아니라, 지난가을엔가 저 두 분이 해인사에서 우연히 만나 교환(交驩) 중,
 "당신의 아드님이라면!"
 "당신의 따님이라면!"
하고 부친끼리 정혼을 하고 당사자들이 이에 따랐다는 그 경위 때문이다.

전승(傳承)하는 얘기로서는 낯설지 않지만 자유연애를 구가하는 오늘날 진문(珍聞)이 아닐 수 없다. 필자가 이 이야기를 듣고 바로 연상한 것은 아직도 자유중국에 생존한 법철학의 세계적 권위자 오경웅(吳經熊)박사의 명저 《동서의 피안(*Beyond East and West*)》의 술회 중 한 대목이다.

"열일곱 살에 결혼을 한 아내와 나는 혼례 전에는 서로 본 적도 없다. 둘이 다 겨우 다섯 살 때에 약혼을 하였는데 그것은 우리 양편의 부모님들이었다. 서양 사람들은 이런 고대 중국의 혼인제도가 납득이 안 갈 것이다. 그래서 나의 서양 친구들은 우리 이야기를 듣고서 도무지 믿어지지 않는다고 하며 '어떻게 그럴 수가 있을까요?' 하고 놀라며 우스워한다. 나로서는 그들이 놀라는 것이 우습고, 또 그들이 우스워하는 것이 놀라웠다. 그래서 나는 이렇게

말했다. '그럼, 당신들은 당신의 부모님이나 형제자매를 당신 스스로 고르셨나요? 당신이 고르지 않고도 그들을 사랑하지요?'라고."

이 이야기야말로 인간의 만남과 맺음이란 것이 결코 인위적으로만 이루어지는 것이 아니라, 인간의 힘을 넘은 초자연적 배려임을 너무나도 잘 나타내 준다.

우리나라의 전래되는 결혼관도 '하늘이 맺어 주신다'는 인식이 있으며, 불교에서도 '삼세(三世)의 인연'이라고 하며, 서양에서는 심지어 "전해 내려오는 속담에는 틀리는 것이 없네, 교수(絞首)와 결혼은 운명대로 된다네"(셰익스피어의 〈베니스의 상인〉에서)라고 하여왔다.

그런데 며칠 전 외신보도를 보면, 미국의 감리교 교회의 진 오드리 파워즈라는 여자 목사는 교회에서 이혼자의 예배의식을 거행하자고 주장하고 나섰다고 한다. 그녀의 이론인즉, 만나서 맺은 것도 주님의 뜻이요, 헤어지고 끝나는 것도 주님의 뜻이라는 것이다. 너무나도 인간 멋대로의 편리한 해석이다. 이 주장대로 나가다가는 인간의 모든 허물과 죄악은 신의 탓으로 돌아가서 초자연적 힘, 즉 진리의 절대성은 무너지고 말 것이다. 그리고 이러한 인간중심의 결혼관은 가정을 동물적인 공서(共棲) 이상의 헌신과 창조인 '사랑의 보금자리'를 만들 수 없을 것이다. 그래서 우리 현대인은 앞에 쓴 오경웅 박사의 다음 술회인 "창세기의 아담이 이브만을 주시고 선택할 다른 여인이 없었다고 하느님을 섭섭히 생각했겠는가?"라고 한 유머러스한 반문을 곰곰이 되씹어야 한다고 나는 생각한다.

애정에 대하여

흔히들 이성 간의 사랑을 상대방과의 일치로 여기고, 또 그것을 바라는 사람들이 많다. 그래서 연애 시절에 서로 상대방의 장점이나 미덕에만 반해서 결혼에 골인한 젊은이들이 막상 가정을 이루고 그 공서(共棲)생활 속에서 발견되는 상대방의 단점이나 결함에 실망하여 '결혼은 연애의 무덤', 즉 사랑의 종결이라고 뇌까리기도 하고, 또 그런 파탄이나 체념상태에 들어가기 일쑤다.

이러한 착각과 결론에 도달하지 않으려면, 우리는 먼저 어떤 존재와 또 하나의 존재는 결코 일치할 수 없다는 본질적 인지(認知)를 가져야 한다. 소월의 〈산유화〉에도 "산에 산에 피는 꽃은 저만치 혼자서 피어 있네"라고 하였듯이, 존재와 존재 사이엔 단절과 측량할 수 없는 거리가 있는 것이다.

만일 존재와 존재가 일치한다면, 그것은 그 중 한 존재의 말소다. 가령 인간의 경우에서 일치란 상대방의 인격이나 그 개성의 말살을 의미한다. 이러한 존재의 본질에 대한 간파 위에서 불란서의 여류 철학자 시몬느 베이유는 "사랑한다는 것은 상대방과의 그 거리를 사랑하는 것이다"라고 갈파한다.

실상 우리는 남을 진실로 사랑하자면, 먼저 상대방의 성격이나 능력이나 그 장단이나 여건을 명백히 아는 것이 중요하다. 그렇지 않고선 그 사랑이 맹목적이 되고, 일시적이 되고, 독선적이 되기가 쉽다. 그리고 자기가 인식하는 상대방의 긍정적인 면뿐만 아니라,

오히려 부정적인 면, 즉 그 단점이나 결함 속에 그가 미덕이나 장점으로 발휘할 능력의 씨앗이 깃들어 있다는 사실에 주목해야 한다. 가령 어떤 경솔하다는 사람에게 있어서 그 단점, 즉 그의 특성을 잘 쓰고 잘 발휘하면 곧 민첩한 사람이 되는 것이고, 가령 이와 반대로 점잖고 침착하다는 사람이 그 장점, 즉 그의 특성을 잘못 쓰고 잘 발휘하지 못하면 둔하고 흐릿한 사람이 되는 것이다.

그러므로 사랑이란 상대방의 장점만의 발견과 그것에 대한 애착이 아니라, 그러한 결핍에 대한 이해요, 협력이요, 보완이요, 그 헌신에서 오는 보람이요, 즐거움이다. 그러나 이것은 반드시 목적적이고 의식적이어야 하는 것이 아니고 또한 인고(忍苦)나 희생만을 의미하는 것도 아니다.

그저 서로가 자기의 약동하는 생명 안의 재산, 즉 자기의 개성, 지식, 재능, 흥미, 기쁨이나 슬픔까지를 상대방에게 줌으로써 그의 삶을 강화, 확대하고 풍족하게 하는 것이다. 또한 이와 더불어 상대방의 생명 안에 자기가 바친 것은 되돌아오게 마련이다. 이러한 소식을 프로이트 학파의 한 사람인 프롬은,

"진실로 줄 때에는 그는 반대로 자기에게 주어지는 것을 아니 받을 수 없다. 남에게 주는 일은 또한 그 상대를 주는 사람으로 만들며, 그리고 이 두 사람은 생명이 가까워진 것에 기쁨을 함께 누리게 된다는 것을 의미한다."
라고 말한다.

가정 단란의 비결

나의 아파트 거실에도 '가화만사성(家和萬事成)'이라는 현판을 걸어 놓고 있지만 그야말로 인간만사가 가정의 단란이 없이는 이루어지지 않고, 가령 어떤 생업이나 사업은 이루어진다 해도 그 보람과 기쁨을 찾을 수 없을 것이다.

그런데 요즘 우리 사회에는 표면화한 가정파탄의 사례가 부쩍 늘어가고 있으며, 그렇게까지는 않더라도 가정의 불화나 불목과 부재의 현상이 그 물질적 추구와 풍요에 비례하여 번져가고 있음을 누구나 느끼고 또 경험하는 바다.

지난 정초에 어느 맨션 아파트 단지에서 약국을 경영하는 젊은이가 세문안을 왔길래 얘기 끝에, "요새 어떤 약이 가장 많이 팔리는가?" 하고 물었더니 "수면제와 신경 안정제가 제일 많이 나가죠" 하고서는 덧붙이기를, "모두 물질적으론 흥청들 대지만 골(마음?)은 멍들었나 봐요"라고 하였다.

나는 이 말을 듣고 수면제와 신경 안정제를 복용하는 사람이 있는 가족이 상대적으로 겪을 고통과 그 가정들의 파탄상태가 머리에 떠올랐다. 물론 오늘의 우리 각 가정의 파탄과 불화와 불목과 부재 현상에는 여러 가지 복합적 요인이 있겠지만, 그중 가장 큰 원인은 물질만능주의에서 오는 정신과 정서의 고갈로서, 쉽게 말하면 가정의 화목이나 단란이나 그 행복을 눈에 보이는 물질에서만 얻으려고 하고, 또 그 많고 적음에서 가늠하려 들기 때문이다.

그래서 가정이 본질적으로 지니고 또 지녀야 할 눈에 안 보이는 연대(連帶)의 노력이나 애정의 발휘에 태만하고 소홀히 하게 되고, 아니 이것을 오히려 앞서 말한 물질의 부수물이나 종속적인 것으로 여기고 있게 되는 것이다.

흔히 "우리 집도 돈만 있으면야 말썽이 있을 턱이 없다"라든가 "당신이 돈만 잘 벌어다 주면 나도 이렇지는 않는다"라고 하는데 (저런 입씨름들이 의식주가 해결되지 않는 상태에서라면 몰라도), 실은 저런 가정일수록 돈이 생기면 그 말썽이 더 커질 것이요, 또 저런 주부의 욕심이나 허영에는 한정이 없을 것이다.

한마디로 말해 가정을 화락하게 하고 행복하게 하는 데 가장 필요하고 또 유일한 것은, 동서고금을 통해 애정의 발휘 이외에 딴 것이 있을 턱이 없다. 그런데 이 애정의 발휘라면 모두가 사랑에 취한 신혼 시절이 지나면 부담스럽고, 또 무슨 헌신적 희생행위로 착각하여 스스로는 포기하고 상대방에게만 요구하기 쉬우나, 실은 가족 상호 간의 아주 사소한 마음쓰기, 즉 친절이나 자기억제에 있다. 그리고 이것은 일상적인 생활 속에서 수시로 큰 힘도 안 들이고 해낼 수 있는 성질의 것이요, 또 이것을 실천해 나간다면 틀림없이 가정의 화목과 단란과 그 행복을 깊이 맛볼 것이다.

내가 이제 그 범례를 들어 보겠는데, 이것은 나의 창안이 아니라 벨기에의 가정사목으로 유명한 가톨릭교회의 쉐넨스 추기경의 《생활의 지혜》라는 저서에서 인용하는 것이다. 개중에는 우리의 생활풍속과 차이도 있고 해서 내가 번안한 것도 있음을 밝혀 둔다.

가장(家長)들에게

—주말낚시에 미칠 정도로 재미를 붙였더라도 최소한 한 주 걸러는 가족들과 함께 레저를 가질 것

―부인이 도움을 청했을 때 읽던 신문을 놓고 즉시 일어설 것
―아이들이 저녁때 학교에서의 보고 들은 이야기를 하면 열심히 귀를 기울여 줄 것
―가끔 부인과 함께 백화점이나 장에 가서 물건이나 식료품을 사 올 것
―부인이 바가지를 긁을 때는 이에 대꾸하지 말 것
―부인과 아이들의 생일은 결코 잊지 말 것
―음식이 맛있을 때는 반드시 찬사를 보내고, 입에 맞지 않더라도 반찬투정은 하지 말 것
―큰 아이들에게는 가정의 대사(大事)를 알리고 그 의견도 물을 것
―아이들이 착한 일을 했을 때는 칭찬을 잊지 말 것
―직장 동료의 잘못이나 허물을 가정에 들어가서 말하지 말 것
―의식주를 해결하고 남는 수입의 다만 얼마라도 불쌍한 이웃을 위해 쓸 것(이것은 이상하게 간접적인 가정평화를 가져온다.)

주부들에게
―남편의 일에 흥미를 표시하고, 그 취미에 대해서도 호의적인 자세로 임할 것
―아이들이 놀 때 소란을 피우고 좀 말썽을 부리더라도 너그럽게 대하고 미소로 접할 것
―아이들 앞에서 남편의 장점을 때때로 칭송할 것
―아이들이 같은 질문을 스무 번 되풀이하더라도 성의를 다해 대답할 것
―아이들의 친구가 집에 놀러 오면 이를 반가이 맞고, 또 좀 실수를 하더라도 이를 꾸짖지 말 것
―특히 시댁의 어른이나 손들을 환대할 것

-제일 좋은 식기나 침구, 음식 등을 남편 몫으로 할 것
-어떤 불쾌한 일이 있더라도 이것의 역정을 가족들에게 옮겨서 화풀이를 하지 말 것
-피곤할 때일수록 화평한 얼굴을 지으려고 노력할 것
-이웃 부인들과 사이좋게 지낼 것

큰 사내아이들에게
-청소를 끝낸 마루나 방을 어지럽히지 않도록 노력할 것
-집의 잔심부름을 자진해서 할 것
-아버지와 가끔 마음을 털어놓고 대화하고, 산책도 함께 할 것
-큰누나를 곯리지 말 것
-가정부에게 친절할 것
-어른들에게 불쾌한 말대답을 하지 말 것
-자신들의 의견이 어른들에게 통하지 않는다고 불만을 갖지 말 것
-형제들의 생각이 서로 다른 것을 비난하지 말 것
-동생들의 복습, 예습을 기꺼이 도와줄 것
-동생들과 자주 함께 놀아 줄 것

큰 여자아이들에게
-오빠나 동생의 옷 같은 것을 손질해 줄 것
-자신의 어떤 비밀이라도 어머니에게만은 털어놓을 것
-형제들에게 간혹 놀림을 받더라도 신경질을 부리지 말 것
-가정부를 부리지만 말고 틈틈이 도와줄 것
-아버지에게는 자기의 정성을 표시할 것(가령 아버지가 담배를 피우려 하실 때 성냥을 그어 드리는 것 등)

-아침에 일찍 일어날 것
　　-가족들에게 노래를 가르쳐서 가끔 합창 같은 것을 하게 할 것
　　-부모님이나 형제들의 생일을 누구보다도 정확히 기억할 것
　　-가족의 손님들에게 앞장서서 서비스할 것
　　-동생들을 돌보는 것을 즐거움으로 알 것

　이상의 범례는 읽으면서 느꼈겠지만 누구나 이미 다 알고 있는 평범한 지침에 지나지 않으며, 앞서도 말했듯이 마음만 쓰면 누구나 능히 해낼 수 있는 성질의 것이다. 그리고 이것들을 가족 서로가 실천하려 노력한다면, 그 가정은 틀림없이 화평하고 단란해질 뿐 아니라 그 행복을 맛보게 될 것이다. 아니, 전 가족이 대번에 다 함께 이를 실천할 수는 없다 하더라도 가족 중 어느 한 사람이 자기에게 해당되는 범례를 실행해 나간다면, 그 가정은 연쇄반응으로 머지않아 사랑의 혁명을 이루고 말 것이 틀림없다.

　여기에다 요즘 외국잡지에서 읽은 것으로 위의 가정지침과는 유(類)를 달리하지만, 우리 가정에 참고가 될 범례를 하나 더 소개해 볼까 한다.

　미국의 어느 대학 아동심리학 연구소에서는 전 세계 각 나라 수십 명씩의 어린이들에게 "여러분은 가정에서 부모님께 어떤 것을 기대하고 있는지 그것을 정직하게 써 보내 주십시오" 하고 앙케트를 보냈다고 한다. 물론 그 앙케트는 솔직한 대답을 얻어 내기 위해 익명으로 시행되었다.

　그렇게 해서 수집된 해답은 방대한 기록이 되었는데, 그 연구소에서 이것을 번역해서 분류해 낸 교수들이 그 결과에 놀란 것은, 피부 색깔이 다르고 사회 환경이 다른 모든 어린이들에 의해 표명된 양친에게 향한 희망사항이라는 것이 거의 비슷할 뿐 아니라, 단

순하면서도 너무나 정당하였다는 점이다. 어린이들의 해답을 분류한 열 가지 조항은 다음과 같다.

- 부모님들은 우리 아이들 앞에서 제발 부부싸움을 하지 말아 주십시오.
- 부모님들은 우리 형제들 중에서 어느 한 사람에게만 사랑을 치우치지 말고 공평하게 대해 주십시오.
- 부모님들은 우리 아이들에게 절대로 거짓말이나 식언(食言)을 말아 주십시오.
- 부모님들끼리 서로 상대방에게 좀더 관대하고 부드럽게 대해 주십시오.
- 부모님들과 우리 아이들 사이에 너무 어른으로서의 위엄만 부리지 마시고, 어느 정도 친구와 같은 다정한 사이가 되어 주십시오.
- 부모님들은 당신네 친구나 손님만을 환대하지 마시고, 아이들의 친구들도 초대하고, 또 그들을 환대하는 데 신경을 써 주십시오.
- 부모님들은 손님 앞에서나 다른 집 아이들 앞에서 자기 아이들을 책망한다든가 벌을 주지 말아 주십시오.
- 부모님들은 우리 아이들의 결점에만 눈을 돌리지 마시고, 우리의 장점을 알아주시고 이를 북돋아 주십시오.
- 부모님들은 우리 아이들 질문에 건성 대답을 마시고, 성실한 대답을 해 주십시오.
- 부모님들은 한결같은 얼굴과 변덕이 없는 애정으로 우리 어린이들을 대해 주십시오.

이러한 것이 그들의 양친에게 향한 희망이요, 호소였다고 한다. 어찌 보면 모두가 대수롭지 않은 희망이요, 호소 같지만 나부터가 스스로 반성해 볼 때, 열 가지 중 몇 가지나 저들 요구에 부응했었던가 따져 보니 솔직히 말해 어떤 조항은 전적으로, 어떤 조항은 조금씩이나마 전부 벗어나고 거슬렀다는 사실에 놀라게 된다.

이상 여러 가지 범례에 더 설명을 가하거나 이로(理路)를 펼 것도 없이 오늘의 우리의 가정을 화평하게 유지하고, 삶의 진정한 보금자리로 만드는 것은 물질의 추구나 그 소유에 있지 않고, 세심한 애정의 발휘, 즉 가족 서로 간의 자상한 마음쓰기에 달려 있음을 다시 한 번 강조해 둔다.

새해와 새 삶

새해 새 아침을 맞았다.

아이들의 세배도 받고, 떡국도 끓여 먹고, 친척이나 이웃들과 세문안(歲問安)을 나누며 "새해 복 많이 받으라"고도 했다.

그러면서도 이러한 새해 새 아침의 선의의 축복이 실감이 안 나는 것은 어인 일일까? 나이 탓일까? 더욱이 한 뭉텅이 원단지(元旦紙)의 신문을 펴고 각계 지도자들의 기념사와 명사들의 새해에 부치는 소망을 읽으면서 공허감에 빠지는 것은 어인 일일까? 마치 저들이 지난해도 지지난 해도 내걸었던 빈 구호를 되풀이할 구실을 세월에다 장만하려 드는 것만 같다면 초하루부터 지나친 험담일까?

실상 글줄이나 쓰고 사는 나 같은 사람이야 세월에다 걸어 볼 큰 포부나 계획이 있을 리 없다.

그러나 이렇게 말하지만 마음 한구석 곰곰이 살펴보면 한번 자기도 이 아침의 새벽빛같이 찬란하고 힘찬 시(詩)를 써서 그 시를 읽는 이마다 자기의 본명(本命)을 살피게 하고, 삶의 꿈과 용기와 보람과 의지를 지탱케 하고, 그로 말미암아 이 사회 이 나라에는 정의의 질서 아래 꿀벌 같은 단합을 이루고, 나아가서는 온 세상의 평화에 기여하고 싶은 간절한 염원이 없을 수 없다. 이것은 말하자면 나의 삶의 의지요, 그 증거다. 이렇게 미루어볼 때, 이것은 나에게 한(限)한 것이 아니라, 그 유형은 다르나 내가 서두에 부정적으로 표현한 모든 이들의 새해 축의(祝意)에 잠재한 공통적인 것이리라.

그런데 결국 내가 저러한 황금의 시를 쓰자면 나의 삶이 어제와 같은 맹목과 방황과 그 타성 속에 있어서야 아무리 그런 염원을 가져 본들 소용이 없고, 나의 삶의 근원적 쇄신, 즉 종교적 용어를 빌리면 '거듭나거나' '대오(大悟)'에 나아가지 않고서는 공염불(空念佛)에 지나지 않을 것이다.

> 내가 새로워지지 않으면
> 새해를 새해로 맞을 수 없다.
>
> 내가 새로워져서 인사를 하면
> 이웃도 새로워진 얼굴을 하고
>
> 새로운 내가 되어 거리를 가면
> 거리도 새로운 모습을 한다.

이것은 내가 연전에 썼던 어느 신년시(新年詩)의 한 절로서, 이렇듯 새해를 맞는다는 것은 자신의 삶 자체의 새로움으로 비롯되어야 하고, 그러한 각자의 삶의 쇄신은 가정생활에 새 삶을 불러일으킬 것이요, 이 사회, 이 나라, 나아가서는 온 세상 전 인류에게 파급되어 진정한 새해가 되는 것이다.

모두가 입 담다시피 올해는 국내적으로나 국외적으로나 정치적으로나 미증유의 시련과 도전에 부닥치리라 한다. 이러한 난국 앞에서 그야말로 전 국민의 '대오일번(大悟一番)'의 변신과 전환 없이는 그것을 극복해 내지 못할 것은 그야말로 명약관화(明若觀火)한 일이다.

그러면 이러한 새해에 우리가 새로운 사회를 이룩할 가장 필수적인 요건은 무엇이며, 그 방법은 무엇이겠는가? 나와 같은 인문종사자(人文從事者)로서 그런 측면에서 제시해 보라면, 그것은 국내외를 막론하고 물질과 기술만능주의(技術萬能主義)의 탈피다. 물론 우리 민족의 그 오래고 쓰라린, 막말로 원수 같은 가난 속에서 오늘날 보릿고개 없는 국민생활과 괄목할 경제건설을 이룩한 그 다행과 공적을 누가 부인하겠는가? 또 전체 인류사회만 해도 지상의 과학적 혜택은 물론, 우주탐험에까지 나서게 된 오늘의 과학문명의 발전을 그 누가 몰가치(沒價値)하게 여기겠는가?

그러나 또 한편, 우리나라의 경제 제일주의가 우리 국민의 윤리관을 비롯하여 우리 사회의 정신적 기강과 가치관의 파괴를 가져온 사실이나 오늘의 인류의 문명이 인간을 제도나 생산의 부분품화하고, 나아가서는 그 과학적 성과가 인류의 파멸마저 우려케 하는 사실에 대하여 우리는 정직히 인정해야 할 것이다.

흔히 인용되는 우화지만 생텍쥐페리의 《어린 왕자》에 나오는 여우는 왕자와 작별하면서 아주 소중한 비밀이라며, "세상의 모든 사물과 사리(事理)는 —이상은 필자의 첨언— 마음으로 보아야 잘 보이지, 눈으로는 안 보여! 인간의 가장 본질적인 것은 눈에 안 보여"라고 말한다.

실제로 오늘의 세상은, 특히 우리 사회는 인간의 진실이나 믿음이나 사랑과 같은 인간이 인간으로 살기 위하여 필요 불가결의 필수품들은 보이지 않는다는, 즉 감각적으로 확인할 수 없다는 이유로 헌신짝같이 내버려지고 있고, 또한 출애굽기에 나오는 이스라엘 백성들처럼 황금의 송아지를 만들어 섬기며 서로 다투어 사람의 탈만 쓴 짐승들이 되어가고 있는 형상이다. 그러므로 앞서도 말했듯이 우리는 각자 스스로부터가 배금(拜金)과 기술만능의 우상에서 탈피하여야 하며, 그 파괴로부터 새 삶이 시작되어야 한다고 나는 본다.

좀더 구체적으로 설명하면, 개인이나 가정이나 사회가 가지는 오늘의 상승의 의지가 물질이 목표가 되지 않고, 난관 속에서도 떳떳이 제 소임을 다하는 정신적 상승이 목표요 자랑이 되어야 이 사회는 새해를 맞는 보람을 찾을 것이요, 또 이 해가 지니는 모든 현실적 난관도 극복해 낼 것이다.

이러한 나의 이로(理路)는 인류세계에도 마찬가지다. 요새 흔히 사회과학이나 자연과학에 종사하는 미래학자들 사이에서는 그들의 정밀한 컴퓨터의 분석과 통계에 의하면 폭발하는 인구증가와 식량을 비롯한 자연고갈과 환경위생의 악화로 인류는 불과 수십년도 지탱할 수 없으리라는 절망론(絕望論)들이 대두하고 있다.

그러나 이것은 인간 생명의 내부세계에 대한 지혜와 과학과 기술이 주는 물질적 외부세계에 대한 지식이 그 균형을 잃고 있다는 반증(反證)으로서, 우리 인간은 이제 자연과학에 비례한, 아니 보다 우선적이며 우위여야 할 인간 정신세계 개발에, 나아가서는 저 테야르 드 샤르댕이 말하는 초자연적 영성(靈性) 발전에 힘을 쓰고, 또 희망을 굳게 가져야 할 줄로 안다.

마지막으로 앞에서 쳐든 졸시(拙詩)의 막음연을 적고 붓을 놓는다.

> 이제 새로운 내가
> 서슴없이 맞는 새해
> 나의 생애(生涯), 최고의 성실로써
> 꽃피울 새해여!

마귀의 고기

R군은 나보다는 세 살이 위요, 나의 형보다는 다섯 살 밑이었다. 그러나 그는 나하고도 살뜰한 친구요, 형하고도 허물없는 벗이었다. 그는 그때 열여덟 소신학생이었다. 여름방학 내내 R군은 우리 형제를 날마다 바다로 이끌었다. 그렇다는 것이 그의 집이 우리 윗마을에 있어서 그가 우리집으로 와 우리 형제를 재촉해서야 바다로 나갔기 때문이다. 송도원(松濤園, 원산 해수욕장)에서 갯목 하나를 사이에 둔 바다가 우리의 지정 욕장이었다. 거기는 또한 분도회 신부 수사들의 목욕터이기도 하였다.

R군은 장난을 즐겼다. 특히 멍키 플레이를 잘했다. 흉내도 썩 잘 내거니와 신학생답지 않게 '젖가슴' '속치마' 등 여자에 관한 문제를 내어 곧잘 우리를 웃기고 또 당황하게도 하였다.

그런 어느 날, 갯목에서 굿이 벌어졌다. 이 갯목은 강물이 바다에 드는 물목으로, 그 물 밑이 고르지 못하고 물살도 괴상하게 휘말려서 한 해에도 몇 번씩 인명의 사고를 내는 마(魔)의 장소였다.

무당은 닭 한 마리를 죽은 사람의 혼백으로 삼고 물속에 들락날락하며 미친 듯이 푸념을 하고 빠지는 시늉도 영절스럽게 하더니 닭을 그 채로 물가에 버리고 갔다. 우리 일행도 굿 구경을 하고 돌아와 솔나무 그늘 아래 들어서 한잠들 잤다. 얼마 만엔가 늘어지게 자고 일어났더니 R군이 한구석에서 불을 지펴 무엇을 끓이고 있지 않은가! 우리는 때마다 조개를 잡아선 해변가 인가(人家)에서 냄비를 빌려다 끓여 먹기도 하는 터이므로 처음엔 그가 또 조개를 삶는구나 하고만 여겼더니, 코에 스며오는 것은 찝찔하고 비릿한 조개 냄새가 아니라 구수하고 기름진 고기 냄새가 아닌가!

얼씨구나 냄비를 둘러앉으니 불 지피기에 땀을 뻘뻘 흘리는 R군이 태연히 한마디 하는 것이었다.

"이 냄비에 든 것은 마귀의 고기인데 성인이 될 사람이라야 먹지, 그렇지 못한 사람은 먹지 못한다."

거기다 덧붙이는 설명은 들으나 마나 그것은 바로 아까 무당이 버리고 간 닭을 주워다 끓인 것이다. 우리는 그 말에 조금 섬뜩은 했으나 출출한 속에서 치미는 왕성한 식욕에 모두 다 이 성인잔치에 군말 없이 참여하였으며, 마귀 다리와 살코기를 진탕으로 잡쉈던 것이다.

이런 즐거운 나날이 흘러서 개학을 2·3일 앞둔 어느 날, 그날도 하루를 바다에서 지내고 이제는 돌아오려고 민물에 몸을 씻으러 갯목에 들어간 참인데 한 걸음 앞장서 들어간 R군이 갑자기 "나 **빠진다! 나 빠진다!**" 하며 싱글벙글하길래(이것은 정확한 기억이다) 나는 쳐다보고서도 '또 장난이겠지' 하고 몸만 닦고 있었다. 그랬더니 R군은 헤엄치듯 두어 번 머리를 물속에 곤두박았다 냈다 하고는 그만 사라지고 마는 게 아닌가! 그제야 내가 고함을 쳤으나 바로 옆 뱃전에서 일하던 어부들도 너무나 순식간의 일이라 처음엔 멍하니들 있다가 한참만에야 구조에 나섰으나 허탕이었다.

시체는 다섯 시간 후인 밤 아홉 시에야 그물에 건져졌다. 나는 이것이 처음 죽음을 접한 것이어서 공포도 공포려니와 친구를 멀건히 보면서 죽였다는 죄책감에 얼마 동안 동네에 얼굴을 들고 다니지 못했다. 그러면서도 무당의 닭고기 비밀만은 스스로의 불안감도 있고 해서 종시 발설치 않고 말았다.

나는 여름이 되면 으레 이 소년 시절의 마귀의 고기와 R군의 죽음을 회상한다.

여백의 계절

이 계절이면 머리에 떠오르는 것은 오 헨리의 명단편 〈마지막 잎새〉다.

어떤 아파트에 늙고 외로운 무명화가와 중병이 든 여인이 함께 살았는데 그 여인은 자기 생명이 창밖에 있는 나뭇잎새가 떨어짐과 함께 진(盡)할 것으로 믿고 있다. 어느 폭풍우가 이는 밤, 여인의 이런 절망적인 심정을 알고 있는 늙은 화가는 잎새가 다 떨어질 것을 두려워하여 자기가 그려서 만든 잎사귀를 남몰래 나무에 올라가 매달아 놓는다. 그리고 나서 화가 자신은 기력이 다하여 죽고 만다.

30년 전 학생 시절에 읽은 소설이라 여기 그 줄거리마저 자신이 없으나, 나는 이 소설을 읽고 일본 동경 하숙방에서 어찌나 감격했던지 찔끔찔끔 울었던 기억이 난다.

나는 그때 나도 그 무명화가처럼 세상에 알려지지 않아도 좋으니 그가 그려서 빈 나뭇가지에 매단 잎새처럼 나의 시작(詩作)도 나의 삶의 최고 성실로 차서 한 생명이나 한 영혼의 위로이기를 바라고 또 다짐했었다. 그러나 나의 오늘은 이와 반대로 허명(虛名)만이 남고, 나의 시는 나의 인생의 계절과 함께 아궁이 속에 불 지펴질 가랑잎이 되고 말았다.

이렇듯 중년 고비에 이르러 회귀(回歸)에 들고 보면 이 계절이 가져다주는 의미가 절실해진다. 저 소년 시절의 아롱진 동경과 청춘의 백열하던 낭만, 애증과 환락, 웅비(雄飛)와 전락(轉落), 갈원(渴願)과 절망 등이 회오리와 수치로 대치되며, 이제 이룬 것이라곤 하나도 없는 공허감이 엄습한다. 더욱이 신앙인인 나로서는 영혼의 창고가 텅 비어 있음을 살피게 되고, 겨울처럼 닥쳐올 내세(來世)가 두려워지기까지 한다.

    은(銀)싸라기를 뿌린 아침밭에
    이 또한 머리에 흰 서리를 인
    사나이가 우두커니 서 있다.

    기름진 나날과
    달디 단 꿈을 엮고 나선 게 아니라
    괴롭고 긴 밤을
    몹시 시달리고 난 모습이다.

    겹치는 재변(災變)에다
    일손마저 굼떴던지
    추수(秋收)도 못한 이 밭은
    빈 나락과 마른풀만이 엉켜 뒹굴고
    때아닌 곳에 푸성귀 몇 포기
    그의 철모르는 자식들처럼
    한구석 푸르게 자라고 있다.

    금은(金銀)의 햇발을 받아

얼어붙었던 대지(大地)는
사내의 가슴처럼
한(恨) 서린 입김을 내뿜는데

초동(初冬)의 매몰스런 바람 한 오라기
밭머리 고목 가지의
마지막 잎새를 흔들고 지나가며
사내의 눈에다
찬이슬을 맺혀 놓았다.

  나의 연작시(連作詩) 〈밭 일기〉의 하나로, 밭도 사내도 나의 오늘의 '더블 이미지'라 하겠다. 그러나 이러한 감상과 우수 속의 침전이 결코 인간을 무기력하게 함도 아니요, 실의(失意)만에 머무르지 않게 하는 데 이 계절의 특성이 있다. 즉, 우리의 사색이나 상념을 봄이나 여름처럼 외향(外向) 세계로 약동시키거나 줄달음질치게 하지 않고, 그 시점(視點)을 내부로 향하게 함으로써 자기 삶을 향한 새로운 점검과 시도를 갖게 하는 것이다.
  아침저녁 된서리가 내리고 세찬 바람이 휘몰아치며 흰 눈이 천지를 덮게 되면, 우리의 몸과 마음속의 열기와 타성도 새로 한번 가셔지고, 새로운 생명의 환기와 생활의 쇄신을 가져다준다. 이것은 봄에 맛보는 훈훈한 생기나 신선이 아니라, 모든 고난과 신산(辛酸) 끝에 열기를 뿜고 난 후에 오는 좀더 드높은 청렬(淸冽)인 것이다. 여기서 비로소 우리의 인생 관조의 눈은 떠 가는 것이다.
  그리고 우리는 옛 화인(畫人)들이 즐겨 그린 서리 핀 아침 고목 가지에 펼쳐진 그 여백의 드맑음 속에서 가장 찬란한 계절을 감각할 것이다.

제야(除夜)

 이제는 모두 미진(未盡)을 안은 채 좋건 궂건 집으로 돌아와서 자리에 들었을 시간이다. 한 해를 충실하게 산 다행한 이들은 이미 단잠을 이루었을지 모르고, 나처럼 허둥지둥하다가 세월을 보낸 이들은 나처럼 눈을 말똥말똥 뜨고 몸을 뒤채고 있을지 모른다. 어쩌면 더 많은 사람들이 망년회 몇 잔 술에 취해 생각하면 골치라는 회피와 체념에서 일찍 곯아떨어졌는지도 모르겠다.
 글줄이나 쓰고 사는 나 같은 사람이야 세월에다 그리 큰 포부나 계획을 걸어놓는 것도 아니요, 또 세월에 속을 만큼 그리 천진스럽지도 않고, 또 이제 한 살 더 먹어 보았자 그리 한스러울 나이도, 자랑스러울 나이도 아니다. 실상 지금 나에게 하다 놓친 큰 사업이 있는 것도 아니요, 졸릴 만한 빚이 있는 것도 아니요, 또 어느 누구와 원수를 맺고 해를 넘기는 것도 아니다. 오히려 지난해는 고질이 있는 몸으로서 그런 대로 소강(小康)을 유지해 왔고, 소업에도 게으른 편은 아니었고, 가족들도 탈 없이 제구실을 다하였다. 그런데도 내 가슴 저 밑둥에서 회오리 눈보라처럼 쳐오는 이 허전과 아쉬움은 무엇 때문일까? 곰곰이 따져 솔직히 고백하면 이것은 내가 아직도 확신이 없는 삶을 살고 있는 것에 연유한다. 기독교 신앙을 가졌다지만 그 교리와 교회의식(儀式)에 익숙할 뿐, 엄밀히 자기를 반성하면 신앙을 안 가진 사람과 다를 바 없고, 글을 쓴다지만 자기로서의 사상이나 달관은 없이 천박한 지식이나 일시적인 느낌이나 투철치 못한 직관만에 의지하여 메워 가고 있는 자기를 살필 때 자기 삶의 공전(空轉)을 안 느낄 수가 없다.

이런 나에게 이 밤에 진실하고도 절실한 염원을 세우라면 그 무엇일까? 입 밖에 내기가 쑥스럽지만 비적(秘蹟)에나 접하지 않고선 내일부터의 삶에 아무 해결도 있을 것 같지 않다. 홀연대오(忽然大悟)! 그래서 새해엔 저 20세기 은총의 시인 폴 클로델처럼 황금빛 시를 써보는 것이리라. 그러지 않고선 나의 삶은 공전의 거듭이요, 거기에 따른 나의 소업이나 소위(所爲)도 도로(徒勞)에 끝나는 것이 아닐까?

그러나 '도그마'보다도 더 뚜렷이 신의 계시를 체험했다는 폴 클로델도 "너희가 신을 알았을 때, 신은 한시도 너희를 그대로 두지 않을 것이다"라고 한 것으로 미루어 신의 체험이 결코 안온(安穩)이 아님을 짐작할 수 있고, 또 저 소동파(蘇東坡)의 견성구(見性句)에도 "깨치고 보아야 별것이 아니었네. 노산(盧山)은 (여전히) 안개로 덮이고 절강(浙江)은 (여전히) 파도가 치네(到得歸來無別事 廬山烟雨浙江潮)"라고 되어 있다.

그러니 내가 이렇듯 삶의 근본 변경이나 하려는 듯 덤비는 태도가 우스꽝스러운 게 아닐까? 형이상적(形而上的) 발돋움도 형이하적(形而下的) 허욕과 매일반으로 부자연스러운 것이 아니랴.

뎅, 뎅, 뎅, 제야의 인경 소리가 울려온다. 옆방의 가족들이 모두 잠들어 쌕쌕 고른 숨소리만이 들려오다. 나는 이제 소박한 나로 되돌아온다. 이 밤을 가족과 함께 이렇다 할 불행도 없이 따뜻한 거처에 자리한 것부터 감사한 생각이 든다.

이제야 정말 회오(悔悟)에 밀려 일어나 성상(聖像) 앞에 무릎을 꿇는다. 그리고 소박한 꿈과 신뢰를 가지고 합장한다.

요한 23세의 덕담(德談)

우리집 대청마루 벽에는 교황 요한 23세의 사진이 모셔 있다. 나는 월남을 해서 선고(先考)의 영정도 없으니 대신 잘되었다는 생각으로 교황이 갈리셔도 그대로 붙여 놓고 있다. 또 그 후덕(厚德)하신 모습을 사진으로만 뵈어도 마음이 흐뭇해지며 좋다.

비오 12세가 "칠죄(七罪)의 연못 속을 헤쳐 나와도 물들지 않는"(단테 〈신곡〉 중에서) 천사적 교황이시라면, 요한 23세 영감님은 고해격랑(苦海激浪)을 겪고 넘어서 피안에 이르른 말갛게 된 동양의 신선(神仙)과 같은 대덕이라 하겠다. 나는 여기서 요한 23세의 저 획기적인 업적을 찬양하려는 게 아니라, 내가 전기나 글에서 얻어 보고 또 주워들은 일화 몇 가지를 그 덕담으로 해 보려고 한다.

요한 23세가 서민적인 것은 널리 알려진 바로서 식사를 여러 사람과 하기를 즐기셨다고 한다. 상고(詳考)치는 못하나 교황이 홀로 식사를 하시는 관례를 이분이 깨셨단다. 그는 말씀하시기를, 식사를 혼자 하면 속이 편찮으시다고 술회하셨다는 것이다.

그런 어느 날, 교황께서는 점심을 잡수시고 로마 성전 뜰을 거니시게 되었다. 그날은 마치 흥부에게 제비가 박씨를 갖다 주던 그런 화창한 봄 날씨였나보다. 정원에는 잔디를 깎고 매만지던 일꾼들이 막 중참을 벌여놓고 있었더란다. 이미 상상되겠지만, 그들은 빵은 어린애 베개만큼씩 한 것에 포도주를 마시고 있는 참이었다. 요한 23세 교황께서는 그곳을 지나치시다가 맛있게 먹는 그들을 보고 나도 포도주를 한 잔 달라고 하셨겠다. 그러니 일꾼들이 머뭇머뭇할 수밖에! 교황께서는 그들 중 누가 먹던 포도주병을 드시더니 당신 수단(수의[修衣])에다 병 아구리를 쓱쓱 씻고 병나발을 부셨던 것이다. 그리고 그 가격을 물으시고 값이 너무 비싸다고 하셨기 때문에 로마의 포도주 값이 일시에 내렸다는 이야기다.

또 취임 초에는 이런 일도 있었단다. 당신 고향에서 농민들이 축하를 왔다. 이들의 알현을 받으신 교황께서는 그들의 순박하고 정성어린 축하에 하신다는 말씀이, "교황이란 그렇게 좋고 훌륭한 직책이 아니야! 나는 여기 성청 안에 있는 40여 명 추기경들의 행사표의 포로밖에 아무것도 아니야" 하시더란다.

그런가 하면 또 이렇듯 풍자가 신랄하였던 이야기도 있다. 그분이 주불대사(駐佛大使)로 계실 때, 파티에서 어느 귀부인의 지나치게 육체를 노출한 치장을 보시고 사과 하나를 집어 주시면서, "부인이여! 당신은 이 사과[선악과]를 자시고 부끄러움을 아십시오" 하였더란다.

이분 얘기를 하자면 내가 아는 것만 해도 이 글 몇 장으론 안 된다. 오직 내가 말하고 싶은 것은 이분에게는 벌써 이승에서 자기 안에 유무(有無)가 상통화해(相通和解)되어 서로 대립이 없었다는 것이다. 나의 소견으로도 헤아려 보건대, 그 경지는 사물 전체가 선악과 고저장단(高低長短)이 확연하나 차등(差等)이나 대립이 없는 경지 같다. 우리는 나 이외에서는 선(善)과 선이 대립하고, 차등을 갖고 호오(好惡)가 선명하고, 자기 자신 안에서도 선악이 대립하고, 호오의 구별이 있고, 대립이 절벽처럼 마주한다.

불교적인 문자를 빌리면 불이(不二), 무애(無碍)에 드셨다고나 할까! 물론 우주 만물의 주재자(主宰者)이신 묘유(妙有: 천주) 품 안에서의 얘기다.

통공(通功)을 믿을진대, 변방의 시인(詩人) 하나도 당신의 조속한 성인열품(聖人列品)을 축원(祝願)한다.

야인(也人) 선생과의 영혼놀이

내가 야인 선생을 처음 뵙기는 벌써 30년이나 된다. 1941년 여름 방학 때 일본 동경에서 돌아와 나의 형(구대준 신부, 당시 덕원 신학교 교감)에게 가니 형과 잘 어울리는 중년신사(?) 한 분이 담소하고 계셨다. 즉, 두 분은 키가 작고 동탕한 체격인 데다가 그 선량함이 외양에까지 내배는 분들이었기 때문이다.

수인사 끝에 내가 대학에서 종교학을 전공한다는 것을 아신 선생은 동서 종교의 비교론 같은 것을 화제로 꺼내시더니 그 해박한 지식을 그칠 줄 모르게 털어놓으셨다. 솔직히 말해 나는 그 당장엔 선생께 조금 저항을 느꼈던 성싶다. 왜냐하면 나는 한시바삐 형제끼리의 회포를 풀 시간을 원했던 것이요, 또 대학의 강의를 들은 하찮은 지식으로 건방져 있었던 것이다.

그래서 선생이 자리를 뜨신 후, 이런 투의 느낌을 말했더니 신부형은 내 말을 가로막으며,

"네가 아직 사람을 몰라봐서 그렇지, 한국의 지식인치고 저렇듯 동서사상에 해박하고, 또 구도적(求道的)인 자세가 진지한 분은 만나보기 힘들 것이다. 저분이야말로 우리 교회의 보배시다."

라고 말하면서 선생의 인생 역정을 대강 소개하여 주었다. 즉, 공부는 북경에서 하시고, 공산주의자가 되셨다가 회심하여 불교를 연구하러 입산까지 하셨었고, 마침내 가톨릭에 귀정(歸正)하셨다는 등의 설명이었다. 그런 형의 설명만으로 나는 또 금세 선생을

존경의 대상으로 삼기에 넉넉하였다.

그 후로 신부형과 야인 선생의 친교는 깊어 가서 그 다음해인가 선생이 다시 방문했을 때는 형에겐 《대백과사전》(大百科事典, 일본 평범사 간행) 한 질을 선사했고, 베네딕도 수도원엔 토마스 아퀴나스의 《신학대전》(神學大典, 중국어판) 전질을 기증하셨다. 그리고 그 해인가 일본의 성지순례를 떠나셨는데, 곳곳에서 보내신 감동적인 글발을 형이 자랑 삼아 나에게 보여 주어 나도 감명 깊게 읽었다. 그때 인상적인 것은 선생이 일본 창씨명을 쓰셨는데, 그것이 목원신(牧元信)이라는 이름이었다. 이 글자들로 미루어 보아도 선생의 입교가 얼마나 열렬한 것이었는가를 엿볼 수 있다.

이러다가 해방이 되어 나의 신부형은 1947년 북한 공산당에게 납치당한 채 생사불명이 되었고, 나는 남하해 있었지만 혼란통에 선생을 찾아뵙고 말고가 없던 중, 동란 중 피난지 대구에서, 그것도 성가병원에 거류하시던 최민순(崔玟順) 신부님 방에서 정말 뜻밖에 다시 만나 뵙게 되었다.

그날부터 나는 신부형 대신 선생의 뜨겁고 분에 넘친 형제애에 목욕하게 되었다. 더욱이 이때 내가 근무하던 〈영남일보〉 주필실에는 마해송(馬海松) 선생이 함께 계셨으므로 선생은 더욱 자주 오셨고, 머지않아 성악가 권태호(權泰浩) 선생과도 명콤비가 되셨다.

선생과 나는 만날 적마다 대개 술자리를 벌였다. 억병으로 마시고 떠들고 노래하고 춤추고 때로는 울고 이렇듯 소란을 떨었다. 그러나 일반적인 술판과 다른 것은 우리의 술판은 언제나 천주님만이 화제와 주정의 중심이었다. 그래서 선생과 나는 우리의 술자리를 '영혼의 놀이터'라고 불렀다. 어떤 때는 우리는 선생의 선창(先唱)으로 아시시 프란체스코 성인의 '태양의 노래'를 부르며 천주님을 찬미하였다.

> 내 주여! 당신은 우리의 형제, 해님에게서 찬미를 받으소서.
> 내 주여! 당신은 우리의 자매, 달이며 별들에게서 찬미를 받으소서.
> 내 주여! 당신은 우리의 모친인 땅에게서 찬미를 받으소서.
> 내 주여! 당신은 우리의 형제인 술에게서, 이 막걸리에게서 찬미를 받으소서.
> 내 주여! 당신은 우리 자매 술잔에게서, 이 놋그릇 잔에게서 찬미를 받으소서.
> 내 주, 천주여! 당신은 특별히 우리의 문둥이 같은 형제 주정꾼, 모주꾼 형제의 찬미를 받으소서.

이것은 물론 〈태양의 노래〉를 그 좌석에서 즉흥적으로 따서 우리들의 노래로 삼은 것이다. 그런가 하면 어떤 때는 가르멜의 큰 데레사 성녀의 말씀을 흉내 내어 천주님을 원망하기도 하였다.

> 천주님!
> 당신의 친구 대접이
> 겨우 이 꼬라지란 말입니까?
> 그래서 당신에겐 그렇듯
> 친구가 적단 말이에요!

하면서 밤이 새도록 '네 꼬라지, 내 꼬라지' 타령만을 늘어놓았다.
이것은 데레사 성녀의 일화에 나오는 얘기다. 성녀께서 언젠가는 나귀 수레를 타고 순례를 떠나셨는데, 시골길 개천을 건너시다가 나귀의 한 발이 물속 돌에 미끄러져 껑충 뛰는 바람에 당대 절색(絶色)이요, 거룩한 동정녀는 공중잡이가 되어 도랑에 나둥그러졌다. 엉망진창이 되어 일어나면서 성녀의 입에 담은 말씀이 만고의 걸작!

    천주님!
    당신 친구 대접이
    겨우 이 꼬라지란 말입니까?

우리는 또 어떤 때는 저 영국의 시인으로 아편쟁이로 빈민굴을 헤매다 죽은 프랜시스 톰슨(1859~1907)의 〈하늘의 사냥개〉의 구절들을 외우며 자신들을 탄식하기도 하였다.

    나는 그로부터 도망친다.
    밤이나 낮이나, 몇 해를 두고
    그로부터 도망쳤다.
    내 마음의 얽히고설킨 미로(迷路)에서
    그를 피하였다.
    하염없이 눈물을 흘리며
    웃음소리가 뒤쫓는 가운데
    나는 그로부터 숨었다.
    (중략)
    그러나 서둘지 않고 침착한 걸음걸이로
    신중하고도 위엄 있게 뒤쫓는
    저 발자국 소리보다도 더 절박하게
    하나의 목소리가 울려온다.

나를 배반한 너는 모든 것에게
배반당하리라—고

  이것은 천주님이 마치 달아나고 숨고 뿌리쳐도 쫓아오고 따라오는 사냥개 같다고 저주하듯 노래한 톰슨의 시를 우리도 스스로 너무나 체험하고 있기 때문이다.
  우리는 또 언젠가 모여서 제4회 수도회(?)(가톨릭에서 재가 수도[在家修道]생활을 제3회라고 하는데 한 등[等] 내려 제4회라고 하였음) 발회식을 가졌다. 물론 야인 선생이 원장이 되셨고, 그의 축복으로써 내가 첫 수련자가 되었다. 그리고 우리는 다른 회칙은 없으나 회원자격만은 규정하였는데, 오직 '영혼의 나창환자(문둥이)'라야만 된다는 것이다.
  나는 위에서부터 편의상 '우리'라는 표현을 썼으나 이것은 내가 〈돈키호테〉의 '산초판사' 모양 선생의 '영혼놀이'의 상대가 되었다는 것뿐이지, 이상 모든 천주님께 향한 갖가지 지향과 그 찬미 방안은 오로지 나의 원장님, 야인 선생의 창도(唱導)에 의한 것이었다. 실상 선생은 나의 영신생활을 가장 이해해 주시고 즐겁게 해 주시는 지도자였다. 어쩌면 고해를 앞에도 나서지 못하고 있는 애기마저 선생에게는 다 털어놓을 수가 있었고, 또 성사의 비의(秘義) 속에서도 맛보지 못하는 신앙의 기쁨을 선생과 함께 있을 때 마음껏 누리기도 하였다.
  이제 선생과의 이런 추억들을 생각하면 불과 엊그제같이 내가 몸소 체험한 일인데도 천 년 전 신라시대 고승대덕(高僧大德)들의 일화나 전설을 회상하는 느낌이다. 이렇듯 선생은 각박한 현존에서부터도 초월된 삶을 살다 가셨다.
  이미 선생은 나의 신부형과도 영복소에서 만나셨고, 그렇듯 읊조리던 천주님을 누리고 계실 것이다. 그래서 나는 북받쳐 오르는 슬픔이나 넋두리를 걷고 오직 산 이와 죽은 이의 통공(通功)을 믿고 바람으로써 당신의 수련자인 이 영혼을 끝까지 보살펴 주실 것을 합장하는 바이다.

한 은수자의 죽음
—최민순 신부님 영전에서

부보(訃報)를 받고 달려가 백포를 젖히고 뵈온 당신은 빛이 검어진 탓도 있겠지만 어제까지의 그 청수하고 단아한 모습이 아니라 무서운 격투(格鬪)를 이겨 낸 거인의 모습으로 인간적인 비통(悲痛)을 거부하는 느낌이었습니다.

이것은 평소 당신이 너무나 인자와 겸허로 감싸고 계셨고, 또 저는 영육 간 일방적으로 위로를 받아왔기 때문에 실상 당신이 지고 계신 십자가의 그 큰 부피나 무게에 등한했다는 죄책감에서였는지도 모릅니다. 하기야 신부님의 신학적 역정이나 문학적 작업을 비교적 가까이서 접해 온 제가 그 구도적 아픔과 기쁨에 전율하는 당신의 내면을 아주 짐작 못한 바는 아닙니다.

> 접동새처럼 십자가 나무 위에 집을 짓고
> 새도록, 밤새도록 울어옙니다.
> (중략)
> 피울음 울어서 날이 밝으면
> 십자가 나무에
> 꽃이 핍니다.
> —고인의 시 〈접동새처럼〉에서

이렇듯 당신은 격렬한 고통을 안으로 안고 영혼의 피울음을 울고 계셨고, 그래서 신비수덕(神秘修德)에다 자기를 집중시켰던 것입니다.

그러나 신부님의 철저한 은수자의 생애 속에서 유형으로 남기신 업적만으로도 결코 불만스러운 것이 아닙니다. 시집 《님》(1955), 《밤》(1963), 수필집 《생명의 곡(曲)》(1954) 등 창작을 비롯해 당대의 명역(名譯)으로 꼽히는 구약성서의 〈시편〉(1968) 단테 〈신곡〉(1960), 세르반테스의 〈돈키호테〉(1960)가 있고, 그 외에도 가톨릭 신앙의 수많은 고전들이 당신의 손으로 이 땅에 소개되었습니다.

일반의 이해를 위하여 불교적 표현을 빌리면, 당신은 선교쌍수(禪敎雙手)의 경지로서 한국 가톨릭뿐 아니라 전체 종교계 문화계에 희귀하신 존재였고, 이제 저희는 바로 그런 분을 잃은 것입니다.

신부님, 제가 이런 얘기를 늘어놓고 있으면 천상에서도 "구상은 객쩍은 소리를 한다"고 예의 독특한 표정대로 몸을 움츠리시며 손을 절레절레 흔드실 것입니다.

천상 말이 났으니 말이지 당신은 지금 당신의 지도로 영세하시고 먼저 가 계신 마해송, 박진 선생님이랑 만나시어 얼마나 반갑고 즐거우십니까? 이 못난이 저의 말씀도 나누고들 계시겠지요. 그야말로 확신 속의 죽음이기에 누리는 그 신비 속의 그 평안, 어쩌면 부럽기마저 합니다.

> 이제 갈 것은 모조리 가고 남은 것 하나
> 생명의 꽃이 이 손에 피었사오니
> 받아 주소서.
> −고인의 시 〈고목의 기도〉에서

원효의 파계행(破戒行)

너무나 유명하고 누구나 다 알 법한 얘기라 꺼내기도 쑥스럽지만 나는 원효대사의 파계담을 떠올릴 때마다 고행수덕(苦行修德)의 한 최상의 경지를 생각해 보곤 한다.

내가 아는 지식이래야 고작 《삼국유사》의 원효불기조(元曉不羈條)가 담뿍이지만, 그 대목만 가지고도 우선 실계(失戒)하기 전 원효는 당시 무열왕(武烈王) 김춘추(金春秋)가 "그 스님이 귀부인을 얻어 훌륭한 아들을 낳고자 하는가 보다. 나라에 큰 인물이 나면 그 이익이 막대한 것이니라"고 말하면서 원효의 춘의(春意)마저 무조건 국익으로 간주하고 그 상대를 지시 주선할 만큼 전 국민적인 존경과 인기가 절정에 달했음을 능히 짐작할 수 있다.

그렇다면 원효에게 있어 저러한 외적인 성예(聲譽)에서 오는 자기 허상(虛像)이야말로 수도자로서는 가장 감당하기 힘든 대적과 마주 선 것이 된다. 도고마성(道高魔盛)이라고 수덕행(修德行)이 높아갈수록 자기 방황과 가책은 거기에 비례한다. 우리는 흔히 각자(覺者)나 성인들을 부전승(不戰勝)의 초인간으로 여기고 말지만, 실은 그들의 내면처럼 비참한 것은 없다.

얘기가 좀 다르지만, 프랑스의 가톨릭 작가인 조르주 베르나노스는 〈악마의 태양 아래서〉라는 작품에서 성인을 모델로 한 주인공의 입을 빌려 "나는 악마의 발 아래 깔려 있다. 옴짝도 못하게스리, 악마에게 목까지 잠겨 있다. 악마는 나를 이제 자기의 연장(도구)으로 쓰고 있다……"라고 절규케 함으로써 한 성인의 영적(靈的) 고투와 그 신음을 여실하게 그리고 있다. 또한 인간의 참모습을 아는 이에겐 세상이 만드는 자기나 남의 허상이 얼마나 두렵고 허무하고 참을 수 없는 것인가를 대강 다음과 같이 설명하고 있다.

"선남선녀들이 그 화상(畫像)에서 만나듯, 또 철학자들이 그 웅변이나 건강을 부러워하는, 금빛 수염을 달고 혈색 좋은 그런 인물을 성인으로 착각해서는 안 된다. 그들이 당하는 고통은 세상이 상상하는 것 정도가 아니다. 그것에 비교하면 천재(天才)의 불우함 따위는 약과에 불과하다. 그들에겐 밤낮없이 칼끝이 위협하는 것 같은 고통이 따르게 마련이다."

여하간 원효에게 있어서도 이교도인 내가 헤아리는 바와는 차이가 있을지 모르지만, 자기 허상이 자기 완성에도 방해될 뿐 아니라 불도를 전파하기에도 부적당하다고 여겼기 때문에 이를 파괴하기 위한 방편으로 가장 치명적인 사음(邪淫)에 의식적으로 나아갔을 것이다.

그렇지 않고 원효의 소행이 단순한 음심에서였다면 막말로 얼마든지 있었을 여자들을 하나 골라 은밀하게 이를 충족시키는 것도 어렵지 않았을 텐데, 하필 서울의 거리에서 "누가 자루 없는 도끼를 내줄 것인가, 내가 하늘을 버틸 기둥을 깎아 보련다" 하고 좀 수상쩍은 소리를 하여 자기의 음심을 널리 선전 광고할 까닭이 있었겠는가?

또한 김춘추가 앞서도 말했듯이 그 나름의 엄청난 신념과 현실적 계산(?)으로 이 스님의 외도를 주선했는데, 그 칙명을 받은 관리가 원효를 찾으려 하니 그는 이미 남산(南山)의 절에서 내려와 문천교(蚊川橋)에서 이를 기다린 듯 과부집(요석궁[瑤石宮])에 갈 구실을 마련하기 위하여 일부러 물에 떨어져 옷을 버리는 등 사전에 계획된

트릭을 연출하는 것만 보아도 그 소행이 의식적임을 알 수 있다.

　이렇듯 자기를 현실적 멸망에 이끌어 가기 위해서는 선(禪) 용어를 빌리면, 백척간두의 영적(靈的) 모험이 감행된 것이요, 거기에 따르는 용기나 고통 또한 우리 범인의 상상이 미칠 바 아니다. 가령 방편의 대상이 된 요석공주와의 맺고 끊음, 그것 하나만으로도 얼마나 인간적인 괴로움이 수반되었겠는가? 또한 이로 말미암아 이제까지 원효에게 기울였던 그 존경에 반비례하여 세상의 비난과 타기가 얼마나 극심하였을까도 쉽사리 짐작된다.

　그러나 한편, 원효는 이제 완전히 허상의 껍질 속에서 탈피한 자기를 찾을 수 있었으며, 비로소 완전한 자유를 찾았고, 가장 진리에 목마른 민중에게 자연스럽게 접근할 수 있게 되었다.

　"원효가 실계(失戒)한 후로는 속복으로 바꾸어 입고 소성거사(小姓居士)라 호하고 광대를 흉내 내어 큰 박을 둥둥 치고, 이를 가지고 수많은 촌락을 돌아다니며 노래하고 춤추며 염불하였으므로 가난한 집들과 선머슴까지도 부처님을 알고 섬기게 되었다."

라고 한 것은 그의 고행수도가 성취되었음을 확인시키는 것이다.

공초(空超) 선생의 치세훈(治世訓)

공초 오상순 선생 하면 생전에 나처럼 가까이 모신 사람에게 있어서도 마치 《삼국유사》에 나오는 전설적 인물 같은 느낌이 들지만, 실은 올해가 겨우 그분의 10주기이다.

이렇듯 선생이 아득하게 생각되는 것은 그 투철했던 정신주의나 그 행적이 오늘의 물질위주의 기술사회 속에서는 너무나 동떨어진 모습이었기 때문이리라.

선생 생전의 기행일화(奇行逸話)야 하도 많지만 요즘 세태 속에서 가장 절실하게 되살아오는 그 한 가지를 소개하고자 한다.

그것은 아마 1952년 소위 부산 정치파동이 한창때이던가 싶다. 온 세상이 떠들썩하던 그 어느 날, 공초 선생은 홀연 그때 나의 일터였던 대구 영남일보사 주필실로 찾아오셔서 불쑥 하시는 말씀이,

"상(常)! 내가 어지러운 이 나라 이 사회를 건지고 바로잡을 묘방(妙方)이 하나 있는데, 그것을 사설(社說)로 좀 써달라구."

이렇게 서두(序頭)를 떼시고 털어놓으신 기상천외(奇想天外)의 대요(大要)인즉,

"국민 각자가 날마다 일정한 시간에 한 번 자신의 삶과 그 세상살이의 모습을 성찰하는 묵상시간을 국가적으로 제정해서 그 캠페인을 벌이자는 말이야! 가령 정오 사이렌에 맞춰서 약 3분간 모든 이는 자기 소업(所業)과 그 일터에서 일제히 일손을 멈추고, '나의 삶의 참모습은 무엇일까? 나는 과연 올바르고 보람 있는 세상살이

를 하고 있는가?' 이렇게 자기 존재와 그 생활의 제일의적 문답을 제기함으로써 자기의 삶을 반성하고 뉘우치고 나아가서는 자기를 알고 인생의 허무를 안아 봄으로써만이 사회는 정화가 되고 새로운 모습을 찾을 수 있을 게야."
라는 것이었다.

물론 그때 나는 그저 공초다우신 말씀으로만 받아들였을 뿐, 너무나도 비현실적인(?) 이 사실을 신문 사설화(新聞社說化)하지는 못했다.

그런데 세월이 흐르고 나의 사회 혁정(革正)을 위한 지식인의 전략적 가치관 같은 것이 무력과 좌절을 거듭한 오늘에 와서는 선생의 그 치세훈이 새삼 어떤 탁월한 경륜보다도 더욱 절실해 오는 것은 어인 일일까?

만일 이러한 공초의 치세훈이 현실적으로 시험되거나 안 되거나 그것은 둘째로 하고, 그 목적 자체가 실효를 거둔다면 아마 최근에 있었던 고관의 오직(汚職)이나 정치인의 납치극 같은 불행한 사건이 일어나지 않을 것은 물론, 이 사회는 좀더 청신한 기운을 찾을 것이요, 이것은 비단 우리 한국 사회뿐만 아니라 전 세계에도 적용되는 이야기여서 저 워터게이트 사건이나 중동전쟁 같은 것도 자연히 소멸되어 인류는 좀더 밝은 방향을 잡을 것이 아니겠는가?

나도 너도 모두가 물질과 기술만능에 혹(惑)하여 자기 삶의 눈이 어두워 가는 오늘날, 자기의 삶을 알고 그 허무를 알고 또다시 서는 인간이나 그 모습이 그리운 것은 나만이 아닐 것이다.

순교자와 예술가

 복자성월에 예술인의 입장에서 순교자들을 묵상해 보라는 주문을 받고 이리저리 궁리해 보았으나 순교자들에게 향한 일반적인 경외감이나 장열감(壯烈感) 외엔 특별한 감상이 솟지 않고, 또 우리 한국의 순교자나 전 세계 가톨릭교회 역대 치명자들의 예술과의 관련에 대하여도 아는 바가 없어 두루 사색의 나래를 펴 가는 중, 전후 일본에서 다자이 오사무[太宰治, 1909~48]라는 소설가가 〈굿바이〉라는 장편을 신문에 연재하다가 그 인기의 절정에서 기생과 정사(情死)를 한 센세이셔널한 사건이 있었는데, 그때 일본의 제일급의 평론가 가메이 가츠이치로[龜井勝一郞]가 이 자살을 '그리스도의 모습(基督의 像)'이라는 이색적인 표제를 내걸어 찬미하는 글을 읽은 기억이 났다.
 그의 논지(論旨)는 한 예술가가 자기 작품 속에서 제시한 미(美)나 정신적 입상(立像)을 스스로 체현(體現)하려 드는 것은 진정한 작가적 진실에 비롯된 것으로, 이것은 마치 그리스도가 인류 구속(救贖)이라는 그의 이념을 실현하기 위하여 십자가에 매달리는 것과 한가지라는 얘기였다.
 이런 예는 얼마든지 있다. 저 해바라기의 화가 빈센트 반 고흐가 자기의 자화상을 그려 친구에게 보였더니, 그 친구가 "귀가 닮지 않았다"라고 하니까 헤어지고 돌아와서 자기 귀를 잘라 싸서 보낸 사실이라든가, 그가 밀밭에서 자살하고 난 유서에 "이제 나는 그림에 대하여 목숨을 걸었고, 나의 이성은 그 때문에 부서져 버렸다"라고 한 대목 등에서 그의 죽음이 예술에 대한 치명임을 누구나 짐작할 수 있을 것이다.

이러한 예술적 치명사건은 현대 한국에도 있었다. 나는 가장 가까이서 그것을 겪은 사람의 하나로서 불우했던 천재화가 이중섭(李仲燮[1917~56], 그의 담배 은지[銀紙]에 부각한 그림 등 석 점이 뉴욕 현대 미술관에 소장되어 있다)의 죽음이 바로 그것이다. 그는 나의 향우(鄕友)로서 여기다 그의 예술이나 인간을 소개치 못하는 게 유감이지만, 세상에서는 그를 미쳐 죽었다고도 하고, 굶어 죽었다고도 하고, 자살했다고도 하나 그의 삶과 죽음이 다 함께 오로지 그림이었음을 나는 보아 왔고, 또 때마다 이를 증언하고 있다.

여기서 우리가 주목하면, 저들의 죽음이 비록 자해(自害)행위이지만 단순한 일반적 자살과는 달리 자기가 추앙하는 미(美)라든가 자기가 창조한 입상(立像)이라든가를 완성하기 위한 자기 생명의 희생임을 발견할 수 있다.

한편, 좀 망령된 언사지만 그리스도의 십자가에 못박히심이나 순교자들의 치명행위도 죽음을 자각하고 자초한 일종의 자결행위라고도 볼 수 있다. 즉, 그들은 다 함께 자기 생명을 말살한다기보다 더 높고 기리는 차원에다 자기를 올려놓음으로써 자기를 완성하려는 행위라 하겠으며, 이것은 또한 본질적으로 하나의 창조행위인 것이다.

물론 엄격히 따질 때, 종교적 치명행위와 예술가의 치명행위 속에는 본질적인 차이와 그 가치의 차가 비교도 안 되는 것이며, 더욱이 일반이나 예술가라 해도 염세자살과 같은 것을 이와 혼동해서는 어불성설(語不成說)이 된다. 오직 신앙의 순교자와 진정한 예술가들의 죽음을 놓고 '자기 존재를 자기 생명 이상으로 여기는'

그 동질성만을 이 기회에 살펴본 것뿐이다.

끝으로 우리는 가브리엘 마르셀의 말대로 저 순교자들처럼 "죽음을 자유로운 행위"로 할 수 있는 공부를 이 달에 해야 하겠다. 이것은 지금 곧 순교를 뜻하는 것이 아니라, 일반적이고 자연적인 죽음의 영접에 있어서 그야말로 자살의 입장에서가 아니라 자기 완성의 입장에 있어야 하기 때문이다. 즉, 우리의 죄에의 타락이야말로 목숨이 붙어 있다손 치더라도 자살 중의 자살, 영원한 자살인 것이다.

와선(臥禪)

나는 폐결핵에 오래 시달렸다. 해방 전 20대에 발병하여 지난 1965년 일본에 가서 두 번에 걸친 공동절개수술(空洞切開手術)에 성공하기까지는 몇 해에 한 번씩은 각혈을 하고 병원에 입원을 해서 '죽네, 사네' 하고 통소문을 놓으며 주변을 걱정시켰다. 연전에 내가 미국 하와이대학에 초빙되어 갈 때 남들은 보통 엑스레이 사진 한 장으로 공항 검역소를 통과하는데 나는 무려 45매를 들고 갔다면 내 병력(病歷)이 짐작되리라.

예나 이제나 중증 결핵 환자의 결핵 치료라면 안정(安靜) 제일주의여서 병자는 숨 쉬는 시체처럼 가만히 누워 있어야 한다. 그런데 이것이 그리 쉽지가 않다.

그 신체적인 지루함보다도 세상이나 가정과의 격리에서 오는 고독이나 소외감 때문에 병적 심리가 싹트게 되며 또 거기다 일반적으로 경제적 핍박이 겹쳐 마치 가시방석에 드러누운 심사가 된다.

그런 정신적 조울(躁鬱)이 치병에 용기와 희망을 잃게 하고 이와 더불어 병세를 악화시킴은 물론이다.

그와 같은 병상심리를 거듭 체험하면서 내가 스스로 시험한 것이 곧 와선이다. 그저 드러누워서 참선을 한다는 뜻인데 무슨 격식을 찾아낸 것이 아니라, 면벽(面壁) 대신 빈 천장을 우러러 반듯이 누워 엄습하는 모든 잡념을 몰아내고 하나의 물음에다 상념(想念)을 집중시키는 공부다.

처음에는 2~3분도 잘 안되지만 차차 10분, 20분, 한 시간, 두 시간, 점차적 훈련이 되어 가서 나중에는 마음의 평정과 그 기쁨마저 맛본다. 실상 병상생활은 우리를 일상성(日常性)에서 벗어나게 하고 인생의 제일의적(第一義的) 문답을 자문자답케 하는 가장 소중한 시간이기도 하다.

그러므로 이 시간을 당사자 쪽에서 좀더 적극성을 가지고 보람 있게 보낸다면 인간의 가장 축복된 시간일 수도 있다.

그래서 결핵을 썩 잘만 앓고 나면 섣부른 참선보다 인생을 터득하게 되리라.

나의 그런 때마다의 병상생활이 멎어 있는 오늘에 와서는 그 와선생활도 타락하여 나는 쿨쿨 낮잠을 자는 것도 와선삼매(臥禪三昧)에 든다고 하여서 가족들의 웃음거리가 되고 있다.

■ 《영원 속의 오늘》(1975)

구악(舊惡)과 신악(新惡)과 종교(宗敎)

악에 신구(新舊)가 어찌 있으랴! 더욱이나 상대적인 의미에서야 있을 수 없다. 하필이면 이런 불량제목(不良題目)의 글을 청한 편집자의 소행은 어느 악에(?) 속하는지 반문하고 싶다. 가가(呵呵).

그야 도스토예프스키의 〈죄와 벌〉을 읽으면 주인공 라스콜리니코프는 고리대금(高利貸金) 업자인 탐욕 덩어리의 노파를 도끼로 죽이고는 자기 자신은 사회의 독충(毒蟲)이나 무용지물을 살해하였으니 이것은 결코 악행이 아니고 오히려 선행(善行)을 한 것이라고 믿으려 하고 양심을 은폐하고 범행을 끝까지 부인하려 든다.

그러나 마침내는 소녀의 순정으로 말미암아 자기의 인위적 해석(人爲的解釋)이 자연양심(自然良心)을 승복(承服)시키지 못할 것을 깨닫고 자수(自首)하는 종말(終末)을 맺는다.

저렇듯 악에 대한 개념을 아주 개변(改變)시키려는 경우와는 다르나 신약성서(新約聖書)에 보면 예수는 파공일(罷工日: 주일, 즉 일요일)에 율법(律法)에서 금지된 불가피한 노동이나 작업을 허(許)하는 것을 설파하는 대목이 있다.

"너희 중에 누가 양 한 마리가 있는데 그 양이 만일 파공 날에 구렁에 빠지면 그 양을 붙들어 꺼내지 아니하겠느냐. 사람이 양보다 얼마나 더 귀하냐."

이것은 예수가 파공일에 병자를 치유하는 것을 보고 그를 시기하던 수구적(守舊的)인 율법학자(律法學者) 바리사이들의 공격과 힐난에 대한 명쾌한 반박과 해명이다.

이렇듯 어떤 계율이나 예법(禮法)의 해석이 새로워지고 신장(伸長)되는 경우는 있을지언정 선악의 본질 자체가 전도(顚倒)될 수는 없다.

우리의 일상적 예로는 조부 대(祖父代)까지는 남녀칠세 부동석(男女七歲不同席)이 이성 간의 모럴로 통하고 있었으나 현재는 내가 출강하던 가톨릭계 S대학에서는 축제(祝祭)를 위하여 남녀 학생들의 포크 댄스를 교습시키는 정도다. 그러나 이것도 양성(兩性)의 개방을 의미하지는 물론 않는다.

한편 이와는 달리 현대에 이르러 악이 인간문제에 있어 선과 더불어, 아니 한층 더 심각하게 다루어지고 또 강조되고 나아가서는 찬미를 받고 있는 것도 사실이다. 르네상스 이후의 인간의 탐구는 선의 탐구라기보다 오히려 악의 탐구라는 것이 가할 정도로 인간악을 신비화하기에 이르렀고 휴머니즘의 왜곡으로 이를 합리화하여 가고 있다.

그래서 인간의 선의 의지나 그 행동이나 그 실재성(實在性), 가능성에 대해서는 이를 불신하고 맹목(盲目)하고 무관심함으로써 선악마비(善惡痲痺)의 위기에 이르러 있다 하겠다. 비근한 우리의 예를 들면 공용족(公用族: 관공리[官公吏])과 사용족(使用族: 모리배[謀利輩])의 소위 '사바사바' 술자리가 제법 어울려 가서 야합에 이르르는 첫 신호로서는,

"우리 이제 인간적으로 툭 털어놓고 이야기합시다"라고들 한다. 인간적이라는 관사(冠詞) 아래 무수한 인간적 죄악이 동정(同情), 타협(妥協), 해결되고 묵인(默認), 조장(助長), 감행되고 있는 것이다.

인간이란 간판 아래서 선악의 가치의식이나 당위의식(當爲意識)이 미분변 상태(未分辨狀態)에 이르른 것이 오늘이다. 그래서 악의

의지를 거부도 부정도 하지 못하는 해괴한 휴머니즘이 통용되고 있다. 여기서 현대 석학 자크 마리탱은 신(神) 중심의 충족적(充足的) 휴머니즘을 주창한다.

이러한 악의 우세(優勢)는 동서 각처에 번창하고 있고 그 형태나 양식(樣式)의 다채다양(多彩多樣)은 그야말로 인지(人智)를 극치(極致)하고 있다 하겠다. 영화라는 영화를 보면 얼마나 충동적으로 또는 경연(競演)하듯이 악이 그려져 있는 것을 쉽게 알 것이며 추리소설의 유행도 이를 뒷받침한다. 정치의 계절로 표현되는 현대가 또한 성(性)의 시대로 별칭됨도 저간(這間)의 소식을 말함이다.

우리의 사회 현실로 미루어 보아도 웬만한 강도나 살인 사건엔 놀라지 않을 정도로 악의 성행과 그 방법의 악랄 잔인과 신기한 범행에 그저 아연해질 뿐이다. 이런 의미에서라면 한국은 신악(新惡) 만개(滿開)라 하겠다.

구악(舊惡)이라는 용어가 크게 클로즈업된 것은 다 알다시피 혁명공약 제3장에서다.

"이 나라 사회의 모든 부패와 구악을 일소하고" 얼마나 미덥고 반가운 말이었느냐. 또한 응분(應分)의 성과를 거둔 것을 나는 부인하려는 자가 아니다. 그러나 이처럼 말하기는 쉬우나 실현되기 힘들고 허탕을 치기 알맞은 목표는 없다.

이것은 어떤 법이나 제도로서 해결되지 않을 뿐 아니라 선악의 문제란 인간 본성 내(本性內)의 문제로서 구경적(究竟的) 인간구제의 문제와 겸해서 다루어지지 않으면 헛수고이기 때문이다.

솔직히 말하여 오늘의 우리 사회는 혁명 전보다 교통질서는 확립되어 있는지 몰라도 인간의 상호 불신과 반목(反目)과 중상(中傷)으로 서로 죽일 놈 천지에서 해방될 기색은 보이지 않는다.

여기서 나는 단언하거니와 종교적 계율과의 연계(連繫) 없이는 인간악이나 사회악의 구축(驅逐)은 불가능한 것이다. 이래서 성 아우구스티누스의 신국사상(神國思想)은 주기도문(主祈禱文)으로부터 배태(胚胎)한다.

"네 거룩하신 뜻이 하늘에서 이룸같이 땅에서 또한 이루어지이다"라고.

■ 《영원 속의 오늘》(1975)

예방은총(豫防恩寵)

나는 이번 한더위에 성인전(聖人傳) 두 권을 되읽었다. 가톨릭의 것으로 아시시 프란체스코의 《잔 꽃송이》와 데레사의 《작은 꽃》이다.

날씨도 날씨려니와 우리 앞에 벌어지는 세상살이가 후덥지근하기 짝이 없는데 저 성인 성녀의 놀랍고 착하고 맑고 아름다운 행적과 그 위대한 천진(天眞)과 단순(單純)에 접하고 있노라면 저절로 온몸에 서늘한 바람이 감돌고 시원한 샘물을 들이키는 느낌이다.

아시시 프란체스코는 다 잘 아는 바지만 그처럼 생애와 행적이 동양적인 성인은 없다. 그의 출가의 동기가 된 문둥병 환자와의 입맞춤이라든지, 완전히 무일물(無一物), 무정처(無定處)의 탁발(托鉢)생활이라든지, 또 공중에 나는 새들에게 설교하고, 제비들을 침묵시키고, 태양이나 구름이나 물이나 불을 향하여 "나의 형제, 자매"라고 부르는 등 그의 자연과 사물에 대한 혼연융화(渾然融和)는 마치 신라의 대안(大安)이나 혜공(惠空)과 같은 우리 대덕(大德)의 일면을 방불케 한다.

그런데 성인은 모든 것 중에서도 특히 불을 소중히 여겼다고 한다. 그래서 태양을 즐겨 노래했고 불이나 빛이 방해받는 것을 싫어했다. 어떤 때 성인은 화로 옆에서 불을 쬐고 있었는데 너무 가까이 했었던가 옷이 타기 시작하였으나 그는 태연하게 있었으므로 옆에 있던 수도자가 허겁지겁 달려들어 그것을 끄려고 드니, "그대로 타게 놔두시오. 나의 사랑하는 형제 불에게 상처를 주지 마시오" 하였다고 한다. 즉 그는 이렇듯 모든 사물을 하느님이 만물을 창조하신 그 아침 에덴 낙원에서 인간의 마음이 분열되기 이전의 그 순수성으로 보고 느끼는 것이었다. 이것은 모든 존재에 대하여 계율이라는 우회로(迂廻路)를 피하고 오직 하느님께 대한 직접적인 사랑을 통하여 미적 향수(美的享受)를 획득하였다고 하겠다.

다음 통칭 소화(小花) 데레사라 불리는 성녀는 일반에게 잘 알려지지 않고 있으나 20세기에 우리와 함께 사셨고, 그녀와 함께 지내던 형제나 친지들이 아직도 살아 있는, 프랑스 출신의 가르멜회 수녀였다.

그녀는 어떤 히로적인 사업이나 덕행을 남긴 것이 아니라 스스로가 자칭하듯 하느님 꽃밭에 아주 작은 꽃처럼 피다 갔다. 그러나 그녀의 일상성(日常性)의 완수는 그 어떤 상지(上智)보다도 상선(上善)보다도 더 위대한 것이었다.

여기서 《작은 꽃》에 적혀 있는 하느님의 은총에 대한 그 성녀의 비유를 하나 음미해 보면,

"가령 두 타입의 아버지가 있어 한 분은 뜰에서 자기 아이가 놀다가 돌에 부딪쳐 상처가 났을 때 이를 얼른 안아다가 약을 바르고 붕대도 감아서 잘 치료해 주고 또 한 분은 아이가 사고를 낼까 봐 미리 뜰을 살펴서 돌 같은 것을 앞질러 치워 다치지 않도록 하는 이와 어떤 아버지가 더 현명하고 고마운 분일까? 물론 돌을 미리 치워 논 아버지가 더 고마운 분임에는 틀림이 없으나 사람들은 보통 이런 속 깊은 은혜는 모르고 상처에 약을 바르고 낫게 한 얕은 은혜에만 감사한다."

고 절묘한 표현을 한다.

실로 우리는 하느님의 저러한 예방은총이나 그 비호(庇護)에는

눈 어둡고 그저 금세 국이라도 끓여 먹을 호박덩이 같은 복을 하느님께 내라고 졸라대고 바라고들 있다.

나와 우리 가족들은 이 삼복에 아무런 행운도 없이 피서도 못 가고 더위를 견디며 지내고 있다. 또 한편 이렇다 할 병고도 없이 저마다 제 일 속에서 보내고 있다. 저러한 예방은총 속에서 말이다.

■ 《우주인과 하모니카》(1977)

하느님은 오직 한 분

올봄, 우리 시인 한 분이 세상을 떠났을 때 얘기인데 그분은 병석에서 기독교로 귀의하고 임종하였다.

장례 때는 나도 마침 중병을 치르고 있어서 문상도 못하였다가 생전 그와 가까웠던 승려시인(僧侶詩人)들이 49재 불공을 올린다기에 참례를 하게 되었는데 그날 아침 미망인이 전화로 호소해 오기를,

"이거 어쩌면 좋지요? 지난번 장례식 때도 영구 앞에서 스님시인들이 염불을 하려는 걸 저희 교회 목사님이 안 된다고 막으셨는데 이제 또 49재 불공을 드렸다면 아주 이단(異端)이라고 교회서 저희 유족을 규탄할 텐데요."

하는 것이었다. 그래서 나는,

"그건 그분들의 몰지각에서 오는 오해이니 괘념하실 것이 없습니다. 실례를 하나 들면 고 육영수 여사께서는 세상이 다 알다시피 불교신자이셨는데 그분 장례식 때 서옹(西翁) 스님이 독경을 하신 것은 물론이지만 기독교 개신교의 한경직 목사님도 가톨릭의 김수환 추기경님도 기도를 하시는 것을 우리는 보았지 않습니까? 어디 그뿐인가요, 그 후 매년 제일(祭日)에는 누가 공양을 드리는지는 모르지만 가톨릭에서도 그분을 위한 위령미사(즉 제사)를 지내고 있답니다.

이렇듯 고인을 위해 후인들이 제 나름대로의 신심으로 신령한

힘, 즉 진리를 우러러 축원을 바치는데 무엇을 꺼려한다는 말입니까? 실상 하느님과 부처님이라는 낱말은 다르고 그 표현이 내포하는 뜻도 다소 다르지만 결국은 진리 그 자체를 가리키는 것으로 생명의 원천을 일컬음이 아니겠어요? 그리고 진리가 여럿이 아니고 오직 하나라는 것이 바로 유일신(唯一神) 신앙이라고 나는 생각합니다."
라고 그녀를 안심시키기 위해 장황한 설명을 늘어놓은 일이 있다.

하기는 나의 이 말을 듣고도 또 대경실색(大驚失色)해서 나의 기독교적 유일신관을 의심하고 또 힐난해 올 교인이나 신학자나 성직자들이 없지 않으리라고 보나 나는 오히려 그런 사람들에게 또다시 "오직 하나이신 하느님을 사람이 가르지 말라"고 말하고 싶다.

■ 《한 촛불이라도 켜는 것이》(1985)

실존적 확신

 인간은 누구나 삶의 보람을 찾고 있습니다. 가브리엘 마르셀의 용어를 빌면 실존적 확신 속에 살고 있습니다. 그런데 현대인은 이 실존적 확신의 혼란 때문에 고민하고 방황합니다. 코뮤니즘이 의도하는 사회의 개혁도 실존주의자들이 지적하는 부조리한 삶으로부터의 탈피도 결국은 이러한 실존적 확신의 혼란에 대한, 새로운 삶의 보람의 추구와 제시라고 하겠습니다.
 좀더 구체적으로 말하면 '내가 나 자신을 빼앗기고 내가 나 아닌 상태에서 벗어날 수 있는 그 길은 무엇일까?' 하는 물음과 그 해답인 것입니다. 즉 '잃어버린 자아'에 대한 재확립인 것입니다.
 코뮤니즘은 저러한 자기확립의 충족을 존재 내면을 도외시한 외적 소유에다가만 구하고 있으므로 여기서는 논외로 하고 소위 무신론적 실존주의자들은 "신과 타인으로부터 벗어나야 비로소 자신이 만든 삶, 즉 선택된 삶이 이루어지고 또 이 이외엔 아무것도 없다"고 말합니다.
 하지만 인간이라는 생물 자체가 가시적 현상 자체 속에서도 타인에게서 낳아지고 길러지고, 타인이 없이는 그 삶 자체를 지탱할 수가 없을 뿐 아니라 그 욕구도 채울 수가 없습니다.
 그렇다면 어떻게 하여야 타인 속에서 자기를 확립하고 실존적 확신을 충족시킬 수가 있을까? 이 엄청난 물음에 내가 가장 소박하고 간명한 해답을 해 본다면, 실존적 확신을 본능적 충동 속에 머물게 하여 '자아를 우상화' 하지 말고 보편적 양심과 영원(절대자) 속에 비추어 '자아의 우상' 속에서 벗어나 자신을 보다 높은 차원으로 끊임없이 이끌어 가는 데 있다 하겠습니다.

  일곱 가지 죄의 연못 속을 헤매고 헤맸다는 시인 베를렌느가 "주여! 나의 영혼은 나의 안에서 무서워 떨고 있습니다. 나는 당신을 사랑하지 않고선 안 된다는 것을 깨닫고 있습니다"라고 읊었을 때 바로 그는 자기 자신을 찾았고 참된 자아에 돌아왔듯이 우리도 새해를 새해로 맞기 위해선 저러한 통회 속에서의 실존적 확신을 지녀야 할 것입니다.

■ 《그분이 홀로서 가듯》(1981)

죄와 죄인

나는 일제 말기, 그러니까 1942년부터 해방되기까지 북한 함흥에 있는 북선매일신문사(北鮮每日新聞社) 기자로 있었습니다.

학교를 나와 첫발을 내딛은 것이 총독부 기관지의 어용 기자 노릇이라 결코 떳떳하지 못했지만 당시 학병이니 징용이니 하는 판에 목숨을 부지하기에는 딴 도리가 없었고 오직 붓을 든다는 그 매력에 그거나마 다행으로 여겼었습니다.

여하간 내가 신출내기 기자가 되어 경찰 출입을 할 때인데 바로 인접한 공업도시 흥남 질소비료공장 간부 사택에서 살인강도 사건이 일어났습니다.

즉 범인은 바깥주인이 출장 중인 사택에 들어가 물건만 훔쳐 간 게 아니고 안주인을 살해했을 뿐 아니라 그 시체에는 추행을 한 흔적마저 있었던 것입니다.

흥남 질소공장이라면 당시 일본 전체에서도 손꼽히는 군수 공장, 거기의 간부사원(물론 일본인) 집에 일어난 사건이고 보니 경찰은 이 흉악범을 잡기에 전력을 기울였을 뿐 아니라 그들과 비례하여 우리 출입기자들도 낮밤을 가리지 않는(당시 야간 통행금지 시간은 없었으니까) 긴장의 나날을 보냈습니다.

그러다가 마침내 범인이 잡혀서 그 기사를 쓰게 되었는데 그때 나는 그 흉악범의 모습과 태도를 있는 수식을 다해 최대한 흉측하게 묘사해서 이를 데스크에 넘겼습니다.

그런데 이 기사를 훑어본 사회부장은 그것을 휙 나에게 도로 던지며 "신문기자는 말이야, 범인이 잡히기 전까지는 경찰의 편이지만 잡히고 나면 범인의 편인 거야. 죄는 미워하되 죄인은 미워해선 안 돼! 알았나?" 하는 게 아닙니까?

그때 그 일본인 사회부장은 나이 40을 한둘 넘긴 아직 중년이었지만 나에게는 아버지보다 더 어려운 존재였었고 그가 기독교 신자 같지도 않았는데 그의 이 한마디는 나에게 있어 성서의 '간음한 여자' 대목보다도 더 직접적인 직지일봉(直指一棒)의 가르침으로 평생 동안 남아 있습니다.

■ 《그분이 홀로서 가듯》(1981)

기어(綺語)의 죄

나는 대학 시절 전공이 종교학이었습니다. 당시 일본대학 종교학과의 교육과목이라는 것은 불교과목이 그 중심이어서 내가 기독교인으로서는 비교적 불교의 세계에 이해를 지닌 것은 그때 3년간 받은 불교강좌의 덕분입니다.

저러한 대학 강의 중, 때마다 머리에 떠오르는 것은 모도마츠 엔테이[友松圓諦]라는 교수가 '불교개론' 시간에 십악업도(十惡業道)를 설명해 가던 중 기어(綺語)의 항목에 이르러서 "이야말로 종교가나 문학가들이 가장 범하기 쉬운 죄악이다. 눈으로 보고 주워읽고 귀로 들은 소리는 있으니까 자기 경지는 살피지 않고, 비단 같은(기[綺]는 훈[訓]이 '비단 기'임) 말만 번드르하게 해서 혹세무민(惑世誣民)을 일삼을 뿐 아니라 자기 죄업도 가중시키는 결과를 낳는다."는 갈파였습니다.

나는 그때 이미 문학에 뜻을 두어 시작을 하고 있었을 뿐 아니라 문학과 종교의 일치된 생활을 꿈꾸고 있던 터라 그 말씀에 직지통봉(直指痛棒)을 당하는 느낌이었고 그 후 일생을 소위 문필생활로 지내오면서 때마다 자신이 기어의 죄를 범하고 있구나 하는 가책에 전율하곤 합니다.

그래서 이 글 역시 내가 먼저 기어를 범하는지도 모르지만, 오늘날 우리 사회에는 참으로 옳고 착하고 아름답고 거룩하기까지 한 말씀들이 풍성하기 짝이 없는데 왜 그 말씀의 알맹이들은 공전(空

轉)하기만 하는가 하는 반문을 해 보며 저 도모마츠 교수의 강의를 상기하는 것입니다.

왜냐하면 그렇듯 옳고 착하고 아름답고 거룩한 말을 하는 종교가나 문학가 또는 사회 각계 지도자들이 자기가 세상에 내놓는 말대로만 실천생활을 한다면 우리의 모든 세상살이는 대번에 밝은 방향으로 길이 열릴 것이기 때문입니다.

또한 가령 숫자적으로 나타나는 한국의 불교도, 기독교도 및 기타 종교의 신도들이 그들이 입 담는바 그들의 교리나 교의를 어느 정도만 자기 생활 속에 발휘한대도 우리 사회의 도덕적 타락상은 자연적으로 시정이 되고 치유가 될 것이 틀림없습니다.

경상도 사투리에 '쎄(혀[舌])가 만 발이나 빠질 놈'이라는 욕설이 있습니다.

우리는 그 행실이 없이 옳고 착하고 아름답고 거룩하기까지 한 말을 입 담고 외치며 기어의 죄를 거듭하다가 무간지옥(無間地獄)에 떨어져 정말 '쎄가 만 발이나 빠지는 형벌'을 당하지나 않을까 두려워해야 할 노릇입니다.

■ 《그분이 홀로서 가듯》(1981)

삶의 지혜 몇 가지

창조적 의욕

헨리 포드라면 누구나 잘 알다시피 포드 자동차의 창업주로서 그는 컨베이어 시스템을 비롯해 여러 가지 새로운 아이디어를 기업 경영에 도입한 아주 독창성이 풍부한 인물이요, 한편 열렬한 평화주의자이기도 합니다. 그 포드의 어록 중에서 내가 크게 감명을 받은 대목이 있는데, 즉 "우수한 기술자일수록 '안 된다'는 이론에 밝다"는 말입니다.

그것이 무슨 뜻인고 하면 포드 자신이 연달아 새로운 아이디어를 고안해 내서 실제 그것을 실용화하려고 기술자들과 상의를 하면 "사장님 그것은 무리입니다. 이론적으로나 실제적으로 그것은 되지 않습니다" 하고 부정적으로 나서고 잔뜩 반대이론만 나열하는 것은 거의가 훌륭한 부하들이어서 자기의 창의력을 실천에 옮기는 데 커다란 곤란을 겪었다는 술회인 것입니다.

예로부터 흔히 식자우환(識者憂患), 즉 아는 것이 탈이라느니 또는 인텔리의 유약성이니 해서 일반적으론 우수하다는 이가 섣부른 지식을 코에 걸거나 모든 사물이나 사리(事理)에 고정관념만을 지녀서 새로운 아이디어를 창안해 내거나 이를 과감히 실천하려는 의욕이나 노력에 대하여 인색한 수가 많습니다.

그런데 모든 세상살이가 그렇듯이 사리나 사물에 대한 기존 인식이나 지식은 절대적인 것이 아닐 뿐 아니라 또 '궁하면 통한다'는 말이 있듯이 모든 일은 발전의 가능성 속에 있기 때문에 언제나 현재 상태로 만족한다든가 이 이상은 안 된다는 생각을 말고, 즉 기성관념이나 상식에 붙들리지 말고 항상 창의(創意)와 공부 속에 있다면 생각지도 않았던 아이디어나 문제의 해결방법이 나타나게 마련입니다.

어쩌면 우리는 너무나 자기 상식의 한도나 지식의 한계에 상상 이상으로 포로가 되어 있는 수가 많습니다. 그래서 "나는 지금 나 이상 절대 능력을 발휘할 수가 없다"는 결론을 스스로 내리고 해 보지도 않고 해 볼 생각도 없이 답보(踏步)상태를 고수할 뿐 아니라 자기의 직장생활이나 사생활을 무기력과 권태 속에 몰아넣고 있다 하겠습니다.

이러한 자기폐쇄야말로 인생 발전에 가장 금기(禁忌)할 바로서 만사를 '안 된다. 못 된다. 틀렸다'고 지레 겁을 먹지 말고 매사에 '하면 될 것이다'라는 용기와 신념으로써 창조적 의욕을 불태운다면 컬럼버스의 계란 세우기처럼 극히 간단하게 당면한 난문제의 해결도 볼 것이요, 자기 스스로도 놀랄 만한 창조력을 발휘할 것입니다.

인생의 파문

바람도 없는 강이
몹시도 설렌다.

고요한 시간에
마음의 밑뿌리부터가

흔들려 온다.

무상(無常)도 우리를 울리지만
안온(安穩)도 이렇듯 역겨운 것인가?

우리가 사는 게
이미 파문(波紋)이듯이
강은 크고 작은
물살을 짓는다.
—졸작 연작시 《그리스도 폴의 강》의 한 편

 이렇게 비유로 나타내지 않아도 우리의 삶의 나날이 파문, 즉 불안과 동요(動搖)의 연속임을 누구나 체험하고 있습니다.
 철이 들기 전에는 장밋빛으로 보이던 세상이 막상 딛고 나서 보면 어려움과 쓰라림으로 차 있는 것을 금시 맛보게 되어서 나처럼 한 60년 살고 이를 되돌아보면 그야말로 인생이란 파문과 파탄의 연속임을 실감합니다.
 그러나 한편 그러한 고난과 신산(辛酸)과 불안과 동요의 삶이었지만 오직 내 인생이 결코 그것만으로 시종(始終)했던 것이 아님을 깨닫기도 합니다. 만약 평생이 저러한 고초만이었다면 이미 벌써 정신적으로나 육체적으로나 이를 감당해서 오늘까지 자기의 목숨을 지탱했을 리가 없습니다. 즉 그 한 면에는 불안과 동요, 고난과 신산을 견디고 이기면서 맛보고 껴안는 기쁨과 보람이 있었기 때문입니다.
 그래서 결과적으로 말하면 삶이 지니는 파문이란 자기발전과 구현을 위한 필수요건으로서 가령 아무 걱정도 없고 불안도 없는 무사안온한 삶이란 삶의 의욕이나 투지를 퇴화시킬 뿐 아니라 삶의 충족감도 찾아내지 못할 것입니다.

그런데 참으로 오묘하게도 인생은 옆에서 보기엔 아무리 행복의 조건을 구비한 사람에게도 완전한 안온상태는 있을 수가 없습니다.

왜냐하면 인간은 유한한 존재이기 때문에 본질적으로 충만을 누리지 못하는 것입니다.

하지만 이렇듯 유한적인 존재이면서도 또한 무한한 가능성 속에 사는 것이 인간입니다. 그래서 인간의 참된 삶이나 그 모습이란 자신의 유한성 속에 열려 있는 그 새롭고 무한한 가능성에 헌신하는 것을 의미합니다.

저러한 인간의 시련(試練)을 성 아우구스티누스는 "인간은 선(善)으로 스스로를 높이기 위하여 악으로 고통을 받는다."
고 말합니다.

욕심과 능력

욕망이라면 흔히 성욕이나 식욕을 떠올리지만 이것은 동물의 일반적인 본능으로서 인간이 지니는 욕심과는 구별지어야 합니다.

즉 본능은 육체에다 구하는 것으로 그 한도가 있어 필요한 만큼 채우면 더 요구되지 않지만 욕심은 정신에다 구하는 것이어서 그것이 물욕이든, 권세욕이든 명예욕이든, 또는 지식이나 창조와 같은 형이상학적 욕심이든, 그 한도가 없고 만족이라는 것이 없어 항상 미흡한 상태에 있습니다.

그래서 본능생활에 멈춰 있는 짐승들과는 달리 정신적인 욕심에 사는 우리 인간은 그 채워지지 못하는 욕심 때문에 번뇌와 괴로움을 면할 수가 없습니다.

가령 짐승 같은 것도 먹이를 구하고 탐하지만 먹을 때는 있는 것까지 다 먹고 내일의 굶주림에는 아랑곳없이 살 수가 있지만 인간은 먹으면 먹는 대로 내일을 걱정하고, 있으면 있는 대로 근심이 떠나지 않습니다. 그런데 한편 이 욕심으로 말미암아 인간은 삶의 향상과 발전이 있고 그 보람과 기쁨을 맛보기도 합니다.

세상에는 이러한 양면을 지닌 인간의 욕심을 아주 배격하려는 생각과 또 인간의 욕심을 힘껏 피워 보려는 생각들이 병존하며 서로 엇갈리고 있는데 나는 문제를 그렇게 양립시키기보다는 그 욕심에 살면서도 욕심을 어떻게 살려 쓰느냐에 해답을 구해야 할 줄로 생각합니다.

그러면 어떻게 해서 인간의 욕심을 잘 쓸 수가 있는가? 나의 독창적 견해를 피력하기보다 장자크 루소의 《에밀》에 있는 명쾌한 해답을 빌리면 "참된 행복에 이르는 길은 자기 능력을 초과하는 욕심을 줄이고 욕심과 능력의 완전한 평형을 이루는 데 있다"고 되어 있습니다. 하기야 이것은 그리 신기한 얘기가 아니어서 자기 능력에 넘치고 미치지 못하는 허욕이나 과욕을 버리고 자기 능력에 알맞는 처지에 만족한다는 동양의 지혜인 지족안분(知足安分)이나 같은 소리입니다.

오직 내가 여기서 덧붙이고 싶은 것은 능력과 평형을 이룬다는 것을 욕심의 억제로만 보지 말라는 것입니다.

즉, 인간의 능력이란 고정된 힘이 아니라 언제나 미래를 지니고 있어 쓰면 쓸수록 무한히 성장하고 확대되는 것이기 때문에 그것과 비례해서 인간의 욕심도 얼마든지 커질 수 있다는 사실을 함께 깨우쳐 주기를 바랍니다.

역(逆) 감정 콘트롤

 불교의 문자를 빌 것도 없이 흔히들 '인간의 행, 불행은 그 사람 마음 하나 잘 쓰고 못 쓰는 데 달려 있다'고들 말합니다. 이럴 때의 마음이란 인간 마음의 내용인 지(知), 정(情), 의(意) 중 감정의 측면을 더 많이 가리키고 있다 하겠습니다.
 그런데 실로 이 인간의 감정이란 제멋대로요, 간사한 것으로 그 상황이나 조건에 따라 고양이 눈처럼 시시각각 변하는 것을 우리 누구나 자기 체험으로 아는 바입니다.
 가령 항상 직장에서 듣는 한 상사(上司)의 똑같은 주의도 심기(心氣)가 좋을 때 들으면 당연하고 순순하게 들리지만 어떤 때 마음이 찌뿌드할 때 들으면 거역반응이 나타나서 불손한 태도마저 취할 때가 있습니다.
 또 자기에게 기쁜 일이나 즐거운 일이 있을 때는 동료에게도 너그럽고 상냥하게 굴다가도 이와 반대로 괴로움이나 슬픈 일이 있으면 사소한 이해에도 예민하게 맞서고 또 무심한 농담에도 역정을 내는 수가 있습니다.
 한편 이러한 역(逆) 감정의 내인(內因)에는 비애라든가 고민이라든가 하는 그런 큰 지장인(支障因)뿐 아니라 간밤에 과음을 했다든가, 수면부족이었다든가 하는 사소한 육체적 컨디션도 영향하며 나아가서는 공연히 안절부절못한다든가, 짜증이 난다든가 하는 잠재의식에서 연유하는 것도 있어 일률적으로 동일시할 수는 없습니다.
 그러나 여하간 그때그때의 자기 역(逆) 감정의 원인을 잘 파악하고 감시해서 이것을 지성과 의지로 어떻게 컨트롤해 가느냐 하는 것이 삶의 성패를 좌우합니다.
 그래서 우리는 세상을 잘 살려고 처세술을 익히기보다 먼저 자기 역(逆) 감정의 조련사(操鍊士)가 되는 것이 오히려 다행한 삶의 첩경이라 하겠습니다.

우정의 참모습

인간은 친구가 없이는 못 산다. 부부 사이에도 또는 부모형제에게도 말 못하는 고민을 친구에게는 훌훌 털어놓고 후련해진 경험을 맛본 사람은 많을 것입니다. 이렇게 볼 때 친구가 없는 사람은 결코 세상을 밝게 살 수는 없을 것입니다.

그러므로 젊어서 좋은 친구를 만나 일생을 그 우애 속에 사는 사람은 행복한 사람이라 하겠습니다. 관포지교(管鮑之交)란 문자가 있듯이 친구란 생애를 서로 영향하는 것이며 또 인간의 삶 속에서 뜻 맞는 친구와 마음의 문을 열고 허물없이 말을 주고 받는 순간이 가장 축복된 시간의 하나일 것입니다.

그러나 우정이란 연애처럼 너무 열을 낸다든가 또 너무 냉해져서는 못 씁니다. 우정은 두 줄기 레일처럼 일치를 바라지 않는 데 그 묘미가 있습니다.

아무리 친하고 마음을 서로 허하는 사이라도 그 상대방이 자진해서 청하지 않은 개인적인 사정에 간섭하거나 동참하려고 들어서는 안 되며 언제나 상대를 존중한다는 그 예의(禮儀) 즉 거리를 유지해야 합니다. 이 이로(理路)를 저 불란서의 여류 철학자인 시몬느 베이유에게서 찾으면, "순수하게 사랑한다는 것은 그 상대방과의 거리를 받아들이는 것이다. 자기 자신과 자기가 사랑하는 것과의 거리를 무엇보다 사랑하는 것"인 것입니다.

흔히들 "군자지교(君子之交)는 담담하기가 물과 같다"는 말은 이 경지를 뜻하는 것으로 우리는 우정을 일치나 일체화로 착각하지 말아야 합니다. 그보다 좋은 친구들 한 사람 한 사람에게서 자기와의 차이나 거리인 특성이나 장점을 발견해서 배우고 또 자극받으면서 자기성장을 해 가는 것이 우정의 보람인 것입니다.

이것은 저 이스라엘의 종교철학자인 마틴 부버의 "모든 특성 있는 너를 통하여 때마다 엿보는 영원한 너"를 맛보는 것으로 즉 그가 지니는 특성에서 자신의 모습을 발견하는 것이기도 합니다.

■ 《실존적 확신을 위하여》(1982)

때는 봄

때는 봄
봄날은 아침
아침은 일곱 시
언덕에는 진주이슬
종달새 높이 날고
달팽이 가지에 오르고
하느님은 하늘에 계시니
세상만사 태평도 하여라

영국의 19세기 빅토리아 왕조의 대표적 시인인 로버트 브라우닝의 〈때는 봄〉이라는 유명한 시올시다. 이런 목가적인 풍경을 도시 속에 사는 사람들은 직접 체험하지는 못한다 해도 그러나 햇볕, 공기, 바람, 가로수, 이웃들의 의상 등등을 통해서 누구나 이미 봄을 만나고 있을 것입니다.

그런데 이러한 계절이 가져다주는 조화의 체험 속에서 저 시의 "하느님은 하늘에 계시니"라는 구절처럼 실존 속의 최고의 실재를 인식하고 받들고 있느냐? 없느냐? 하는 것이 우리 삶에 있어 매우 중요한 문제라 하겠습니다.

흔히 인간은 초자연적인 기적을 체험하고 목격하기를 바랍니다. 그래서 저 2천 년 전 이스라엘 시대에 나자렛 예수가 친히 행한 기적에 흥미를 갖거나 이를 부러워하며 오늘날도 그러한 기적의 재현을 행하려 들고 바라는 이들이 많습니다. 어쩌면 오늘의 한국민은 좋은 의미에서나 나쁜 의미에서나 영험의 세계에 쏠려 있다고 하겠습니다. 그래서 저러한 신앙적 행위 외에도 각양각색의 미신 행위가 성행하고 있습니다.

그러나 한편 곰곰 생각하고 형이상적 눈을 떠서 살펴보면 우리가 한갓 자연의 조화라고 무심히 보아 넘기는 계절의 현상 속에서 우리가 당연한 듯이 여기는 만물의 소생과 그 생성 속에서 개인적 영험보다도 더 놀랍고 신기한 영능을 발견하고 그 초자연적 힘과 배려와 사랑을 맛볼 수 있지 않겠습니까.

하기야 어떤 이들에게 있어 이 자연의 오묘는 "청산도 절로절로 녹수도 절로절로 산수 간에 나도 절로절로"일 것입니다. 하지만 그 절로절로 속에 있는 생명의 원천과, 절대적 진리와 그 신령한 힘을 못 느끼고 못 보고 모른대서야 영혼의 장님이 아닐 수가 없습니다.

지난겨울은 너무나 춥고 고되었기 때문에 이 봄이 더욱 선명하고 아름답고 흥그럽습니다. 우리는 이 봄이 가져다 준 신령하고도 무한량한 축복 속에서 또 무슨 호박덩이 같은 복을 바란단 말입니까?

나와 우리집 식구는 아무 횡재도 변고도 없이 이 봄을 맞고 보내고 있습니다. 어쩌면 무료할 정도입니다만 저 개인적 영험(靈驗)보다도 더 놀랍고 확연하고 무한한 신이(神異) 속에서 말입니다.

■ 《실존적 확신을 위하여》(1982)

마음의 더위를 식히는 이야기

더위치고도 아주 유별난 무더위 속에서 붓을 들게 된 터라 이 마당에서 핏대를 올려 가며 세상살이를 비분강개할 수도 없고 또 지면마다 납량물이라고 하여 산이니 바다니 쳐들고 나오는 판이라 그런 흉내를 내는 것도 무엇하고 해서 저런 육신의 척서(滌署)보다는 마음의 더위를 식히는 탈속한 이야기를 하나 해 볼까 하지만 과연 내가 체험한 '정신적인 상쾌'가 독자들에게도 시원한 이야기가 되는지는 모르겠다.

선화가(禪畵家) 고중광(高重光)하면 낯설게 들리겠지만 '걸레스님' 하면 작금 항간의 화제의 인물이라 직·간접으로 아시는 분도 많으실 줄 안다. 그런데 내가 여기서 그의 기발한 인품이나 비범한 예술이나 그다운 용왕(勇往)의 수행세계를 거론하려는 것은 전혀 아니고 바로 그 걸레스님이 이즈음에는 그 어떤 발심에선지 '십자가의 예수' 상을 즐겨 그리기 시작하더니 지난달에는 그 그림 하나를 판화를 만들어 표구를 해서 나에게 갖다 주며,

"이 '예수보살님'을 형님 댁에 모시세요."

하더란 말이다. 하도 진기한 것이라 내가 차지하기는 과남한 느낌이어서 좋은 술이 생기면 집안 어른에게 보내는 그런 심정으로 김수환(金壽煥) 추기경님에게 그에 관한 책자와 함께 보냈던 것이다.

그리고 이 사실을 숨길 수도 없어 중광에게 실토를 하였더니 그는 또다시 한 폭을 표구해서 갖다 주는지라 나는 추기경님에게 보

낸 일이 애석할 것도 없고 하여 까맣게 잊고 있는 참인데 얼마 후 뜻밖에도 김 추기경님에게서 편지 한 장이 날아온 것이다. 내가 신분이 고귀한 분의 개인적인 서한을 무단히 공개하는 것은 비리인 줄 알면서도 하도 진실 부재의 기어(綺語)와 교언(巧言)의 난무 속에서 진언에 접한 것 같아 무례를 무릅쓰니 추기경님께서도 용서해 주십시오.

구상 선생님.
보내 주신 글과 그림에 감사합니다. 저는 정말 그림을 볼 줄 모르지만 왠지 이 그림은 마음에 드는군요. 다시금 감사드리며 중광 스님에게도 이 뜻을 전해 주십시오.
그분에 관한 책도 읽기 시작했습니다. 진실하고자 하는 마음자세에 많은 공감을 느꼈습니다.
참으로 저부터 많은 가면을 쓰고 있습니다. 자신을 비우고 비워서 어린이가 되고 싶으면서도 잘 안 됩니다. 나이를 더 먹고 고통을 더 겪어야 할 모양입니다. 내내 안녕하시기를.

1983년 7월 21일
김수환

김수환 추기경이란 실재 인물을 떼 놓고 보면 별로 경탄할 것도 감복할 것도 없는 평범한 내용이다.
그러나 그분의 신분상 위치나 신망을 함께할 때 이 진솔이 지니는 부피는 실로 막중한 것이다. 아니 그분의 위치나 신망을 둘째로 하고 한 성직자가 평신도에게 이 정도의 마음의 문을 열고 자기 진실을 겸허하게 이야기할 수 있다는 사실만으로도 오늘의 우리 종교계에 있어 희귀하다고 하겠다.

여기다 설명을 덧붙여 오히려 그 편지에 개칠이 될까 봐 우려가 되거니와 나는 저 글을 읽으면서 불교에서 말하는 '불식(不識)의 식(識)'을 연상했다. 즉 설화에 달마 대사가 중국에 도착하여 양무제를 만났을 때 임금이,

"불교의 근본사상은 어떤 것이며 당신은 누구요."
하고 물으니,
"나는 그런 것 모르겠소."
하였다더니 바로 모르는 것을 아는 것이 선지식(善知識)이 아니겠는가. 저 김 추기경님 글발에도 자기의 불식과 부실이 표백된 것은 저런 정신적 맥락을 함께하는 것이라고 나는 생각하는 것이다.

또 나는 여기서 바로 작년 이맘때 입적하신 경봉(鏡峰) 스님의 사후논란의 대상이 되었다는 법어의 단편도 떠오른다. 흔히는 임종게(臨終偈)라고 할 "야반삼경(夜半三更)에 문빗장을 만져 보거라"를 치지만 나는 스님이 자신의 열반을 예견한 말씀 중,

"사람이 죽으면 어디로 가는지, 어떻게 되는지, 또 환생을 하는지 모두 큰 의문이로다."
라고 하였다는데 나는 이 이상 내세에 대한 명백한 법문이 없다고 생각한다. 물론 경봉 선사쯤 되시는 분이 교리로 아시고 믿으시고 또 염원하시는 내세상(來世像)이 없기야 하겠는가만 그 내세의 실재 모상이야 어떻게 밝힐 수가 있겠는가.

이런 비교가 어떨는지 모르지만 내가 그 가르침을 믿고 따르는 나자렛 예수도 십자가 상의 최후의 말씀으로,

"―저의 영혼을 아버지(하느님) 손에 맡기나이다."
라고 하지 않았는가. 또 20세기 가톨릭의 대덕(大德)이었던 교황 요한 23세는 임종 시에 사세구(辭世句)로서,
"이제 나의 여행 채비는 다 되었다."

라고 말하고 마치 충족한 차림으로 외국여행을 떠나듯 동경과 호기심과 즐거움을 안고 숨을 거뒀다고 한다.

요새 기독교 일부 교파에선 마치 천국에다 인원 제한과 그 좌석의 배정마저 하고 입장권 예매를 하듯 전도를 하여 종교가 인류 구원에 있지 않고 인간 선별을 하는 듯한 인상마저 주는데 저러한 고덕(高德)들의 교외별전(敎外別傳)의 말씀들은 나 같은 속한(俗漢)에게도 두이레 강아지만큼의 눈을 뜨게 하는 것이다.

이왕 사세구 이야기가 나왔으니 나로선 도저히 잊히지 않는 게 있다. 일생을 무소유·무정처로 살며 시를 몸소 체현한 공초(空超) 오상순(吳相淳) 선생은 바로 올해가 20주기가 되는데 운명하시던 1963년 6월 3일 그 아침, 그분의 마지막 시중을 들고 있던 나에게,

"자유가 나의 일생을 구속하였구나."

라는 말씀을 남기셨다. 그의 철저하고 일관된 무애행, 그 허물(껍질)마저 벗어 버리는 순간이라고나 할까. 내가 익숙한 게 나자렛 예수라 또다시 비교하면,

"나의 하느님, 나의 하느님, 어찌하여 나를 버리시나이까."

하는 십자가 위에서의 표백과 일맥상통한다고나 할까.

어쩌다가 이야기가 죽음이나 내세 문제에 흘러서 덜 좋을지 모르나 어떻건 나는 독자들의 마음의 열기를 식히는 것이 이 글의 목적이니 오히려 오입진경(誤入眞境)인 셈이다.

이야기를 도로 김 추기경님에게다 돌이키면 내가 그분의 덕담이나 칭송을 위해 이 글을 쓰는 것은 물론 아니지만 저 앞의 소개한 편지가 결코 그분의 일시적 심경에서가 아니라 수증(修證)의 경지에서 쓰여진 것임을 밝히기 위하여 나의 또 하나의 기억을 소개하고자 한다. 즉 그것은 지난 1976년인가 그분의 사제서품 25주년, 즉 은경축 때 일인데 명동성당에서 축하예배가 있은 후 그 자리에

서 간소한 축하식이 열렸는데 바티칸 대사를 비롯해 성직자 대표, 평신도 대표가 차례로 나와 그분의 공적과 인품을 찬양하는 축사가 있은 다음 그 답사에 나선 김 추기경님은,

"여러분이 오늘 이 자리에서 저에게 많은 찬사와 찬양을 해 주셨는데 만일 여러분이 저의 내면을 투시하신다면 아마 지금 보내 주신 찬사 대신에 당장 몽둥이를 들고 달려들어 저를 이 자리에서 쫓아내실 것입니다."

라고 하여 장내를 숙연케 하였다. 도고마성(道高魔盛)—도가 높으면 마귀가 더 끓는다는 소식이랄까—어떻거나 그분은 저렇듯 자기 자신을 밝히 알고 있는 분이라 하겠다.

오늘날 모두가 자기를 잊고 자기를 잃고, 건성 믿고, 건성 염원하는 세대 속에서 자기를 알고 뉘우치고 그 믿음과 염원의 회의와 절망을 거듭하면서 자기의 알맹이[中心核]를 형성해 가는 분이나 그 언행에 접하는 것은 무엇보다도 상쾌한 일이 아닐 수 없다.

■《한 촛불이라도 켜는 것이》(1985)

새 삶의 가장 긴요한 물음

현대시의 시조라고 불리는 샤를르 보들레르의 유명한 단상집(斷想集)인 《나의 벌거숭이 마음》의 13장을 보면,
"우리 생활의 거의 전부는 실로 부질없는 호기심을 채우는 데 낭비되고 있다. 그래서 인간의 호기심을 가장 자극해야 할 문제들은 이와 반대로 세상 사람들의 일상생활의 판단으로는 아무런 호기심도 일으키지 않는 것 같다"라고 전제하고, 인간이 가장 호기심을 가져야 할 문제들을 다음과 같이 열거한다.
즉, 첫째로는 "우리의 죽은 벗들은 지금 어느 곳에 가 있을까?"이다.
제아무리 삶에 도취하여 죽음을 잊고 사는 사람이라도 자기의 남편이나 아내, 부모와 형제, 또는 다정한 이웃의 죽음 앞에 서거나 그 추억 속에서 이런 물음을 체험하지 않을 수가 없다.
그리고 그 사랑하는 사람들은 영원히 상실케 된다는 것에 견디기 어려운 아픔을 느끼며 내세(來世)에서의 재회를 소박히 비는 것이 인간의 상정(常情)이라 하겠다. 그리고 이 물음이 마침내 자기 스스로가 죽은 뒤에 어떻게 될까에 이르면 제아무리 무신론(無神論)이나 내세 허무론을 표방하는 사람이라도 불안이 따르고 번민에 사로잡히기 마련이다.
두 번째로 보들레르가 제기한 것은,
"무엇 때문에 우리는 여기 사는가?"로서 이것을 바꿔 말하면

'인생의 목적은 있는가? 있다면 그것은 무엇인가?'일 것이다.

이 물음을 놓고 대부분의 사람은 말문이 막힐 것이다. 그러나 우선 대답만은 해야 할 위치에 있는 사람들은 '사람은 일을 해서 업적을 남기려고 태어났다'고도 해 보고 '이름을 떨치고 남기기 위해서다'라고도 할 것이다.

또 '처자식 때문에 산다'든가, '죽지 못해 산다'는 등 생활의 체념이나 삶의 비명을 쏟아 놓기도 한다. 여하간 우리는 이렇듯 삶의 첫째 물음들을 등한히 하고 있거나 회피하고 있는 게 사실이다.

이외에도 보들레르는 인간의 기원이라든가 자유의 문제, 인간이 살 수 있는 천체의 수효 등 기발한 문제들을 내놓았으나 여기서는 생략하기로 하고 이상과 같이 실제 우리가 조금만 캐고 보아도 인간의 가장 크고 중요한 문제들이 그의 말마따나 '허접스러운 일상적 호기심' 때문에 고스란히 망각되어 그날 퇴근 후의 레크레이션이나 저녁 식탁의 찬거리보다도 무관심 상태에 놓여 있으며, 또 이런 삶의 방심상태에서 모두 잘도 살고 있구나 하는 놀라움마저 금할 바 없다.

20세기 독일의 철학자 하이데거는 현대 자체를 '존재 망각의 밤'이라고 하였는데, 이 말은 특히 오늘의 우리 한국인들에게 해당되는 말로서 가령 요즘 어떤 자리에서 누가 보들레르가 쳐든 물음과 같은 인생론이나 존재론 같은 화제를 내놓으면 '골치 아프다, 골치 아파. 집어치워라' 하고 타박을 주기가 일쑤다.

그러나 이러한 존재에 대한 망각이나 기피는 결국 삶의 맹목을 의미하며, 이 생명의 맹목감 속에서는 실상 진정한 가치관도 역사관도 설정될 수가 없다.

나는 살고 있다.

그러나 나의 목숨의 길이를 모른다.
나는 죽는다.
그러나 그것이 언제인지 모른다.
나는 가고 있다.
그러나 어디로 가는지 모른다.
그러면서도 스스로가 태평한 것에 스스로가 놀란다.

독일의 옛 민요인 이 노래는 우리 삶의 저러한 생각의 과제를 잘 나타내 주고 있다 하겠다.

저 '인간은 생각하는 갈대'라는 명언을 남긴 파스칼도 바로 그 《명상록》에서,

"인간은 명백히 생각하기 위하여 만들어졌다. 생각한다는 것은 그 사람의 전 품위요, 가치다. 그러므로 인간의 의무는 바르게 생각하는 데 있다. 그런데 생각의 순서는 자신에서 비롯하여 자기의 창조주와 자기의 목적에서부터 시작해야 한다"라고 못박는다.

그런데 흔히들 자기 자신을 생각하라면 자신의 현실적 이해(利害)만으로 여겨 '자기를 생각 않는 사람이 누가 있느냐'고 반문할지 모르지만 이 현실적 이해, 즉 소유만으로는 인간이 참된 삶이나 그 보람에 도달할 수가 없다.

그리고 또 저러한 존재에 대한 본질적 물음들은 혼자만의 생각이나 체험으로 그 해답을 획득할 수가 없다. 그래서 저러한 문제들에 대한 성현들의 가르침이나, 인문사상가나 문학자들의 탁월한 사색과 그 인식에 힘입어야 한다.

그런데 자칫하면 우리는 그러한 해답들에 그저 속절없이 의지만 하고 앵무새처럼 되뇌까리며 실제의 삶은 여전히 눈멀어 있기가 쉽다. 가령 어떤 종교 신자의 경우 그는 마치 생명보험이나 화재보

힘에 들 듯 가입을 해서 보험료를 지불하듯 교무금이나 공양 등 외면적 치레는 하면서도 그 교리와는 먼 생활을 한다면 그는 그 해답, 즉 진리를 깨우친 것이 아니다.

진리란 영원하고 절대적이고 유일한 것이어서 시간과 공간을 초월한 것이지만 자기의 실존적 삶, 즉 시간과 공간의 제약 속에서 자신이 깨우치지 않고선 체득할 수 없는 것이다.

새해 새 삶이 시작되는 마당에 삶의 참된 보람과 그 기쁨을 맛보기 위해서는 각자가 존재론적 인식을 환기시키는 것이 우리의 제일의적(第一義的) 과제가 아닐까.

■ 《우리 삶, 마음에 눈이 떠야》(1993)

불교와 나

나는 일찍이 열다섯 살에 가톨릭 수도원 신학교엘 들어가 수학하다가 3년 만에 환속을 하고는 그 뒤 일본 도쿄로 유학을 갔다. 입시를 본 곳은 일본대학 종교과와 명치대학 문예과였는데 요행 두 곳이 다 합격이 된지라 역시 문학보다는 구경적(究竟的) 공부를 해야 한다고 생각하고 선택한 것이 종교학 전공이었다.

그런데 당시 일본대학 종교와의 커리큘럼이란 그 60퍼센트가 불교 경전의 주석이요, 나머지가 종교의 학문적 이론이나 체계, 또는 기독교나 여타 종교의 개론 등으로 좋던 궂던 불교의 여러 경전 강의를 날마다시피 3년 동안 들어야 했다. 이것이 내가 불교를 접하게 된 동기로서 기독교인으로서는 비교적 불교에 대한 지식이나 이해가 있다고 알려지고 또 때마다 땡땡이중 같은 소리를 한다고 놀림을 받는 연유이기도 하다.

저러한 학창생활 중에서 오늘날까지도 내 뇌리에 강렬하게 남아 있는 추억 한두 가지를 소개하면, 첫째 도모마츠 엔테이[友松圓諦]라는 산문(山門) 출신의 교수가 불교개론 시간에 십악도(十惡道) 중 기어(綺語)의 죄를 설명하면서,

"이 기어란 비단 같은 말, 즉 번드레하게 꾸며 낸 말이란 뜻인데 이렇듯 교묘하게 꾸며서 겉과 속이 다른, 즉 실재가 없는 말, 진실이 없는 말을 잘해서 이 죄를 가장 많이 범하는 게 누군가 하면 바로 종교가들이나 문학가들이다. 그래서 많은 종교가들이나 문학가

들은 이런 기어의 죄로 말미암아 죽은 뒤 한시도 고통이 멈추지 않는 무간지옥(無間地獄)에 떨어져(요새 우리말의 표현으로 하면) 혀가 만 발이나 빠지는 형벌을 받을 것이다."
라고 경고하였다.

나는 그때도 이미 문학을 지망하는 사람으로 비록 종교가는 아니요, 일개 신자지만 저 교수의 말씀에 등허리가 써늘해지는 느낌이었고 그 후 50년 동안 글을 쓸 때마다 저 교훈이 경종처럼 울려온다.

또 하나 그때 내가 가입했던 학생서클인 '노두행(路頭行)'도 역시 불교적인 이타행(利他行)을 몸소 실천해 보는 그런 모임이었는데, 즉 달마다 한 번씩 정해진 날 전원이 모여서 지도교수(역시 스님이었는데 그 법명을 잊었음)의 설법을 듣고는 일제히 무작정 거리에 나서는 것이었다. 그리고 제각기 조금이라도 남에게 도움이 되는 일을 하는 것인데, 가령 길바닥에 떨어진 휴지나 쓰레기를 줍는다든가, 교통이 번잡한 네거리에서 어린이나 노인네의 부축을 한다든가, 화물 자동차의 짐부리기를 돕거나 손수레나 딸딸이의 뒤를 밀어 준다든가, 또 조금 교외로 나간 사람은 밭에 김매는 것을 거들어 주는 등 아주 사소한 선행을 남모르게, 소위 상(相)을 내지 않고 하고 그 실천행의 보고서를 제각기 교수에게 써내는 것이었다.

그런데 그 스님(지도교수)은 우리가 노두행을 떠날 때마다,

"무슨 선행을 하려고 마음을 지어먹지 말라! 오직 그대들 마음속에서 우러나오는 인정을 쓰면 그만이다."
라고 타이르시기도 하고, 또는 우리의 실천 수기를 보신 소감을 말씀하실 때 언급하시기를,

"그대들이 노두행을 하고는 그 베푼 이들에게서 어떤 때는 담배 한 개비, 차 한 잔, 메밀국수 한 그릇, 또는 술 한 잔, 김밥 몇 개씩

을 대접받은 것으로 기록되어 있는데 그대들이 가령 취직을 하려고 이력서를 들고 돌아다녔다면 그런 공것은 얻어걸리지 못했을 것이다. 이처럼 이타행에 완전히 나아간다면 어떻게 먹고 살까, 어떻게 입고 살까, 어떻게 잠자리를 갖추고 살까. 걱정 안 해도 그 모두가 스스로 갖춰지기 마련이니라."
는 것이었으며, 또한 그 스님(교수)은 이타(利他), 즉 베풂이란 크고 장한 자선행위나 헌신행위로 알고 자신은 그런 소유나 능력이 없다고 그것의 실행을 외면하는 이들이 많다면서 《잡보장경(雜寶藏經)》에 나오는 '무재칠시(無財七施)'를 쳐들곤 하셨다.

즉 가진 게 없이 베풂에 나아가는 일곱 가지 가르침으로써 눈으로 베풀고[眼施], 얼굴로 베풀고[顏施], 말로 베풀고[言辭施], 몸으로 베풀고[身施], 마음으로 베풀고[心施], 자리로 베풀고[床座施], 방으로 베푸는[房舍施] 것인데 이것의 주해는 그야말로 문외한이 설법을 하는 것 같아 삼간다.

아무튼 저러한 학창생활로 학점을 따고 채우기 위해서라도 하였던 불교 공부가 나의 청춘의 정신적 홍역과 함께 기독교적인 나의 신앙에 폭풍과 내란을 몰고 왔었음은 피치 못할 사실이었다고나 할까!

특히나 기독교적인 신, 즉 진리의 인격화에 대한 회의와 갈등과 부정으로 오뇌에 휩싸여 지냈다. 물론 그 뒤 차차 신학이나 불교의 공부나 묵상을 통하여 기독교에서도 인식론적 추구에 있어서는 하느님, 즉 진리를 제일원인(第一原因)으로 간주한다는 것을 알았고 또 불교에서도 진리, 즉 법(法) 그 자체를 섬김의 대상으로 할 때는 인격화한다는 사실도 깨닫게 되었다. 그리고 소위 나자렛 예수, 즉 신의 육화(肉化) 사상도 법의 화신(化身) 사상이나 대동소이함을 깨우치게 되지만 항상 내 마음에 걸리는 것은 이런 진리에 대한 공통적 숭앙이 어째서 서로 반목하고 배척해야 하는가 하는 문제였다.

그러다가 지난 1965년 가톨릭의 로마공의회(公義會)에서 〈비(非)그리스도교에 관한 선언〉이 이러한 나의 숙년래(宿年來)의 고민을 말끔히 가셔 주었다고나 하겠다.

여기에 그 선언의 일절을 소개하면 "가톨릭교회는 이들(비그리스도인) 종교에서 발견되는 옳고 성스러운 것은 아무것도 배척하지 않는다. 우리는 그들의 생활과 행동의 양식뿐 아니라 그들의 규율과 교리도 거짓 없는 존경으로 살펴본다"라고 되어 있고, 이 선언문의 현실화로 마침 그 해에 입적하신 효봉(曉峰) 큰스님 영전에 고 노기남(盧基南) 대주교가 조문을 하였고, 가톨릭의 수녀들이 연도(煉禱: 가톨릭의 명복을 비는 기도)를 합송하였다. 그때 나의 감동과 감격이 어찌나 컸던지 나는 나의 자전시집인 《모과(木瓜) 옹두리에도 사연이》 70에 그 사실을 시화(詩化)해 놓았다.

저러한 가톨릭의 선언은 내가 비단 가톨릭 교도이어서가 아니라 모든 종교인에게 거짓 없이 실천되어야 할 가장 기본적 자세라고 생각하여 앞에서도 말했지만 나는 저 선언으로 말미암아 정신적 역정(歷程)에 큰 안도와 기쁨을 가져와서 그야말로 나는 인연에 의해 나자렛 예수의 가르침을 따라 진리에 나아가게 되었고, 또 어떤 이는 석가모니의 가르침을 따라, 또 어떤 이는 마호메트의 가르침을 따라 진리를 신봉하게 된다고 생각하니 그지없이 마음 편하다고나 하겠다.

■ 《우리 삶, 마음에 눈이 떠야》(1993)

이웃사랑이라는 것

우리는 흔히 이웃사랑이라면 그것을 능력이나 소유로써 행하는 헌신이나 희생으로 여겨서 '내가 무슨 힘이 있어야지', '내가 무슨 돈이 있어야지'라고 말하며 이를 외면하고 회피한다.

그런데 만일 그것이 어떤 개인의 능력이나 소유에 의한 것이라면 이웃사랑을 가르친 나자렛 예수나, 자비를 가르친 석가모니나, 인(仁)을 가르친 공자께서 능력이나 소유의 있고 없고를 가리지 않고 모든 사람에게 그것을 요구하였겠는가. 그렇다면 그 사랑이니, 자비니, 어짊이니 하는 실체는 도대체 무엇일까.

그저 주워읽은 지식이지만, 진화론에 의하면 사람은 20억 년 전에 단세포 생물에서 진화하여 오늘에 이르렀는데, 벌써 14억 5천만 년 전쯤에는 어류(魚類)가 되어 정을 지니게 되었고 4억 5천만 년 전쯤에 이르러서는 수류(獸類)가 되어 정이 새끼들에게 미치고, 1백만 년대에 오면 인류(人類)가 되어 그 정이 남이나 타 존재에게 미치게 되었다는 것이다.

여기서 주목할 것은 어류나 수류도 유정동물이긴 하지만 그 정이 자기 새끼들까지에만 머무를 뿐이요, 정을 남이나 타 존재에까지 쏟는 것은 인류뿐으로 이것이 바로 여타 동물과 인간을 구별 짓는 바로미터인 것이다. 이렇듯 남이나 타 존재에게까지 미치는 정, 즉 인정(人情)이야말로 인간이 원초로부터 누구나가 지녀 오는 생명의 가장 고귀한 꽃이라 하겠다.

그래서 성현들이 가르치는바 사랑이니, 자비니, 어짊이니 하는 것은 실상 저 인정의 발휘 이외에 별것이 아닌 것이다.

좀 설교 같아서 쑥스러우나 여기다 바로 그 이웃사랑을 가르친 나자렛 예수가 본보기로 든 얘기 한 토막을 소개하면, "어떤 사람(이스라엘인)이 예루살렘에서 여리고로 가는 도중에 강도 무리를 만나 가진 것을 모두 빼앗기고 모질게 맞아 반쯤 죽어 넘어졌는데, 이때 한 사제가 바로 그 길을 가다가 그 사람을 보고도 외면하고 지나쳐 버리고 레위(성전의 집사) 사람 하나도 이를 보고 피해 버리고 말았다.

그런데 이때 어떤 사마리아 사람(이스라엘 사람과 적대감정이 있었음)이 길을 가다가 그 참변을 보고는 가엾은 생각이 나서 그 사람에게 달려가 상처에 기름과 포도주를 붓고 싸매어 주고는 나귀에 태워 여관까지 데리고 가서는 주인에게 돈을 주면서 비용이 더 들면 내가 돌아오는 길에 갚겠다고 당부하고 떠났다"는 것이다.

저 성서의 유명한 이웃사랑의 본보기도 따지고 보면 별것이 아니라 남의 불행이나 고통을 '가엾은 생각이 나서' 그저 보아 넘기지 못하고 인정을 베푼 것뿐이다.

그리고 강도를 만난 부상자를 보고도 그냥 지나쳐 버린 사제나 레위 사람은 자기 딴에는 하느님에게 봉사하고 있다고 자부하고 또 하느님의 율법을 가장 잘 알고 잘 지키고 있다고 자처하는 사람들이었지만, 막상 불행이나 고통 중에 있는 사람의 '참다운 이웃'은 아니었다. 우리는 오늘날 2천 년 전 저 사제나 집사의 모습에서 자기 자신의 모습을 본다고나 할까.

우리는 자기가 내놓을 만한 인정이 없어서 못 쓰는 것도 아니요, 또 인정을 쓰고 바칠 대상이나 기회가 없어서 못 쓰는 것도 아니다. 실제로 인정은 그가 지니고 있는 소유나 능력의 많고 적음에 있지 않고 자신의 여건과 처지에서 최선을 발휘하면 그만인 것이다.

이것도 귀동냥으로 얻어들은 이야기지만 불교의 보시행(布施行: 자선행위)에는 안시(顔施)라는 게 있다고 들었다. 즉 평화스럽고 자비스러운 얼굴을 함으로써 남의 마음도 평안케 하고 기쁘게 한다는 가르침인데, 이렇게 되면 능력이나 소유는 물론 신체가 구전(俱全)하거나 말거나 막말로 전신불수 상태에서도 가능한 베풂, 즉 인정의 드높은 경지라 하겠다.

또한 인정의 발휘는 그 어떤 특정 대상이나 그 기회를 필요로 하지 않는다. 보통 자선이라는 것은 사회적 충격을 주는 불행이나 재난과 같은 그런 대상이나 기회를 포착해서 행해진다.

그러나 현대 가톨릭 성자의 한 분인 윌리엄 도일의 말을 빌리면, "큰 선행은 대상이 있고 기회라는 것이 있으며 또한 외적인 영예가 따른다. 그러나 하느님과 자기만이 아는 작은 인정이나 친절은 그 대상이 무한하고 쉴 새 없이 있는 까닭에 더 어렵다"고 통찰한다.

그렇다. 이재민은 천재(天災)에 의해서 생기고, 그 구호에 가령 어떤 이가 1천만 원을 내면 그 이름이 신문에 나고, 1억 원을 내면 사진까지 나서 그 자선금에 비례하는 칭송이 따른다.

그러나 아침에 눈뜨면서부터 저녁 눈 감을 때까지 우리 삶 속에서 마주하는 인정의 베풀 대상과 기회는 너무나 많아서 오히려 그 실천이 힘들다면 힘들다.

그리고 인정이란 결코 컵 속에 든 한 모금의 물처럼 누구에게 주고 나면 비어 없어지는 것이 아니라 마르지 않는 샘처럼 푸면 풀수록 더욱 솟아나는 것이다. 이렇듯 우리들은 자기 안에 인정의 샘을 가지고 있으면서도 이것을 너무나 남에게 쓰지 않기 때문에 그 샘은 폐수가 되고 세상은 사막처럼 메마른다 하겠다.

그러나 한편 오늘의 우리도 인간이기 때문에 그 인정에 목말라 하고 있는 것이 사실이다. 그런데 그 인정을 맛보려면 그것을 남에게서 끌어내기보다 자기가 먼저 남에게 베푸는 것이 최상책이다.

이 점에 대하여 미국의 정신분석학자 에리히 프롬은 "누구나 남에게 진실로 줄 때에는 그는 반대로 자기에게 주어지는 것을 아니 받을 수 없다. 남에게 주는 일은 또한 그 상대를 주는 사람으로 만들며, 그리고 이 두 사람은 생명이 가까워진 것의 기쁨을 함께 누리게 된다"고 갈파한다.

그래서 아주 사소하게 여겨지는 주변부터 인정을 베풀어 나가노라면, 자기 안에서 놀랍고 위대한 사랑의 혁명이 이루어지고, 가정과 주위에서 그것이 일어나며, 마침내는 우리 사회를 화평의 집단으로 변혁하게 되리라고 나는 굳게 믿는다.

■ 《우리 삶, 마음에 눈이 떠야》(1993)

가진 것 없이 베풀기

나는 지난번 이 난에서 사랑이란 소유나 능력이 아니라 인간이면 누구나 갖추고 있는 인정의 발휘 외에 딴 것이 아니라고 이야기하였다. 그래서 이번엔 그 무소유의 인정 발휘법을 내가 대학생 때(나는 종교학을 전공했었다) 익힌 불교의 일곱 가지 가진 것 없이 베풀기에서 그 본보기를 제시하려고 하는데 독자들은 이교(異敎)의 가르침이라고 떠름해하지 말기를 바란다.

좀 다른 얘기지만 이웃 일본에서는 가톨릭의 사제가 선방(禪房: 후고 에노미야 라살 신부의 신명굴[神瞑屈] 등)을 차려 놓고 관상수도에 나아가 기도하니 말이다.

그야 어떻든 불교 경전의 하나인 《잡보장경(雜寶藏經)》에는 무재칠시(無財七施)라는 대목이 있는데 이것이 바로 재물이 없이, 즉 가진 것 없이도 보시(布施), 즉 베풂에 나아갈 수 있는 일곱 가지 가르침이다.

첫째는 눈으로 베풂[眼施]인데 자비스러운 눈을 함으로써 둘레 사람들의 마음을 맑고 밝게 순화시킴.

둘째는 얼굴로 베풂[顔施]인데 평안하고 온화한 얼굴을 지녀 이웃의 마음을 유순하고 화평하게 함.

셋째는 말로 하는 베풂[言辭施]인데 진정에서 우러나오는 말과 남의 진심을 헤아려 주는 말로 남을 상대함.

넷째는 몸으로 하는 베풂[身施]으로 이것은 육신으로 남을 도와 주는 것뿐 아니라 제 몸가짐을 방정하게 함으로써 그 모범이 됨.

다섯째는 마음으로 하는 베풂[心施]으로 언제나 너그럽고 후하고 따뜻하게 즉 선의(善意)로 남을 대함.

여섯째는 자리베풂[床座施]으로 남에게 자기의 앉은 자리나 상좌를 양보함.

일곱째는 방을 베풂[房舍施]으로 잠자리나 쉴 자리를 구하는 사람에게 이를 제공함.

이상의 베풂은 그야말로 소유나 능력은커녕 누구나 마음만 먹으면 그 당장, 그 즉석에서 실현할 수 있을 뿐 아니라 가령 신체장애나 전신불수의 경우에도 가능하다 하겠다. 실례를 들면 내가 때마다 친누이들 집처럼 찾아가서 묵곤 하는 부산 광안리 성분도 수녀원엔 70객의 어느 노 수녀님이 계신데 그분은 척추 카리에스로 벌써 10년이나 침대에 누워 생활하신다. 그런데 이 수녀님은 어찌나 그 눈, 얼굴, 말씀은 물론이려니와 마음씀이 얼마나 맑고 밝고 자비스러우신지 자매 수녀님들 모두의 경애의 대상일 뿐 아니라 젊은 수녀님들의 심적인 고민이나 고통의 상담역이 되고 계시다.

그리고 또 하나는 어느 신부님의 글에 인용된 것을 내가 다시 인용하는 것인데 일본의 여류작가 미우라 아야코[三浦綾子: 소설 〈빙점〉의 작가]가 쓴 신앙 입문서 《빛 속에서》의 한 대목으로 어느 대학생이 나환자를 위로하러 찾아갔다가 오히려 위로와 감동을 받고 돌아왔다는 이야기다.

"50을 훨씬 넘은 그 환자는 눈도 못 보고, 혼자서는 일어나지도 못하고 돌아눕지도 못하고, 먹지도 못하고, 손가락도 마비되어 있어서 점자도 읽을 수가 없고 오직 혼자서 할 수 있는 일이란 다만 호흡뿐이었다. 그런데 그분의 얼굴은 빛나고 기쁨에 넘쳐 있었다. 이 광채가 나는 얼굴, 평화로운 모습은 그 무슨 힘에설까? 그분의 머리맡에는 점자로 된 성서가 한 권 놓여 있었는데 그것이 바로 그 힘의 원천이었다. 그분은 손끝으로 점자성서를 읽을 수 없으니까 자신의 혀로 성서를 거듭거듭 읽는다는 것이다. 아니 하느님의 말씀을 혀로 빨아먹는다는 것이 그분께 대한 적절한 표현이리라."

　이상 실례 속에서 이미 현명한 독자는 헤아리겠지만 결국 저러한 가진 것 없는 베풂 뒤에는 하느님(진리)의 실재와 그 신령한 힘에 대한 전적인 믿음이 전제되고 또 수반되어야 한다. 그래서 나는 저 일곱 가지 베풂에다 한 가지 더 추가하고 싶은데, 즉 기도의 베풂[念佛施]이다.

　남을 위한, 남의 영육 간(靈肉間)의 평안과 다행을 위한 기도보다 더 큰 베풂은 없을 것이요, 이야말로 그 지향과 염원 그것만으로 남에게 베풀 수가 있고 더구나 그 공덕은 자신도 함께 누릴 수 있으니 말이다. 이것은 내가 저 앞에 쳐든 수녀님을 비롯해 영적 은인들의 그 기도의 베풂 속에서 여러 가지 심신의 심각한 장애와 결함을 안고도 이렇듯 살아서 이런 글이나마 쓰고 있어 그 효능을 너무나 잘 알고 있기 때문에 하는 확신의 제안이다.

■《우리 삶, 마음에 눈이 떠야》(1993)

소록도 취주단

얼마 전 나의 주변 젊은이들이 참여하고 있는 근로자들의 사회 봉사단체인 '한벗회'가 주선을 하여 소록도의 음악선교단을 서울로 초청해서 교회 중심으로 몇 군데서 그 공연을 가졌다. 음악선교단이라지만 약 20명의 나환자, 특히 맹인들의 하모니카 취주단으로서 기독교 신자로 구성된 그 단원들은 이목구비 모두가 이지러지고, 손발도 잘라지고 오그라진 모습들이었다.

내가 그들의 연주를 들은 것은 기독교 100주년 기념관 강당이었는데, 그 곡목이 죄다 성가여서 더욱 우리의 심혼을 깊이 울리게 한 데다가, 특히 그 연주 중간에 행한 한 환자와 그들을 동반한 한 간호사의 간증, 즉 신앙 체험담은 청중 일동의 눈시울을 적시게 하였을 뿐 아니라 장내를 감동의 도가니로 만들었다.

"……나는 이제 이런 병에 걸린 것을 원망이 아니라, 하느님께 감사하게 되었습니다. 만일 이 병이 아니었더라면, 또 내가 눈이 보이지 않게 되지 않았더라면 어찌 하느님을 만날 수 있었겠으며, 또한 그 무한한 자비를 믿게 되었겠습니까? 나는 이제 사나 죽으나 하느님과 함께 있으므로 참말 행복합니다."

이것은 환자의 술회로서 최소한 사지가 멀쩡하면서도 매사에 투정투성이인 우리의 오늘이 무안해지고, 죄스러워지는 말이었다.

한 간호사는 저들의 그 신심(信心)을 반증이나 하듯,

"……저들은 날마다 하느님께 자기들의 평안을 비는 것이 아니라 바로 여러분들의 안녕과 이 겨레, 이 나라의 순탄한 발전을 기도하고 있습니다. 이런 의미에서 소록도는 한국에 마지막 남은 순수한 심혼의 지대입니다."
하는 것이었다.
 그리고 간호사 일동은 다음과 같은 노래를 합창하였다.

누군가 날 위하여 누군가 기도하네.
내가 홀로 외로워서 마음이 무너질 때
누군가 날 위하여 누군가 기도하네.

 이 시간 우리를 위하여 기도하는 저 소록도 형제들을 떠올리며, 우리는 모두가 제 삶이 그 기도에 합당한 삶인가 한번 되살펴볼 일이다.

■ 《우리 삶, 마음에 눈이 떠야》(1993)

제2부

죄와 은총

가톨릭 이미지의 변천 ｜ 성당 경내 ｜ 연보전
이런 목자 ｜ 강론 ｜ 교황의 호소 ｜ 수도와 선
어느 새해 선물 ｜ 어느 반신불수 부인 ｜ 농가성진
성직에의 소명 ｜ 성서의 이율배반 ｜ 영전과 입교
한 소녀에게 ｜ 추석 유감 ｜ 수중 유물론 ｜ 목자시비
공산연옥 ｜ 북에 미리 보내는 글발 ｜ 월남전선에서
비행기에서 ｜ 어느 환담석 ｜ 하와이교회 점묘
참된 기도 ｜ 상구하화 ｜ 죄와 은총 ｜ 위정자와 종교가
종교인의 타락현상 ｜ 신앙생활의 몇 가지 지침
신앙과 행실 ｜ 동서관상의 교류 ｜ 진리는 하나
시선일미 ｜ 예술과 참선 ｜ 발밑을 살피다
올력의 현대화 ｜ 오늘서부터 영원을 살자

가톨릭 이미지의 변천

한 20년 전만 해도 일반 미신자들이 우리 가톨릭 교인을 향해,
 "성당에 다니는 사람들의 행실은 역시 어딘가 다르며 신부, 수녀들을 만나면 저절로 고개가 수그러진다. 나도 종교를 가지려면 천주교를 택하겠다."
라는 평들을 하곤 했다.
 오늘에 와서도 이러한 호의적인 평이 아주 없어진 것은 아니지만,
 "십자가를 긋는 것도 다 헛것이고, 로만 칼라를 한 자들도 별게 아니며, 천주교 그 속도 뒤죽박죽이더라"는 신랄한 비평을 흔히 듣는다.
 이러한 우리 이미지의 변천에는 우리 교회 쇄신화 과정에서 오는 여러 가지 그릇된 인식이나 한국 교회 팽창에 따르는 불가피한 부작용도 포함되어 있겠지만, 무엇보다도 우리 신자나 성직자들의 생활 자체의 도덕적 타락이나 교회 운영의 전근대성과 조악성(粗惡性)이 지적되고 있음을 부인할 수가 없다.
 첫째, 나를 포함하는 오늘의 수많은 신자들이 생명보험이나 부어 나가듯 주일미사 참례나 하고는 일상생활이나 사회생활에서는 일반 미신자들과 똑같은 자세거나 한 걸음 더 나가 부정이나 불법도 태연히 감행할 때, 십자가를 긋는 것도 헛짓이더라는 평판을 어찌 면할 수가 있겠는가? 이러한 이중생활 신자들의 사회적 진출이 두각을 나타낼수록 그 비난의 소리는 더욱 높아질 것이므로 특히

사회 각계에서 활약하는 가톨릭 엘리트들의 건곤일척(乾坤一擲)의 반성과 각성이 요청되는 바이다.

둘째, 성직자들에게 향한 화살은 한마디로 말해서 그 서원(誓願)에 대한 해이가 대상이다. 즉, 존경의 대상이던 청빈(淸貧), 동정(童貞), 순명(順命) 세 가지가 자체적으로 파괴된 성직자와 그 사회는 미신자뿐만 아니라 교우들부터도 받아들여질 수 없다. 나는 오늘날 이렇듯 일부 타락된 신부로 모든 본당을 채우고, 또 늘리려 들기보다는 열 개 본당을 합쳐 사제서원을 고수하는 신부 하나만으로도 좋으니 성직 사회에 일대 정화(淨化)가 이루어져야 한다고 생각한다. 이것은 서원을 일시적으로 잃은 성직자들의 추방을 의미하는 것이 아니라, 전교 일선에서의 자진 후퇴나 수도원 등에 자원 입회를 권장해서 하는 말이다. 그래서 그 능력이야 여하간 서원을 보전한 사제들의 자연적으로 이루어지는 단합만이 교회 내의 단합을 가져올 것이고, 이대로는 오히려 우리 교회 내의 모든 분규가 나날이 더해 갈 것이 뻔하다.

셋째, 우리 교회 운영에 대한 악의적 비평이 조성되는 그 경로로는 교회기관에 종사하다가 이탈하는 신자나 미신자들의 비평을 들 수 있는데, 그 골자를 종합하면 "일반 개인 사업체보다도 그 운영이 봉쇄적이고 고식적이요, 정신적으론 실망뿐이고, 물질적으론 유대인 이상으로 인색하더라"는 표백(表白)이다. 물론 우리는 교회 사업기관이 사회에 미친 바 수많은 공헌과 거기에 종사함으로써 귀의한 허다한 형제들을 알고 있다. 그러나 또 한편, 교회기관의 전근대적인 운영의 조악성이나 그 매너리즘도 한계에 도달했다는 느낌을 가지고 있다. 교회의 치부를 드러내고 사회에 악영향을 주는 교회사업 기관마저도 없지 않다.

나는 일전에 어느 자리의 화제에서 "모 기관이 해외 사기혐의를 받은 사람에게 그 수법이 ○○○신부 같구나" 하더라는 이야기마저 들었다. 보도에 의하면 지난주 교황 바오로 6세는 전 세계 가톨릭인들의 도덕 재확립을 새삼 촉구했다고 한다.

이때 우리 한국 교회도 성직자나 신자들이 일대 도덕적 자기반성과 숙정(肅正)으로 타락된 이미지를 만회하여 "성당에 다니는 사람들의 행실은 역시 어딘가 다르며 신부, 수녀들을 만나면 저절로 고개가 수그러진다. 나도 종교를 가지려면 천주교를 택하겠다"는 평판을 최소한 들어야겠다. 이것이 또 곧 사목(司牧)과 전교(傳敎)의 기본 바탕이기도 하다.

성당 경내(境內)

로마가 전례(典禮)와 더불어 교회 건축 등의 민속화를 장려하는 것은 당연한 일이다. 우리가 우리의 하느님을 가장 자기들의 알맞은 궁전 속에다 섬기려 드는 것은 인간의 자연적인 욕구요, 또 하느님의 꽃밭인 인류의 이러한 다양성은 지극히 선(善)한 것이다. 그래서 우리에게도 우리에게 알맞은 성당의 건축이나 그 정원 연구가 활발히 대두되기를 바란다.

그런데 오늘 내가 여기서 이야기하려는 것은 그런 거창한 얘기가 아니라, 현재 우리가 드나드는 성당의 경내(境內)를 좀 살펴보려는 것이다. 그것도 그 운치나 풍정(風情)이 사찰(寺刹)과 비교할 때 삭막하다든가 이런 얘기가 아니라 좀 지저분하지만 변소를 논란하려는 것이다.

한마디로 그 나라 문화의 척도를 알려면 공중변소를 구경하면 되고, 한 집의 살림을 알자면 그 집의 뒷간을 보면 된다는 말이 있다. 이런 의미에서 볼 때, 불행히도 우리 성당의 변소들은 내가 보는 한 낙제점이다. 대소변이 흩어져 있고, 낙서가 적혀 있고, 대개는 먼지가 끼고 거미줄이 쳐져 있다. 교리반 학생들이나 교회 일 보는 분들이 성당 안은 말끔히 치워도 구내 변소는 청소를 몇 달씩 거르는 모양이다.

우리가 절에 가 보면 얼마나 뒷간이 정결한지를 안다. 불교에서는 변소를 동사(東司)라 하고, 그 변소의 청소를 맡은 직책까지 있어서 이를 정두(淨頭)라 부르고, 그 소임에는 신출내기 사미(沙彌)가 아니라 오래 수도를 한 스님이 이를 맡는단다. 더욱이 변소에는 대개 무상신속(無常迅速), 생사사대(生死事大)라든가 하는 법문 같은 것이 써 붙여 있고, 입측오주(入厠五呪)라 해서 용변을 하며 청정한 마음다짐을 하여 외우는 축문 같은 것마저 있다고 들었다.

우리도 따져 보면 하느님의 무소부재(無所不在)를 믿는 사람들이다. 아니 이렇듯 자못 심각하게 얘기를 펼 게 아니라, 첫째 성당 경내가 너무나 지저분하고 더러우면 그 이미지가 흐려질 뿐 아니라 사용하는 우리 자신들이 유쾌하지가 않다.

서울 어느 성당엔 풀(수영장)을 파고 요금을 받는다는 얘기도 들었다. 그런 것에 찬반(贊反)은 여기서 보류하거니와 우선 눈살 찌푸려지거나 코를 막을 변(變)은 성당 경내에서 없었으면 한다.

연보전(錢)

요새 세상이 돈을 너무나 바치고 섬겨서 물질주의로 치우쳐 흐르고 있음은 누구나 아는 바이다. 이런 상황 속에서 교회에 나가는 것은 구원도 구원이려니와 이러한 돈이나 물질세계에서 일시나마 해방되려는 정신적 욕구와 그 기쁨이 은연중에 있다.

그런데 실은 그 교회에서도 막말로 돈의 강박은 해소되지 않는다. 내가 왜 여기서 '강박'이라는 무례한 표현을 쓰는고 하니, 이즈음 각 성당에서는 연보전 광주리를 소백의를 입은 신부님들이 들고 다니는 풍습이 생겼는데, 여기서 그런 느낌을 받았기 때문이다. 내가 어떤 신부님에게 그 연유를 물었더니, 그 신부님의 솔직한 대답이 신부들이 거둬야 훨씬 더 걷힌다는 이야기다.

연보의 기원은 옛날 애찬(愛餐)의 예식으로 예배 끝에 음식을 나누어 먹는데, 빈한한 이들을 위하여 부자들이 음식을 더 장만하여 가지고 와서 그것을 바친 데서 유래되었다 하며, 이를 부제(副祭)들이 거뒀다 한다. 내가 어렸을 때만 해도 성당에는 애긍통만이 놓여 있었고, 근년에 와서 미사 중에 회장이나 교우가 걷더니, 다음에는 보미사하는 애들이 하다가 이제는 신부가 직접 나서게까지 되었다. 어떤 성당에서는 마치 무당이 굿을 하다 혼백을 빙자하여 제물을 더 얹으라고 조르듯 주일마다 연보전이 적게 오른다고 호령호령하는 성당도 있다.

물론 과거에는 우리 교회 유지를 외국 전교회 재단이나 그 신자들의 애긍에 의지하다가 이제 본방(本邦) 자치 경영을 하자니 재정이 쪼들려 이런 수단까지 나온 줄 안다. 그러나 교회 유지는 차라리 교무금을 국민경제 향상과 견주어 가며 조금씩 올리는 게 나을 줄 믿는다. 또 한편, 우리의 교회나 특히 도회지 일부 성직자들의 생활은 우리 국민의 가난과 비길 때 오히려 사치에 속한다. 이어령(李御寧)이라는 촉바른 평론가가 로마의 대성전을 관람하고 와서는 베들레헴의 말구유에 태어나신 예수의 교회로서 상상할 수 없다고 비판했듯이, 우리나라 교우들의 가난한 생활에서 역겨움을 안 느낄 정도의 교회 운영과 성직자 생활이 필요할 줄 믿는다.

들은풍월이지만, 독일에서는 나라에서 종교세를 받아서 그것을 분배 받아 교회를 운영하고, 미국은 교무금이 없이 연보만으로 이를 충당한다고 한다.

남이야 어떻든 우리도 우리에게 알맞은 교회 재정 자치책을 수립하되, 제관(祭官)인 신부들이 성당에서 광주리를 들고 다니며 애긍의 정신적 강요는 말았으면 한다. 좋은 본보기로는 왜관(倭館)성당 등에서 제헌미사 때 교우들 각자가 제대 앞에 나아가 헌금통에다 예물을 넣는 풍습은 각 성당이 본받을 만하다.

이런 목자

나는 6·25 전에 신병의 요양으로 마산에서 한 1년 지낸 일이 있다. 그때 본당 신부님이 얼마 전에 세상을 떠나신 파리 외방 전교회의 목(睦) 신부님이셨다. 이 신부님의 성덕은 이미 세상에 널리 알려진 바이지만, 나 같은 뜨내기 신자도 그분의 면목(面目)을 곧 알아뵐 수 있었다.

특히 인상에 남는 것은, 그분은 벌써 그때도 노령으로 주일미사 중 강론을 하실 때는 제대에 걸상을 가져다 놓고 앉아서 말씀하셨는데, 때마다 사추리를 안 가린 어린애들이 벌벌 기어 올라가 구두와 장백의 끝에 매달려도 당신은 무심히 이야기를 계속하고 계시는 것이다.

신부님의 강론은 집안 할아버지의 타이르는 말씀처럼 논리적으로 앞뒤도 맞지 않고, 결코 웅변도 아니었지만, 흰 수염을 늘어뜨린 그 맑은 모습과 함께 듣는 이로 하여금 마음을 환하게 하였다.

얘기는 바뀌지만, 나는 연전에 교회 경영 신문사를 R신부님이 맡았을 때, 잠시 일한 적이 있다. 그때 아침마다의 간부회의가 때때로 정오 삼종 때까지 계속될 때, 그중 교우 간부 하나는 언제나 보라는 듯이 일어나 삼종기도를 그야말로 경건하게 바치는 것이었다. 내가 이를 민망히 여겨서 하루는 우리 교우 간부들의 삼종 때 행동통일을 제안했더니, R신부는 어이없다는 듯이 웃으시며,

"그 10여 명 중에는 우리 교우보다 미신자가 많은데 우리들이 기

어코 일어나 삼종을 바친다면, 그 미신자들이 얼마나 무안하고 갑갑할 것이오. 오히려 그 열성을 가지고 마음속으로 하든가 회의가 끝나고 할 일이지! 기도란 어디 남 보라고 하는 거요?"
라고 하셨다.

또 나는 베네딕도 수도회 M신부의 이런 일화도 알고 있다.

그는 고고학(考古學)으로 독일 학계에서도 저명한 분이었으나, 저 두만강변 계림이라는 광산촌에서 일생을 마치셨다. 그곳에 어느 날 신학교 평신도 교수 한 분이 찾아갔다. 그분은 반가운 김에 저녁식사 때 반주 한잔들을 하셨다. 이것이 좀 과했다. 때마침 무슨 성월(聖月) 때여서 저녁 강복식이 있었다. 교수는 신부께 근심스레 말했다.

"저도 저려니와 신부님께서 이렇듯 얼굴이 붉으셔서야 어떻게 강복을 드리시죠?"

그런데 M신부의 대답이 걸작이었다.

"천주께서는 백인종도 흑인종도 황인종도 차별 없이 사랑하십니다. 내가 비록 홍인종이 되었다 한들 천주께서 꾸중 않으실 것입니다."

두 분은 가가대소(呵呵大笑)하고 성당으로 향했다.

신부님들의 해학적인 일화들을 적어 온 나도 물론 엄위하신 하느님 대전에서 소란을 피우는 어린애들 머리에 꿀밤을 주는 신부나 삼종 때만 되면 어느 때 어느 장소에서든지 기도를 바치는 열심 교우를 배척하려 함은 추호도 아니요, 더욱이 신부님이 술이 취해 성당에 드시기를 장려하려 함은 결코 아니다. 오직 목자들 중에는 이런 분들도 계셔서 우리에게 예수께서 주장하신 인간에 향한 사랑을 흥그럽게 가르치신다는 것을 알릴 뿐이다.

강론

　서울 명동성당 성탄 자시(子時)미사에 윤공희 주교님의 강론은 그 뒤 평판이 높았다. 텔레비전을 본 미신자 친구에게서도 칭송의 전화를 받았다.
　실인즉, 나는 이 강론을 듣지 못했으나 그 소문만으로도 이다지 기뻐하는 것이다. 이는 내가 그 주교님과 소시동학(小時同學)의 우정에서도 그러하려니와, 그보다 나는 항상 우리 한국 교회에도 훌륭한 설교가의 출현을 기대해 왔기 때문이다.
　외람스런 얘기지만, 주일마다 각지 성당에서 행해지는 우리 신부님들의 강론에 대한 일반 신자들의 평판은 그 대부분이 별로 좋지 않다. 이렇게 말하면 더욱 노여움을 사겠지만, 교우들이 주일미사 참례를 하면서 강론을 즐겨 듣기보다는 그저 마지못해 듣는다는 표현이 더 솔직할 것이다. 특히 젊은 세대층은 미사에 지각하는 이유의 하나로 강론이 흥미 없어서라고 한다.
　그들의 혹평을 그대로 옮기면, "신부님들 강론은 따분해서 못 듣겠다"는 것이다. 물론 이 말은 오늘의 젊은이들의 신앙심의 결여나 불성실을 의미하기도 하지만, 한편 그들의 열띤 생명을 붙잡고 불꽃 튀게 할 감동적인 설교가 드문 것도 사실이다.
　나는 20대 일본 유학 시절, 청춘의 홍역 속에서 저명한 종교가나 당대의 특출한 사상가들의 강연과 설교를 열심히 찾아다녔다. 그때 이시마루 고헤이[石圓俉平]란 철학자에게서 들은 강화 한 토막

이 생각난다.

"일체를 고민한다는 것은 하나도 옳게 고민하지 않는다는 것과 다름이 없다. 또한 일체의 고민은 하나의 고민도 해결하지 못한다. 우리는 고민의 과대망상증에 걸리지 말고, 자기 고민의 씨를 먼저 발견하여야 한다."
라고 하던 그 말은 직지통봉(直指痛棒)이 되어 오늘에 이르기까지 나의 인생의 지침이 되고 있다.

실상 이런 설교나 강론의 효능을 내가 굳이 강조하기보다 한마디로 우리의 신앙이 의거하는 복음이 예수 그리스도의 설교집이 아닌가! 그런 분의 제자요, 대리자로서 사명을 지닌 분들의 오늘의 설교의 소홀과 그 부정진(不精進)은 유감이 아닐 수 없다.

물론 우리는 모든 신부가 능변가나 웅변가가 아님을 탓함이 아니요, 또 박식과 석학이기를 바라는 것도 아니다. 그보다 오히려 소박하고 눌변이라도 그 강론이 충분한 묵상과 준비를 통하여 행하여지고, 듣는 이로 하여금 영적인 감동을 불러일으킬 것을 바라는 것이다. 흔히 앵무새처럼 성서말씀만을 나열하거나, 수식에 의한 잔소리만을 되풀이하거나, 또 자기 강론의 주제나 소재마저 저작되지 않은 채 설교대에 나서는 타성의 강론은 지양되었으면 한다.

필경 훌륭한 강론이란, 신앙의 내적 체험이 수반된 강론을 의미하는 것이요, 곧 성직자의 수덕수련(修德修鍊) 생활과 비례하는 것이리라. 또 신부님들의 제일의적(第一義的) 무기는 강론이요, 제일공과(第一工課)도 강론이라고 나는 믿는다.

교황의 호소

올해 교황의 신년 메시지는 1월 1일을 '평화의 날'로 설정할 것을 제안하고 계신다. 작금에 있어 교회의 평화 호소는 어쩌면 안타까우리만큼 되풀이되고 있으나, 현실세계의 전쟁이나 분쟁은 덜어지는 기색마저 없다. 물론 교황의 호소는 그 반응과 영향이 없지 않아 객년(客年) 말에는 미국의 존슨 대통령이 로마로 교황 성하를 찾아뵙기까지 하였으며, 근간의 보도는 교황께서 평화사절단을 북월맹에 파견까지 하신다는 소식이다.

이러한 교황의 부단하고 무진한 노력이 평화를 목적 삼는 자유세계나 역시 간판만은 평화를 내세우는 공산 측에게 보답되어 진정 평화의 날이 불원하리라고 믿는 사람은 없다. 이러한 사정을 교황 자신께서도 신년 메시지 속에서 이미 다음과 같이 간파하고 계신다.

"마음속 깊이 경계해야 할 것이 한 가지 있습니다. 평화가 인류의 진정한 소망이기 때문에 평화를 허위에 찬 하나의 미사여구로 어쩔 수 없이 받아들여서는 안 된다는 것입니다. 그러나 불행하게도 그것은 지금까지 압제(壓制)나 당리(黨利)를 숨기려는 목적으로 종종 쓰여져 왔으며, 또한 쓰여질 수 있다는 사실입니다."

필자의 해석을 덧붙이면 여기서 압제라고 표현된 것은 아마 공산당일 것이며, 당리(黨利)라고 표현된 것은 아마 서방 측, 특히 미국이 지칭된 것일 게다. 그야 어떻든 이러한 가톨릭 교회의 세계평화를 향한 적극적이고 용기 있는 자세는 두말할 것도 없이 '지상의 평화' 회칙(回勅)을 선포한 요한 23세의 예지와 결단에 의거한 것으로서, 그분의 면목은 "나는 나의 이념의 적과도 세계의 평화를 위해서는 합력(合力)하겠다"는 폭탄적인 한 말씀으로도 알아볼 수 있다.

그런데 문제는 이러한 교황성부들이나 교회의 세계평화 노력에 그의 자녀인 우리들은 어떻게 호응하고 있으며, 또 이에 노력하고 있는가 한번 살펴볼 일이다. 여기서 일반론을 피하고, 동쪽 변방 한국 교회의 한 신자인 나 자신의 경험과 심정을 먼저 솔직히 토로해 보겠다.

실상 공산당의 직접 침략을 몸소 체험한 나 자신은 그 "이념의 적과도 합력하겠다"는 요한 23세 성하의 말씀이나 거듭되는 바오로 교황의 평화 호소를 들으면서 물론 그 고매한 정신은 찬양하는 바지만, 로마는 공산당의 정체를 잘 모르고 이상론을 제시한다든가, 교황께서는 월남전쟁에 있어 자유세계의 불가피한 방위책을 잘 이해하시지 못하고 오직 염원에 대한 호소의 반복만을 되풀이할 뿐이라고 여기기 일쑤였다.

이런 나도 전쟁을 긍정하는 사람은 물론 아니고, 또 전쟁의 비참을 모르고 말하는 사람도 아니다. 그렇다고 월남 파병의 철수론자도 못 된다.

그러면 휴전선을 가로놓고 월남에 파병하고 있는 한국의 교우들은 로마교회의 평화 호소를 실생활에서 어떻게 실천하고 구현해 나갈 것인가 하는 의문에 부닥친다. 이번에 월남을 직접 다녀오면서 나의 앞서 말한 로마에 대한 회의적 인식이 시정되고, 그 호소가 절실감을 가질수록 나의 심중은 더욱 복잡만 하다.

막말로 오늘의 현상은 교황의 호소는 호소대로 이 땅에서 공전하고, 우리 한국 교우들은 한국의 형편대로 전쟁을 장기(長技)로 살아갈 것인가. 우리 한국 교회는 로마의 호소를 실천할 방안이나 그 연구가 없어서 될 것인가. 아니, 한국만이 아니라 전 세계 각국 교회나 신자들은 그들 각자 생활에 저 로마의 노력을 어떻게 반영시킬 것인가.

이것은 교회 신비체를 자랑하는 우리 가톨릭 신자의 사명이기도 하다. 만일 한 걸음 나아가 전 세계의 신앙자들이 단합한다면, 무장 없는 세계도 불가능하지는 않을 것이다. 우리는 주의 뜻이 하늘에서 이룸과 같이 땅에서도 이루어질 것을 믿고 바라고 또 실천해야 할 자가 아니냐.

수도(修道)와 선(禪)

아시시의 성 프란체스코처럼 그 생애와 행적이 동양적인 성인은 없다. 그의 출가(出家)의 동기가 된 문둥 환자와의 입맞춤이라든지, 완전히 무일물(無一物), 무정처(無定處)의 고행이라든지, 공중에 나는 새들에게 설교하고, 제비들을 침묵시키고, 태양이나 구름이나 물이나 불을 향하여 "나의 형제여, 나의 자매여!" 하고 부르는 등 자연과의 혼연융화는 마치 운수행각(雲水行脚)의 탁발승이나 범신론적 선사(禪師)의 면목을 방불케 한다.

특히 그 위대한 단순과 천진의 소박은 우리 신라의 혜공(惠空)이나 대안(大安)과 같은 대덕(大德)들의 일화들과 너무나 흡사하며, 그의 여러 가지 초자연적인 이적(異蹟)마저도 그 자연스러운 품이 우리 고승대덕(高僧大德)들과 상통한다.

그러나 나는 여기서 새삼스레 성 프란체스코를 소개하자는 것이 아니요, 또 동양의 성자들과 비교하려는 것도 아니라, 성 프란체스코의 행적이나 수도에서 불교적 문자를 빌리면 대승적인 수덕행(修德行)을 본받자는 것이다.

내가 연전에 일본에 가 있을 때, 지금은 고인(故人)이 된 분이지만 석학(碩學)의 간도 신부나 덕원(德源) 베네딕도 수도원 신학교 교수로 계시던 철학자 도마시코[當眞嗣康] 선생이 만년에 선도량(禪道場)에 출입하며 참선(參禪)을 하였다는 얘기를 듣고 또 읽었다.

나는 그분들의 참선이 지적 관심에서였는지, 또는 그 수덕 방법에서 어떤 내적 증험(證驗)을 얻었는지는 모른다. 오직 내가 홀로 짐작하기로는, 그분들이 선적 수도(禪的修道) 방법을 가톨릭적으로 활용할 수 있는가의 가능성 여부를 몸소 체험하려 들지 않았는가 생각된다.

물론 우리 가톨릭에도 다양한 관상수도(觀想修道)나 고행수도(苦行修道)나 신비수덕을 정진(精進)하는 수도회가 있고, 또 그 수도자들이 있다. 그러나 역시 그 수덕방법이나 수도생활 양식 등은 대체로 서양적(?)이다. 어떤 면에서는 우리의 정신이나 생활에 이질적 면마저 없지 않다. 이런 의취(意趣)에서 나는 동양에는 동양에 알맞는, 우리 한국에는 한국에 알맞는 수도(修道), 수덕(修德)의 방법이 창안되고 채택되었으면 하는 염원을 갖는다. 이것은 우리 교리나 교회에 결코 배치되는 바 아닐 것이요, 오히려 현재 로마가 지향하는 바 신앙 형식의 민속화나 고유화에 좀더 내질적(內質的) 의의를 가져오는 것이라고 생각한다. 또한 각 종교 간의 대화 역시 공동선의 추구도 중요하지만, 이러한 수덕 방법의 과감한 교류 같은 것이 더 한층 의의를 가지리라고 본다.

내가 알기로는 선(禪)에는 백척간두(百尺竿頭)에서 대오각성(大悟覺醒)하는 격외법(格外法)이 있다. 이것에 반하여 우리의 신앙생활은 소승(小乘) 속에 안주하고, 교리나 수계(守誡)의 타성에 흐르고 있는 느낌을 갖는다. 피정(避靜) 같은 묵상회(默想會)가 이의 탈피를 기한다지만, 이것도 관습화된 정도로 신앙의 심화나 그 완성에 결정적 계기를 주지 않는다.

그러나 이 신앙양식의 근원에는 자력본원(自力本願)과 타력본원(他力本願)의 차이가 있어 자력 위주의 선적(禪的) 방법을 우리가 무조건 채택할 수는 없다. 그래서 일반 신자들이 이를 시험하기엔 큰 오류에 빠질 위험이 있기 때문에 수도회 같은 데서 적극적으로 연구하고 내적 증험(內的證驗)을 얻어서 일반화하여야 될 줄 믿는다.

한국에도 방인 수도회가 하나 둘씩 창설되고 있으니, 이런 면에 눈뜬 수도회가 출현되기를 바란다. 아니, 이는 한국에 있는 전체 수도회의 과제이기도 하리라.

어느 새해 선물

정초도 뒤늦게 새해 인사장 하나가 날아왔다. 그런데 새해 축복과 함께 거기 써넣은 물목이 그야말로 천하의 진품이라 자신이 좀 경망스러운 느낌이 들지만 공개하여 자랑한다.

"삼가 기쁜 성탄과 희망의 새해를……"로부터 평범하게 인사를 갖추어 쓴 짧은 글발은 그 마감에서 "18년 전 선생님이 저의 약혼식에 참석하셨습니다만, 그 저희가 벌써 5남매를 두었습니다. 그 온 가족이 선생님의 건강하심과 하시는 일마다 만사가 형통하시도록 기원하여 다음과 같은 영적 선물(靈的膳物)을 드립니다.

―평일 미사 참례 2회
―로사리오 5회
―주일(主日) 활동 1회
―영적 독서(靈的讀書) 10페이지
―희생(犧牲) 1회"

라고 적혀 있었다. 그것을 읽은 때의 나의 감동과 감명은 차라리 생략하고, 저 가톨릭 신앙의 선물 내용을 잠시 설명하면 쉽게 말하여 나의 다행을 위하여 자기네 가족들이 다섯 가지 공덕(功德)을 행하겠다는 서원(誓願)이다. 첫째는 신자로서 의무는 아니지만 평일 2일 동안 아침 미사에 나가겠고, 둘째는 묵주기도(默珠祈禱)를 다섯 차례나 하겠고, 셋째는 주일 교회에서 행하는 선교(宣敎)나 자선(慈善)활동에 한 번 자진해서 참가하겠고, 다섯째는 남모르는 자기

희생을 한 차례 하겠다는 것이다.

이 희귀한 선물을 나에게 보낸 이는 피난 시절 대구신문에서 나와 함께 일한 적이 있는 분인데, 지금은 어느 국책회사(國策會社)의 부장급으로 있다고 들었으며 그새 내가 외지(外地)생활을 하느라고 5, 6년이나 못 만난 사이다.

나는 실로 너무나 황송해서 어쩔 바를 모르다가 일전에 "영적 생활이 부실한 나라 답례는 못 드리오나 오직 형네 가족들의 선공(善功) 그 자체가 보응을 해 줄 줄 믿습니다"라고 염치없는 답장을 보냈다.

그러나 기온이 내려가는 날 아침이면 저들 가족이 성당에 갔다가 감기나 들지 않나 하는 걱정이 들고, 요새는 일상생활에서 못마땅한 일이나 인간관계의 역겨운 경우를 당해도 한편에선 나를 위해 희생을 바치는 사람도 있는데 하고 너그러워진다. 또 때마다 로사리오를 올리는 그의 모습을 떠올리고는 어떤 깨우침과 함께 기쁨을 맛본다.

■ 《한 촛불이라도 켜는 것이》(1985)

어느 반신불수 부인

내가 하와이 체류 중 가장 인상적인 장면은, 지난해 8월 중순 귀국하는 친구의 전송을 하러 호놀룰루 공항에 나갔다가 같은 비행기 편으로 일본 만국박람회에 참석하러 떠나는 하와이 주지사 존 A. 번즈 부처의 정경과 마주친 것이다. 우리의 백자처럼 희디 흰 반신불수의 노부인의 몸을 담은 휠체어를 밀면서 환송객들과 흔연히 환담하는 장신의 노신사의 그 은은한 모습은 실로 큰 감명과 감동을 자아내게 했다.

올해 63세가 된 존 번즈 씨가 간호사 출신의 베아트리체 여사와 결혼한 것은 1931년이었다. 그들은 결혼 후 연년생으로 아들과 딸을 낳고 3년째 또다시 임신하였는데, 그때 부인이 덜컥 소아마비를 일으켜 반신불수가 되고 태아는 유산하고 만 것이다.

이것이 1934년, 이때부터 그들 부부의 영웅적인 애정과 불굴의 노력은 시작되었다. 남편 번즈는 아내가 병들자, 우선 좋아하던 술을 끊었고, 가톨릭 신자인 그는 그때부터 하루도 거르지 않고 아침 미사에 참례하여 영성체를 하는 독신자(篤信者)가 되었다. 또 부인은 부인대로 이 절망적인 불치의 병에 도전하는 한편, 마비되지 않은 상반신만을 가지고도 남의 손을 한 번도 빌리는 일 없이 주부로서의 살림을 꾸려 나갔고, 자녀들의 양육을 도맡아 했다.

그래서 부인이 불구가 된 지 2년 후에 그 지극한 부부 애정의 징표로서 세 번째 아이 '팀'이 태어났던 것이다. 그리고 연륜과 더불어 남편의 지위가 향상됨에 따라 거기에 상응한 주부의 역할이 확대되어 갔는데, 미시즈 번즈는 언제나 전신이 성한 사람 이상으로 일을 빈틈없이 수행해 나갔기 때문에 어느 해에는 신문 투표에서 '하와이 모범부인'으로까지 당선되었다.

미시즈 번즈는 때마다 "이제까지 나에게 있어 불공평한 이점(利點)이 있었다면, 그것은 휠체어다"라고 말함으로써 불구가 오히려 자기 인생을 유리하게 하였다고까지 달관한다.

그녀는 지금도 지사 관저인 워싱턴 플레이스에서 부엌살림과 세탁, 다리미질까지 맡아보고 있고, 모든 공식 리셉션의 메뉴를 자신이 직접 짜서 지휘하며 그 호스테스 노릇까지 하고 있으며, 각종 자선단체의 역원 노릇도 하고 있다. 그러나 그 부인의 태도는 "어느 여왕 손님을 만날 때나 보이스카우트 회원들을 만날 때나 언제나 한결같다"는 평판이다.

나는 하와이에서 진정 용기 있는 인생을 목격한 것이다.

농가성진(弄假成眞)

이 나라 연극계 원로의 한 분인 P선생이 며칠 전에 이승을 떠났다. 그 선생은 가시기 약 한 달 전에 가톨릭에 귀의하였는데, 그렇게 된 데는 다음과 같은 일화가 있다.

지금으로부터 20년 전, 어느 혼인잔치 집에서 P선생은 시인이기도 한 C신부를 만나서 술잔을 기울이다가 초면인데도 의기상합(意氣相合)한 P선생이 즉석에서, "나의 사후(死後) 문제는 당신께 맡길 터이니 알아서 해 주시오" 하는 엄청난 청을 하였다. 이에 C신부도 "그렇게 하리다" 하고 흔연히 응낙하였던 것이다. 그 후도 두 분은 공사석(公私席)에서 만나면, 이 약속을 농반진반(弄半眞半)으로 재확인하는 것을 나도 여러 차례 보았다.

이렇게 세월이 흘러 지난 9월, P선생은 자신의 병환이 위중함을 자각케 되었을 때, 문병을 간 나를 통해 C신부를 찾는 것이었다. 그 이튿날 C신부가 달려갔음은 물론이려니와 그 후는 일참(日參)을 하다시피하여 세례와 더불어 선종(善終)을 끝까지 지켰다. 농가성진(弄假成眞)이라더니 바로 이를 두고 말함이랄까.

그런데 이야기는 예서 끝나는 게 아니라 P선생이 돌아가신 날 밤에 나는 빈소를 지키며 부음(訃音)을 전할 가장 가까운 친구의 명단을 알려고 P선생의 수첩을 그 따님을 시켜 살피게 했는데, 그녀가 나에게 내보이는 4월 메모란 예수의 수난과 부활절 날짜에 "베드로가 예수를 세 번이나 모른다고 하였다", "하느님의 아들 예수는 확실히 부활하셨다"라고 적혀 있는 게 아닌가!

평소 P선생은 옵티미스트요, 해학가로서 화제가 저러한 구경적(究竟的) 문제에 부딪히면, "골치 아프다! 집어쳐라!"고 흘러 넘기는 인품이었다. 그러나 그 내면에는 저렇듯 그리스도교 신앙을 받아들일 준비가 자기대로 다 되어 있었고, 오직 C신부에게 청한 그 표현만이 그분 나름이었음을 이제 알 수가 있었다.

그래서 나는 하느님의 부르심이나 인간 내면에 깃드는 신의 은총이 인지(人智)로서는 헤아릴 수 없음을 다시금 깨달았다.

성직(聖職)에의 소명

내가 '한국 전승문화 강좌'를 맡고 있는 가톨릭 대학 신학부 연구과(대학원 과정) 신학생들 20여 명이 오는 12월 초에 부제위(副祭位)에 오른다. 부제란 가톨릭의 사제(司祭: 신부[神父])가 되는 품계(品階)로, 이때 종신서원, 즉 일생 독신생활을 하느님과 교회에 맹세한다.

그들은 이 서원을 바치기 약 1주일 전에 피정(避靜)이라는 공동묵상회에 들어가기 때문에 지난주 벌써 종강을 했다.

나는 이들과 강의를 마치면서 다음에 만날 때는 하나도 빠짐없이 부제로서 만나자고 인사하며 돌아서니 눈시울이 뜨거워짐을 금할 바 없었다. 하나같이 새파랗게 젊고 착실하고 선량한 저들이 이제 모든 인간적인 꿈과 가능성과 욕정과 즐거움 등을 포기하고 선택할 그 먼 길과 짐의 무게와 저들을 그 길에 이르게 하는 신비한 힘, 그것이 나의 마음을 울리기 때문이다.

그러나 나의 이 요사스러운 마음보다 저들은 "나는 복음서에 의지하여 다시 취소할 수 없는 인생의 한 양식을 선택하려 한다. 내 앞에는 수렁과 위기와 패배와 실의와 적막이 가로놓여 있을지 모른다……. 또 그렇게 놀랍고 말할 수 없이 감미로운 은혜인 결혼도 영생(永生)에 대한 확신에 찬 희망으로 포기하는 것이다……"(칼 라너)라는 차원 높은 경지에 있을 것이다.

그러나 저들이 그러한 확신과 희망의 결단에 이르기까지에는 주저와 유혹과 불안과 전율이 저들의 가슴속에 회오리쳤음도 부정 못 하리라. 어찌 보면 인간으로서 가장 어렵고 심각한 이 택일(擇 一)은 그야말로 인간의 지향과 노력만으로 이루어지지 못할 것이 다. 그래서 가톨릭에서는 소명 그 자체를 하느님의 은총으로 본다.

이야기가 좀 달라지지만, 요즈음 가톨릭에도 성직자들의 대처(帶 妻) 문제가 가끔 세계적 화제로 등장한다. 물론 신부들의 독신제는 '교의'가 아니며 교회법으로서 불가변의 것은 아니다. 그러나 앞서 도 말했듯이 인간으로서 초자연적 결단에 이르는 비의(秘義)의 체 험 없이 어찌 복음의 비의를 전달하고 이를 행할 수 있겠는가?

나는 이런 뜻에서 가톨릭 성직자들의 독신제를 높이 찬양하고, 또 저들을 누구보다도 가장 존경하는 사람이다. 나의 제자들의 낙 오 없기를 설레는 마음으로 빌면서 이 글을 적는다.

성서의 이율배반

성서에도 우리의 고개를 갸우뚱하게 하는 이율배반적인 구절이나 대목이 여러 군데 나온다.

여기서 두서너 가지 예를 들면, "하느님께서는 부모를 공경하라고 하셨고, 아버지나 어머니를 욕하는 자는 반드시 사형을 받아야 한다고 하셨다."(마태오 15:4)라고 부모에 대한 효성이 강조되어 있는가 하면 "나는 아들은 아버지와 맞서고 딸은 어머니와, 며느리는 시어머니와 서로 맞서게 하려고 왔다(마태오 10:35)라고 되어 있어 그 구절만 따서 대비하면 엄청난 모순을 느끼게 한다.

또 가령 저 말씀의 전제가 된 "내가 세상에 평화를 주러 온 줄로 생각하지 말아라. 평화가 아니라 칼을 주러 왔다"(마태오 10:34)라고 완전 반대의 측면에서 그리스도의 사명이 자신의 입으로 설명되어 있고, 또 제자들의 자세에 대해서도 "이제 내가 너희를 보내는 것은 마치 양을 이리 떼 가운데 보내는 것과 같다. 그러므로 너희는 뱀같이 슬기롭고 비둘기같이 양순해야 한다"(마태오 10:16) 하고 그들의 현명한 처신이 강조되었는가 하면 "나는 지혜롭다는 자들의 지혜를 없애 버리고 똑똑하다는 자들의 식견을 물리치리라"(Ⅰ고린토 1:19)고 말해 인간의 섣부른 교지(巧智)를 부정하고 있다.

저러한 상반되고 역설적인 성서의 전개는 신인(神人)이라는 이원적(二元的) 개념이 예수 그리스도라는 한 인격에 집약됨으로써 나타난 것이라 하겠다. 즉 그 말씀 안에 서로 대립되는 개념이면서도 양자가 불가분의 관계, 즉 변증법적 합일을 이루고 있는 것이다.

요즈음 한국 기독교 각 파 내에서는 현실에 대한 아전인수 격(我田引水格)의 주장이 분분하고, 집권층에서마저 성서구절을 들고 나오고 있다.

그런데 한 가지 명심할 것은 저러한 성서의 말씀을 단편적으로 이자택일적(二者擇一的)인 입장에서 사용하여서는 성서에 대한 모독이 아닐 수 없다는 것이다.

영전(榮轉)과 입교(入敎)

C형! 지난번 뜻밖에 재건국민운동본부에서는 반갑게 뵈었습니다. 실은 내가 일본서 귀국한 후 시골 가고 없는 사이에 전화 주셨더라는 얘기 듣고도 중임을 맡으시어 분주하시겠기에 만나 뵙는 것은 내 자신이 사양하고 있었습니다.

여하간 그날 뵈니 건강한 모습이어서 기뻤습니다. 본시가 건강한 체격이지만 관록이라 할까 몸이 전체적으로 한 아름 더 커진 느낌이었습니다.

형에겐 이번 영전이 특별한 승진은 아니지만, 그 자리야말로 비할 데 없이 중요한 자리가 아니겠습니까? 형이야 어디서 어느 직책을 맡으나 항상 '앉은 자리 꽃자리'라는 격이어서 내색 한마디 안 하는 성품이니 이번 역시도 그저 '소임을 다할 뿐'이라고 하시겠지요.

그러나 형같이 순경서부터 자신의 역량 하나로 온갖 고초를 겪으며 오늘에 이르러 경찰 중심 지도자의 한 분이 되셨다는 것은 개인적인 경사라기보다 우리 한국 경찰의 자랑이 아닐 수 없습니다.

C형! 인편에 듣자니 형은 마침내 가톨릭에 귀의(歸依)하셨다구요. 나는 이 소식에 도약할 듯 즐거웠습니다. 물론 나와 같은 신앙에 드셔 교우가 되었다는 친밀감도 있습니다만 단지 이것만이 아니라 형의 입교에서 올 공적 생활, 즉 경찰 직능에 미칠 그 신앙력이 진정 주목되기 때문이지요.

오래 사법 경찰관으로 일하던 친구에게 "경찰을 오래 하면 사람이 모두 범죄자로 보인다"는 술회를 들은 적이 있습니다. 또 다른 보안 경찰관 출신으로부터는 "제멋대로요, 사고뭉치요, 트집만 부리는 게 민중이다"라는 색다른 항변을 들은 일도 있습니다. 그리고 그 두 친구로부터 결론처럼 들은 말은 "경찰이란 어떤 것인지 알고서는 할 짓이 아니다"라는 것이었습니다.

　진실성마저 띤 이 고백을 듣고서 나는 문득 경찰이라는 직업이야말로 가장 종교적 회심(回心)이 요청되는 직업이로구나 하는 느낌을 가졌습니다. 왜냐하면 인간의 가장 약하고 추한 면과 군중의 무절제하고 무질서한 면만을 보고 다루노라면 자연적으로 인간 본성과 민중을 향한 불신(不信)에 빠지게 되고, 또한 이런 직분이 자기 삶의 수단에 불과하다는 것을 자각할 때, 자기혐오나 허무감에 떨어지는 게 당연하기 때문입니다.

　만일 여기에 종교적인 인간관의 정립과 그 친절과 봉사에 종교적인 희생과 사랑이 근저(根底)가 된다면, 경찰이란 직업은 이상적으로 완수될 것이며 가장 보람찬 직능이 되리라는 게 나의 소견입니다. 실제로 오늘날 민주경찰의 덕목(德目) 자체가 모두 그리스도교의 인인애(隣人愛)의 소산임에서야 더욱 그러합니다.

　C형! 형처럼 불혹(不惑)의 연령에 종교에 입교하는 것은 '그저 믿는 것이 좋을 것 같아서'가 아니라 오늘까지의 생활 속에서 우러나온 인생의 결론이요, 그 결단이라고 믿습니다. 실상 오늘의 세태(世態)는 종교는커녕 양심보다는 수완, 실력보다는 권세의 줄을 소중히 압니다. 이런 속에서 자기의 실력과 양심에 살아온 형이 한 걸음 더 나가 자기 삶의 원리를 찾아 종교에 나아온 그 성실성과 용기엔 그저 감복할 뿐입니다. 이러한 형의 조신(操身)이야말로 우리 경찰의 귀감이 될 것을 믿고 또 바랍니다.

C형! 머지않아 한번 뵈옵고 쌓인 회포 풀까 하오며 이런 지면을 빌려, 만나서는 어쩌면 쑥스러워 하지 못할 형의 영전과 입교에 축의를 느지막하게나마 표하는 바입니다.

한 소녀에게

아란!
너를 만나는 기쁨을 뉘에게보다 간직하면서 벌써 몇 차례나 주사(酒肆)마저 휩쓸면서도 오늘 쭈볏이 이러고 보냈다.

나란 사람은 어쩌면 이리도 성그러 탈이 많고, 또 생기나 보다. 질정(質定)이라곤 눈곱만큼도 없이 난기(亂氣)와 객기(客氣) 속에 심신을 던져 몰아넣고 흔들려 허덕이다가는 소태처럼 쓴 수치(羞恥)와 적막(寂寞)을 안고 소굴로 돌아와 가눌 길 없는 정신으로 실존(實存)의 사다리를 한 발자국 쿡 하고 올려 디디어 본다. 그러나 글쎄 부질없는 일이지 순각(瞬刻)! 나는 천(千) 길 낙상(落傷)의 아픔을 맛보는구나.

아란!
예수의 부활이 꿈마다 눈부시게 보여서 인인(隣人)의 생활과 그 영복(永福)이 축원되며, 또 영벌(永罰)이 더욱 두렵고 애탄다는 옥중(獄中)으로 보낸 너의 소식이 오늘 부전(附箋)을 여럿 달고 내 책상 위에 놓였다.

나는 나와 더불어 현대인이 당하고 느끼는 물리적, 윤리적, 또는 형이상학적 불안보다 15세 소녀인 너의 불안이 참되고 값있고 충족되어 있음을 인정해야겠다. 왜냐하면 너는 우리가 못 가졌거나, 또는 잃어버린 사랑과 부활의 확신 속에서 살기 때문이다.

불안과 고통과 절망은 체험의 공통이라기보다 인간 본성 내(內)

의 것이라면, 이를 참고 이겨 가며 거기서 기쁨과 행복마저 맛볼 수 있는 이성적인 현존의 영접(迎接)은 복음을 향한 신심(信心)을 근저로 하는 영생부활(永生復活)에 대한 확신과 유관념(類觀念)이 명백한 인인애(隣人愛) 없이는 이룰 길이 없으리라!

아란!

반년 만에 기웃거려 보는 세상은 여전여시(如前如是)다. 나 자신과의 분리냐, 또는 내분(內紛)이냐를 갈수록 강박해 올 것은 너무나 빤하다. 그러나 이 좌우를 단일화한 참여 없이는 삶의 약동을 기할 수 없고, 나의 예술은 꽃필 수 없을 것이다.

시방 자정(子正)이다. 너의 인식의 꿈은 나의 번민의 불씨다만, 이것은 또한 얼어드는 이 밤에 나의 영혼의 난로다.

추석 유감

추석이라든가 이런 명절날을 맞을 때 간절해지는 것은 역시 고향이다.
"명절을 쇠러 고향에!"
"성묘를 하러 고향에!"
얼마나 정감을 불러일으키는 말이며 정경인가. 이런 때야말로 실향민의 적막을 뼈저리게 되씹는다. 자식이 성년한 나이에 든 탓인지 고향 산천도 산천이려니와 부모님 산소에 벌초마저도 못 하는 생각을 하면 가슴이 멘다.

나의 아버지만은 일찍이 고향 덕원 수도원 묘지에 모셨거니와 이북에 홀로 남아 계시던 어머니는 그 종신을 누가 했는지, 무덤이나 지었는지조차 모른다. 더욱이 공산당에게 납치되어 간 나의 오직 하나였던 형(구 가브리엘 신부)에 이르러서는 시베리아 어느 유형장에 내쳐졌는지 상상도 미칠 수가 없다.

이렇듯 연상을 해 나가노라면 선경(仙境) 같은 분도회 수도원 전경이며, 거기 군선도(群仙圖) 같던 신부, 수사들의 모습이 눈에 삼삼하다. 그리고 고향에 머물러 있을 순박한 교우 형제들의 그 어두운 얼굴들이 나타난다. 그러다가 나는 저 백 년 전의 박해에도 비길 북한 공산당 치하의 우리 교회와 오늘 이 자유의 땅에서의 나의 신앙생활을 비교해 보고 참괴를 금치 못한다.

실상 해방 후 북한의 우리 교회는 자랑할 만하다. 주교님을 비롯해서 신부, 수사, 수녀들이 수십 명 공산당에게 납치되어 갔으나, 한 사람의 배교자도 안 내었고, 10만 교우들이 있었으나 공적으로는 공산당에 굴복하고 협력한 흔적이 하나도 없다. 북한 공산당의 전 국민 조직인 '조국통일전선'이란 단체에도 천도교, 불교, 프로테스탄트들은 가담했지만 우리 가톨릭만은 없었다.

이러한 현상은 저 동구라파의 교회나 중공 치하 교회에서 가짜 주교나 신부가 나오고, 또 공산 정권 예속하에 들어간 교회와 비교할 때, 우리 교회의 영웅성은 자랑할 만하다. 이는 우리 선조들의 자발적인 복음도입과 순교의 맥박이 오늘 그대로 계승되고 있음을 반증하는 게 되리라.

끝으로, 딴 얘기가 되지만 흔히 통일이라면 남한의 정치적 유약성과 경제적 산란을 들어 공산당에게 패배할 것을 우려하고 실망하는 이가 많다. 그러나 나는 통일의 가장 강력한 무기로서 정치력보다도 경제력보다도 종교의 역할을 결정적으로 믿는 사람이다.

즉, 오늘이라도 분단의 장벽이 무너진다면, 북한 방방곡곡을 뒤흔들 각 교회의 종소리가 공산당에게 예속되고 마비되었던 동포들의 영신적 갈증을 풀어 주고, 인간성을 해방하고, 회복시키느냐에 달려 있다고 보며 우리의 책임을 무겁게 느낀다.

수중 유물론(水中唯物論)

동부전선 화천 저수지에서는 수중고혼(水中孤魂)이 된 전우들을 위하여 S부대 위령제가 개최되었다.

이 화천은 피차(彼此) 교전이 치열하던 곳이라 아군도 적군도 점령할 때마다 상대편 시체를 저수지에다 처치하였는데, 이 못은 신기하게도 시체를 던져도 종시 뜨지 않고 가라앉아 버리고 말기 때문에 자연수장(自然水葬)이 되었던 것이다. 그래서 S부대에서는 위령제에 무당까지를 불러 전우고혼(戰友孤魂)들의 넋을 풀어 명복을 빌었다.

그런데 기적이 일어났다! 20세기의 기적이 일어났다. 이 기적은 다른 게 아니라 위령제의 굿이 끝나니 이제까지 모든 시체들을 삼켜 버렸던 저수지 수면에 하나 둘 시체가 뜨기 시작하였던 것이다. 그것도 모조리 국군의 시체였다.

S부대 장병 일동의 감격은 그야말로 형언할 길이 없는 것이어서 그들은 전우들의 시체를 모조리 건져 곡(哭)하고, 묘지를 잡아 정성들여 매장(埋葬)을 하였다.

이 이야기는 종군 갔다 온 작가 C형에게서 들은 전선기문(戰線奇聞)으로서, 나는 무제(巫祭)의 영험(靈驗)을 무지각(無知覺) 미신(迷信)하려는 자는 아니다. 또한 나는 S부대의 전우고혼들에 향한 지성(至誠)이 감천(感天)되었음을 부인하고 싶지는 더욱 않은 사람이다.

오직 내가 여기에 흥미를 갖는 것은, 우리 국군 시체만 떠올랐다는 사실이다. '유물주의의 노예군'인 공산군들의 시체는 수중고혼 그 채로 죽어서도 영혼의 저주를 받았다는 이 사실은 아무리 기담(奇談) 속이라 한들 얼마나 무서운 사실이냐!

한국동란이 자유세계의 방위투쟁이요, 멸공투쟁이요 하고 우리가 내거는 슬로건보다 더 한 번 근본적으로 따진다면, 유물주의와 신본주의(神本主義)와의 최후적이요, 결정적인 무력투쟁의 전초전(前哨戰)임을 우리는 인지할 수 있을 것이다.

공산주의에게 지배당하면, 국가가 망하고, 민족이 멸하고, 보다 인간의 존엄성이 상실되고 말기 때문에 이렇게 전 인류는 사력을 다하여 항거하고 있다. 그러나 아직도 인류는 선의 의지, 자유세계 속에서도 영성(靈性)의 우위성과 신에의 복귀에 미온상태(微溫狀態) 임을 우리는 알고 있다. 이것은 근대정신의 화근이었던 인본사상의 여독(餘毒)에서 오는 것이리라. 그러기에 원자탄을 가진 자가 원자탄을 두려워하고 있으며, 인류의 위기를 그들이 부르짖고 있다.

인류가 신의 의지 속에 복귀하고 영성의 우위성이 확보되어 있다면, 궁시(弓矢)나 조총(鳥銃)과 원자탄이나 수소탄이 그 무에 다를 게 있으랴! 유물주의의 모든 독소를 제거하고 박멸하는 것이 오늘 이 싸움이 승리하는 첩경이요, 인간구원의 길이기도 하다.

목자시비(牧者是非)

　일전에 외인기자(外人記者)들과 좌담을 하다가 나는 미국인 기자를 보고 "그대들 트루먼 씨는 민주주의의 좋은 목자(牧者)냐?"라고 물었더니 일언지하(一言之下)에 "그렇다"라고 대답하길래, "아흔아홉 마리의 양을 놔두고라도 한 마리의 잃어버린 양을 찾아 헤매는 그렇게 좋은 목자냐"라고 재반문을 하였더니 그 미 기자(美記者) 소답 왈(笑答曰) "그렇게까지 좋은 목자는 아닐 게다"라는 것이었다.
　나는 내친 이야기라 "트루먼 씨는 여차직하면 쉰 마리의 양을 얻기에 마흔아홉 마리도 버릴 것을 헤아리지 않을 그러한 가능성의 목자인 것을 우리가 너무 잘 알고 있기 때문에, 거기에 한국인의 심각한 고민이 있다"라고 하였더니 그는 입맛이 쓴 표정을 지었다.
　그러나 우리가 믿는 것이 있으니, 그것은 트루먼 씨나 UN의 모든 민주주의 정치지도자들의 여하한 민주 승리의 확약과 증문(證文)보다도 저 경인가도나 부산에 가면 볼 수 있는 UN공동묘지 십자가 밑에 누운 무언의 영령(英靈)들인 것이다.
　이 마음 가난한 목자들의 희생이야말로 민주 한국의 승리와 영광을 확약하여 주는 수호신들인 것이다. 그러므로 우리는 이 무언의 목자들의 명복을 간단없이 빌어야 할 것이다.

공산연옥(共産煉獄)

"연옥(煉獄) 불의 맹렬함에서 망자(亡者)를 구(救)하소서."
아내가 자기 시어머니인 나의 모친의 참보(慘報)를 듣고 저녁마다 드리는 송경(誦經)이다.
나는 눈을 감고 누웠다가 매양 도문(禱文)을 들으면 '울 어머니는 연옥에서 돌아가셨는데 이제야 천당 직행(天堂直行)이지! 공산질곡(共産桎梏)보다 더 무서운 연옥이 어디 있담?' 하고 속으로 중얼거린다.
어머니는 지난 3월, 내 고향 원산에서 대녀(代女) 집엔가 덧붙여 사시다 돌아가셨다는데, 그 소식을 받은 것은 열흘도 못 된다.
맏아들인 내 형은 가톨릭의 신부로서 3년 전에 이미 공산당에게 잡혀갔고, 나는 탈출월남(脫出越南)했고, 어머니는 홀로 칠순 노구를 끌고 이 집 저 집 헤매시다 마침내 아들 둘씩이나 두고도 종신(終身)은커녕 그 시신(屍身)을 관으로나 모셨는지, 무덤이나 지었는지조차 알 길 없으니 생각하면 할수록 복통하고 절통하다. 그러나 이것이 어찌 내 어머니, 내 형뿐이랴!
저 공산당 장막 속에는 우리의 동포들 전체가 연옥보다도 맹렬한 형벌을 치르고 있다. 그들은 유독히 이 나라 이 민족에게 지은바 죄가 없다. 모든 우리 전 민족의 죄를 보속(補贖)하고 있는 것이다. 시베리아 찬바람 불어칠 이 밤에도 어느 헛간이나 어느 두메에서 국군 진격의 나팔 소리 들리지 않는가 귀 기울이고 있을 것이다.

―어서 가야지.
―우리를 못 가게 하는 것은 그 누군가?
―핏줄이 이렇게 땡겨서 못 견디겠는데.
―우리를 막는 것은 원수뿐인가.
―원수만이 아니면 우리들의 벗들이 왜 이 길을 막고 있단 말인가?
나의 상념(想念)이 여기까지 이르면, 판단정지라는 무형의 적신호가 보인다.
주여! 공산연옥 속에서 우리 어버이 형제들을 어서 빨리 구하소서.

북에 미리 보내는 글발

기브리엘 대준(大浚) 형님께
이런 모의(模擬)의 글발을 적자 해도 가슴이 미어 오는 것을 금할 바 없습니다.
첫째, 저는 이 글발을 어디다 보내야 할는지조차 모르고 붓을 들었으니까요. 이제는 벌써 25년 전인 1947년, 원산 베네딕도 수도원 독일인 신부들과 함께 평양 교도소로 수감된 후 6·25 동란 중에는 평북 강계(江界) 가옥(假獄)에 영감(楹監)되어 계셨다는 소식까지를 듣고 있으니, 어쩌면 저승에 보내는 편지보다도 더 아득하고 허사일지도 모르오나 남북의 서신 거래가 열린다니 이렇듯 누구보다도 먼저 붓을 들지 않고는 배길 수가 없군요.
형님, 대준 형님, 무엇보다도 앞서 아뢰야 하고 또 용서받지 못할 죄를 고백해야 하는 것은 어머니께서 국군이 북상(北上)했던 1950년까지 생존하셨다가 그 이듬해 돌아가셨다는 것입니다. 이것은 키다리 김 회장님의 조카 이원근(李元根) 씨의 전언(傳言)이옵는데, 제가 좀더 서두르기만 하였더라면 종군(從軍)을 해서 모시고 오기라도 했을 텐데 그것을 못 하고 이렇게 무도한 불효자가 되었고, 종신토록 가슴에 한(恨)으로 못을 박고 말았습니다.
그 이 형(李兄)의 얘기로는 임종은 어머님의 대녀(代女)인 그의 형수가 해 주었다고 하며, 시신(屍身)은 자세하지 않으나 수도원 묘지에 모셨을 것이랍니다.

다음은 저의 소식으로서 형님이 주례 미사를 집전하신 마리아와 삼남매를 얻어 수굿이 살고 있습니다. 맏이놈 홍(鴻)이 25세로 대학 재학 중이며, 둘째놈 성(晟)은 21세로 내달에 군에 갈 예정이며, 셋째가 자명(紫明)이란 딸년으로 16세이며 올해 고등학생이온데, 제가 이번 미국 하와이로 데리고 갑니다.

이렇게 말씀드리면 의아해하시겠지만, 저는 지난 1970년 4월부터 하와이대학에 초청되어 가서 한국 전승문화(傳承文化)를 강의하고 있사오며, 지금은 방학으로 고국에 돌아와 있습니다. 하와이라면 형님도 기억하시겠지만, 삼촌 종 자(鐘字), 곤 자(坤字) 어른이 한말의 독립군 장교로서 망명하신 곳입니다.

제가 가자마자 수소문했더니 숙부님께서는 이미 1952년 별세하셨는데, 생전엔 힐로라는 곳에서 한국인 학교 교사 노릇을 하시며 평생 독신으로 지내셨는데 교포 간에 양반 중의 양반이라는 존경을 받으셨다는 평판입니다.

형님, 형님이 신부가 되시기까지의 요람(搖籃)이었던 원산 베네딕도 수도원은 지금 경북 왜관이라는 낙동강변 소읍(小邑)에 자리잡고 덕원(德源) 옛집으로 돌아갈 통일의 그날만을 누구보다도 마음 죄어 고대하고 있습니다. 제가 여기 쓴 '누구보다도'라는 표현을 형님은 너무나 잘 이해하실 것입니다.

누구도 아닌, 바로 형님과 북한 감옥살이를 함께 하다가 휴전 후에 국제 적십자사의 주선으로 석방된 그 독일인 신부들이 본국에 돌아갔다가 그 신산(辛酸)의 땅을 다시 찾아와 북한 복귀를 전제로 이곳에 수도원을 세웠으니 말입니다.

저도 동란 중 대구로 피난 갔다가 저들이 왜관에다 자리를 잡는다기에 그곳에다가 터를 잡고 지어미 마리아가 조그마한 병원을 하나 경영하고 있사오며, 그래서 수도원을 큰집같이 삼고 살고 있습니다.

여기다 낱낱의 정황을 적지는 못합니다만, 화비안, 엘리지우스 두 신부님을 비롯해서 병원 김 수사(金修士), 철공소 방 수사(方修士) 등 노장(老丈)들이 돌아가시고, 형님의 동기였던 이 야고보 신부도 간암(肝癌)인가로 급서하시고, 디모테오 신부는 수도원장을 하시다 은퇴하시고, 형님과 한 감방에 계셨다는 산 성자(聖者) 호노라도 신부는 왜관 '묵상(默想)의 집' 지도신부로 계시며 오기선(吳基先), 기순(基順) 형제, 에르스트, 임화길(林和吉), 김성환(金成煥), 김 비안네 등 신부님들도 차례차례 은경축(銀慶祝)과 환갑들을 다 지내셨습니다. 또 서울 의준(義浚) 종형 댁을 비롯한 대구 연준(然浚) 종형 댁 등 대소일가들은 그런대로 자녀들이 번창하고 있사오며, 귀동(貴東) 누이네는 월남했는데, 외숙모님과 매부가 작고하여 홀로되고 말았습니다. 그리고 흥남 김 회장은 한방의(漢方醫)가 되어 약국을 차려 놓고 있사오며, 옆집 문도준(文道濬) 군은 중학교 교장이 되어 있습니다.

형님, 대준 형님, 6월 25일인 내일은 남한의 모든 성당에서 북한 동포를 위한 특별미사가 거행됩니다. 형님은 지금 어느 땅, 어느 곳에서 어떻게 계십니까? 형님이 당하셨을, 또 당하실 악형(惡刑)을 생각하면 차라리 일찍 순교치명(殉敎致命)하셨기를 오히려 빌기도 합니다만, 그래도 한편 그 곤욕 속에서라도 수명(壽命)을 보존하시어 민족의 화동(和同)을 보시고, 또 이승의 다만 하나뿐인 동생 저의 이 글발도 보시고, 나아가서는 기적(奇蹟)으로 다시 만나 제가 어버이 삼아 섬길 그런 날을 꿈꿔도 보고 하느님께 간절히 빌기도 합니다.

저는 앞서 말씀드린 대로 내월 말 다시 하와이로 갔다가 내년이면 임무를 마치고 귀국합니다. 어디 가 있든 북한 거기서 형님의 회신(回信)만 온다면, 곧 저에게 그 단정한 형님의 필적이 전달될 것입니다. 그런 이적(異蹟)이 이뤄지기를 바라고 믿으면서 제한된 글발의 매수라 이만 줄입니다.

1972년 6월 24일
서울서 요한 상준(常浚) 올림

월남전선에서

지금 막 사이공 주교좌 성당에서 주일미사 참례를 하고 돌아온 길이다. 그곳은 서울 명동성당보다 길이도 폭도 여남은 자씩 넓은 건물로 1880년 준공 표지가 있었다. 이 성당도 성모 마리아가 주보인 듯 안팎에 성모상을 모셨고 좌우 벽에 작은 제대들이 여러 개 있는데, 그 앞에 봉헌한 촛불을 수없이 켜고 있는 것이 우리에게선 볼 수 없는 풍경이었다. 미사경문의 합송은 우리보다 나은 편이고, 그 송경소리도 비음(鼻音)이 많아 아름답게 들렸다. 이곳에서만은 나는 월남인들과 이질감도 없이 오직 하느님의 같은 자녀라는 감동 속에 있을 수 있었다.

나는 이번 월남전선 방문 중 각 부대에서 군종신부들을 뵈었고 교우들을 만났다. 특히 퀴논의 맹호부대는 부사단장 김유복 장군이 교우여서 그의 주선으로 거기 사단 천신기 신부님, 포병 사령부 김득권 신부님과 더불어 하룻밤 환담할 기회를 가졌었다.

또 이 맹호부대에서는 주둔지 이웃인 까난이란 마을에 건평 70평짜리 성당을 짓고 있었다. 현재 공정은 60퍼센트 진척되고 있었는데, 종은 파월 한국 기술자 교우들이 헌납하게 되고 14처 '십자가의 길' 상은 미군 신자들이 기증하게 된다는 얘기였다. 그러나 이 성당의 주인이 될 월남 현지민 교우들의 협력이나 반응은 별로 신통치 않은 모양이다. 이런 점에 우리 군과 월남 교회와 중간에 끼여 있는 군종 신부님들의 고충이 있으시다는 것이다.

이런 일화도 있었다. 이곳에 와 용역사업으로 연간 3천만 불의 계약고를 올리는 한진회사에서는 맹호사단의 대민사업을 위해 피아노 한 대를 기증했다. 김 장군은 이 피아노를 가톨릭이 경영하는 진봉 여학교에다 애를 써서 돌렸다. 그런데 그 학교 당국에서는 피아노보다는 텔레비전을 주었으면 더 좋겠다고 하더라는 것이다.

이것은 극단적인 예요, 또 의사소통이 서로 잘 안 되어서 와전된 것인지도 모르지만, 월남의 민도(民度)는 도시와 농촌이 너무나 차이가 현격하여서 사이공 같은 데는 서구의 첨단적인 문화수준을 가는가 하면 농촌의 생활은 원시적인 형태로 남아 있고, 그들의 사고방식도 우리가 이해 못 할 정도로 유치한 면이 있는 것 같다.

군종신부님들과의 환담에서 그분들이 재삼재사 부탁하는 것은 교회 서적을 좀 보내달라는 것이었다. 본국에서 신앙에 무심하던 장병들도 생사(生死)를 눈앞에 놓고는 영혼문제에 눈뜨기 시작한단다. 그들은 처음엔 오락잡지나 흥미 본위의 독서로 전투 사이의 휴식을 메우지만, 대개는 이것도 싫증이 나서 종교서적을 찾게 된다는 것이다. 이 맹호부대에는 머지않아 도서실이 갖추어지는데, 거기에 우리 가톨릭 서적이 얼마만큼이라도 채워졌으면 하고 아쉬워한다.

이번 우리 일행(김팔봉, 정비석) 중 불교 신도인 김팔봉 선생은 관음상 은메달(한 개 시가 500원)을 500개나 가지고 와서 불신자 장병들에게 나누어 주고 있었다. 상본 한 장도 못 가지고 떠나온 나는 못내 부끄러웠다. 우리 각 본당에서도 파월 장병 교우나 또는 전체 용사들을 위해 그 어떤 정성들을 표시할 때가 아닌가 생각되었다.

비행기에서

태국, 홍콩을 돌아 대만서 2박 하고 지금 일본을 향해 비행 중에 있다. 태국은 불교 나라로 왕궁과 사찰(寺刹)이 붙어 있었고, 또 절마다 학교가 있었다. 제정일치(祭政一致)랄까! 국민의 98퍼센트가 신도란다.

성당은 찾지 못했고, 어느 외국 수녀회가 경영한다는 여학교를 지나치다 들여다보았다. 이 학교는 수도 방콕에서도 일류라 한다. 우리가 흔히 남방이라면 웃통도 맨발도 벗은 사람들을 상상하지만, 여기 여학생들은 물론 남학생들까지도 교복을 단정히 입고 양말과 구두를 신고들 있다. 농촌 사정은 가 보지 않아서 모르지만, 방콕은 우리 서울보다 훨씬 서구적인 근대도시로 도시계획도 잘되고 시민생활도 윤택하게 보였다. 이번 여행에 특히 느낀 일이지만, 우리들이 막연하게 동남아에선 일본 다음엔 우리가 나은 편이겠지 하는 만심(慢心)은 그야말로 우물 안의 개구리 같은 생각으로 태국만 하더라도 그들은 아시아에서 남의 나라의 피지배국(被支配國)이 되지 않은 나라는 일본과 자기들뿐이요, 경제적으로도 중진국(中進國)이라는 자부를 갖고 있었다. 또한 우리가 우리의 고적과 명승들을 자랑하지만, 태국의 고대불탑(古代佛塔)이라든가 대만의 손문(孫文) 박물관을 보고는 우리의 빈상(貧像)을 차탄케 하였다. 게다가 그나마의 보존유지나 명승의 관광설비 등을 대비하여 보고는 스스로 부끄러울 뿐이었다.

비록 우리와 신앙의 대상은 다르나 각 민족이 제 나름대로 곳곳에서 기도하는 모습을 접할 때는 마음에 따스함을 느꼈다. 더욱이 외국 성당에서 낯선 사람들과 나란히 제대 앞에 꿇었을 때의 그 감동과 기쁨은 가톨릭 신자가 아니고는 맛볼 수 없는 것이리라. 지난 주일 태평(台平)에서는 호텔 근처인 장안(長安)성당에서 미사에 참례했다. 우리 서울 세종로성당쯤 될 것이다.

여기도 새 예절의 익숙도(度)가 우리 정도인 것이 친근감을 더해 주었고, 천장이나 등피(燈皮) 등을 중국 고유의 장식을 한 것이 눈에 띄었다.

《동서의 피안(彼岸)》으로 우리나라에 알려진 오경웅(吳經熊) 박사를 보인대학(輔仁大學)으로 찾아갔으나 미국에 가셨다는 이야기다. 이 유니크한 석학을 만나는 것이 나의 대만 방문의 즐거움의 하나였는데, 또한 우리 4회(四會: 재속수도회[在俗修道會] 제3회에 견주어 말하는 농언[弄言]) 원장인 김익진(金益鎭) 선생께 보고할 큰 선물이었는데 매우 섭섭했다.

우리는 한나절을 고궁 박물관에서 보냈다. 여기엔 중국의 고대 미술품이 30만 점이나 되어서 일시진열(一時陳列)을 못 하고 사계(四季)로 교체하여 가며 전시한다는 이야기다. 이것을 장개석 정권이 대만으로 망명할 때 운반하였는데, 현(現) 박물관장은 여러 차례 비행기로 나르면서 끝내 가족은 못 데리고 나왔다는 것이다. 우리는 동란 때 문화재는커녕 어느 관리는 자기 집 장작 나르기에 열을 올렸다는 이야기와는 대조적이다. 나는 거창하다는 표현밖에는 더 다른 상탄의 말이 안 나오는 진기의 더미 속에서 중국은 이런 의미에서 대국(大國)이라는 느낌이었다.

비행기를 타고 여행을 할 때면 더욱 느끼는 것은 우주의 무변광대와 자기 자신의 왜소(倭少)다. 그 옛날 바벨탑을 쌓던 사람들의 짓은 역시 땅 위를 걷기만 하던 시대의 인간의 어리석음이다. 하늘과 바다가 맞붙은 태백(太白)의 허공 속을 가노라면 파스칼이 말한 우주의 그 침묵이 정녕 두렵다.

이제 머지않아 일본 땅이라는 아나운스먼트가 들려온다.

어느 환담석

내가 특등 호강을 한 이야기를 한마디 하겠다. 지난번 나는 대구에 갔다가 가톨릭시보사 P신부님의 초대를 받았다. 명색이 거기 논설위원이라 사양 않고 응하면서 나는 K선생을 함께 초청해 주실 것을 청했다. P신부님이 이를 쾌락하시고 K선생을 모셔와 주셨다.

K선생께서는 현재 그의 주보성인인 아시시의 성 프란체스코를 닮으시는지 눈이 안 보이기 시작하여 당신의 표현대로 하면 내심낙원(內心樂園)에 유거(幽居)하고 계시다. 이 내심낙원이란 그분 번역인 오경웅 박사의 책제(册題)이기도 하다. 내가 의당 찾아가 뵐 것이나 이렇게 외출하시게 한 것은 무료를 덜게 하려는 속셈에서였다.

그런데 K선생은 오실 때 C신부님을 동행하셨다. 소개받은 바로는 전전(戰前) 중국으로 귀화하셨던 미국 신부님으로, 중공 정권에게 추방당하시어 대구 교구로 오셔서 방금 가르멜 수녀회 지도신부로 계시다는 진객(珍客)이시다. 또한 오경웅 박사와는 중국에 계실 때부터 그야말로 붕우(朋友)시란다.

이래서 자연히 우리의 말머리는 오 박사가 화제가 되었다. 내가 먼저 근자에 대만에 갔다가 오 박사가 미국에 가셔서 못 만나고 온 이야기를 하며 거기서 주워들은 다음과 같은 얘기를 덧붙였다.

"……그런데 오 박사는 천주의 강복도 골고루 받으셨더군요. 《동서의 피안》에 보면 그가 미신자(未信者) 때, 구식결혼을 한 부인을 버리고 현대 여성과 한번 혼배를 했으면 하더니 글쎄 막상 상처(喪妻)를 하고 제자였던 젊은 여성과 재혼을 했다지 않습니까?"

그랬더니 C신부님이 수긍이 가는 듯 기뻐하시며 말씀하시는 것이었다.

"옳지, 마침내 재혼을 했군요. 그가 상처하자 로마를 비롯해 각 나라 수도단체에서 자기네 회(會)로 끌려고 청을 해 오고, 그의 벗들과 독자들이 이제 다시 혼배할 생각은 말고 성직자가 되라고 빗발같은 압력이 와서 나에게 그 고민을 털어놓더니 끝내 결혼을 했군요. 내 개인적인 생각으로는 그게 잘하고 자연스럽다고 여깁니다."

우리 일행은 이 에피소드에 대소(大笑)하면서 점심을 맛있게 먹어 갔다. 그러다가 나는 또 덧붙였다.

"이번에 오 박사를 만났더라면 그분에게 나는 동서(東西)의 가톨릭 지성들을 당신이 소집해서 동양과 서양의 구경적(究竟的)인 대화의 통로를 열자고 제안해 보려고 하였는데, 고만 못 만나 유감이었어요."

나는 영어를 못하므로 K선생이 통변을 해 주시는데 통로(通路)를 홀, 즉 구멍이라고 번역하셨다. 그랬더니 C신부님은 나의 의견에 대한 정면대답은 피하시며 말씀하셨다.

"그렇습니다. 구멍을 뚫어야지요. 성서에 있듯이 지붕 위에 올라가 기와를 벗기고 구멍을 뚫어야지요(루가 5:18 참조 - 필자 주). 오늘날 세계에서 예수는 수많은 물질주의자들과 전쟁과 그 앞잡이들 때문에 가리워져 그 모상을 똑똑히 볼 수 없을 뿐 아니라 예수를 접할 수가 없거든요."

선문답(禪問答)이었다. 우리는 유쾌해져서 포복절도할 지경이었다. 또한 서로가 요설이 되어 어린애처럼 떠들었다. 또 C신부님은 중도에 나가시더니 신경안정제 세레피아를 사다가 K선생을 드리시며, "K선생! 너무 좋으셔서 흥분하시면 건강에 좋지 않으실 것이니 잡수시오"라는 것이다.

　흥그러워서 눈물이 날 정경이었다. 더욱이 그날 점심 값은 한 걸음 앞서 나가신 C신부님께서 물고 가셨다. 그러니 나는 그날 두 분 신부님께 점심 대접을 받은 셈이다. 집에 돌아오며 나는 예수께 발을 씻기운 사도들의 심경을 몸소 체험한 느낌이었다.

하와이교회 점묘(點描)

　내가 먼저 밝혀 두어야 할 것은 언어의 부자유로 고작 이웃 성당에서 주일미사 참례를 하는 외엔 딴 엄두를 못 내는 나에게 입이 되고 귀가 되고 길잡이(운전사)까지 되어 주어서 이 글을 쓸 수 있도록 하신 분이 계시다는 것이다.
　이분은 G. F. 케네디라는 메리놀회의 신부로, 우리 충청도에서 12년 동안이나 전교를 하시다가 지금은 하와이대학 부설기관인 동서문화연구소에서 인류학을 연구하고 계시는 분이다.
　그런데 이 신부님이 한국어 강좌도 청강하시므로 내가 뵙게 되었고, 더욱 그의 한국 성함이 구진호(具鎭浩)라 명색이 나와 종(宗)씨인 셈이어서 우리는 쉽게 친근한 사이가 된 것이다.
　각설하고 어느 주일 두 구(具)씨는 어울려서 대학 미사에 나갔다. 그러나 대학에 부속 성당이 있는 것이 아니라, 학교 옆 메소디스트 교회 학생관 지하홀을 빌려 신부가 오셔서 제의도 안 입고 '장백의'와 '영대' 바람으로 미사를 지내는 것이다.
　'전자기타'의 반주로써 시작된 미사는 초입경을 끝마치자, 사제는 오늘의 새 손님인 나를 일동에게 소개하였다. 환영의 박수가 쳐졌다. 그리고 나더니 장내는 일제히 서로 인사를 나누기에 부산해진다.
　이렇게 한 5분이 지나고 미사는 계속된다. 이날 강론은 역시 미본토 어느 대학에서 여행 온 흑인 교수가 초대되어 행해졌는데, 주로 미국의 당면 사회문제인 흑백 인종문제와 학원분규를 해결하는 방도도 신앙의 힘에 의지할 수밖에 없다는 내용이었다.

사도신경 후에 있는 공동기도에는 참석자들이 이 구석 저 구석에서 자연발생적으로 선창(先唱)을 하였으며, '봉헌예절'에 들어가서는 성체를 영할 사람이 한 사람씩 나가서 면병을 바쳤고, 영성체 때에는 그 면병을 혀로가 아니라 손으로 받아 영하며 성작에 담긴 포도주도 골고루 돌아가며 마셨다.

한마디로 표현해서 자연스럽고 다정하고 즐거운 미사였다. 그러나 이 미사를 지내면서도 내가 생각한 것은 예수께서 수난 전날 베푸신 잔치는 이보다도 더 정겹고 소박한 잔치였으리라는 것이다.

그러한 잔치를 통한 예수의 "나를 기억하기 위하여 길이 이 예를 행하라" 하신 유언이 어찌하여 금관에 금지팡이를 짚고 금잔에다 비약(秘藥) 같은 면병, 게다가 요술 보자기를 씌운 듯한 성찬을 준비하기에까지 이르렀을까 하는 지난날에 대한 의혹과 앞으로는 아마 고대 교회처럼 회당에 갈 때 도시락을 싸듯 성찬을 준비해 가지고 가서 축성해 나누어 먹으며 미사를 지내지 않을까 하는 즐거운 상상을 하였다. 이렇게 되면 우리 한국은 보통 제사를 드리듯 사제를 모셔다 우리 음식을 가지고 미사를 지내고 음복(飮福)하게 될 것이리라고.

그러나 고국의 친지와 독자 여러분! 내가 이런 소리를 한다고 "구 아무개가 하와이엘 가더니 히피족이 되었나보다"고 속단은 말아 주시기 바라며, 오직 내가 이런 나의 내면적 발상을 정직하게 꺼내 놓는 것은 이러한 인간의 자연적인 향념(向念)이 엄폐되고서는 로마가 이룩하려는 교회 자체의 혁신 노력에도, 타 기독교와의 일치운동에도, 또한 우리 교회의 새로운 미래상에도 우리 한국 교회는 휘장 친 방 속이 되겠기 때문이다. 물론 여기도 이런 혁신과 보수, 개방과 폐쇄의 혼란이 특히 현대를 떠메고 사는 젊은 가톨릭인들에게 각가지 문제의식을 안겨 주고 있었다.

미사가 끝나면 다과회가 열린다. 나는 자연스럽게 내 주위에 몰려 든 몇 젊은이들과 대화를 가졌다. 그중에는 의과대학 의사도 있고 대학원에서 공부하는 수녀도 있고, 도서관원도 있고, 어류(魚類) 생물학자도 있었다.

또 그중에는 불란서 사람이 둘이요, 머리와 수염을 길게 기른 히피 스타일도 있었다. 나는 실로 단도직입적으로 "가톨릭인으로서 현대를 살아가는 데 가장 큰 고민은 무엇인가?"라고 물었다. 정식 좌담회를 채비한 것이 아니므로 누가 어떤 말을 했다고 기록할 수는 없으나, 그중 한 사람은 "우리가 신앙생활과 사회생활을 이중으로 하고 있다는 점이다. 즉, 우리 자신이 분열되어 있는 것이다"라고 예리한 자아비판을 했고, 어느 젊은이는 "진리(신)에 무관심한 현대 속에서의 자기소외다"라고 외계 상황과의 단절감을 호소하였다. 그래서 내가 이번엔 "그럼 우리가 현대세계에 참다운 충고자가 되고, 또 우리 교회가 가르치는바 평화사상이나 세계관이 실현되기 위해서는 어떻게 하였으면 좋겠느냐?"고 하였더니 그들은 서로 말을 앞질러 가며 "우리 신자들의 단합의 결함도 있지만, 교회 자체가 현세적 권력에 무력하고 나아가서는 조종되는 느낌마저 있다"고 규탄조로 말했다. 즉, 그들은 교회가 사회에 대하여 너무나 '물렁물렁'하다는 표현을 쓰며, 특히 내셔널리즘의 예를 미국 자본주의에다 들고 우리 교회의 평화사상이나 사회사상이 구현되기 위하여는 교회의 전 세계적 단합과 신자들의 용기와 결단을 촉구했다.

그러면 "교회에 대한 새로운 미래상은?" 하고 다그쳐 물었더니 그들은 첫째 "성직자와 신자의 관계가 지금과는 완전히 달라져야 한다"고 전제하고 구체적으로 설명을 해 보이기를 "옛날에는 신부가 상층 지식인으로서 그들만이 신학을 독점하였기 때문에 신자와 함께 진리를 추구한다든가, 함께 교회문제를 해결해 간다는 의식이 결여되었었다. 그러나 현재는 지식인이면 누구나가 다 신학적 문제의식을 자신의 것으로 하고 있고, 또 교회의 행정은 오히려 신자들의 기능적 참여가 요구된다. 그러니까 이제까지의 교회의 권력적 위계(位階)는 시정되어야 하며, 사제로서의 직분적인 품계(品階)만이 남아야 한다"고 말했다. 그중에 하나는 "미래에 있어선 사제직도 고대 교회처럼 가문 중심에서 나올 것이다"라고 비약적인 예언을 하는 사람도 있었다.

물론 우리의 대화 중 지극히 전통적이고 보수적인 주장을 하는 사람이 없는 것은 아니었으나, 오직 이곳 가톨릭 젊은 지성들의 '오늘의 문제의식이나 교회관'을 끄집어내 보고, 또 소개해 보려고 이렇게 강렬한 것만을 골라서 쓰는 것이니 오해 없기를 바란다.

이상의 대화들은 어찌 보면 놀라운 것 같지만 따지고 보면 별로 신기할 것도 없고, 더욱이 나에게 있어서는 어떤 새로운 교회상을 발견케 한 것은 아니었지만, 언어의 장해로 마치 '멘탈 테스트' 하듯 하는 나의 실례스런 질문형식에도 그들이 진지하게 토론해 줬다는 자체가 오늘의 가톨릭 문제의식의 핍진성(逼眞性)을 반증해 주는 동시에 역시 가톨릭 신앙인의 성실성을 엿볼 수 있었다. 그래서 나는 그들에게서 신앙의 벗, 즉 교우(敎友)라는 친근감을 어느 성당 누구에게서보다도 더욱 느끼고 맛보았다면 과장일까?

이번엔 이곳 번화가에 있는 주교좌 성당을 찾았다. 역시 두 구씨가 동행이다. 여기 본당 주임 케쿠마노 신부에게서 하와이 교회의 역사와 기록을 아무런 기록에 의존하지 않고도 자세히 들을 수 있었다. 왜냐하면 이분은 여기 하와이의 최초의 방인사제(邦人司祭)로, 하와이 교회의 백과사전이었기 때문이다. 토착민 출신이라지만 혼혈로서 얼굴만 좀 검은 편이지, 모습과 몸가짐이 너무나 단정하고 조용하여 우리의 옛 선비를 만나는 느낌이었다.

하와이에 가톨릭이 발을 들여놓은 것은 아직도 하와이가 카메하메하 왕조시대였다. 즉, 1827년 벨기에의 성심회 신부 세 명이 들어와 전교를 벌였으나, 이보다 앞서(1802년) 들어온 칼뱅이스트들의 정치력을 이용한 박해로 4년 만에 쫓겨났다. 그러다가 10년 후인 1840년에 그 성심회가 다시 들어와서 바로 이 평화의 모후 대성당을 건축하고 1880년까지 불과 40년 동안에 원주민의 40퍼센트를 입교시키는 데 성공했다 한다. 그러나 우리 한국과는 달리 그동안 신학생 등을 유럽으로 여러 차례 보냈으나, 결국은 하나도 성공하지 못하고 1919년생인 이 케쿠마노 신부가 미 본토 캘리포니아 성 바르나바 대신학교에 유학하여 1949년에 처음으로 신품을 받게 된 것이다. 물론 순교자가 있은 일도 없다.

1890년 후부터 각국 이민들이 쏟아져 들어옴과 함께 전기 성심회 외에도 메리놀회, 성모회 등 각 수도회와 전교회가 이어서 들어와서 선교사업을 벌여 현재는 본당 64개소에 성당 수는 114개요, 신부 수는 193명인데, 대부분이 수도회 신부이며 재속 신부는 그중 28명뿐이다. 또 개중에 하와이언 출신은 오직 4명에 불과하다. 하와이 주 전체의 신자 총수는 현재 24만 명으로 전 인구의 약 3할이 되며, 이것을 인구별로 따지면 순수 원주민이 약 1만 명, 백인과 혼혈이 10만 명, 필리핀인이 7만 명, 중국인이 1만 명, 일본인이 5천 명, 한국인이 약 1천 명 등으로 교회는 완전 자치운영이다. 연간 영세자 수는 약 5천 명이 되나, 이는 유아영세가 대부분으로 성인들의 회교는 약 3백 명을 헤아릴 정도인데 그와 반비례하여 냉담자 수가 연간 성인 5천 명이 추산된단다.

교육기관으로 성모회(마리아니스트 회) 경영의 샤미나드 대학을 비롯해 고등학교가 6개교, 소학교가 27개교다. 사업기관으로 병원 하나와 주립 몰로카이 나병원(癩病院)을 성프란체스코회 수녀들이 관리, 운영하고 있다.

그리고 가톨릭 액션은 별로 특별한 게 없고, '꾸르실료'와 교리강습기관인 '명도회', 그리고 '써치'라는 10대 아동들의 영신 보호 운동이 있을 뿐이요, 에큐메니컬 운동도 기구는 있지만 별로 적극적인 대화나 노력은 없고, 오히려 상대방이 오해할까봐 서로 손을 내밀기를 꺼린다는 얘기였다. 그런데 여기서도 제일 큰 문제는 성소의 감소 정도가 아니라 단절문제로, 소신학교는 지망자가 없어서 금년부터 문을 닫았으며, 대신학생도 여기 샤미나드 대학과 미본토 대신학교에 각 6명씩 재학 중인 12명뿐으로, "이것은 세계적인 현상이긴 하지만요" 하고 케쿠마노 신부가 가만히 한숨을 몰아쉰다. 이분에게서뿐만 아니라, 내가 이제까지 와서 직접 보고 간접적으로 들은 바에 의해도 하와이 교회는 저 대학미사의 분위기를 제외하고는 대체적으로 보수적이라 할까, 또 우리 한국 교회보다도 활기가 있어 보이지 않았다.

그러나 먼저 소개한 대로 저렇듯 격렬하고 새로운 욕구에 찬 젊은이들을 안고 있는 교회가 언제까지나 이런 전통적인 안온을 유지할는지 의문시되었으며, 이것은 교회뿐 아니라 여기에서의 일반적인 나의 느낌이지만, 인간은 가난 속에서나 풍요 속에서나 같은 비중의 문제의식과 고민을 안고 있음을 확인하는 바였다. 그래서 이러한 인간세계 안에 있는 교회가 그들이 지니고 있는 각양각색의 십자가를 잘 짊어지고 헤치고 나아감으로써 어서 당신의 나라가 하늘에서 이룸같이 이 지상에도 이루어지기를 비는 마음 정녕 간절하다.

참된 기도

일전 프랑스에서 한국에 와 있는 선교사 한 분과 회식을 하던 중, 이야기가 한국민의 종교심에 미치자 그 신부는 "내가 본국에 있을 때 신자들이 미사 예물(가톨릭의 공양[供養])을 가지고 와서 말하는 그 기원의 내용은 거의가 하느님께 받고 있는 은혜에 대한 감사인데 한국 신자들의 미사를 올리는 지향이란 하나같이 하느님께 무엇을 어떻게 해내라는 청원에 속하더라"고 술회하였습니다. 우리의 신앙심이 예로부터 현세적이고 기복적(祈福的)인 성향이 짙은 것을 나도 알고는 있었지만 그 너무나 뚜렷한 지적에 나부터가 아주 큰 충격을 받았고 자신의 일상적 신심과 기도생활을 살피는 데 큰 도움이 되었습니다.

이것도 그 후 되읽어서 새삼 깨우친 대목인데 20세기 아프리카의 성자라고 불리는 알베르트 슈바이처의 《나의 생활과 사상》에는 그가 스물한 살 적, "어느 잘 개인 여름날 아침 눈을 떴을 때 나는 이 행복을 당연한 것으로 받아들여서는 안 된다. 이 은혜에 대한 보답으로 나도 남에게 무엇을 베풀지 않아서는 안 되겠다는 생각이 떠올랐다"는 것입니다.

실상 우리는 아무런 변고(變故)가 없이 맞고 보내는 일상의 삶 속에서, 또 우리가 자연이라고 부르는 만물의 혜여(惠與) 속에서 초자연적인 신령한 힘, 즉 하느님의 섭리와 사랑과 그 은혜를 발견하고 감득하고 이에 감사하고 보답할 마음을 지녀야 하지 않겠습니까?

또한 어떠한 기원에 있어서도 저 겟쎄마니의 예수처럼 "제 뜻대로 마시고 아버지의 뜻대로 하십시오"라는 전제 속에서 지극히 간절한 소망이라 할지언정 우리는 먼저 하느님의 뜻을 전면적으로 받들려는 지향에서 발해져야 할 것입니다.

그래서 참된 기도란 우리의 소망으로 하느님의 뜻을 변화시키려드는 것이 아니라 우리의 소망을 하느님의 뜻에 순종시키려는 원망(願望) 이외에 다른 것이 아님을 너도 나도 깨달아야 하겠습니다.

■ 《그분이 홀로서 가듯》(1981)

상구하화(上求下化)

내가 그의 선친과는 옥고마저 함께 치른 사이라 마치 친조카나 다름없는 스님 한 분이 있습니다.

아직 서른도 안쪽 새파란 나이요, 자질이 뛰어나서 벌써 무슨 교무행정직에 있는데 거기다 그는 시(詩)를 쓰기 때문에 가끔 나를 찾아옵니다.

그가 얼마 전 와서는 특수 사회봉사단체를 만들겠다기에 내가
"요새 듣자하니 선방(禪房) '무문관(無門關)'에는 한 사람도 없이 텅 비어 있다더군. 그런 단체 만들 생각 말고 거기나 들어가서 수도나 하지 그래."
하였더니 그는 대뜸,
"이 봉사단체를 만들어서 먼저 사회 내에다 저의 기반을 구축해 놓고 산에는 그 다음에나 갈렵니다."
하는 것이었습니다. 그런데 공교롭게도 그가 돌아간 바로 뒤에 내가 가톨릭 대학원에서 가르친 적이 있는 젊은 신부 하나가 "이제 우리 천주교회의 이미지가 사회적으로 이만큼이나 부각된 마당에 새로운 공화국에서는 좀더 현실을 리드하기 위해서 정치적 성격을 띤 단체를 만들어야겠는데 선생님 의견을 듣고 싶습니다."
라는 얘기를 했습니다. 그래서 나는,
"나는 그런 자격도 없거니와 나의 생각으로는 이제부터 우리 천주교회가 오히려 외향적인 현실경사를 지양하고 내향적이고 영성

적인 쪽으로 힘을 기울여야 할 때다."
라고 거절했더니 좀 섭섭한 얼굴로 돌아서는 것이었습니다.

이 두 성직자들만이 아니라 오늘의 우리 종교인(신자 포함)들은 현대가 지니는 기능주의에 의식, 무의식 간에 빠져 들어 '상구보리(上求菩提)는 팽개치고 하화중생(下化衆生)만 하려 들거냐' '하느님사랑은 둘째고 이웃사랑부터 하려 드는' 이들이 많아진 느낌입니다.

즉 보리(菩提)나 하느님을 깨닫고 섬길 생각은 없이 중생화, 세속화(가톨릭 용어)만 서두르고 또 바로 그것이 보리나 하느님께 나아가고 만나는 길이라고 주창들 합니다.

그러나 보리나 하느님을 먼저 구하고 사랑하면 그것은 자연히 중생과 이웃을 건지고 사랑하는 데 나아갈 수 있지만 덮어놓고 중생이나 이웃을 위하거나 치켜들면 그것이 곧 보리나 하느님에게 합치된다고 생각하면 큰 잘못입니다. 이것은 오늘날 인간중심적 휴머니즘이 그 얼마나 인간의 죄와 악을 조장하고 묵인하고 그것과 타협하고 있는가를 떠올리면 스스로 깨달을 것입니다.

■ 《그분이 홀로서 가듯》(1981)

죄와 은총
― 그레엄 그린 소고(小考)

그레엄 그린은 우리나라에서도 비교적 일찍부터 그의 작품이 번역되고 또 영화(〈제3의 사나이〉, 〈사랑의 종말〉)도 들어와서 꽤 널리 알려진 작가입니다.

물론 이것은 그가 가톨릭 작가로서의 면목이 아니라 현대의 작가들 중에서 역사의식에서나 실존의식에 있어서나 이 작가만큼 현대인의 문제의식을 심각하고 광범하게 다루는 사람이 드물다는 점과 또 하나는 그가 스릴과 트릭을 교묘히 사용하여 현대인의 구미에 맞게 작품을 쓰는 그 기교의 능란함이 어느 나라에서나 많은 독자를 획득하는 요소라 하겠습니다.

1925년에 처녀작 〈내부(內部)의 나〉로 등장하여 줄곧 많은 소설을 발표한 그린의 작품들은 대체로 두 가지 유형을 보이는데 그 스스로가 주제 중심의 본격소설(novel)과 흥미 치중의 오락소설(entertainment)로 나누지만 어느 것이건 그의 소설에는 그 테마 구성의 한 패턴이 있습니다. 즉 쫓고 쫓기고 되돌아서 거꾸로 쫓고 하는 것으로 이것을 우리 인간의 사회현실로만이 아니라 인간 심혼(心魂)의 영위에다가도 적용시키고 있는 것입니다.

그러나 이 글은 그러한 그의 작품의 분류나 작품 연보를 늘어놓을 성질이 아니고 또한 그의 작품에 대한 문학 일반적인 고찰이 아니라 작품 속에 담겨 있고 나타나 있는 크리스천적 테마, 특히 가톨릭적 의식 내용을 살피는 것이기 때문에 모든 것은 생략하고 이러한 문제의식이 농후할 뿐만 아니라 그의 대표작이기도 한 〈권력과 영광〉(1940) 〈사건의 핵심〉(1948) 〈사랑의 종말〉(1951)의 요약에서 그의 종교적 작가로서의 면모를 미흡하나마 엿보기로 하겠습니다.

먼저 〈권력과 영광〉의 줄거리를 소개하면, 적색혁명이 일어난 멕시코 어느 주에 신부들은 모두 도망치고 오직 별명은 위스키요, 파계를 해서 어린애까지 낳은 파락호 호세 신부만이 홀로 남아서 이리저리 숨어 다니며 신자들에게 비밀리에 성사를 줍니다.

이러한 사실을 탐지한 혁명 당국은 그를 맹렬히 추격하게 되는데 이리 쫓기고 저리 쫓기다가 마침내 주 경계선 밖으로 간신히 벗어난 호세 신부는 자기에게 붙은 현상금을 노려 그를 따라다니는 혼혈아로부터 어떤 은행을 턴 미국인 갱이 총에 맞아 신부를 찾는다는 말에 함정이 있음을 알면서도 되돌아가서 그 갱에게 고백성사를 주려다가 마침내 체포되고, 총살을 당한다는 이야기입니다.

이 작품에서 그린이 제시하고 있는 것은 인간의 이중 본성, 즉 선과 악을 함께 지니고 있는 인간으로서, 인간은 착한 사람이 따로 있거나 악인이 따로 있는 것이 아니요, 오직 삶을 통하여 죽음에 이르기까지 이 상반의 양극 속에서 헤매며 허위적대고 있는데, 바로 여기에 자유가 주어지고 있으니 더욱 비극이라는 것입니다. 그런데 문제는 이 선악의 비극적 전투장에서만이 하느님을 비로소 발견할 수가 있고 성실한 인간일수록 그 전투는 더 치열하며 그 고통도 거기에 비례한다고 그는 말하고 있는 것입니다. 그리고 인간 성실의 발로란 바로 연민인데 이 인정의 무아적 발휘야말로 하느님과의 일치를 가능케 한다고 말하는 것입니다.

그 다음 〈사건의 핵심〉의 줄거리를 보면, 서부 아프리카 어느 바닷가 소읍의 경찰서 부서장인 주인공 스코비는 그의 부인 루이즈가 전지요양을 떠난 사이 조난선에서 젊은 여인 헬렌을 구출해 냅니다. 그리고 죽어가는 헬렌을 소생시키고 새로운 삶을 도우려는 연민과 선의가 마침내 그 고독한 여인과 치정에까지 나아가게 합니다. 그러나 부인이 돌아오자 선량한 그는 차마 그녀를 배반할 수가 없어 그녀를 속이기 위하여 모령성체(冒領聖體)까지 감행하는 한편 그의 새 연인 헬렌을 버릴 만한 잔인성도 그에겐 없었으므로 마침내 자살로써 자기의 영원한 멸망을 택한다는 이야기입니다.

그런데 주인공 스코비는 자살하기 전 약을 사 들고 오다가 성당에 들어가 "오 주여! 살아 있는 한 저는 그들 중 어느 한 쪽도 버릴 수가 없습니다만 죽음으로는 그들의 피의 흐름 속에서 저를 멀리 할 수가 있습니다. 그들은 저 때문에 병들고 있습니다. 저는 죽음으로써 그들을 고쳐 줄 수 있습니다. (중략) 주여! 이제 당신에게도 이 이상 더 모욕을 드릴 수는 없습니다. 그렇게는 도저히 못하겠습니다. 당신도 저를 영원히 잃어버리시면 훨씬 더 편하게 되실 겁니다. 제가 당신의 손이 안 닿는 곳(지옥)으로 사라져 버리면 당신도 평안을 얻으실 겁니다"라는 엄청난 독백인지 기도인지 분간을 할 수 없는 마음속의 절규를 꺼내 놓습니다. 그 애절함이야 어떻든 간음을 하고, 모령성체를 하며, 고백성사도 보지 않고, 자살이라는 신학적으로 보면 제일 큰 절망의 죄를 범한 그가 구원을 받았으리라는 것을 일반적 교리의 세계에서는 도저히 생각할 수가 없습니다. 그런데 이 소설은 그 마무리 장면에서 랭크라는 신부의 입을 빌려 스코비의 부인 루이즈에게 "부인, 당신이나 내가 하느님의 은총을 조금이라도 알고 있다고 생각하지 마시오. (중략) 교회는 모든 규칙(교리)을 다 알고 있습니다만 단 한 사람의 마음속에서 일어나고 있는 일은 전혀 모르는 법입니다. (중략) 이런 말을 하면 이상스럽게 들릴지도 모르지만, 더욱이 그런 큰 잘못을 저지른 사람이지만 그러나 내가 보기엔 그 사람(스코비)은 정녕 주님을 사랑하였습니다"라고 술회시키는 것입니다.

　이리하여 20세기 가톨릭 문학의 대논쟁이 벌어졌으니 즉 '스코비는 영벌을 받았겠는가? 구원을 받았겠는가?'가 그 시비의 초점으로 대체적으로 신학자들은 "하느님께서 각자의 운명에 간직하고 계신 섭리에 부당하게 간섭해서는 안 된다"고 비난하고 작가들은 "저 진실한 고뇌 속에서 남보다 자기의 멸망을 결행한 그의 사후에 하느님께서 안식을 드리워 주시리라고 믿는 것이 왜 나쁘냐"면서 이를 변호하고 있습니다.

　여하간 여기에 이르러서 그린은 앞서 〈권력과 영광〉에서 연민이 지니고 있는 빛[明]의 면, 즉 희망보다도 어둠[暗]의 면, 고통이나 비극적인 면을 여지없이 그려 놓고 있습니다.

　끝으로 〈사랑의 종말〉은 소설가인 벤드릭스(이 소설의 1인칭 화자)는 고위 관리인 친구 헨리 마일즈의 아내 사라와 절망적이라고 할 만큼 지독한 불륜의 사랑에 빠집니다.

　심지어 그들은 그 남편 헨리가 앓아 누워 있는 바로 옆방에서까지 정욕의 불을 태웠던 것입니다.

　그러던 어느 날 밤 독일군의 폭격으로 그들이 치정을 저지르던 건물이 무너지며 벤드릭스가 그 기둥과 벽돌 밑에 깔려 버립니다. 이때 사라는 그 순간 그가 죽는 것이라고 여기고 신자가 아니면서도 그대로 꿇어앉아 믿지도 않던 신에게 기도를 올립니다. 즉 이 사람만 살려 주면 앞으로 그와의 관계를 끊어 버리겠노라고 맹세까지 합니다. 그런데 벤드릭스가 기적적으로 살아났고 사라는 이것을 하느님이 자기의 기도를 들어주신 것이라고 믿습니다. 그렇지만 사라는 신에게 한 맹세와 벤드릭스에 대한 정욕 사이에서 처절한 고민을 합니다. 그러나 마침내는 신에게 바친 맹세를 따라서 벤드릭스에 대한 사랑을 승화시켜 보다 높은 신에의 사랑으로 변용시킨다는 줄거리입니다.

결국 단적으로 그 주제를 분석하면 선은 악을 통해, 사랑은 미움을 통해, 구원은 죄를 통해야만 도달되며 그 과정에는 거기에 비례하는 불안과 고통을 거쳐야 하며 그것들을 견뎌 내야 획득된다는 것입니다.

그러면 어째서 그린은 이렇듯 인간 심연의 죄나 악을 마치 비호나 하듯 그리고 있는 것일까? 또 어째서 그것을 마치 신에게서 은총을 끌어내고 신에게 도달하는 사다리처럼 삼은 것일까?

여기에 대해서는 역시 금세기의 위대한 또 하나의 가톨릭 작가인 프랑소와 모리악의 "작가가 죄에 더럽혀진 인간성을 파헤쳐 놓아야 하는 것은 그 안에 깃들인 악의 저쪽에 우리 크리스천들이 확신하고 있는 또 하나의 사실이 실재하기 때문이다. 그것은 바로 또 하나의 빛이 작가의 불안한 눈앞에서 그 죄를 정화하고 성화한다는 사실이다. 작가는 이 빛의 증인이 되어야 한다"라는 말에 해답이 될 것이며 또 성 바울로 사도의 "죄가 많은 곳에는 은총도 풍성하게 내렸습니다"(로마서 5:20)라는 말씀이 이를 뒷받침해 줄 것입니다.

■ 《실존적 확신을 위하여》(1982)

위정자와 종교가

스무날 가까이 부산 어느 바닷가 후미진 산골짜기 수녀원에 가서 지내다 왔습니다. 내가 때마다 이렇게 수도원을 찾는 것은 수행심이 깊어서가 아니라 잡문과 잡역에 하도 쫓기다 보면 이렇게 해서라도 얼마쯤 공백기를 가져야 자기를 유지해 낼 수가 있기 때문입니다.

그야 어떻든 이번 거기서 특히 감명 깊은 것은 무더기로 핀 백합송이 같은 수녀들이 아침저녁 예배시간에 '조국을 위한 기도'를 합송(合誦)하는데 그것이 어찌나 애절하게 들리는지 나는 눈시울을 몇 번이나 적셨습니다.

그 기도문은 그녀들 스스로가 만든 것으로 내가 그것을 여기다 그대로 옮기지는 못해도 그 내용은,

"주님! 당신의 자비와 전능으로 이 나라 국민들이 불목(不睦)과 갈등에서 벗어나 평화롭게 살게 하여 주시고 특히 우리 위정자들에게 총명과 지혜를 주시어 이 사회 이 백성을 바르고 참된 길로 인도하게 하옵소서."

라는 것이었다. 저들은 누가 시키지도 않고 청하지도 않은 것을, 어쩌면 저들의 실생활과는 무관하게까지 여겨지는 세상살이의 문제들을 애소에 가까우리 만큼 간구(懇求)하고 있습니다.

나는 우리의 외면적 사회정화 사업과 더불어 이렇듯 내면적 신령한 정화사업이 이루어지고 있음을 확인하면서 이러한 실재의 안

팎의 작업이 있는 한 우리의 삶과 세상살이에 안도감을 가져도 좋다고 생각했습니다.

그리고 이와 더불어 내가 떠올린 것은 이번 제5공화국에 있어서는 특히 위정자들과 종교계가 껄끄러운 관계를 벗어나 서로 손을 맞잡고 그야말로 정의롭고 맑고 맑은 사회 건설에 나아가 주었으면 하는 절원(切願)이었습니다.

그러기 위해서는 먼저 위정자들이 인간 내면의 가치, 즉 윤리적 가치에 봉사 헌신하는 종교가들의 바른 소리와 참된 충고에 허심탄회 귀 기울이고 또 종교인들을 정권적 차원에서 이용할 생각이나 억제할 생각을 버리고, 다음 종교가들은 전략적 가치 세계에 섣불리 간여하지 말고(실례: 천주교 주교단의 비상계엄 해제 요구, 대한조계종단의 국보위 설치 지지 등) 능동적으로 사회정화 사업이나 새마을 사업 등에 적극 참여함으로써 종교가나 위정자 서로가 서로의 본령(本領) 속에서 힘을 합하여 이 나라, 이 사회, 이 겨레의 삶과 그 세상살이의 실재의 안팎을 정화 쇄신함으로써 서로의 목적이고 표지(標識)인 정의사회를 구현해 주기를 바라마지 않는 바입니다.

■ 《실존적 확신을 위하여》(1982)

종교인의 타락현상

 몹시 저어되고 망설여지는 이야기지만 내가 보기에는 우리 사회현상 중 가장 큰 문제의 하나로 여겨지기에 하늘에 침 뱉기 꼴이 되더라도 감히 붓을 드는 바이다.
 우선 떠오르는 나의 체험부터 적어 나가면 그것이 아마 작년 6월 초순경이었다고 기억된다. 그때는 내가 아직 외지에 체류해 있을 땐데 잠시 집에 다니러 왔다가 공초 선생(시인 오상순[吳相淳]) 기일이 막 지난 뒤라 수유리 산소엘 참묘나 한다고 나서 종로서 안국동 쪽으로 차가 빠지는데 조계사 앞길에 경찰 기동대가 집결되어 있었다.
 동행에게 이것이 웬일일까고 물으니 오늘은 무슨 일이 일어났는지 자기도 모르지만 이즈막 세상이 어떻게 돼가는 셈판인지 스님들도 가끔 시위를 벌이는 모양이더라고 말하며 사뭇 개탄조였다.
 그 광경이 하도 마음에 걸려서 그날 저녁 시를 쓰는 분이라 아주 친히 지내는 스님에게 전화를 걸어 귀국 인사 겸 낮에 조계사에 무슨 불상사라도 있었느냐고 물었더니,
 "아, 데모말입니까? 그것은 두 가지 이유인데 하나는 전에 승려였다고 자칭하는 개신교의 목사 하나가 불교에 대해 아주 악랄한 비방을 하고 다녀서 그것에 대한 규탄이고 또 하나는 이번 장영자 사건에 신문사들이 그녀가 불교 신자임을 기화로 마치 그녀의 부정에 불교가 가세한 듯한 보도를 하여 국민들에게 악인상을 주고

있으므로 일부 스님들이 궐기해서 이에 항의하기 위해 가두시위에 나가려다가 경찰의 제지를 받은 것입니다"라는 아주 당연하다는 듯한 설명이다. 나는 그 말을 듣고 어처구니가 없어서,

"그거야 교단이나 그 담당 기구의 성명서 한 장이면 그만이지 스님들이 궐기니 시위니 할 것까지야 뭐 있습니까? 그래 수도자들의 그런 세속적 행동으로 세상의 비위나 비행이 시정되리라고 믿습니까?" 하였더니 그 스님은 즉각 말을 되받기를,

"이것은 선생님네 천주교(나는 그 신자임)에게 배워서 하는 게 아닙니까?"라는 것이어서 나는 그만 말문이 막혀 버리고 말았다.

물론 나는 저 스님이 가톨릭의 현실참여의 실상을 완전히 파악하고서 하는 말이라고는 보지 않고 또한 한국 가톨릭 교회의 일부가 행하여 온 현실참여가 전적으로 종교적 목적이나 그 행동에 부합돼 있었다고 보지도 않는다.

그것에 대한 구체적 비판은 뒤로 미루고 오직 먼저 지적하고 싶은 것은 가톨릭 교회나 저 불교의 일부 성직자나 수도자들이 의식·무의식 간에 현대가 지니는 실용주의·기능주의·효용주의적인 현실 경사에 나아가고 있다는 사실이요, 그래서 그들은 세상의 비리와 비위와 비행을 해결함에 있어 일종의 물리적 힘을 앞세우게 되었다는 사실이 나를 근본적으로 두렵게 하는 것이다.

한편 다음 이야기도 내가 아직 외지(하와이)에 있을 때 이야기인데 국내서는 부산 미국 문화원 사건으로 떠들썩하던 때 고국에서 미국 여행을 온 친구가 '최기식 신부의 양심선언'이란 것이 실린 교회 주보를 가져다 주었다. 그것은 외국에 있는 나에게 교회와 관련된 사건의 진상을 명확히 전해 주려는 모험적(?)인 우애였다.

나는 그것을 읽고 그야말로 부산 미국 문화원 사건에 대한 최기식 신부의 관련 경위와 그 전모를 명백히 알 수 있었으며 또 주교

나 동료 성직자들 앞에서 진술되었다는 그 기록의 내용을 추호도 의심치 않았음은 말할 것도 없다.

그런데 그때 외국에 떨어져 있어서 좀더 객관적이 될 수 있어서인지 모르나 그것을 읽고 나서 떠올린 의문은 왜 최기식 신부의 이런 사실 진술에다 교회가 굳이 '양심선언'이란 명목을 붙여야 하느냐 하는 문제였다. 그야 나라고 그 일반적 연유를 짐작 못해서가 아니다.

한마디로 말해 어떤 사상범이나 정치범이 현실의 권력에 의하여 구속되었을 때 당자의 뜻이나 말과는 달리 그 권력기관에 의해서 허위의 사실이 조작된다든지, 그렇지 않으면 모진 고문에 의해 위조된 사실을 승복했을 경우를 가상하여 사전에 진실을 술회하여 이를 기록함으로써 증거의 형식을 취하는 것이 아닌가?

그런데 문제는 종교인의 경우에 있어서는 저러한 두 경우 중 앞의 '당자의 뜻이나 말과는 달리 허위의 사실이 조작된 경우'라면 몰라도 뒤의 '고문에 못 이겨 위조된 사실을 승복했을 경우'에도 과연 그 양심선언이 유효한 것이냐 하는 것이 나의 회의의 요점인 것이다. 그 구체적인 실례로는 공화당 말기 가톨릭 농민회 오원춘 씨 사건을 들 수가 있겠다.

이로(理路)를 더 펼 것 없이 나의 결론만을 밝히자면 종교인의 경우에 있어서는 뒤의 '고문에 못 이긴 양심'은 '양심'으로 칠 수 없다는 생각인 것이다. 그리고 이렇듯 '타력에 굴복한 양심'도 '양심'으로 간주하려는 인간중심적 사고는 저 우리 순교자들도 양심선언 한 장 써 놓았으면 얼마든지 배교할 수 있었다는 논리를 낳게 한다. 그래서 양심은 어디까지나 양심으로 지켜져야지 각서 같은 종이 한 장으로 지켜질 수도 없고 대체될 수도 없는 것이 아니겠는가?

오늘날 우리 종교인들의 행동이나 그 양심의 문제를 전제로 하고 볼 때 소위 이번 신흥사에서 저질러진 승려들의 살상 사건이란 바로 앞서 말한 물리적 힘을 앞세우려는 일부 성직자나 수도자들의 양심이나 행동이 세속적으로 경사되어 극단화한 현상이라고 나는 본다. 더욱이나 참혹한 것은 그 뒤 3개월이 다 되도록 소위 종단의 사후대책이란 것이 대오일번 참회와 화해와 쇄신이 아니라 새로 구성할 비상종단 운영회 측 총무원과 조계사 측 총무원이 법정투쟁을 벌이고 있으니 이 어찌 성직자나 수도자의 거조로 볼 수 있으랴?

도대체 불법은 어디다 두고 무엇에 쓰기에 툭하면 종단 운영 문제나 관리 문제를 세속법에 의거해서 가늠하고 해결하려 드니 그게 어디 종교 단체로서의 행색이라고 할 수 있겠는가? 때마다 친지의 승려들을 만나면 불교에 대한 관권의 개입을 개탄하는 소리를 듣고 나 역시 종교는 그 운영이나 재산 관리가 자율에 맡겨져야 한다는 신념을 갖고 있는 사람이지만 저러한 행동들이 점점 더 관권의 개입을 자초하고 있고서야 그야말로 백년하청이 아닐 수가 없다 하겠다.

어쩐 일인가. 올해는 마치 종교들이 막말로 망신살이 뻗친 해인지 기독교에는 저 신흥사 사건 못지않은 기도원 사건이라는 게 터져 정말 종교인이라고 입 밖에 내는 것이 부끄러울 만큼 사건의 연속이다. 이것은 그저 얻어들은 얘기지만 기독교나 불교 일부에서는 성직자가 어떤 교회나 사찰을 맡는데, 즉 당회장이 되고 주지가 되는데 지역에 따라 프리미엄까지 붙는 돈거래를 하며 그 액수도 어마어마하다고 한다. 이렇게 되면 그야말로 교회는 '신의 회칠한 무덤—R. 아돌프스'이요, 절당은 그야말로 '염불보다 잿밥'의 장소 이외에 아무것도 아니다.

그러니 종교가 그 일부라고 하지만 이렇게 썩어 문드러지고서야 이 사회를 어찌 바르게 이끌 수가 있고 또 이 사회가 복을 받을 수 있으랴? 아무리 교회나 절당이 처처에 서고 국민의 과반수가 아니라 전 국민이 다 종교를 갖는다 해도 그 무슨 소용이 있으랴? 좀더 솔직히 말하면 오늘날 어떤 교파를 막론하고 신령한 힘, 진리에 대한 외경심이나 그 섬김을 전파하려 들기보다는 인간의 감성적 충족을 주려는 데 전력을 기울이는, 그래서 신앙이라면 이기적 기복이나 무교적인 접신을 고취하기에 열중하거나 인간중심적 현실 경사에 나아가고 있다면 나의 과언이며 망언일까?

그래서 나는 작금 연달은 국민적 참화나 참사도 하느님의, 말을 달리해 즉 진리의 경고와 징벌이 아닌가 하는 생각마저 드는 것이다.

(1983. 10. 22.)

■ 《삶의 보람과 기쁨》(1986)

신앙생활의 몇 가지 지침

예수회의 수도사로서 윌리엄 도일이란 분이 계셨는데 그분은 1973년 아일랜드에서 나서 1917년 제1차 세계대전 당시 군종신부로 활약하다가 전사한 분이다. 그분이 가신 뒤 그분이 남긴 영신적 생활의 반성이나 결심이나, 그 지향 등을 적은 메모나 일기, 또한 편지 등을 모아 한데 묶은 《성인이 되는 비결》이란 제목의 책이 한 권 전해지고 있다. 우리말로는 아직 번역되지 않았고 나는 일본어 역을 가지고 있다.

그 수기는 아주 철저한 금욕과 극기의 사상으로 충만해 있으면서도 한편 즐거운 유머와 일상적인 친근성을 지니고 있어 우리에게 영적 정진에 나아가는 길과 방법을 알기 쉽고 자세하게 가르치고 있다. 그래서 나는 이 책을 항상 가까이 두고 때마다 펼치고 있어 여기서도 그 몇 대목을 옮겨서 소개하며 함께 묵상해 보고자 한다.

"우리는 자기를 이겨야 할 기회를 만났을 때마다 흔히 '이것은 나의 힘이 너무 벅차다. 나는 성인이 아니니까!'라고 말하고 그 유혹에 스스로 지고 만다. 그러나 너는 왜 성인이 못 되는가? 성인이 되는 것은 너의 의무다."

실상 우리는 성인이라면 별개 세계의 존재처럼 여기고 자기는 그 세계에 들어갈 마음부터 갖지 않으려고 든다. 이것은 결코 겸손에서가 아니라 자신의 나약함을 합리화하는 것이요, 노력의 포기를 의미한다. 또한 우리는 성인이 되는 것을 초인간적인 헌신행위로 알고 또 그렇게 여기고 있지만 실은 인생의 의무를 다하는 것, 즉 내세의 자기구원 이외에 다른 것이 아님을 깨우쳐야 하겠다. 좀 더 구체적으로 말하면 성인이 되지 않고선 천당에 들어가지 못하고, 천당에 간다는 것은 곧 성인의 반열(班列)에 자기도 끼는 것을 의미하는 것이다.

"'들어라. 내가 문밖에 서서 문을 두드리고 있다(묵시록 3:20).' 주님은 불평도 없이 너의 마음의 문 앞에 참을성 있게 서 계신다. 얼마나 오래 거기 서 계셨을까? 일 년 혹은 십 년. 그러나 너는 주님을 맞아들이기를 주저하고 있다. '사랑하는 아들아! 문을 열라'고 주님은 너를 부르시고 권고하시고 애원까지 하시는데도 너는 너의 마음의 문을 굳게 닫고 있다. 주님의 노크를 일부러 들리지 않는 체하고 주님이 그대로 지나쳐 주시기를 내심 바라고 있다 하겠다."

그렇다! 우리는 스스로가 마음의 문을 굳게 닫음으로써 바로 앞에 계신 주님을 모셔 들이지는 않고 도리어 먼 곳에다 주님을 찾아 헤매는 시늉을 한다. 그래서 고통 속에서도 저 십자가의 고난을 마음부터 받아들일 생각은 없이 주님의 침묵을 원망한다. 이것은 마치 예수 그리스도의 표준에다 자기를 이끌어 올릴 생각은 않고 자기의 표준, 즉 인간적인 것에다 예수 그리스도를 끌어내리려 드는 짓이라 하겠다. 우리가 조금만 영혼의 눈을 뜨고 마음의 문을 열기만 하면 우리의 바로 앞에 계신 주님을 뵈옵고 맞아들일 수가 있는데 말이다. 그야말로 우리의 완강한 거절로 주님께서 지치고 지치셔서 우리를 내버리고 떠나시기 전에 우리는 마음의 문을 열어야 하겠다.

"가령 네가 나폴레옹과 같은 장군에게 복무한다고 하면 물과 불을 가리지 않고 그가 요구하고 명령하는 것을 괴롭게 생각지 않고 견딜 것이다. 만일 나폴레옹이 너에게 이런저런 일을 시킬 때 '각하! 저는 추위를 타서라든가, 피곤해서 잠시 쉬어야 되겠다든가, 맛있는 음식을 충분히 먹어야 하겠다든가' 하고 이 핑계 저 핑계를 하였다고 하면 너는 그 즉시 군복을 벗기우고 그 휘하에서 쫓겨나지 않겠는가? 그런데 너는 임금 중의 임금이신 예수 그리스도에게 그 신하가 될 것을 선서하고도 어떤 꼴로 봉사하고 있는가? 너는 주님을 위해서 무엇을 했으며 무엇을 하고 있으며 앞으로 무엇을 어떻게 할 것인가?"

아주 엉뚱한 비유 같지만 우리의 신앙생활의 실체를 매섭게 찌르고 후벼 파는 대목이다.

실상 우리는 예수 그리스도를 믿고 따르고 그 백성이 되었다고 하면서도 실제 생활에 있어서는 예수 그리스도를 가정이나 이웃의 어른보다도, 직장이나 단체의 상사나 유력자보다도, 또 현세의 군주나 영웅보다도, 존경과 충성을 바치지 않고 있을 뿐 아니라 별로 가책도 느끼지 않고 있는 것이 보통이다. 더구나 '예수 그리스도를 위해 무엇을 하였는가? 하고 있는가? 하겠는가?'고 자문자답해 볼 때 나부터가 부끄러움을 금할 바가 없다.

마치 신앙을 사후대책의 생명보험에나 들었듯 여기고 그저 주일미사나 궐하지 않고 일 년에 몇 차례 고백성사나 보고 교무금이나 바치고 그것으로 그리스도인 행세를 하고 있지나 않는지!

지면이 다 되어 더 소개 못함이 유감이지만, 도일 신부님의 수기의 중심사상이라고 여겨지는 것은 여러 곳에 라틴어로 써 놓은 'Agere contra(자기에게 거슬러 행한다)'이다. 즉 자기의 헛된 욕망이나 유혹을 물리치고 예수 그리스도의 가르침을 따라 이성과 양심이 명하는 바를 행동하는 것이다.

그리고 이것이 곧 그분이 제시하는 성인이 되는 비결이기도 하다. 그러면 성인이 되는 것은 그의 말대로 우리 인생의 의무인 이상 아무리 힘들더라도 우리 모두 다 함께 성인이 안 될 수도 없지 않은가!

■ 《우리 삶, 마음의 눈이 떠야》(1995)

신앙과 행실

지난여름 무더위가 고비인 어느 일요일, 내가 어떤 성당에서 직접 목격한 일이다. 거기에는 대형 선풍기가 한 대 신도석을 향해 마련되어 있었는데 그것이 한참 돌다 회전바퀴의 고장이 났던지 빈 통로에다 헛바람만 보내게 되었다.

그러자 내가 앉아 있는 왼편 좌석의 중년부인 하나가 미사보(부녀 신도들이 예배 중에 쓰는 보자기)를 오므려 쓰며 나가더니 그 선풍기 목을 우리 자리 쪽으로 돌려놓고 들어왔다. 그랬더니 얼마 안 가 바른편 좌석의 젊은 사내가 험한 인상을 쓰며 나가더니 그 선풍기 목을 저희 자리 쪽으로 돌려놓고 들어왔다.

이렇게 사람들이 번갈아 가며 나서기를 세 번, 이번엔 회장인 듯싶은 영감님이 나가서 이리저리 돌려보다 망설이더니 그만 선풍기를 끄고 들어오는 것이었다.

누구나 다 알다시피 가톨릭의 미사란 예수님의 중생제도를 위한 십자가의 희생을 기념하는 제사이다. 그 제단 앞에서 바로 그분을 따르는 신도들의 행실이 저렇듯 이기적이요, 자기중심적이며, 미혹에서 벗어나지를 못하고 있었던 것이다.

물론 나는 저 어느 성당의 삽화 하나를 가지고 거기 모였던 모든 신자들의 신앙심을 부정하거나 나아가서는 한국 가톨릭 신자나 전체 기독교 신자들의 수행을 의심하여서는 안 된다고 알고는 있으면서도 저 광경을 떠올릴 때마다 어쩌면 그것이 오늘날 모든 종교

신자들의 전체상 같은 느낌이 들고 내남 없이 신앙이나 종교를 갖고 있다지만 그 종교나 신앙의 가르침이나 알맹이는 살고 있지 않다는 자책을 금할 바 없는 것이다.

왜냐하면 한국처럼 종교가 성한 사회에서 오늘날 빚어내고 있는 도덕적인 파탄은 너무나 자심하기 때문이다. 가령 숫자적으로 나타나는 한국의 불교와 기독교 또는 유교 및 기타 종교의 신도들이 그들의 교리나 교의를 어느 정도만 자기 생활 속에서 발휘한대도 우리 사회의 이 윤리적 타락은 자연적으로 시정도 되고 치유도 될 것은 틀림이 없다.

그리고 실상은 오늘의 사회타락의 그 근본적 방지책이나 정화책은 이 길밖에, 즉 우리 교도들이 자기 종교의 가르침을 준행하는 길 외에 있지도 않고 있을 수도 없다.

우리가 요새 흔히 입에 담는 저 3대 스캔들 사건만 해도 우리는 그것을 당사자들만의 죄과로만 생각하고, 요행 자기는 걸려들지 않았다든가, 그런 기회가 주어지지 않았다든가, 또는 그런 죄행(罪行)을 저지르고 있으면서도 탄로가 안 났다든가 해서 자신의 가슴을 쓸어내리고 있지만, 조금만 엄밀히 자신의 사언행위(思言行爲)를 성찰한다면 자기도 그 형태는 다르나 저와 동류임을 부인할 수가 없을 것이다.

그러므로 결국 이 사회에서 저러한 추악한 현상을 없이 하려면 각자가 저러한 죄업(罪業)에 나가지 않는 길, 즉 특혜를 탐하지 말고 정조를 지키며 진실을 사는 길밖에 달리 뾰족한 수가 있겠는가?

일반적으로 우리는 그것의 방지책으로 막연히 정치적이거나 법률적인 제도나 그 제재에다 구하고 바라지만 그것은 마치 저 앞서 말한 고장난 선풍기의 바람을 공정하게 하려고 나섰던 회장 영감님이 이리저리 돌려보다 결국 끄고 말듯 무책(無策)에 돌아가고 만다 하겠다.

■ 《우리 삶, 마음의 눈이 떠야》(1995)

동서관상(東西觀想)의 교류

 지지난해 7월, 나는 일 년간 미국 하와이대학의 초빙 강의를 마치고 돌아오는 길에 일본 동경엘 들러 항상 벼르기만 하던 가톨릭의 선(禪)도장인 신명굴(神冥窟)을 찾아보았다.
 동경에서 서북쪽, 차편으로 4시간이 걸리는 니시다마군[西多摩郡] 아키가와[秋川] 계곡에 있는 그 도장은, 그저 일본식 절간과 조금도 다름이 없었는데 마침 이 선방의 설립자요, 조실격인 에노미야 라살 신부는 고향인 독일에 가서 안 계시고 상좌 시봉 격인 젊은 일본인 곤노[今野] 신부만이 있었다.

 곤노 신부의 안내로 선당엘 들어가 보니 국민학교 교실 하나는 됨직한 넓이인데 그 차림새는 내가 옛날 일본대학 종교과 학생 시절 견학한 임제종 선방과 같았다. 오직 선당 중심에 자연석인 큰 바위가 놓여 있었는데 그 위에 십자가와 성촉이 얹혀 있었다.
 곤노 신부의 설명에 의하면 바로 이것이 제단으로서 거기서 새벽에 미사(가톨릭의 제례)를 지내고 강독서로는 〈복음서〉나 가톨릭의 묵상서인 〈준주성범〉, 〈불가지의 구름〉 등이 송독되는 이외에는 그 작무(作務)나 좌선, 경행(経行) 등이 바로 선의 방식과 똑같다는 것이었으며, 이곳에는 단체나 개인의 정기적 또는 부정기적 참가가 가능하며 희망자는 그 종파를 불문하고 다 받아들인다는 것이었다.

곤노 신부와는 긴 시간 동안 가톨릭의 신비사상의 가장 깊은 영역인 관상수행에서 도달하는 하느님 체험과 선에서 도달하는 개오(開悟)의 경지와의 사이에 존재하는 대응과 차이에 대해서 여러 가지 이야기를 나누었지만, 그도 아직 수행 중인데 상대인 내가 그야말로 분별지에 사로잡혀 있는 속한이라 얘기가 제대로 먹혀 들어갈 리가 없었다. 아니 이렇게 말하기보다 진정한 의미의 하느님 체험이나 견성(見性) 체험은 그렇듯 수월하게 설명될 수도 없고 또 알아들을 수도 없는 것이 아니겠는가!

그야 어쨌거나 우리는 그곳에서 에노미야 라살 신부의 《선과 기독교》라는 책을 한 권씩 사 가지고 물러났는데, 그 뒤 그 책 속에서 선에 있어서의 최고의 경험인 견성과 가톨릭 신비가들의 관상경험을 대조하여 비교를 시도한 대목을 읽고 아주 크게 감복을 했었기에 여기에 그중 몇 개 조항만을 소개해 본다.

관상과 좌선의 처음 단계

관상의 시작에는 단순화된 최소한의 정신집중의 대상을 지닌다. 복음 즉 예수 그리스도의 말씀 같은 것이 바로 그것이다. 그러나 좌선에서는 처음부터 대상이 없다. 오직 호흡에의 정신집중을 수단으로 삼는다.

신비경험이나 견성의 앞 단계

관상에서는 이성적 활동이 후퇴하고 정감적인 기도, 즉 신과의 직접 대화 상태에 들어간다. 또 모든 정감의 단일화된 상태에서 신을 지속적으로 우러르게 된다. 한편 좌선에 있어서는 이성적 활동이나 정감적인 기원이 다 멎고 소위 무념무상의 상태에 이른다.

완전한 관상과 견성에 이르는 시련

관상에서는 영적인 건조감을 맛보며 신앙이나 신에게 대한 교리가 가르치는바 윤리적 제 덕목에 대한 회의와 악마적 유혹이 치솟고 자신에 대한 존재 여건에 대한 회의, 즉 신의 섭리나 은총의 실재성에 대한 회의와 번민에 시달리며 어둠 속을 헤매는 마음의 고통이 따른다.

참선에 있어서도 영적인 건조 상태가 오며 악마적 유혹, 즉 좌선을 포기하고 싶은 생각이 일며 견성에 대한 용기와 확신을 잃는다. 그리고 일체가 무가치하고 불필요한 것이라고 생각키우고 그 번민을 정화시키기에는 불속에 듦과 같은 고통이 따른다.

신비체험과 견성

관상에 있어서 신비체험은 계시에 의하여 인식된 진리의 신앙 경험, 즉 하느님 체험이다. 이때 비로소 신에게 향한 순전한 사랑의 주시(注視)와 경탄에 넘쳐서 깊은 평화 속에서 영원한 행복의 예감을 맛보게 된다.

이것은 획득되는 것이 아니라 수동적으로 주어지는 것이며 논증적 사고의 결과가 아니라, 순수한 영적 활동이요, 그 체험이다. 견성에 있어서 인격신의 체험을 제외하면 거의 유사해서 그 경험적 인식이나 직관, 영원한 행복(니르바나)의 예감 등 차이가 없어 본질적으로 삼매에 든다.

신비체험과 견성 후의 상태

관상이나 견성이 더불어 깊은 지속적 평화와 고통을 감수하고 나아가서는 고통을 지려고까지 하는 힘이 생기며, 겸허와 감사 속에서 자기의 하찮음을 깨닫고 더욱 수행을 쌓아야 하겠다는 의식, 즉 보림(保任)의 마음이 생긴다.

그리고 관상에서는 하느님의 영광을 드러내기 위하려는 생각과 또한 신비체험이나 견성한 사람은 다 같이 이웃의 모든 이들을 도와서 깨달음에 이르게 하여야겠다는 강한 욕구가 일며, 한편 이름 지을 수 없는 기쁨 속에 놓인다.

이상은 앞에서도 말한 바와 같이 라살 신부가 관상체험과 선체험을 일반, 특히 서방인에게나 기독교인에게 설명하기 위하여 비교 도식화한 부분의 발췌로서 그것도 필자의 주석과 의역이 가미되었으므로 선체험이나 견성체험 그 자체와는 얼토당토 아닌 것이 되었는지도 모를 일이다.

그런데도 내가 이렇게 소개하는 것은 저 라살 신부의 경우처럼 이제 불교의 선수행은 가톨릭인들의 연구나 이해의 단계를 넘어서 많은 일본 주재의 서방 가톨릭 수도자들과 성직자, 또는 일본인 출신의 신부나 수도사들이 직접 그 수행에 나아가고 있고 그 내적 증득과 증험이 발표되고 있기 때문이다.

얼마 전에 우리말로 번역되어 가톨릭계의 출판사에서 간행된 일본의 가도와키 가기치[門脇佳吉] 신부의 《선과 성서》를 보면,

"나는 선을 통해서 기독교 신앙을 더욱 깊이 하였다."

고 적혀 있기까지 하다.

저러한 가톨릭의 선에 대한 깊은 관심의 계기는 저 1965년 로마

의 교회 쇄신을 위한 공의회가 선언한, "타 종교의 신비주의 전통들이 전 인류를 온 땅 위에 살게 하였다. 모든 민족의 기원이요, 최후 목적인 그 '종극적 신비'에 어떻게 연결되어 있는가를 물어야 한다"는 데 그 출발이 있다 하겠고, 또 "그 전통의 가치나 경험에 참여하여 가능한 한 그 전통을 자신의 것으로 만들자"(토마스 머턴의 말)라는 데 그 목적이 있다 하겠다.

저러한 가톨릭의 타 종교에 대한, 또는 수행 방법에 대한 이해와 관심과 실험의 자세는 모든 종교가 갖추어야 하리라 생각한다.

특히 선수행을 개발한 불교가 전통만을 고집하지 말고 수행자들의 작무나 운영 면에 있어서 가톨릭 수도원의 경우처럼 합리적으로 현대화된 방법을 개발해 나가는 것이 바람직하리라 본다. 그리하여 동서양의 수도 방법의 교류가 우리 한국에서도 일어나 주기를 바라는 바이다.

■ 《우리 삶, 마음의 눈이 떠야》(1995)

진리는 하나

내가 그분의 저작에서 많은 가르침을 받은 일본의 대선사이며 대학자인 스즈키 다이세쓰[鈴木大拙] 선생은 생전 그의 어문(語文) 속에서 가미사마(하느님)라는 낱말을 아주 천연스럽게 쓰곤 하였다.

이것은 두말할 것도 없이 궁극적 실재, 즉 진리 그 자체를 가리키는 것으로서, 그것을 위격적(位[人]格的)으로 보든 또는 도(道), 무(無), 혹은 브라만, 태극(太極) 등 비인격 존재로 보건 별로 구애할 바가 아니라는 표현인 것이다.

실제가 진리를 단순히 인식의 대상으로 삼을 때는 그야말로 로고스(이법[理法])의 세계지만 일단 그 진리를 외경의 대상으로 삼을 때는 인격화가 불가피하다. 불교같이 진리에의 깨우침만을 앞세우는 종교에서도 진리를 섬기고 비는 대상으로 삼을 때는 '부처님, 살려 주십시오' 하고 인격적으로 모시는 것이다.

어떻거나 한마디로 말하면 신이니, 불이니, 도니, 태극이니 하는 것이 진리의 이명(異名)에 불과하고 바로 그것이 우리 생명의 원천이며 또 바로 그것의 신령한 힘의 현동(現動)으로 오늘날 우리 인간을 비롯한 만유(萬有)가 존재하는 것이다. 그래서 1965년 가톨릭 로마 공의회에서 채택된 '비그리스도교에 관한 선언'의 일절을 빌리면,

"가톨릭 교회는 이들(비그리스도교인) 종교에서 발견되는 옳고 성스러운 것은 아무것도 배척하지 않는다. 그들의 생활과 행동의 양

식뿐 아니라 그들의 규율과 교리도 거짓 없는 존경으로 살펴본다"
는 다짐이 모든 종교인에게서 그야말로 거짓 없이 실천되어야 한
다고 나는 생각한다.

그런데 이즈음 우리 사회에는 남의 절당 건물 문에다 십자가 표
지를 계속적으로 그려 대는 기독교도들이 있는가 하면 교직자가
타 종교단체에 대한 비방, 나아가서는 그 교리에 대한 비난으로 상
호 공방전이 벌어지는 사례가 부쩍 늘어나고 있을 뿐 아니라 차츰
집단분쟁화할 기세마저 보인다.

세상에는 이해의 싸움, 사상의 싸움, 국가의 싸움, 종족의 싸움
등 별별 싸움이 다 있지만 종교의 싸움만큼 극악무도한 싸움은 없
다. 왜냐하고 물을 것도 없이 진리를 깨우치고 섬기려는 그 근원적
목적에 스스로가 위배되기 때문이다.

여하간 의식적이든 무의식적이든 저렇듯 종교의 우열을 가르고
호오(好惡)에 나가려는 사람에게 나는 오직 하나인 진리를 네 스스
로가 가르려 들지 말고, 오직 하나인 하느님을 네 스스로 가르지
말라고 충고하고 싶다.

■ 《우리 삶, 마음의 눈이 떠야》(1995)

시선일미(時禪一味)

〈불교사상〉과 같은 종교 전문지에다 나의 천박한 사색이나 식견을 늘어놓을 수도 없고 해서, 궁여지책으로 내가 일본서 대학 다닐 때부터 애송하는 17세기 일본의 승려 시인 바쇼오 화상[芭蕉和尙]의 하이쿠[俳句: 일본의 정형시로 17음으로 이뤄짐] 몇 수를 소개하며 내 나름대로 음미해 볼까 한다.

먼저 그의 득도(得道)의 일화와 함께 견성구(見性句)를 적어 보자면, 그는 젊어서 일본의 관동 지방인 가시마(鹿島)의 근본사(根本寺)의 붓죠 대사(佛頂大師)에게서 참선 공부를 하고 있었단다. 그런데 하루는 사승(師僧) 붓죠 대사가 이 바쇼오의 암자를 기웃했더니, 바쇼오가 아주 기쁜 얼굴을 하고 달려 나와 맞으므로, "자네, 요즘 무슨 좋은 일이라도 있는가?" 하고 물었더란다. 그랬더니 바쇼오는 뜰 앞의 푸른 이끼를 가리키며 "비 온 뒤 푸른 이끼 싱싱도 한지고"라며 시로써 대응을 하는 것이었다.

선문답이라면 선문답이지만, 그저 "이 비 맞은 이끼가 얼마나 아름답습니까" 정도의 소박한 시구였다. 그러나 이 시를 읊조릴 때, 바쇼오에게 있어서 이미 자기는 없고 그 이끼와 그 푸르름이 오직 하나의 실재(實在)였다고나 하겠다. 그야말로 마음이 빈 경지였다. 하지만 사승은 그리 간단히 인가(認可)를 하지 않았다.

좀 상투적이긴 하지만 "청태미생이전여하(靑苔未生以前如何)" 하고 다그쳐 물었다. 이럴 때 "본래무일물(本來無一物)"이니 어쩌구 나오는 것이 보통인데, 바쇼오는 즉각 "오래된 연못에 개구리 풍덩 뛰어드는 소리"라는 명구를 발하였던 것이다. 이것을 들은 붓죠 대사는 "좋다! 그것으로 좋다"고 하며 바로 암자에 들어가 득도의 인가장을 써 주었다고 한다.

흔히들 우리는 선시(禪時)라면 어떤 기경(奇警)을 떠올리는데, 저 바쇼오 화상의 시에서는 그런 진기함이나 놀라움이 없고, 또 난해의 요소도 없다. 접하는 사물을 흐림이 없는 마음으로 사진기의 렌즈처럼 사생(寫生)해 놓았다고나 할까. 자연의 있는 그대로를 그야말로 천연스럽게 노래한 데 그의 시의 특성이 있다.

"낮에 보니 목 언저리 붉고나, 반딧불레."

개똥벌레의 목에 형광(螢光)이 달려 있는 것이 무엇이 진기하고 감동스러우랴만 바쇼오 화상의 선(禪)으로, 시로 닦여진 그 청정한 눈으로 볼 때 그것은 사뭇 놀랍고, 신기하고, 아름다운 조홧속이었던 것이다.

시나 선은 다 함께, 아무것도 아닌 것에서, 아주 사소한 것에서, 더없이 위대하고 한량없이 신비한 것을 찾아내고 맛보고 누리며, 한편 이와 반대로 거창하고 고귀하다는 것에서 그지없이 덧없고 서글픔을 알아내고 깨우치는 것이라면, 바쇼오의 저런 경지는 바로 시선일미라 하겠다.

"고요함이여, 바위에 스미는 매미 소리."

여름 한낮의 정적 속, 나뭇가지에서 우는 매미 소리가 나무 밑 바위에 스며들어 땅속까지 울리는 것 같은 삼매의 경지, 아마 매미와 천지와 시인은 완전히 융합되었다고나 할까! 바쇼오는 이에서 한 걸음 더 나아가 "금시 죽을 기색은 보이지 않고 우는 매미"라고 읊었다. 무상(無常)의 대명사처럼 쓰여지는 매미가 그 목숨의 짧음은 아랑곳없이 기운차게 울고 있다. 거기에는 죽음의 그림자가 없다.

오직 '이제', '여기'에다 전력을 집중하고 있는 상태가 바로 선정(禪定)에 통한다고나 할까, 찰나 속에 영원, 아니 시간과 공간을 넘어서 그 시간과 공간에 충실한 경지, 참으로 도저(到底)한 시선(詩禪)의 세계이다.

"섣달 그믐날 삿갓 쓰고 짚신 신네."

바쇼오 화상도 방랑벽이 있달 만큼 일생을 운수(雲水)로 지냈다. 심신 모두가 머무를 줄 모르고 언제나 대자연 속에 뛰어들어 있었던 것이다.

"벼룩, 이, 말, 오줌 싸는 잠자리."

이렇게 되면 운수의 그 고생스러움이니, 불결이니 하는 경계는 이미 넘어서 모든 것이 순화되고 정화된 초탈의 상태이다. 그렇다고 피가 마르고, 인정이 메마른 고목(枯木)을 연상해서는 안 된다.

〈부모님을 미치도록 그립게 하는 산꿩 소리〉라는 시가 있다. 무주공산(無主空山) 속에서 홀로 듣는 산꿩 소리가 아마 돌아가신 아버지·어머니의 넋의 소리처럼 들렸던 게다. 아니, 한 걸음 더 나아가 일체 중생의 가련한 목소리로 들렸는지도 모른다.

〈보리 이삭, 인사 대신 잡고서 하는 이별〉,

이 노래는 바쇼오 화상이 마지막 운수행각에 나설 때의 것이라고 전해지는데, 아마 문제(門弟)들이 그의 여로를 근심하여 절 문밖까지 배웅을 나갔던 모양이다. 바쇼오 화상도 겉으로는 태연을 지어 보였지만 속으로는 다시 이승에서 만날지 말지한 작별이라, 끓어오르는 적막과 슬픔을 가눌 바 없어, 길 옆 밭에 익는 보리 이삭을 떨리는 손으로 잡아 의지하고 인사말이나 악수 대신을 한 것이겠다. 그 정경이 눈물겹다. 그는 결국 이 여행 중 오사카[大阪] 객사(客舍)에서 숨지고 만다.

내가 그 오의(奧義)야 알 바 없지만, 불교에서 마음을 '대원경지

(大圓鏡智)'라고 부른다고 알고 있다. 거울은 아무리 작은 손거울이라도 산도 비추고, 바다도 비추고, 해도, 달도, 별도 다 비춘다. 그것은 거울 속이 비어 있기 때문이다.

이와 마찬가지로 우리의 동공(瞳孔) 역시 콩알보다도 더 작지만 전 우주가 들어온다. 우리의 마음도 개성 이전, 경험 이전, 지식 이전의 거울 같은 순수한 마음에는 전 우주와 그 실재를 그대로 받아들일 수가 있겠다.

그러한 마음을 바쇼오 화상은 지녔었다고 하겠다.

바쇼오는 앞에서도 말했듯이 객지에서 병들어 눕게 되는데, 그 병석에서도 "나그네 병들어도 꿈은 들판을 달리네"라고 읊조렸다고 한다. 철저한 운수혼(雲水魂)이라고나 하겠다.

이 소식을 듣고 달려간 문제(門弟)들이 사세구(辭世句: 임종게[臨終偈])를 청했더니, "내가 평소 읊은 내 노래 모두가 나의 사세구다"라고 하더란다.

그가 그때그때, 이곳저곳에서 읊은 시구 전부가 전신전령(全身全靈)에서 우러나왔다는 표백이겠다. 필경 선이나 참된 시도 바로 그것이라고 나는 생각한다.

■ 《우리 삶, 마음의 눈이 떠야》(1995)

예술과 참선

어느 날 밤 방송에서 나이 든 여류 국악인의 술회인즉,
"옛날 저희들은 그야말로 죽을 둥 살 둥 고생을 해 가면서 창을 배우고 거문고·가야금을 익혔는데 이제는 그런 엄한 스승도 없고 또 모두들 좋은 환경에서 수월하게들 국악인이 됩니다. 털어놓고 말해 권번의 기생이 되어 술자리에 불려 나가기 위해서 소리나 장고나 북을 익히자 해도 목구멍에서 몇 번이나 핏덩이를 뱉았고 손가락 끝에 피가 맺혀 터지곤 했습니다. 이렇게 해서 익힌 것이기 때문에 그 예능과 자기가 일치한다고나 할까, 또 그것을 실연할 때도 무아의 상태 속에 들어가는 것 같습니다. 그런데 요즈음에는 많은 젊은 국악인들이 나오고 그 솜씨들도 놀라운데 그들에게 무엇인가 빠진 것이 하나 있는 것 같은 느낌입니다. 굳이 그것을 이름한다면 예혼(藝魂)이라고나 할까요?"
라는 것이었다.
나는 그 이야기를 들으며 '그럴 법하다'고 여기기는 하였지만 별로 더 이상 생각해 보지 않고 흘려버리고 말았었는데, 오늘 일본 책에서 다음과 같은 이야기를 읽고서 그 문제를 이렇게 글로써까지 다뤄 보게 되었다.
즉 활쏘기의 명인이라고 일컫는 궁도 도장엘 어떤 사람이 입문을 하였더니 먼저 그에게는 도장 한구석에다 볏짚단 하나를 매달아 놓고 그것을 서너 칸 떨어져서 쏘는 연습을 시키면서 그 사범이

하는 말이,

"화살이 활을 떠날 때 지금 쏘았다는 의식이 없을 때까지 하라."
하더란다. 그 짓을 하기를 3개월, 그러나 그 제자는 아무리 활을 쏠 때 의식을 안 하려 해도 그럴 수는 없어서,

"제가 활을 쏘는데 제가 의식을 않고서 어떻게 화살이 난단 말입니까? 그래 제가 의식하지 않으면 누가 쏴 준단 말입니까?"
하고 항변을 했더니 명인은,

"바로 그것을 체득하라는 말이지."
하고 일축하는 것이었다. 그래서 할 수 없이 그 무미건조한 동작을 한 3년 계속하노라니 정말 화살이 혼자서 날아가는 것 같은 무심한 상태에 도달할 수가 있었다.

그랬더니 이번엔 도장 한복판에서 과녁을 향하여 활을 쏠 것을 허락하면서 그 사범은 말하기를,

"과녁을 견주어서 맞출 생각을 해서는 안 되니 그 생각부터 버리라!"
고 하기에 그 제자가,

"활을 쏘는 것은 과녁을 맞추자는 것인데 과녁을 겨누지도 말고 맞출 생각도 버리라시니 어떻게 하라는 말씀입니까?"
하고 반문하였더니 명인은,

"과녁이 자기 마음과 하나가 되면 맞추려고 들지 않아도 과녁이 제 스스로 맞느니라."
라고 제자에겐 알쏭달쏭한 설명을 덧붙여 주더란다.

그런데 이번엔 3년이 지나도 활대를 들면 과녁을 겨누게 되고 또 어디까지나 자기가 과녁을 맞췄지 과녁이 제 스스로 맞는 묘리는 터득이 되지 않아서,

"저는 이제 활을 그만두겠습니다."

했더니 그 명인은,

"오늘 밤 도장엘 와 보라."

고 하여서 그대로 좇았더니 캄캄한 도장에서 활을 쏘고 난 스승은 불을 켜고 제자에게 화살을 뽑아 오라고 해서 가 보니 화살이 겹쳐 꽂혀 있더라는 것이다. 그리고 그 명인은 말하기를,

"자네가 겨눈다겨눈다 하지만 이 새까만 어둠 속에서 내가 무엇을 겨눌 수가 있었겠나? 오직 내 마음속에 떠오른 과녁을 쏘았을 뿐이지! 알아듣겠나!"

하더라는 것이다. 그 스승의 시범을 본 제자가 다시 분발해서 역시 활의 명인이 된 것은 말할 것도 없다.

예화를 든 그 일본 책의 저자는 그런 경지를 궁선일여(弓禪一如)라고 말하고 일본문화의 근저를 그 전부가 선(禪)이라고 풀이하면서, 검선일여(儉禪一如)·다선일미(茶禪一味)·배선일미(俳[詩]禪一味)로서 우다히[謠唱]도 선이요, 노오[能: 가면무(假面舞)]도 선이요, 서도나 꽃꽂이도 선에 들어야 그 기예의 참된 경지에 이른다고 설파하고 있었다.

저 책의 논지대로 일본문화와 선과의 관계를 전폭적으로 그렇듯 긍정을 하든 말든 그것과는 별도로 내가 해방 전후를 통해 8년이나 일본에서 생활을 하면서, 직접 보고 느낀 것은 일본의 예술이나 기예의 세계는 퍽으나 세분화되고 정련되어 있어서 평면적으로는 안정성과 그 수준이 높으며 입체적으로는 조숙한 천재기재(天才奇才)보다 노성노숙(老成老熟)한 달인이나 명인의 경지에 이른 이가 많다는 사실이었다.

거기에 비해 우리 예술이나 기예의 세계는 아직도 조잡하여 평면적 수준에 안정성이 없을 뿐 아니라 입체적으로 더러는 세계적 천재와 전승명장(傳承名匠)들을 갖고 있으나 일반적으로 달인·명

인에 이르기까지의 외골수 정진을 못하고 꽝철이(운석, 미완성을 뜻함)가 되고 마는 느낌이다.

이것은 일반 직인(職人) 즉 기술자의 세계에 있어서도 매한가지로 세계 기능올림픽에 가서 우승을 연거푸 하는 우리지만, 평면적인 수준이나 공신력이 없어서 우리들부터가 아직도 외제품을 숭상하는 형편이요, 그 기술자에 있어서도 숙련공은 되었지만 달인·명인 즉 명장이 되기에는 정신적 차원이 부족하다고 보아진다.

이 역시 일본에 체류할 때 어느 친구에게서 얻어들은 이야기인데 그는 집의 안마루를 새로 가느라고 목수를 불렀더니 그 목수는 자기가 일을 해 놓고도 그 이가 잘 안 맞는다고, 아니 덜 곱게 맞았다고 두 번이나 다시 뜯어고쳐 해 주며, 그대로 두면 자기네 노렌(점포 간판의 그 명성이나 신용)에 흠이 간다고 하더란다.

여기에다 우리들의 오늘의 삯일하는 직인이나 날림집 날림공사를 하는 기술청부업자들을 비교해 보라! 저 일본의 직인들은 소위 그 근성을 고객을 위해서 좋은 면으로 발휘하는데, 우리네 직인들은 그 근성을 고객을 골리는 나쁜 면으로만 발휘한다 해도 과언이 아니다.

물론 오늘의 우리의 이러한 정황의 원인은 격난의 역사와 각박한 현실이 빚어낸 것으로, 그런 역경 속에서도 그래도 우리 예술가나 기능인들이 이만한 수준을 이루고 있는 것은 대견한 일이라고 하겠다.

그러나 한 걸음 더 나아가 엄밀히 따지자면 위대한 작품이나 그 명장이란 하나같이 시련과 고통을 딛고 서서 이루어지는 것으로, 진정한 의미에서는 어떤 시대나 사회가 이를 장해하지 못하고 그 생활의 행·불행이 이를 좌우하지 못한다.

그래서 우리는 시대적 불운 속에서, 생활의 파탄 속에서, 또는 신체의 치명적 장애 속에서, 오히려 그러한 역경이 그 명작과 명장의 정채를 한결 더 빛나게 한 예를 얼마든지 알고 있는 것이다. 그야말로 명인과 명품이란 앞의 활쏘기의 예처럼 고행정진(苦行精進)이 없이는 달성되지 않는다.

■ 《우리 삶, 마음의 눈이 떠야》(1995)

발밑을 살피다
―조고각하(照顧脚下)

어디서 주워읽은 이야기를 앵무새처럼 그저 옮기는 것인데, 중국 당나라 숙종 때 국사인 혜충(慧忠), 즉 충국사(忠國師)가 입적시에 임금이 국사가 돌아가면 누구에게 법을 묻느냐고 한즉,
"시방 그가 어디 있는지는 모르오나 소승의 법제(法弟)로 '나찬(懶瓚)'이란 화상이 있사온데 그를 찾아 법을 들으시면 좋을 것이외다"라고 유언하였다. 그래서 그가 세상을 떠난 후 임금은 사신을 파견해서 사방으로 나찬 화상을 찾게 하였다. 이리저리 수소문해서 사신이 마침내 어느 산속에서 나찬 화상을 만나게 되었는데 그는 그때 말린 쇠똥으로 불을 지펴 감자를 구워 먹고 있었다.
사신이 그에게 다가가 정중하게 인사하고 임금의 뜻을 전하니 그는 대꾸도 않고 그대로 감자 구워 먹는 일에만 열중해 있을 뿐 아니라 콧물을 질질 흘리면서 그것을 훔치지도 않았다.
사신은 그가 임금의 전지(傳旨)를 받으면 놀라고 기뻐하고 황송해할 줄 알았는데 대답도 없는 데다 콧물도 닦지 않고 있으니, 그 무례에 슬그머니 화가 나서 콧물이나 닦으라고 핀잔을 준즉 그제사 나찬 화상이 입을 벌려 한 말씀 하시기를,
"어찌 속인을 위해 코를 닦을 틈이 있으리요."
하더라는 얘기다.
서양의 이와 비슷한 얘기로는 저 그리스 통 속의 철학자 디오게네스가 알렉산더 대왕의 방문을 받고, "햇볕을 가리지 말고 비켜

주오"라고 한 일화가 있다.

  오늘날 우리들의 주변을 돌이켜 보면 저렇듯 소행 삼매에 들어 있는 사람은커녕 자기 삶을 충실히 하려는 사람들보다 남의 삶이나 세상살이를 떠벌리고 비난하고 통탄하는 데 열중하고 있는 사람들이 너무나 많은 성싶다. 한마디로 말해 제 일과 제 허물은 선반 위에 올려놓거나 제 눈의 대들보는 못 보고 남의 눈의 티끌만을 보거나, 제 발밑은 살피지 않고 세상살이 걱정부터 앞세우는 사람들로 차 있는 것이다. 그래서 이런 사람들이 입 담고 내세우는 말이 아무리 거룩하고 아름답다고 해도 하는 사람에 있어서나 듣는 사람에게 있어서나 아무런 감명과 감동이 없는 공염불로 끝나는 것은 그 말을 하는 사람의 내면적 진실, 즉 그 말이 지니는 등가량(等價量)의 윤리적 의지나 그 실천이 결여되어 있기 때문이다.

  우리들은 자기망상이나 재망상(滓妄想)과 싸워서 삼매에 나아갈 정진이나 자기 소업·소임을 성취하기 위한 면려(勉勵)가 없이 남의 허물이나 세상의 모순만을 들먹거려 마치 자기의 부실과 불명이 남의 탓인 것처럼 하려는 경향이 있다.

  저 나찬 화상이나 디오게네스의 경지를 은둔주의, 비현대적 수행이라고 여기는 이가 있을지 모르나 어떤 형태로든 오늘날도 불가문자(佛家文字)대로 보림(保任)의 끊임없는 자기검토와 성찰이 없이는 획득했다고 자처하는 참된 자기를 유지하지 못하고 남과 더불어 할 참된 삶도 이루지 못할 것이다.

■ 《우리 삶, 마음의 눈이 떠야》(1995)

울력(運力)의 현대화

"하루 일하지 않으면 하루 먹지 않는다"라는 백장청규(百丈淸規)의 회해 선사(懷海禪師)의 말씀은 널리 알려진 바지만, 한편 6세기 초반 가톨릭의 조사(祖師)에도 베네딕도라는 분이 성규(聖規)라고 불릴 정도의 수도단체의 규칙을 만들고 '기도하고 일하라'라는 수행지침을 내걸고 있다.

동서를 막론하고 수도자들은 좌선이나 관상(觀想: 가톨릭 수도 용어에서 참선과 동의어임)에 나아가 인생의 구경적 문제와 대결함으로써 현실적 생활과는 유리되는 경향이 있으므로 육체적 노동으로써 삶의 실재를 보완하려는 것이 저 조사들의 울력(運力: 일본의 선방 용어로는 작무[作務]라고 하는데 나는 그 숙어가 더 또렷하다고 여겨진다)을 역설한 동기라고 보여진다.

그런데 내가 주제넘은 이야기요, 또 피상적인 관찰인지 모르지만 오늘의 우리나라 불교와 그 선방생활에는 저러한 울력이 너무나 전근대적인 상태에 머물러 있어 그 수행자들의 심신이 함께 공허에 빠지게 하는 느낌이 없지 않다.

바로 그 비교를 경북 왜관에 있는 베네딕도 한국수도회에다 하면 그곳에는 우리 불교의 총림보다 규모는 작지만, 일상생활의 공동봉사는 물론이려니와 농사만 하여도 전답을 비롯해 과수·묘목·약초·화초의 재배와 축산도 축우·목양·양돈·양계·양어장 또한 목공·철공·인쇄·출판 등 다양하고, 그 작업들이 아주 현대적으로 기계화되고 분업화되어 있다. 내 기억으로 해방 전 저 수도원의 전신인 북한 원산 교외 덕원(德源)이라는 곳에 있던 수도원에는, 저런 것 외에도 발전소·제화소(製靴所)·사진 현상소·양조장마저 갖추고 있어 완전히 자급자족을 하고 있었다.

그리고 현재도 그렇지만 그 수도원이 부설하고 있거나 자원봉사 하는 교육기관·의료기관·자선기관 등에는 수도자들이 전문 기능인으로 또는 봉사원으로 교대로 파견되고 있었으나 물론 그들은 자기네의 본령인 기도(독경)와 관상(좌선)의 일과를 추호도 게을리 하지 않았다. 또한 그들의 이 울력에는 상하귀천이나 차별이 없을 뿐 아니라 그 작업은 선행이나 헌신이나 희생에서가 아니라 오로지 수도자의 본분과 본무로 여길 뿐이다.

오늘 불교의 스님 중에서도 개인적으로나 사회적으로 창의와 헌신과 희생 속에 여러 가지 일을 하시는 분들을 나도 여러 분 알고 있다. 그러나 수도자, 아니 일반도 마찬가지지만 엄밀한 의미에서 선행이란 인간의 본분과 의무로서 끝내져야지 개인적인 재능이나 헌신으로 나타나면 곧 상(相)이 생기기 쉬워서 특히 수도자는 이를 경계해야 한다.

이런저런 연유에서 나는 불교의 총림에서 그 울력의 현대화와 다양화, 그리고 분업화 등이 이루어져 수행자들로 하여금 심신의 떠돌이가 되지 않게 하여 주기를 바라는 것이다. 그리고 어쩌면 이것이 불교 쇄신의 첫 열쇠라고도 나는 생각한다.

■《우리 삶, 마음의 눈이 떠야》(1995)

오늘서부터 영원을 살자

오늘 제가 경연 제목으로 내세운 것은 '오늘서부터 영원을 살자'입니다. 이것 하나만은 머리에 꼭 넣어 주십시오. 우리가 흔히들 영원이라는 것은 저승에 가서부터 시작되는 것으로 알고 있는데, 사실 이것은 착각입니다. 한마디로 말씀드리자면, 유물론적 자연과학자들도 만유가, 즉 모든 존재 자체가 영원불멸하다는 것은 다 얘기하고 있습니다. 노상 생성과 소멸을 보여 주는 산천초목까지도 그 존재 자체가 불멸하다는 것은 모두 다 알고 있습니다. 그래서 우리가 이렇게 오늘 살고 있다는 것. 이것은 곧 영원 속의 한 과정입니다. 우리는 흔히들 저승에 가서부터 영원을 살지 하는데, 그런 게 아니고 우리에게는 오늘이 영원 속의 한 표현이고, 부분이고, 한 과정일 뿐입니다.

우리 인간 자체, 그 존재 그 자체가 불멸한다는 것은 분명한 사실입니다. 글쎄 아무리 미미한 잡초 하나도 영원불멸인데 우리 인간이야 더 말할 것도 없지요. 사실 솔직히 말씀드려서 죽은 뒤 어떻게 될는지 하는 그 변용(變容) 자체는 우리가 모릅니다. 물론 성서에서도 소위 메타포(metaphor)라고 할까, 비유가 있습니다. 기독교에서는 죽음 후의 세계에 대해 흔히 삼층집을 지어 놓고 있죠. 천국, 연옥, 지옥, 이렇게 지어 놓고 있고, 또 불교에서도 중생육도(衆生六道)로 윤회한다고 그럽니다. 그래서 소위 축생지도(畜生之道)에 가면 앞날 도로 짐승이 돼서 세상에 태어나게 되고, 또 아귀지도(餓鬼之道)에 간다든가, 천상지도(天上之道)에 간다든가, 지옥에 간다고 하죠. 물론 불교에 있어서 지옥도라는 것은 영벌 상태는 아닙니다. 그러나 그것은 말하자면 하나의 메타포죠. 엄밀하게 말하면 우리의 나자렛 예수께서도 돌아가실 때에 맨 마지막 말씀이 "아버지! 제 영혼을 당신께 맡깁니다" 그랬거든요. 사실 우리는 죽음 후의 어떤 변용에 관해, 말하자면 우리가 시공을 초월해서 완성되기 전까지는 그 변용의 상태에 관해서는 모릅니다. 물론 그렇게 완성된 상태로 돌아가신 분이 바로 저 나자렛 예수시죠. 기독교 신학자이며 고고학자이자 철학자이기도 한 테야르 드 샤르뎅(Teilhard de Chardin) 신부 같은 사람은 그것을 오메가 포인트라 하고, 또 불교에서는 왕생극락(往生極樂) 상태라고 해요. 윤회가 멎고 시공을 초월해서 완성된 상태를 그렇게 말합니다. 그러나 그것도 다 하나의 메타포일 뿐입니다.

제가 경봉 스님이라고 통도사 조실을 하시던 분과 친분이 있었어요. 그분 생전에 서너 번 뵌 데다 인연이 깊어선지 마침 부산에 갔던 차에 그분이 돌아가셨다고 해서 문상을 갔습니다. 갔더니 문상객들이 천막 밑에 모여 앉아서 얘기들을 나누는데 그분의 임종게가 뭐냐고 하니까, "야반삼경에 대문 빗장을 만져 보거라"였다고 얘기합니다. 그런 이야기들을 나누다가 적막한 생각이 나서 슬슬 그분이 사시던 암자로 올라갔는데, 그 큰스님을 시봉하던 스님 한 분이 나를 반갑게 맞아 줘요. 그래서 "큰스님 임종게가 무슨 뜻이에요?"라고 물었죠. 그랬더니 그 시봉스님이 말하기를 그것은 명정 스님에게 하신 말씀이고, 자기가 임종 직전 "큰스님, 이제 가시면 어디로 가세요?" 하고 물었더니 큰스님 말씀이 "그걸 내가 어떻게 알아" 그러시더래요. 나는 그 얘기를 듣고서 '이야말로 진리로구나' 했습니다.

사실 우리 육신의 목숨이 진 후에 시공을 초월한 영육 간의 완성 상태에 도달하는 것이 어떤 과정과 변형을 거쳐 이루어지느냐 하는 것과, 또한 완성된 모상이 어떠하냐 하는 것은 신비에 속한다고 저는 그렇게 알고 또 믿고 있습니다.

이제 본론으로 들어가서 우리가 죽음이라는 것을 떠올릴 때에는 으레 두 가지 불안과 공포를 갖게 됩니다. 첫째는 죽음에 이르는 육신적 고통입니다.

저는 가톨릭 신자로서 매일 '선종을 위한 기도'란 걸 합니다. 그저 잘 죽기 위한 기도라고도 할 수 있는데, 그걸 할 때 밤낮 축원을 뭐라고 하는고 하니, 그렇게 살짝 잘 죽기는 염치없으니깐 그저 3개월쯤만 고통을 주시다가 그 다음에 데려가 주십시오라고 합니다. 이게 제 노상 축원이올시다.

그런 죽음에 이르는 육신적 고통이 불안과 공포의 대상인 것은 사실입니다. 그런데 그 육신적 고통에 대한 불안과 공포라는 것이 어느 정도일 때는 괜찮습니다. 제 경험을 얘기하자면 저는 해방 직후에 북한에서 필화사건을 입고 반동작가로 몰려 공산당의 결정서라는 것을 받게 되었습니다. 말하자면 일종의 낙인이 찍혀서 잡혀 들어가게 되었는데, 도주하다가 그만 연천(당시 북한 지역이었음)에 와서 붙잡혔어요. 거기에서 근 3개월 동안을 유치장에 갇혀 있었는데, 뭐 그 후에 이러저러한 곡절로써 어떻게 탈주했는가는 여기서 얘기할 바가 아니고, 단지 아침저녁으로 주는 대두박(大豆粕: 콩깻묵) 한 덩이로 연명하는데, 그때 저의 절실한 심경을 그대로 얘기하면 빨리 내다가 죽여 주기를 그렇게 바랄 수가 없었어요.

육신적 고통이 극한 상태에 이르면 빨리 죽기를 바라게 됩니다. 그것은 심신(心身) 모두가 그렇죠. 현실적으로는 우리가 자살하는 사람들을 보잖아요. 동반자살도 보고. 저는 또 그 후에도 일본에서 폐결핵으로 대수술을 두 번이나 받았습니다. 그때 첫 번 한 것이 잘못되어가지고 정말 숨을 쉬기가 힘들고 그러니까, 빨리 숨이 끊어져 줬으면 하는 그런 경험을 직접적으로 했어요. 다시 말해서, 육신의 고통이 극한에 이르게 되면 오히려 죽음을 바라게 되지요.

그런데 소위 무신론적인 사람들, 더구나 인간의 영생을 믿지 않는 사람들, 말하자면 우리가 영원한 존재라는 것을 부정하고 있는 사람들을 나는 이상하게 생각해요. 죽은 후 완전 소멸이 된다면, 얼마든지 안락사가 되니까 약 먹고 죽어 버리지 그거 뭣하러 살고 있으면서, 허허, 그 고통을 그렇게들 견딜 게 뭐냐 하는 생각이 들어요.

결국 그들이 어떤 생각을 갖고 있고, 그 종교가 무엇이건 간에 죽음에 대한 불안과 공포의 가장 근원적인 건 무엇인고 하니 죽음 후에 있을 길흉이에요, 길흉. 말하자면 좋은 데 가느냐 그렇지 않으면 어떤 형벌 속에 자기가 그만 빠지느냐, 그 길흉에 대한 고민이 죽음의 불안과 공포의 대상이라고 저는 생각해요. 가령 사후에 행복이 완전히 보장되어 있다면 마치 충족한 차림으로 외국여행을 떠나듯, 복된 땅으로 이민을 가듯 동경과 호기심과 즐거움을 가지고 죽음을 맞이할 수 있지 않겠습니까? 거듭 얘기하지만 내세를 믿지 않고 완전히 무신적인 사람이라는 건, 저 같으면 바로 안락사를 선택하겠어요. "3개월만 고통을 주십시오" 하는 그런 청원도 할 게 없지 않나, 뭐 이런 소박한 느낌을 갖고 있습니다.

그런데 내세의 길흉에 대한 불안과 공포라면 그것을 저승에 가서 시작을 할 생각을 하면은 늦어요. 말하자면 오늘이 영원과 무한의 한 과정이고, 한 시간이고, 한 공간입니다. 그러니까 오늘서부터 우리는 영원을 살아야 한다는 것입니다.

그러면 어떻게 하면 영원을 다행하게 살 수 있는가, 쉽게 말해서 그 비결이 무엇이냐 하는 문제가 남습니다. 그것은 그리 어려운 게 아니에요. 너무나 잘 아시겠지만 나자렛 예수께 바리사이파 사람들이 와서 묻잖아요. 어떻게 하면 당신이 말하는 구원을 얻을 수 있느냐, 그 영원한 나라에 들어갈 수 있느냐고 하니까 하느님을 더없이 섬기고 이웃을 사랑하라고 하십니다. 그러면 그 이웃이 누구냐고 물으니까 예리고로 가던 도중 강도를 만나 죽어 가는 유다 사람을 구해 주는 사마리아 사람의 일화를 말씀하십니다.

조금 생뚱스러운 것 같지만 진화론을 빌려서 얘기를 하면, 우리 인류는 20억 년 전에 단세포 생물에서 진화하여 14억 5천만 년 전에 이르러서는 어류가 되었다고 합니다. 그때 벌써 정(情)이 생긴답니다. 그러다 4억 5천만 년 전에 오면 짐승, 소위 수류(獸類)가 되어서 정이 새끼에 미친다고 합니다. 그런데 백만 년대에 와서 인류가 되면 비로소 정이 새끼만이 아니라 타인이나 타 존재에게 미친다 이런 얘깁니다. 타 존재에게 미치는 정, 소위 이것이 인정(人情)이죠. 바로 이 인정이 인간과 여타의 생물을 구별 짓는 인간의 특성이에요.

하기는 '미친개가 달 보고 짖는다'는 소리가 있긴 해도 개가 달을 사랑한다고는 말 못하죠. 이렇듯 인간이기 때문에 달이라든가 꽃이라든가 타 존재에게 우리의 정이 미치는 것이죠. 이것이 인류의 특성이에요. 예수께서 말씀하신 이웃사랑이니, 석가모니가 말씀하시는 자비니, 또 공자가 말씀하시는 어짊[仁]이니 하는 것은 한마디로 말해서 인정의 발휘를 의미하는 것이죠. 흔히들 사랑을 하라고 하면 "내가 뭐 가진 게 있어야지", "내가 뭐 능력이 있어야지" 하는 경우가 많습니다. 사랑이라는 것을 소유나 능력으로 아는데 이것이 얼마나 착각인고 하니, 나자렛 예수나 석가모니나 공자 같은 분이 어떤 사람만이 가진 소유나 능력을 모든 인류에게 요구하셨겠습니까? 모든 사람에게 어떤 사람만이 가진 소유나 능력을 요구하시지 않죠. 요구하신 게 뭐냐 하면 별게 아닙니다, 인정의 발휘에요. 그것을 더군다나 나자렛 예수께서는 구체적으로 설명을 하고 계세요.

그 얘기를 하기 위해서는 여러분 다 아시는 얘기지만, 이미 위에서 쳐든 예수께서 말씀하신바 사마리아 사람의 인정 얘기를 읽어보겠습니다. "……그런데 이때 어떤 사마리아 사람은 길을 가다가 그 참변을 보고는 (여기 이렇게 써 있습니다) 가엾은 생각이 나서 그 사람에게 달려가 상처에 기름과 포도주를 붓고 싸매어 주고는 나귀에 태워 여관까지 데리고 가서는 주인에게 돈을 주면서 '여비가 더 들면 내가 돌아오는 길에 갚겠소'라고 말했다." 예수께서는 이런 일화를 말씀하시면서, 율법학자에게 "당신도 가서 그렇게 하시오"라고 덧붙이셨다는 것입니다.

이처럼 예수께서 '네 이웃을 사랑하라'는 대목에 관해 구체적인 예를 드신 것이 별게 아니에요. 사마리아 사람은 가엾은 생각이 나서 소위 인정을 베풀었을 뿐이에요.

내가 읽은 책 중에 《성인이 되는 비결》이라는 것으로서 윌리엄 도일이라는 가톨릭 성자의 일기와 메모인데, 한번 들려드리겠습니다.

-어린이들에게 부드럽고, 솔직하고, 또한 참을성을 가지고 대할 것.

-결코 남에게 나의 괴로움이나 근심 걱정이나 일의 분량 등을 말하지 않을 것.

-불친절, 분노, 또는 야박한 말을 입에 올리지 말 것.

-남에게 대하여, 또는 모든 일에 대하여 불평을 말하지 않을 것.

-언제나 시간을 정확히 지킬 것.

-작은 고통에 대하여 위안을 찾지 말 것.

마치 '명랑한 생활운동' 같은 얘기가 성인이 되는 비결이라고 써 있는데, 그 성인은 이런 말을 하고 있습니다. "큰 선행에는 기회가 있어야 하고 얼마쯤의 외적 영예가 따른다." 사실 소위 한재(旱災)

다, 또는 그렇지 않으면 비가 너무 와서 홍수가 나든가 했을 때, 즉 천만 원을 내면 이름이 신문에 나고, 일억쯤 내면 사진까지 나는 식의 외적인 영예가 따르죠. 그리고 그는 이어서 "그러나 하느님과 자신만이 아는 작은 희생의 기회는 쉴 새 없이 있는 까닭에 더 어렵다. 큰 시련에는 사람의 주목을 끌고 거기에 다소 만족이 있지만 그것은 일시적인 것이요. 작은 극기의 기회는 언제나 남몰래 우리 옆에 따라붙고 있다." 이렇게 적혀 있는데 사실이 그렇습니다.

굳이 남을 찾아가서 인정을 베풀 게 아니에요. 아침 눈뜨면서부터 자기 가족을 비롯해 이웃에게 인정을 잘 발휘하면 그게 곧 사랑을 실천하는, 말하자면 영원을 사는 바로 그 모습이에요. 그러니까 우리는 그런 핑계를 말아야 합니다. 심지어 거리를 가다가도 자기가 할 수 있는 일이 정말 쉴 새 없이 있어요. 그 인정이라는 것은 컵 안의 물처럼 마시면 그대로 다 사라지는 게 아니고 푸면 풀수록 점점 더 샘처럼 솟아나오는 것입니다. 인정 자체가 그렇습니다.

제가 이 자리에서 '오늘서부터 영원을 살자'는 이 얘기를 하는 것도 영원의 한 과정일 뿐입니다. 영원이라는 게 따로 있는 게 아닙니다. 그리고 그 방법 자체도 별게 아니고 그저 인간이 모든 사람들이 다 공유하고 있는 정, 그 자체를 잘 발휘하는 것, 이것이 오늘서부터 영원을 사는 길이라는 것을 말하고 싶습니다. 이런 문제는 제가 창작을 해서 하는 얘기가 아니라 나자렛 예수께서 본보기까지 다 구체적으로 제시해 주고 있는 것입니다. 그러니까 다시 한 번 여러분에게 강조합니다만, 우리는 저승에 가서가 아니라 오늘서부터 영원을 살 것을 서로 다짐하십시다. 이것으로써 제 얘기를 끝내고자 합니다.

■ 〈생활성서〉 (2001년 7월 호)

제3부

신령한 힘에의 외경심

예수네 모자 ǀ 탕아의 형 ǀ 인간적이라는 것
예수의 형안 ǀ 부활과 막달레나 ǀ 정의와 사랑
죽일 놈 천지의 회생 ǀ 인정, 불멸하는 생명의 꽃
신령한 힘에의 외경심 ǀ 메리 크리스마스

예수네 모자(母子)

 인간적인 표현과 막말로 하자면, 예수처럼 그 어머니의 애를 태운 아들도 드물 것이다. 그래서 우리 가톨릭에서는 성모 마리아를 칠고(七苦)의 어머니라고 부른다. 이 마리아의 가슴팍을 뚫은 일곱 가지 고통의 못(침[針]) 중에는 아들 예수가 십자가에 못박혀 악형참척(惡刑慘慽)을 당하는 어머니로서의 고통은 두말할 것도 없거니와 이와는 달리 열두 살 때 성전에서 무단실종(無斷失踪)과 같은 예수의 신적(神的) 면목에서 오는 비정(非情)도 있다. 이런 것을 인간적으로만 보면, 예수같이 인자한 분이 그 부모에게 어쩌면 그렇듯 몰인정스러울까 하는 느낌마저 든다.
 그런데 복음에 꼭 한 대목 이러한 우리의 사념(邪念)을 털어 주고도 남는, 또한 예수네 모자(母子)간만이 주고받을 수 있는 그윽한 장면이 있다. 즉, 요한복음 2장 1절부터 9절까지를 여기서 나대로 읽어 나가 보면 다음과 같다.
 "갈릴래아 지방 가나에 혼인잔치가 있었는데 예수의 어머니도 거기에 계셨다. 그리고 예수와 그분의 제자들도 혼인잔치에 초대를 받았다. 마침 포도주가 모자라서 예수의 어머니가 그분에게 말하였다. '그들에게 포도주가 없구나.' (그러자) 예수께서는 어머니에게 '부인(이 말은 이스라엘의 여인에게 향한 존칭으로서 아내나 어머니에게도 쓰며, 또 자기 자신에게도 이렇듯 3인칭을 쓸 때도 있다고 한다 – 필자 주), 그것이 저와 무슨 상관이 있습니까? 아직 저의 때는 오지 않았습니다' 하고 말씀하셨다. 그분의 어머니는 시중꾼들에게 '그가 무엇이든지 당신들에게 이르는 대로 하시오' 하고 말하였다. 그런데 거기에는 유대인들의 정결례를 위해 돌로 만든 물독 여섯 개가 놓여 있었다. 그 물독들은 각각 두세 동이씩 담을 만하였다. 예수께서는 시중꾼들에게 '물독에 물을 채우시오' 하고 이르셨다. 그래서 그들이 독마다 가득히 채웠다. 이윽고 예수께서 그들에게 '이제는 퍼서 잔치 주관자에게 가져가시오' 하고 이르셨다. 곧 그들은 가져갔다. 잔치 주관자는 포도주가 된 물을 맛보았다. 그는 그것이 어디서 났는지 알지 못했지만 물을 떠 온 시중꾼들은 알고 있었다."

이상의 기록은 다 아는 바와 같이 예수께서 가나의 혼인잔치에서 행하신 첫 기적 장면인데, 우리가 주목할 몇 가지 점이 있다.

첫째, 성모 마리아께서는 이미 자기 아들 예수가 무(無)에서 유(有)를 낳게 하는 초자연적인 능력을 갖고 있는 것을 믿고 있다기보다 알고 계셨다는 점이요 둘째, 어머니의 청을 들은 예수께서는 당신의 능력은 신적(神的), 혹은 공적(公的)인 것으로 어머니(인간)의 사적(私的)인 것이 관여할 바 못 됨을 밝히시는 점이요 셋째, 그러나 성모 마리아는 그런 예수의 거절 말씀에도 불구하고 일방적(一方的)으로 시중꾼을 시켜 저 사람이 시키는 대로 하라고 기적을 준비하시는 것이다. 이 마감 대목을 《예수의 생애》를 쓴 프란츠 M. 월람 박사는 "마리아께서는 그 확고부동한 신뢰로써 예수께 마치 폭력을 가하듯이 기적을 강제적으로 행하시게 했다"라고 표현한다.

여하간 예수께서는 자기 모친의 억지나 떼쓰듯한 이 청탁과 분부를 말씀으로 거절하시다가 실제로는 행하신 것이다. 우리는 이 장면을 읽으며 그야말로 그 어머니와 그 아들만이 서로 믿고 알고, 또 나누는 대화와 행동과 애정을 엿보고 맛볼 수 있다. 그래서 우리 가톨릭에서는 성모께 기구하기를 권하고 즐기는 것이다. 천주의 은총을 빈 항아리에 술 채우듯 얻어 내라고 성모께 조르는 것이다.

탕아의 형

예수는 고금에 다시없는 비유의 명인이시지만, 복음 속에 나오는 약 40개의 비유 중 가장 백미(白眉)라고 할 수 있는 것은 루가복음 15장에 있는 탕자와 그 아버지의 비유라 하겠다.

불교에도 법화경 7유의 하나인 궁자(窮者)의 이야기가 이와 비슷하나, 장황하기만 하지 그 감동에 있어 비할 바가 아니다.

그런데 이 이야기 중에서도 클라이맥스라고 할 수 있는 대목은 집에 돌아온 아들을 맞아 그 아버지가 잔치를 베풀 즈음 맏아들이 나타나서 반발하는 장면이다. 즉,

"보십시오. 저는 여러 해를 두고 아버지를 섬기며 아버지의 명을 어긴 적이 없습니다. 그런데도 제게는 친구들과 함께 즐기라고 염소새끼 한 마리도 주신 적이 없습니다. 그런데 아버지의 살림을 창녀들과 함께 집어삼킨 아버지의 이 아들이 돌아오니까 그에게는 살진 송아지를 잡아 주시다니요"라고 한다.

벌써 말 자체가 시비조로 "아버지의 명을 어긴 적이 없다"느니, "염소새끼 한 마리도 주신 적이 없다"느니 하는 비꼼과 "살림을 창녀들과 함께 집어삼켰다"느니, "살진 송아지를 잡아 주시다니요"라는 등 빈정거리는 것만을 보아도 그의 분노와 역정이 짐작된다.

이야기의 줄거리로 보아 맏아들은 이제까지 얌전하고 근면하고 또 효성이 지극한 인물이었는데, 이 아우의 귀가(歸家) 사건으로 말미암아 정반대의 성격적 일면을 노출시키고 만다. 즉, 동생을 비

난하고 자기의 정당성과 공로를 내세우면서 부친의 자애를 공격 지탄하고 나서는 것이다.

그래서 마치 동생은 이제까지의 모든 비행과 과오를 뉘우치고 아버지 품에 안기는 대신, 그 형은 반대로 그의 오랜 세월의 얌전과 효성을 한꺼번에 차 버리고 그 아버지에게서 떨어져 나가는 느낌마저 준다.

형의 이러한 180도 돌변한 태도는 어째서 일어났는가? 그것을 외면적 사실만 따지자면 그 부친의 방탕한 둘째아들에게 향한 지나친 관용이나 환대가 맏아들의 불만이나 분노를 샀다 하겠다. 그러나 좀더 맏아들의 언행을 관찰해 보면, 삶의 타성에 떨어진 영혼 속에 깃든 독선과 교만심이 스스로도 모르는 사이에 고개를 쳐든 것이다. 즉, 자기를 살피고 자신의 허물과 죄를 참회하는 이는 겸손을 지니게 마련이지만, 자기를 살필 줄 모르는 자는 독선과 교만에 나아가게 된다. 이에 대한 직접적인 설명으로는 '바리사이와 세리'(루가 18:10~14 참조)의 비유가 있다.

"두 사람이 기도하러 성전에 올라갔는데, 하나는 바리사이였고 또 하나는 세리였습니다. 바리사이는 서서 저 혼자 이렇게 기도했습니다. '하느님, 당신께 감사드립니다. 사실 나는 강탈하는 자나 불의한 자나 간음하는 자 따위의 다른 인간들과는 같지 않을뿐더러 이 세리와도 같지 않습니다. 나는 한 주간에 두 번이나 단식하고 내 모든 수입의 십분의 일을 바칩니다.' 그러나 세리는 멀찍이 서서 감히 하늘로 눈을 들 생각도 못 하고 자기 가슴을 치며 '하느님, 이 죄인에게 자비를 베풀어 주십시오' 하고 말했습니다. 여러분에게 이르거니와, 저 사람과는 달리 이 사람이 의롭게 되어 자기 집으로 내려갔습니다. 사실 누구든지 자신을 높이는 사람은 낮추어지고 자신을 낮추는 사람은 높여질 것입니다."

그래서 저렇듯 맏아들이나 바리사이 같은 마음의 태도를 그리스도교에서는 '죄'라고 말하고, 저 아우나 세리처럼 자기를 뉘우쳐 순수해진 마음을 '사(赦)함을 받았다'고 한다.

이제 다시 저 맏아들 이야기로 돌아가면, 그 아버지는 저렇듯 반발하고 나서는 아들에게도 다함없는 애정을 가지고 달랜다.

"애야, 너는 늘 나와 함께 있으며 내 것은 모두 네 것이다. 그런데 너의 이 아우는 죽었다가 살아났고 (내가) 잃었다가 찾았으니 즐기고 기뻐해야 한단다."

어쩌면 그 맏아들의 소견머리 없는 것도 아버지에게는 사랑스럽게 여겨진다는 어투여서 우리에게 흥그럽기까지 하다.

오직 맏아들이 이러한 아버지의 설유를 받아들이고 동생을 함께 환영했는지, 이번엔 맏아들이 분가를 서둘렀는지에 대한 언급은 없다. 이러한 극적 취사야말로 이 이야기를 더욱 절묘하고 약여(躍如)하게 한다.

여하간 내가 생각하기론 이 비유 속에는 기독교의 근본, 즉 신과 인간과의 관계나 사랑, 선악관 등 교리(敎理)가 다 들어 있고 설명되어 있다고 하겠다.

인간적이라는 것

　예수의 제자 중에서 가장 인간적인 성품이나 선량이나 약함을 드러내는 사람은 베드로다. 이 어부 출신의 순박하고 성급하고, 막말로 하면 좀 주책이 없는 제자는 때마다 우스꽝스러울 만큼 실수도 하고, 엉뚱한 소리를 해서 예수께 핀잔도 여러 번 맞는다.
　그런데 잘 살펴보면 예수께서는 이런 베드로의 '인간적'인 면에 대하여 어느 때는 관대히 받아들이시고, 어느 때는 비정하다 할 만큼 냉혹히 물리치신다.
　여기서 그 두 가지 경우의 예를 들어보기로 하자.
　첫째, 마태오복음 17장 24절부터 26절을 대충 읽어나가면,
　"그들이 가파르나움으로 가자 두 드락메를 거두어들이는 사람들이 베드로에게 다가와서 '여러분의 선생님은 두 드락메를 바치지 않습니까?' 하고 물었다. 베드로가 '예, (바치십니다)' 하고 집에 갔더니 예수께서 앞질러 말씀하셨다. '당신은 어떻게 생각합니까, 시몬? 세상 임금들이 누구한테서 관세나 주민세를 거두어들입니까? 자기 아들들한테서입니까? 혹은 남들한테서입니까?' 베드로가 '남들한테서입니다' 했더니 예수께서 그에게 말씀하셨다. '그렇다면 아들들은 자유롭습니다. 그러나 우리가 그들을 걸려 넘어지게 하지 않도록, 호수에 가서 낚시를 던져 먼저 올라오는 물고기를 잡으시오. 그 입을 열면 스타테르 한 닢을 발견할 터이니 그것을 가져다가 나와 당신 (몫)으로 그들에게 주시오.'"

라고 하신다.

여기를 보면 예수께서는 베드로가 시키지 않은 대답을 제 마음대로 해 놓았지만, 그의 체면(?)을 감싸 주시려고 조그만 이적(異蹟)까지 베풀어 주신다.

그런데 이번엔 같은 마태오복음 16장 21절부터 23절까지 보면 다음과 같다.

"예수께서는 당신 제자들에게 (앞일을) 밝히기 시작하셨으니, 당신은 마땅히 예루살렘에 올라가 원로들과 대사제들과 율사들로부터 많은 고난을 겪고 죽임을 당했다가 사흘 만에 일으켜져야 한다는 것이었다. 그러자 베드로는 그분을 붙들고 나무라기 시작하며 '(하나님께서) 은혜로우시기를 빕니다. 주님! 결코 그런 일이 주님께 닥치지 않을 것입니다' 하였다. 그러니 예수께서 돌아서시어 베드로에게 '내 뒤로 물러가라, 사탄아! 너는 나에게 걸림돌이다. 하느님의 일은 생각하지 않고 사람의 일만 생각하는구나' 하셨다."

베드로의 충고가 그의 선의와 충정(衷情)의 발로임은 물론이려니와 이것을 모르시는 예수도 아니시다. 오직 이러한 선의(善意) 속에 감추인 그 스스로도 의식하지 못하는, 하느님 뜻에 배반되는 나쁜 의지, 즉 악마의 계획이 엿보였기 때문에 이렇듯 호되게 꾸짖으신 것이리라.

각설하고, 현대는 휴머니즘의 시대라고 한다. 그러나 '인간적'이란 이름 아래서 얼마나 악이 동정되고, 타협되고, 묵인되고, 조장(助長)되고, 또 발호(跋扈)하는 것일까? 휴머니즘이 선악의 가치판단마저 마비시키고 있다면 과언일까? 여기에 휴머니즘의 재검토가 필요하다.

예수의 형안

내가 분수에도 없는 설교를 늘어놓을까 봐 걱정 말기를 바랍니다. 명색 나는 크리스천이라 때마다 성서를 들추면서 무엇보다 먼저 경탄하는 것은 인간에 대한 예수의 형안(炯眼)인데 그중에도 여성의 미묘한 심층심리(深層心理)까지 여지없이 꿰뚫어 보고 파헤쳐 내고 있음에는 그저 혀를 홰홰 내두를 수밖에 없습니다.

저러한 예수의 행적 중 소위 정감형(情感型)의 여자, 특히 타락녀(墮落女)를 그 곤경 속에서 구출해 내고 소생시키는 일화는 너무나 절묘해서 흥그러울 정도입니다.

그러나 그 반대의 이성형(理性型)이랄까? 현모양처형이랄까? 소위 얌전여성이 지니는, 자기도 의식 못하고 범하는 자홀심(自惚心)에 대한 경계와 일침(一針)의 삽화는 일반적으로 자기를 현명하고 선량하다고 여기고 살아가는 여성들 대부분에게 해당될 뿐만 아니라 어쩌면 상식적으로 좀 이해하기 곤란한 충격적 교훈이므로 한 번 종교적 분위기를 떠나 함께 음미해 보려는 것입니다.

이제 먼저 그 에피소드 자체를 루가복음의 본문대로 옮기면,

> 예수께서 제자들과 함께 여행하시다가 어떤 마을에 도착하셨을 때 마르타라는 여자가 자기 집에 예수를 모셔 들였다. 그에게는 마리아라는 동생이 있었는데 마리아는 주님의 발치에 앉아서 말씀하시는 것을 듣고 있었다. 시중드느라고 정신이 없던 마르타는

예수께 와서 "주님 제 동생이 이 많은 일을 제게만 맡겨 두는 것을 보시고도 가만두십니까? 마리아더러 저를 좀 도와주라고 말씀해 주십시오" 하고 말하였다. 그러나 주께서는 이렇게 대답하였다. "마르타, 마르타, 너는 너무나 많은 일로 걱정하며 마음을 쓰고 있는데 실상 필요한 것은 한 가지뿐이다. 마리아는 참 좋은 몫을 택했다. 그것을 마리아에게서 빼앗아서는 안 된다" 하였다.

우리는 저 대목을 읽고서 자칫 오해하면 언니 마르타의 너무나 당연한 요청을 예수가 그 발치에 앉아 살랑대는 동생 마리아에 대한 편애(偏愛) 때문에 이를 거절하고 일방적으로 두둔하고 나선 인상을 받으며 또 한편 마르타의 그 헌신적 시중이나 수고를 몰라주고 가벼이 여기는 섭섭함마저 느낍니다.

그러나 좀더 자세히 관찰하면 마르타가 예수에게 와서 꺼낸 말머리, 즉 "제 동생이 이 많은 일을 제게만 맡겨 두는 것을 보시고도 가만두십니까"부터에서 우리는 그 어떤 독선과 교만의 빛을 엿볼 수가 있습니다. 왜냐하면 바르고 얌전하고 부지런한 사람이 자기의 삶이나 행실의 옳음을 자신하는 나머지, 남의 삶이나 처지나 그 행동을 경시하거나, 자기에게 맞추고 닮기를 바라거나, 특히 남의 허물이나 죄를 용서하는 데 인색하게 되는 하나의 실례를 그녀의 말의 이면(裏面)에서 발견할 수가 있기 때문입니다.

정확한 것은 알 수 없으나 어떤 예수 전기를 보면 "동생 마리아는 그 오라비 라자로와 마르타하고 함께 살고 있었으나 정욕에 빠져서 두 사람의 힐책을 피해 집을 나갔었고 그래서 오라비와 언니는 그 행실이 방종한 누이동생의 문제를 예수에게 호소함으로써 예수의 설유로 마리아가 개심하여 도로 집으로 돌아오게 되었다"라고 쓰여 있습니다.

저러한 추리가 무리가 아닌 것이, 이 마리아가 또 어느 때 그 형제들을 찾은 예수의 발에 값진 나르드의 향유를 붓고 자기의 머리털로 그 발을 씻는 일이 있는데 똑같은 행동에 나아간 창녀 출신의 또 한 여인이 동일인이 아니라도 그 성격적 유형(類型)이 공통되기 때문입니다.

그래서 저렇듯 소위 과거가 있는 동생 마리아의 행동은 자기의 바르고 얌전하고 부지런함을 코에 걸고 나서는 언니 마르타에겐 아무리 이제 자기를 뉘우치고 집에 돌아와 있다 해도 선입관에서부터 언제나 위험해 보이고 못마땅해 보이는 것이 보통입니다. 이러한 심리가 표면적으로 보면 아주 반듯하고 당연한 것 같은 마르타의 말 속에 깔려 있음을 예수는 간파하고 있는 것입니다.

또 한 가지 예수가 마르타에게 지적하고 있는 것은 세상살이나 세상치레에 골몰하는 여성의 타성이라 하겠습니다. 즉 마르타처럼 너무나 눈에 보이는 현실생활에만 충실하다 보면 우리 삶에 필요한 눈에 안 보이는 정신 또는 영혼생활에 등한하게 되기가 쉬운 것입니다.

눈에 안 보인다는 얘기가 났으니 말이지, 저 프랑스의 항공(航空) 소설가 생텍쥐페리의 〈어린 왕자〉 마지막 대목, 별의 왕자와 여우가 작별하는 장면에서 여우는 자기가 간직한 비밀을 털어놓는다면서,

"뭐, 별것이 아니야! 세상일은 마음으로 보아야 잘 보이지 눈으로는 본질적인 것이 안 보여!"
라고 일러 줍니다. 실상 저 여우의 말대로 세상의 사물과 사리의 본질이나, 정의·믿음·사랑과 같은 인간의 도리에 속하는 것들은 우리 육안으론 결코 보이지 않습니다.

그뿐만 아니라 성문화된 법률이라는 것도 그 눈에 안 보이는 인간의 도리를 바탕으로 제정되거나 집행되지 않으면 그것은 한낱

강제력에 불과하며 자유라는 것도 역시 저 인간 도리의 이행이 전제되지 않으면 그것은 방자(放恣)에 떨어집니다.

한마디로 말해 인간의 삶은 눈에 보이는 것만으로 영위되는 것이 아니라 눈에 안 보이는 것이 이를 지탱해 줘야 한다는 말입니다.

그럼에도 불구하고 불행하게도 오늘의 우리 삶이나 세상살이는 저러한 눈에 안 보이는 인간살이의 막중한 필수품들이 낡은 지팡이나 헌신짝처럼 버려지고 저 이집트를 빠져나오던 이스라엘 백성들처럼 황금송아지를 만들어 눈에 보이는 것만 섬기려 들고 있다 하겠습니다.

이제 다시 이야기의 줄거리로 되돌아가 예수는 그래서 자기 발치에서 실상 필요한 한 가지 즉 눈에 보이지 않는 진리에 귀 기울이고 있는 마리아를 그저 놀고 있는 줄로 여기지 말라고 마르타에게 가르치는 것입니다.

이러한 예수의 타이름이 결코 저 현모양처형인 마르타의 시중과 그 수고에 대한 부정이나 또 마르타를 인간적으로 소홀히 함에서 오는 것이 아님은 예수가 말머리에서 마르타, 마르타 하고 은근과 다정을 다해 거듭 부르고 있음만 보아도 짐작할 수가 있습니다.

그리고 예수의 이 타이름을 마르타도 역하게 받아들이지만 않고서 소곳이 마음에 새겼다는 것은 뒷날 오빠 라자로가 죽었을 때 예수를 맞아 오히려 동생 마리아에게 선생님이 여기 오셔 너를 부르신다고 시키지도 않은 말을 해 가며 예수의 영접을 동생에게 앞세울 만큼 마음의 문을 넓게 연 것으로도 반증됩니다.

■ 《그분이 홀로서 가듯》(1981)

부활과 막달레나

 4복음 기자는 조금씩 다르긴 하지만 마리아 막달레나를, 부활 후 예수의 발현을 목격한 최초의 부녀들 중에 가장 뚜렷한 인물로서 기술하고 있다. 또한 예수의 십자가상 임종(臨終)과 하강(下降)과 묘소에의 안치를 최후까지 지켰을 뿐 아니라 동일인(同一人)으로 여겨지는 그녀는 이에 앞서 수난 수일 전에는 나르드의 향액을 한 리트라를 가지고 예수의 머리와 발에 바르고 자기의 머리카락으로 그 발을 닦음으로써 예수에게 자기 죄고(罪苦)의 통회와 여성으로서의 최상의 경애를 적극적으로 표시한다. 예수께서는 다소 면구스러웠을지 모르나 이 창녀 출신으로 보이는 여인의 지정(至情)을 주저없이 받아들이고 있다.
 그런데 이때 한자리에 있던 예수를 판, 문제의 유다는 반발한다. "저런 아까운 일이 있나! 그 향액을 팔면 3백 데나리온은 나갈 텐데, 그래서 가난한 사람들에게나 나누어 주지 않고! 저 본바탕이 나쁜 계집도 지랄일 뿐 아니라 예수도 예수지, 당신에게 망신스러운 것도 모르고 좋아하고 있으니." 이런 조(調)의 비난을 예수와 막달레나에게 내뱉는다. 이에 예수는 서서히 타이른다. "이 여자를 그냥 두시오. 내 장례날을 위해 그렇게 하게 하시오." 즉, 예수 당신은 인간적인 허영이나 향락이나 애정으로서 이 여인의 정성을 받는 게 아니라 자기 장례 때의 시신(屍身)으로서 받듯 인간취기(人間臭氣)가 없이 미리 받는 것이니 너희는 색달리 오해 말라고 하면서, "사실 여러분은 주변에서 가난한 사람들을 항상 만나게 되지만 나하고 언제까지나 함께 있는 것은 아니다. 요만한 세상의 인정 대접을 받는 데도 말썽을 부리느냐"고 은근히 섭섭한(?) 감정을 나타낸다. 그리고 덧붙이기를 "진실히 여러분에게 이르거니와, 온 세상 어디든지 이 복음이 선포되는 곳마다 그가 한 일도 전해져서 그를 기억하게 될 것입니다"라고 예외적인 못을 박음으로써 이 사실이 당신의 행적 중에서 무슨 염문으로 와전될 것을 막음과 함께 막달레나의 소행을 완미(完美)한 여성적 한 표양으로 삼았다.

이상은 성서 중 나르드의 향유 사적(事蹟)을 무엄하게스리 나의 정취(情趣)대로 풀이해 본 것이다. 그런데 여기서 막달레나의 거동이 어째서 완덕의 한 표본이 될 것인가? 나는 완덕에 나아가는 길은 첫째, 자기 죄고를 알고 둘째, 신을 굳게 믿고 셋째, 신에게 자기를 다 바치는 것으로 생각하고 있다. 이런 취의(趣意)에 비추어 볼 때, 막달레나의 소위(所爲)는 가장 신의(神意)에 적합하지 않았겠는가. 또한 막달레나는 이미 예수의 부활 이전에 예수의 기적으로 인한 자기 오라비 라자로의 부활을 체험하고 있다.

그러므로 예수의 신성(神性)과 인간성을 맛보고 부활을 가장 의심 없이 믿고 이를 증언할 수 있는 자격의 여인이기도 하였던 것이다.

정의와 사랑

　복음에 기록된 예수께서 사용하신 허다한 우화나 비유의 그 수사학적 절묘나 구성의 완벽에 경탄을 금치 못하거니와, 한편 때마다 부닥치는 사두가이나 바리사이들의 독이 서린 기습과 공격에 대처 응수하여 이를 제어하고 물리치실 때 예수께서 취하신 그 기지와 재치의 언동은 그야말로 천의무봉(天衣無縫)의 것으로서 드라마적인 긴장과 효과 백 퍼센트라 하겠다.
　이것은 물론 예수의 인간으로서의 완전한 슬기가 그 행적에 반영된 것이지만, 또한 복음기자들의 문학적 재능을 엿보게 하는 것으로(이 글의 성격으로 보아 예수의 신성이나 복음의 계시성 등은 포함시키지 않고 하는 말이다), 그중에서도 '간음한 여자' 사건에 대한 일화는 백미(白眉)로서 그 콩트 같은 기록 하나만으로도 예수라는 인물과 그의 사상을 넉넉히 부각시키고 있다.
　이 사건은 예수의 선교활동 마감시절에 일어난 것으로, 루가복음에 의하면 이때 "예수께서 낮에는 성전에서 가르치시고 밤에는 올리브 산이라 불리는 산으로 가서 밤을 지내셨다(루가 21:37)"라고 쓰여 있고, 이어서 "그런데 백성이 모두 그분의 말씀을 들으려고 성전에 계신 그분께로 이른 아침부터 몰려왔다"는 문맥의 전후로 보아 이미 죽음을 각오한 전교활동의 절정기라고 여겨진다.
　이러한 사태는 율법학자들이나 바리사이들에게 그야말로 보고 넘길 수 없는 현상으로, 그들은 이제 예수의 가르침이 옳고 그른가를 따진다기보다 '그들은 예수께 올가미를 씌워 고발할 수 있는 구실을 얻으려고' 그들 나름의 간지(奸智)와 계교를 짰던 것이다.

그래서 그들의 악의에 찬 위계(僞計)의 도구로 끌고 온 것이 바로 '간음하다가 현장에서 잡힌' 여자였다. 다 아는 얘기지만 그들은 예수께서 이 여인을 용서하면 그것은 모세율법을 거역함이 되어 제소할 구실이 되고, 또 율법대로 돌로 쳐서 죽이기를 명하면 당시 로마 총독이 가지고 있는 사형의 권한을 침해하는 것이 되어 현실 정권의 반역자로서 잡아넣을 구실이 마련되는 것이었다.

여하간 그들은 이 교묘한 트릭(간계)으로 양단간 예수를 함정에 빠뜨릴 수 있다고 믿었고, 또 객관적으로 보아도 범상한 지혜로는 그 쌍덫에서 헤어날 수 있다고 도저히 상상할 수가 없다. 그런데 예수께서는 그 위계를 역전(逆轉)시켜 그들 자신을 곤혹 속에 몰아치실 뿐 아니라, 그들의 잔혹한 도구로 쓰인 여인의 고통을 구원으로 변화시키는 것이다. 좀더 그 이야기의 기승전결(起承轉結)을 따라가 보면, 위와 같은 사건의 전개에 이음[承] 부분에서 예수께서는 먼저 그들의 음모를 거절하며 '몸을 굽혀 손가락으로 땅바닥에 무엇인가 쓰고 계시며' 무관심을 나타내신다. 그럼에도 불구하고 '그들이 하도 대답을 재촉하므로' 예수께서는 마침내 고개를 드시고 "당신들 가운데서 죄 없는 사람이 먼저 저 여자에게 돌을 던지시오" 하는 폐부를 찌르는 날카로운 말씀과 서릿발 같은 태도로써 사건을 일전(一轉)시키신다.

여기서 우리가 주목할 것은, 예수께서 정의와 사랑을 분리해서 생각하고 또 죄와 죄인을 혼동해 버리는 인간사회의 소위와 소행을 가로막고 나서셨다는 사실이다. 그러한 사상에 대한 언급은 뒤로 미루고, 이야기의 매듭[結]도 아주 문학적 묘사로서 "그러자 듣고 있던 사람들은 나이 많은 이들을 비롯하여 하나하나 떠나가 버리고 예수만 남게 되었고 여자는 가운데에 (그대로) 있었다"라고 그려져 있다. 그다음 예수께서는 "부인, 그들이 어디 있소? 아무도 당신을 단죄하지 않았지요?" 하고 물으시고 "아무도 (안 했습니다), 주님" 하고 그 여자가 대답하자, "나도 당신을 단죄하지 않습니다"라고 말씀하신다.

우리는 이것을 죄에 대한 허용이나 죄에 대한 그 벌이 불필요하다는 뜻으로 자칫 잘못 해석해서는 안 되는 것이니 이는 첫째, 인간이 남의 죄를 판단하는 어리석음을 삼가게 하고 둘째, 천주께서는 죄를 미워하시지만 죄인을 사랑하시는 분이라는 것을 몸소 가르치심이다. 그 당시의 율법 해석이나 오늘날 세속법의 집행자들은 죄와 죄인을 동일시함으로써 마치 율법이 죄인을 처단키 위해 있는 것 같은 자세를 취한다. 그것은 결국 천주께 있어 정의와 자비는 사랑의 표리(表裏)임을 명백히 인식하지 못하는 데서 오는 과오라 하겠다. 여기서 다시 한 번 말하지만, 예수께서 내리신 정의는 죄를 흘려 넘기지는 못하나 동시에 죄인을 용서하는 사랑 그 자체인 것이다. 그것은 비정의 법이 아니라 피가 통하는 정의, 즉 악을 선으로 갚음으로써 상대방을 죄악에서 소생시키는 사랑의 정의인 것이다.

이제 마감으로 예수께서는 "가시오. 그리고 이제부터 다시는 죄를 짓지 마시오" 하고 부드럽게 타이르시며 그 여자에게 새 생활을 촉구함으로써 이야기는 끝난다.

이러한 죄의 용서가 아니라 죄인에게 대한 용서만이 우리의 일상생활 속에서의 참된 사랑을 불러일으킬 수 있는 것이다. 용서란 상대방의 잘못에 대한 묵과가 아니라, 자신이 천주와 남에게 받은 은혜와 용서에 대한 보답이요, 또 사랑의 실천이요, 나아가서는 인생을 참된 행복 속에 살 수 있는 그 열쇠인 것이다.

죽일 놈 천지의 회생

　요새 우리네 세상살이는 인간관계의 불신이 가장 심각하여 서로가 서로 죽일 놈이어서 좀 과장해 말하면 이러다간 살릴 만한 사람은 하나도 남지 않을 것 같은 느낌이다.
　이러한 현상의 외적 요인으로는 가난의 탓도 있고, 무지의 탓도 있고, 또 역사적 악순환의 탓도 있겠지만, 결국 우리 전체의 양심이 무뎌진 데서 오는 것으로 우리 각자는 너무나 자신의 타락하고 죄악에 찬 모습엔 눈멀어 자기만은 의롭고 순수하고 착한 자로 여겨지고 남들만이 불의와 부정과 부패 속에 있는 자로 보이기 때문이리라.
　즉, 인간은 아무리 이기주의와 물질주의 속에서도 완전히 본능만 남은 동물일 수는 없어서 가치 판별의 저울질을 하되, 이 저울을 자기에게 재는 것이 아니라 남에게만 재서 속담의 "뒷간 기둥이 헛간 기둥 흉본다"는 격으로 남의 소행에 대하여만 무자비하도록 가혹하다. 그래서 서로 죽일 놈 천지가 되는 것이다.
　그러면 이러한 인간불목(人間不睦)의 고질 속에서 회생하는 방법은 무엇인가? 여기에는 오직 한 가지 방법뿐이요, 또 지극히 간단한 방법이 있으니, 서로가 서로의 허물을 용서하고, 서로 죽일 놈에서 살릴 사람이 되는 수밖에 없다. 이 길에 대하여 우리 예수 그리스도께서는 창녀를 끌고 와서 시험하려 드는 바리사이들에게 "죄 없는 사람이 돌을 던지시오!"라는 한마디로 명백히 가르치신다. 결국 자기 자신이 얼마나 큰 죄인인가를 인식할 때 남을 용서할, 아니 남을 용서하지 않을 수 없다는 것을 깨닫게 되는 것이다.

그래서 대성인(大聖人)인 아시시의 프란체스코도 "자기가 이 세상에서 둘도 없는 제일 큰 죄인이다"라고 입버릇처럼 말하고, 또 진실로 그렇게 믿고 있었다. 물론 그 성인이 자기를 그렇듯 큰 죄인으로 자처한 데는 우리와 차원이 달라서 "자기(프란체스코)는 누구보다도 하느님에게 은총을 한량없이 많이 받았는데도 불구하고 그것을 잘 이용, 발휘하지 못하고 있으니 죄인이 아니냐?"는 것으로, 이어서 말하기를 "하느님께서 내게 주신 은혜를 거두어 도둑들에게 주셨더라면 하느님은 진정 감사를 받으셨을 것을!" 하고 죄책감을 가지는 것이었다.

이러한 자기 죄의식은 대체로 양심의 예민성이나 영혼의 청징(淸澄)과 비례하는 것으로, 역시 비안네 성인을 모델로 하였다는 조르주 베르나노스의 소설 〈악마의 태양 아래서〉의 주인공 도니산 신부는 남들은 성인이라고 추앙하는데도 불구하고 "나도 이전에는 악마에게 이기지는 못했으나 그것과 싸우려는 투지만은 갖고 있었다. 그러나 이제는 악마의 발 아래 깔려 있다"라고 탄식한다.

저렇듯 뼈를 깎고 저미는 부단한 자기성찰과 참회 없이는 인간은 쉽사리 저 성전의 바리사이처럼 "사실 나는 강탈하는 자나 불의한 자나 간음하는 자 따위의 다른 인간들과는 같지 않을뿐더러 이 세리와도 같지 않습니다"라고 하느님 앞에 장담하는 교만을 범하게 되는 것이다. 말할 것도 없지만 기독교 신학에서 죄란 자기가 저지르는 죄를 뉘우칠 줄 모르는 사람의 마음과 태도를 말하는 것이다.

그런데 문제는 자기 죄의식으로서의 남에게 향한 용서보다도 하느님께 우리가 지은 죄를 용서받자면 남을 용서하지 않으면 안 된다는 사실이다. 즉, 예수께서는 친히 지어 가르치신 주의 기도에 "우리에게 잘못한 이를 우리가 용서하듯이 우리 죄를 용서하시고……"라고 하여 용서가 구원을 받는 데 있어 가장 불가결한 것임을 명시하였다.

우리는 때마다 주의 기도를 외움으로써 하느님께 "내가 남에게 행한 처우대로 똑같이 처우해 주십시오" 하고 자발적 발원(發願)과 다짐을 하고 있다는 이 두려운 사실을 어찌 감당할 것인가? 곰곰이 생각하며 남과 남의 허물과 함께 살아가야 한다.

인정, 불멸하는 생명의 꽃

 귀동냥으로 얻어들은 이야기지만, 사람은 20억 년 전에 단세포 생물에서 진화하여 오늘에 이르렀다고 한다. 그런데 벌써 14억 5천만 년쯤에서는 어류(魚類)가 되어 정(情)을 지니게 되었고, 4억 5천만 년에 이르러서는 수류(獸類)가 되어 정이 새끼들에게 미치고, 백만 년대에 오면 인류가 되어 비로소 정이 남이나 딴 존재에게 미친다는 사실이다. 어류나 금수도 유정(有情) 동물로서 그 정이 자기 새끼들에겐 미치나, 온통 남이나 딴 존재에게 미칠 수 있고 또 쏟는 것은 인류뿐이요, 이것이 여타 동물과의 구별을 짓는 인간의 특징인 것이다.
 이렇듯 남이나 딴 존재에 미치는 정, 즉 인정이야말로 인간이 원초적으로 지녀 온 가장 고귀한 생명꽃인 것이다. 그래서 인간은 개인생활이나 사회생활에 있어 그 인정을 어떻게 쓰고 얼마만큼 발휘하느냐에 따라 그 생활은 기름지기도 하고 메마르기도 한다. 이러한 인정의 발휘는 본질적이고 엄밀한 의미에선 그 소유의 다소나 능력의 유무(有無)와는 무관한 것으로, 자신의 여건하에서 그 얼마든지 스스로 심화해 가고, 또 얼마든지 예민하게 맛볼 수 있는 데 묘미가 있다 하겠다.
 극단적인 예를 하나 들면, 불교의 보시행(布施行)에는 안시(顔施)라는 게 있다고 들었는데, 그것은 남에게 베풀 힘도 없고 물질도 없는 사람이 평화스러운 얼굴, 자비스러운 얼굴을 함으로써 남의 마음을 평화롭게 하고 즐겁게 하여 베풂을 삼는다는 얘기다. 이렇게 되면, 전신이 구전(具全)하거나 말거나 반신불수의 불구 상태에서도 문제가 안 되며 인정의 승화된 극치라 하겠다.

물론 인정에는 여러 가지 갈래와 헤아릴 수 없이 많은 모습이 있다. 한마디로 이웃사랑이라지만 우애도 있고, 동포애도 있고, 한 걸음 나아가서는 인류애도 있다. 또 그 모습에 있어서도 일상적인 희로애락을 함께 나누는 것을 비롯해서 목숨을 바쳐 남을 구하는 헌신적인 희생행위도 있는 것이다. 이러한 인정의 본보기를 성서가 가르친다.

"어떤 율법학자가 일어서서 예수를 떠보려고 '선생님, 제가 어떻게 해야 영원한 생명을 물려받을 수 있겠습니까?' 하고 물었다. 그러자 예수께서 그에게 말씀하셨다. '율법에 무엇이라고 적혀 있습니까? 당신은 (그것을) 어떻게 알아듣습니까?' 그가 대답하였다. '네 온 마음으로, 네 온 영혼으로, 네 온 힘으로, 네 온 정신으로 너의 하느님이신 주님을 사랑하라, 그리고 네 이웃을 네 자신처럼 (사랑하라).' 그러자 예수께서 그에게 '올바로 대답했습니다. 그대로 하시오. 그러면 살게 될 것입니다' 하고 말씀하셨다.

그런데 율법학자는 스스로 의로운 체하려고 예수께 '그러면 누가 저의 이웃입니까?' 하고 물었다. 예수께서는 (그 말을) 받아 말씀하셨다. '어떤 사람이 예루살렘에서 예리고로 내려가다가 강도들을 만났습니다. 그들은 그의 (옷을) 벗기고 매질하여 반쯤 죽여 놓고 물러갔습니다. 그런데 마침 어떤 사제가 그 길로 내려가다가 그를 보고도 피해 지나갔습니다. 또 그와 같이 한 레위 사람도 그곳에 이르러 (그를) 보고는 피해 지나갔습니다. 그러나 어떤 사마리아 사람은 길을 가던 중 그에게 와서 보고는 측은히 여겨, 다가가서 기름과 포도주를 붓고 그의 상처를 싸매 주었습니다. 그러고는 그 사람을 제 짐승에 태워 여인숙으로 데리고 가서 돌보아 주었습니다. 다음날 그는 두 데나리온을 꺼내 여인숙 주인에게 주면서 〈저 사람을 돌보아 주시오. 비용이 더 들면 내가 돌아올 때에 당신에게 갚아 드리겠소〉 하고 말했습니다. 당신은 이 세 사람 가운데서 누가 강도 맞은 사람의 이웃이 되어 주었다고 생각합니까?' 그러자 그는 '그에게 자비를 베푼 사람입니다' 하였다. 이에 예수께서는 그에게 '가서 당신도 그렇게 행하시오' 하고 말씀하셨다."

이렇듯 사마리아 사람의 비유가 보여 주는 인정의 본보기는 남이나 이웃과 더불어 불행이나 괴로움을 함께 나눔에 있는 것이다. 특히 그 남이나 이웃도 그저 길에서 지나치는 사람, 자신과 이해상관이나 연고관련이 없으며 또 아무런 갚음의 바람도 없이 누가 시켜서가 아니라 오직 남의 불행이나 고통을 '측은히' 여김으로써의 그 인정에서요, 또한 그 인정은 눈앞의 당장의 자기 마음을 달래고 가리려는 것이 아니라, 다시 돌아올 때 살피겠다는 그 끝이 없는 인정인 것이다.

강도를 만난 부상자를 보고도 그냥 외면하고 지나쳐 버린 사제나 레위 사람은 둘 다 자기 딴에는 하느님께 봉사하고 있다고 자부하고, 또 하느님의 율법을 가장 잘 알고 잘 지키고 있다고 자처하는 사람들이었지만, 막상 불행이나 고통 중에 있는 사람의 참다운 이웃은 아니었다. 두 사람은 아마도 좀더 크고 장한(?) 선행을 행하려 길을 재촉했는지도 모른다. 즉, 사제는 성전에 정각에 도착하여 찬미를 드리려고 했을지 모르며, 레위 사람도 회당에 가서 군중들에게 사랑을 설교했을지도 모른다.

그런데 흔히들 그렇게 큰 인정세계를 입 담고 그것에 몸을 바쳤다는 사람들이 막상 자기 눈앞에 벌어지고, 또 이웃에 널려져 있는 인정세계에 눈멀고 비정한 예를 우리는 너무나 많이 본다. 아니, 2천

년 전 저 사제나 레위 사람의 모습에서 우리는 오늘날 자기 자신의 얼굴을 보는 것이다. 우리들은 자기 안에 남에게 나누어 줄 인정의 샘을 가지고 있으면서도 이것을 너무나 쓰지 않고 각자 에고에만 바치고 있기 때문에 그만 사막처럼 말라 버리고 마는 것이다.

인정이란 결코 컵 속에 든 한 모금의 물처럼 누구에게 쓰고 나면 비어 없어지는 것이 아니라, 샘처럼 푸면 풀수록 더욱 풍부해지는 것이요, 또 인정이란 어떤 대상에서 우러나오는 게 아니라 스스로의 능력의 육성이라 하겠다.

복자(福者) 윌리엄 도일 신부의 《성인(聖人)이 되는 비결》이라는 책을 보면, 아주 사소한 인정과 그 친절이 얼마나 큰 덕행이 될 수 있는가 하는 것을 다음과 같이 쳐들고 있다.

방을 나설 때 문을 조용히 닫는 일, 딴 사람의 단잠을 방해하지 않기 위하여 발자국 소리를 죽이는 일, 땅이나 마루에 떨어진 휴지를 집어 쓰레기통에 버리는 일, 수원지(水源池)나 공원에 가서 돌이나 쓰레기를 버리지 않는 일, 아이들의 장난감을 부수지 않는 일, 남에게서 어떤 제안이나 충고를 받았을 때 이를 잘 새겨듣는 일, 병자를 위문 가서 그 병자의 감정을 조금이라도 기쁘게 하는 일, 가정부의 요리 솜씨나 그 고달픔을 알아 주는 일 등으로 이러한 조그만 인정의 친절을 하나하나 실천해 가노라면 놀랍고 위대한 사랑의 생활혁명이 자기 안에 이루어지고, 또는 가정과 주위에서 일어나게 되고, 마침내는 그 사회를 화평한 집단으로 변혁케 하리라는 것이다.

그리고 그는 덧붙이기를, "큰 선행은 기회라는 것이 있고 얼마쯤의 외적 영예가 따른다. 그러나 하느님과 자기만이 아는 작은 인정이나 친절의 기회는 쉴 새 없이 있는 까닭에 더 어렵다"라는 세심한 통찰을 보이고 있다.

참말이지 우리는 자기가 내놓을 만한 인정이 없어서 못 쓰는 것도 아니요, 또 인정을 쓰고 바칠 대상이 없어서 못 쓰는 것이 아니라, 서로가 자기만의 에고에 눈이 멀어서 결국 자기와 주위와 사회에다 인정의 불모지대를 만들게 되는 것이다.

  이러한 현대의 인정의 고갈된 모습을 아주 혀를 찰 만큼 잘 표현해 놓은 것이 저 프랑스의 항공소설가 생텍쥐페리의 유명한 동화 〈어린 왕자〉다. 즉, 어린 왕자가 별나라에서 지구에 내려와 여우와 만나는 대목인데, 왕자가 "너는 누구니? 아주 예쁜데 이리 와, 나하고 놀자"라고 말을 붙인즉, 여우는 "난 여우야. 너하고 놀 수가 없어. 난 길들여지지 않았거든" 하고 대답하고는 그 길든다는 말을 설명하기를, "네가 길들이면 여느 사람(포수 같은 사냥꾼을 지칭함-필자 주)의 발자국 소리는 나를 땅속으로 기어들어가게 하지만, 네 발자국 소리는 음악 소리처럼 나를 굴 밖으로 불러낼 거야. 그리고 저기 밀밭이 보이지? 그러나 나는 빵을 먹지 않으니까 보통 때는 밀밭을 봐도 떠오르는 게 없어. 하지만 네가 날 길들이면 네 머리가 금발이고 밀밭도 금빛이니 그때는 밀밭을 보면 네 생각을 하게 될 거야" 하고 덧붙이기를, "누구든지 자기가 길들인 것밖에 알 수가 없는 거야. 그런데 사람들은 이제 무엇을 알 시간조차 갖고 있지 못해. 그들은 상점에서 다 만들어 놓은 것만 사거든. 하지만 친구를 파는 상점은 없으니까 사람들은 친구가 없지"라고 한다.

  그리고 또 여우는 서로 길들이기에 필요한 것은 참을성이요, 길든 다음에는 상대방에 대한 책임감이 따라야 한다고 강조한다.

  저 여우의 길들인다는 말은 바로 정들인다는 말로서, 결국 인간이 인간을, 또는 인간이 짐승이나 초목이나 사물 같은 딴 존재에게 정을 기울이는 것을 뜻한다. 그리고 상대적으로 존재의 본질과 본체를 알려면, 참을성을 갖고 정을 쏟아야 하고, 또 정든 후에도 책임감이 따른다는 것이다.

저 여우의 비판대로 현대인은 물질문명과 기술과학의 탐닉으로 인간의 원초적 생명의 꽃인 인정을 상실해 가고 있는 게 사실이다. 어느 정도인가 하면 인간의 아무런 타의(他意) 없는 인정에 악의(惡意)의 반발마저 돌아올 때가 있는 것이다. 그러나 또 한편 현대인은 역시 인간이기 때문에 가장 인정에 목말라 하고 인정의 회복을 절실히 소망하고 있는 것도 사실이다.

그래서 가령 남에게서 인정을 끌어내려 들다가 불만과 불쾌를 사기보다 스스로가 남에게 인정을 베풀어 보면 그 기쁨을 오히려 얻을 수가 있다. 왜냐하면 인정을 남에게 쓰기를 거부하는 사람일수록 인정에 더욱 목말라 있는 사람이기 때문이다.

일본 격언(格言)에 "나그네는 길동무, 세상살이는 인정"이라는 말이 있다. 인정이야말로 우리 인간생활의 보이지 않는 필수품인 것이다. 그런데 이 인정은 세상살이에만 필수품인 것이 아니라, 영원한 생명을 얻기 위한 저승의 필수품이기도 하다.

성서를 거듭 인용하게 되어 쑥스러우나 인인애(隣人愛), 즉 인정의 불멸성을 의심하는 사람이 있으면 예수가 직접 설명한 '최후심판의 정경' 대목을 보면 된다.

"임금은 자기 오른편에 있는 사람들에게 말할 것입니다. '내 아버지의 축복을 받은 사람들아, 와서 세상 창조 때부터 너희를 위하여 마련해 둔 나라를 상속받아라. 너희는 내가 굶주렸을 때에 내게 먹을 것을 주었고, 내가 목말랐을 때에 내게 마시게 해 주었다. 나그네 되었을 때에 나를 맞아들였고, 헐벗었을 때에는 내게 입혀 주었다. 병들었을 때에 나를 찾아왔고, 감옥에 갇혔을 때에도 내게로 와 주었다.' 그때에 의인들은 그분께 대답하여 이렇게 말할 것입니다. '주님, 저희가 언제 주님께서 굶주리신 것을 보고 잡수시게 해

드렸으며, 목마르신 것을 보고 마시게 해 드렸습니까? 저희가 언제 주님께서 나그네 되신 것을 보고 맞아들였으며, 헐벗으신 것을 보고 입혀 드렸습니까? 저희가 언제 주님께서 병드셨거나 감옥에 갇히신 것을 보고 주님을 찾아갔습니까?' 그러면 임금은 대답하여 그들에게 말할 것입니다. '진실로 너희에게 이르거니와, 너희가 이 지극히 작은 내 형제들 가운데 하나에게 해 주었을 때마다 나에게 해 준 것이다.' 그때에 임금은 왼편에 있는 사람들에게도 말할 것입니다. '저주받은 자들아, 내게서 떠나 악마와 그 심부름꾼을 위해서 마련된 영원한 불속으로 가라. 사실 너희는 내가 굶주렸을 때에 내게 먹을 것을 주지 않았고, 내가 목말랐을 때에 내게 마시게 해 주지 않았다. 나그네 되었을 때에 나를 맞아들이지 않았고, 헐벗었을 때에 내게 입혀 주지 않았다. 병들고 감옥에 갇혔을 때에 나를 찾아오지 않았다."

이처럼 인간생명의 불멸의 꽃인 인정이 영원한 생명도 누리게 하고, 또한 그 몰각(沒覺)이 영원한 죽음의 결과도 낸다는 사실을 인간은 누구나 명심해야 할 것이다.

신령한 힘에의 외경심

전전(戰前) 일본 나가사키[長崎]에 와서 가톨릭의 선교사업을 하던 막시밀리아노 콜베라는 폴란드 출신의 신부가 있었습니다. 그는 제2차 대전이 일어나자 소위 적성국가의 시민이라 해서 본국으로 추방을 당했습니다.

그런데 그가 고국에 돌아가서 멀지 않아 폴란드가 독일에 점령을 당하는 바람에, 더구나 그는 유태계 시민이었기 때문에 바로 아우슈비츠 수용소로 끌려갔습니다.

거기서 콜베 신부는 함께 수용되어 있는 한 친구와 매우 친하게 지내고 있었는데 하루는 그 친구가 소속되어 있는 조의 전원이 몽땅 처형을 당하게 되어 이끌려 나가게 되자 그는 자청하여 나서기를, "이 사람은 부인과 자식이 있는 사람으로 이 이가 죽으면 그 가족들마저 비참해지고, 나는 독신으로 살아 온 사람이니 나 하나 죽으면 그만이다. 나를 대신 죽게 해 달라"고 간청하였습니다. 담당 간수도 생각해 보니 모두가 사형수이고 누가 먼저 죽고 안 죽고는 문제 밖이요, 머릿수만 맞으면 그만인지라 콜베 신부의 청을 받아들여 그를 대신 끌고 나가 처형을 하였는데 며칠 안 가 전쟁이 끝나서 그의 친구는 살아남아 고국으로 돌아갔습니다.

전쟁이 끝나자 이 사실이 세상에 알려지게 되어 가톨릭교회에서는 친구에 대한 그 콜베 신부의 희생적 사랑을 기려서 복자위(福者位: 가톨릭 성자의 위계의 하나)에 올리고 높이 추존(推尊)하게 되었으며 그가 전전(戰前)에 체류한 일본에서도 이 미담이 크게 전파되어 그에 대한 전기도 나오고 소설로도 쓰여졌습니다.

바로 그 소설 〈기적〉을 소노 아야코[曾野綾子]라는 여류 작가가 썼습니다. 그녀가 이 소설을 쓰기 위해 그 자료 수집차 폴란드에 직접 가서 체험한 에피소드 하나를 이즈음 교회 잡지에 발표한 것을 읽었는데 그것이 하도 공감이 가서 여기에다 그 줄거리만을 옮겨 봅니다.

그녀가 콜베 신부의 고향도 찾고, 그가 다닌 신학교도 가 보고, 또 그가 생활하던 수도원에 가서 취재도 한 다음 마지막으로 그가 대신 죽어 줘서 살아남은 수용소 친구를 방문하였더니 노부부만이 살고 있어서 그녀가 묻기를,

"당신네 자녀들은 어디서 어떻게 사는가요?"

하자 그들은 눈물을 흘리면서,

"독일 공습 폭격에 둘 다 죽고 말았습니다."

하더랍니다. 이야기는 이것뿐인데 소노 아야코는 거기에다 덧붙이기를, "인간의 의지는 그것이 아무리 선의라 하여도 하느님의 섭리 속에서 결코 인간의 계산대로 맞아떨어지는 것이 아니로구나 하는 것을 깊이 깨달을 수가 있었다"고 술회하였습니다.

나는 오늘날 우리 현실의 또 하나 가파른 마루턱에서 저 소노 아야코의 말대로 하느님의 섭리는 우리 인간들의 지향이나 계산대로는 이루어지는 것이 아니라 신비한 것이라는 것을 아주 절실하게 체험하고 깨우친 느낌이 듭니다. 한 걸음 나아가 작년 10·26사태 이후 오늘에 이르기까지의 우리의 상황이나 그 현실의 변전을 돌이켜 볼 때 그러한 느낌은 나 하나의 것만이 아니라고 여겨집니다.

그래서 우리는 이제 신령한 힘에 대한 외경심을 더욱더 지녀서 오늘의 우리 현실을 긍정하는 사람이나 부정하는 사람이나, 낙관

하는 사람이나 실망하는 사람이나 다 함께 그것을 두려워하고 섬김으로써 겸손에 나아가고 또 자포하는 마음을 버림으로써 희망을 가지고 대처해야 되겠다고 나는 생각합니다.

그런데 내가 이 기회에 언급하고 싶은 것은 그러한 신령한 힘에 대한 외경심을 오늘날 우리 종교인 자체부터가 상실해 가고 포기해 가고 있는 현상이 엿보인다는 점입니다.

가령 그 대표적인 예를 한둘 들어 보이면 한국 천주교 주교단이나 대한 불교 조계종이 어떤 특정 정치작용에 대한 반대나 지지 성명을 하고 나서는 것입니다. 저들의 현실에 대한 견해는 상반되고 있지만 솔직히 말하면 두 가지가 다 종교, 특히 성직자의 본래적 사명에서 벗어났다고 나는 생각합니다. 왜냐하면 비상계엄이니 국가보위 조직이니 하는 것은 한마디로 말해 전략적 가치에 속하는 것으로 성직자들이 그 타당성 여부를 가릴 바도 없고 또 가리고 나설 성격의 것도 아니기 때문입니다.

저러한 교회나 종단을 대표한 성직자들의 현실경사(現實傾斜)뿐만 아니라 오늘의 우리 종교인(신자를 포함)들은 현대가 지니는 실용주의·기능주의·능률주의에 의식, 무의식 간에 빠져들어 마치 '하느님 생각은 둘째고 이웃사랑부터 하려 들거나' 상구보리(上求菩提)는 팽개치고 하화중생(下化衆生)부터 하려 드는 경향이 농후합니다.

즉 하느님이나 진리[菩提]는 깨닫고 섬길 생각은 없이 세속화(가톨릭의 용어) 중생화만 서두르고 또 바로 그것이 하느님과 진리에 나아가고 만나는 길이라고 주장합니다. 이러한 극단적인 생각과 논리는 마침내 저 해방신학의 주창자 카밀로 토레스 신부를 공산 파르티잔으로 타락하게 했으며 필리핀의 수많은 사제들로 하여금 총을 쥐고 정부 반란군에 가담하게 하는 결과를 가져왔습니다.

하느님이나 보리(菩提)를 먼저 구하고 사랑하면 그것은 자연히 이웃과 중생을 사랑하고 건지는 데 나아갈 수 있지만 덮어놓고 이웃이나 중생을 위하거나 치켜들면 그것이 곧 하느님과 보리에 합치된다고 생각하면 큰 잘못입니다.

이것은 오늘날 인간중심적 휴머니즘이 그 얼마나 인간의 죄와 악을 조장하고 묵인하고 그것과 타협하고 있는가를 스스로 떠올리면 깨달을 것입니다. 또한 이러한 인간중심적 휴머니즘이 선악의 혼동과 도치 상태를 초래한다는 것을 일찍이 저 도스토예프스키가 그의 명작 〈죄와 벌〉에서 파헤쳐 놓고 있습니다.

즉 주인공 라스콜리니코프는 더 많은 이의 행복을 위해서는 인간 해충이라고 여겨지는 고리대금업자인 노파를 도끼로 쳐 죽여도 괜찮다는 생각과 논리에서 이를 결행하는 것이지만 결국은 자연양심의 가책과 창녀 소냐가 불우 속에서도 세상과 남을 저주하지 않고 자기희생에 나아가는 삶의 모습에 감동되어 마침내 자수를 합니다.

이렇게 볼 때 인간중심의 휴머니즘은 결국 인간의 무력과 약함과 병폐와 파탄을 오직 인간 역사의 소산으로만 여기고 이를 그야말로 인간적 눈과 그 자[尺]로만 보고 재서 이를 변호하고 비호하고 이를 합리화하려는 성향을 지닙니다.

우리는 이러한 '인간적'인 것에 대하여 성서에서 예수 그리스도의 답을 구해 볼 수 있습니다. 즉 예수의 제자 중에서 가장 인간적인 선량이나 약함을 드러내는 이는 수제자 베드로인데 이러한 그의 인간적인 면에 대하여 예수는 어느 때는 이를 관대히 받아들이고 어느 때는 비정하리 만큼 이를 냉혹히 물리치는데, 먼저 첫 번째 예를 보면,

> 그들이(예수의 일행) 가파르나움에 이르렀을 때에 성전세를 받으러 다니는 사람들이 베드로에게 와서 "당신네 선생님은 성전세를 바칩니까?" 하고 물었다. "예, 바치십니다." 베드로가 이렇게 대답하고 집에 들어갔더니 예수께서 "시몬아(베드로의 본명) 너는 어떻게 생각하느냐? 세상 임금들이 관세나 인두세를 누구한테 물리느냐? 자기 자녀들한테서 받느냐? 남한테서 받느냐?" 하고 물으셨다. "남한테서 받아 냅니다"라고 베드로가 대답하자 예수께서 다시 이렇게 말씀하셨다. "그렇다면 자녀들은 세금을 물지 않아도 되지 않겠느냐? 그러나 우리가 그들의 비위를 건드릴 것은 없으니 이렇게 하여라. 바다에 가서 낚시를 던져 맨 먼저 낚인 고기를 잡아 입을 열어 보아라. 그 속에 한 스타테르짜리 은전이 들어 있을 것이니 그것을 꺼내서 내 몫과 네 몫으로 갖다 내어라."(마태오 17:24~26)

여기를 보면 예수는 베드로가 시키지 않은 대답을 제 마음대로 해 놓았지만 그의 체면(?)을 감싸 주려고 조그만 이적까지를 베풀고 있습니다.

그런데 이번엔 물리치는 예로는,

> 그때부터 예수께서는 제자들에게 자신이 반드시 예루살렘에 올라가 원로들과 대사제들과 율법학자들에게 많은 고난을 받고 그들의 손에 죽었다가 사흘 만에 다시 살아날 것임을 알려 주셨다. 베드로는 예수를 붙들고 "주님, 안 됩니다. 결코 그런 일이 있어서는 안 됩니다" 하고 말리었다. 그러나 예수께서는 베드로를 돌아다 보시고 "사탄아 물러가라. 너는 나에게 장애물이다. 너는 하느님 일을 생각하지 않고 사람의 일만을 생각하는구나" 하고 꾸

짖으셨다.(마태오 16:21~23)

라고 되어 있습니다. 베드로의 이 만류나 충고가 그의 선의와 애정에서 나온 것임은 물론이려니와 이것을 모르는 예수도 아닙니다. 예수는 오직 저렇듯 하느님의 뜻이나 그 섭리는 뒷전으로 하고 인간의 뜻이나 그 정황만을 앞세우는 인간중심적 선의, 즉 휴머니즘 속에서 그 자신도 의식하지 못하는 타락한 악마적 사고가 베드로에게서 엿보이기 때문에 저렇듯 호되게 꾸짖고 이를 비정스레 거절하는 것입니다.

여기서 이야기는 좀 달라지지만 10년 동안이나 사하라 사막에서 관상(觀想)생활을 한 가톨릭의 '작은 형제회'의 수도사 까를로 까레또는 그의 명저인 《사막에서의 편지》와 《도시의 광야》에서 오늘의 신앙인들의 현실주의적 경사(傾斜)와 기능주의적 사고를 다음과 같이 묵상하면서 그 실례를 들어 경고합니다.

> 하느님의 아들이시고 전능하신 분인 그리스도께서는 세태를 뜯어 고치려 하시지도 않았고, 또한 그런 변혁이 생기도록 해 주십사고 성부께 한 번도 청하신 적이 없다. 인생에서 죽음을 없애고, 지상에서 기아를 몰아내고 독재적 권력자들을 분쇄하며, 정의가 승리를 거두도록 해 주십사고 그분은 성부께 청하실 수도 있었다. 그러나 그분은 성부께 그런 청은 드리지 않았다. 내가 알기에는 그분은 오직 한 가지 '아버지의 뜻이 이뤄지게 하소서(마태오 26:10)' 하고 간구하셨을 뿐이다.

라고 지적하고 그는 그와 함께 사하라 사막에 가서 관상생활을 하며 땀에 젖은 더러운 누더기를 걸치고 토인들과 중노동을 하는 바오로 수사의 예를 들어 보입니다.

그의 의복과 수염, 그리고 먼지와 햇빛으로 누렇게 된 회교도의 두건 밑에 있는 얼굴을 구라파인으로 볼 사람은 아무도 없을 것이다. 파리에서 기사(技士)였던 그가 주님의 부르심을 받았을 당시 그는 원자력 조사위원회에서 일하고 있었다. 그는 그 모든 것을 버리고 작은 형제회 수도사가 되었다. 그리고 지금 여기에 있다. 그가 기사였다는 것을 아무도 모른다. 다른 이들처럼 그는 그저 가난한 사람일 뿐이다. 그의 서원식(誓願式) 때 그의 어머니가 수도원에 왔었다. 그때 그녀의 말을 나는 잊을 수가 없다.

"내 아들의 성소(聖召: 하느님의 부르심. 즉 수도자가 되려는 마음)를 내가 이해하도록 도와주세요. 나는 그 아이를 기사로 만들었는데 이 수도원은 그를 노동자로 만들어 버렸어요. 그 이유가 뭐예요? 적어도 내 아들의 기술을 인정해 주세요. 왜 노동자가 되어야만 해요? 어리석은 일이에요. 그가 기사로서 자신의 기술을 발휘한다면 교회는 더 많은 이익을 볼 것이고 효과도 더 크지 않겠어요?"

나는 이렇게 대답하였다.

"아주머니! 이 세상에는 지혜와 상식으로 이해 못하는 일이 있습니다. 신앙만이 그것을 비출 수 있습니다. 예수는 왜 가난한 자가 되셨습니까? 그분은 왜 신성과 영능(靈能)을 감추시고 인간의 찌꺼기처럼 우리 가운데 사셨습니까? 아주머니, 교회가 필요로 하는 것은 한 사람의 유능한 기사가 아니고 땅 속에서 썩어 버리는 밀알이올시다. 이 밀씨가 하늘과 태양의 열을 받아 생명으로 부풀 때 장래에 수확될 이익은 굉장한 것입니다."

오늘의 한국 각 종파 교회와 나 자신을 포함한 종교인들은 그야말로 저 땅 속에 썩는 밀알 같은 자의 말에 깊이 귀 기울여야 하고 또 깊이 새겨야 한다고 나는 생각합니다. 하느님 앞에 꿇어 기도하고 그 말씀의 신비를 가르치기보다 그 말씀을 현실적 효용에다 금시에 맞추려 들고 자나 깨나 세상살이의 비판이나 일삼으며, 관상기도나 참선은 도피적이고 은둔적이요, 자기구원만을 목적하는 이기적 신앙이라고 비난하는 소위 종교적 '현실참여파(그들의 주장대로 이름하여)'들의 실용주의, 기능주의의 현실경사는 깊이 반성되어야 한다고 나는 생각합니다. 이러한 경향이 오늘날 남자 수도원에 지원자 수가 아주 줄어들고 무문관(無門關) 같은 참선 도량은 비다시피 하고 있는 현상을 빚어낸 것입니다.

그렇듯 종교인들 자체가 그 목적적 가치에는 눈을 돌리고 전략적 가치(필자가 철학을 배울 때는 효용적 가치라고 불렀다)에만 골몰한다면, 다시 말해 신령한 힘에 눈먼다면, 세상의 일반들이 눈에 보이는 물질적 힘만 섬기고 또 그것만을 최상으로 아는 것은 당연하지 않겠습니까? 그래서 물질적, 물리적 힘의 소유자들이 신령한 힘에 대한 외경심을 잃고 종교인들을 하찮게 여기게 되는 것은 당연한 귀결이라고나 하겠습니다.

■ 《그분이 홀로서 가듯》(1981)

메리 크리스마스

메리 크리스마스!
어쩌면 이 축복의 인사마저 공허하게 들릴지 모르지만 어쨌거나 이 땅에 사는 사람이라면 그가 비록 기독교인이 아니라도 오늘을 명절로 삼고 있는 것이 사실이요 그래서 2천 년 전 이스라엘 땅 베들레헴이라는 벽촌 외양간 말구유에서의 예수의 탄생을 의식, 무의식 간에 기념하고들 있다고 하겠다.
예수의 저러한 곤핍 속에서의 탄생은 그의 가르침이나 행적이나 최후에 가장 부합하는 것이라고 말할 수 있는데 가령 망측한 상상이지만 예수가 석가모니처럼 궁성에서 태어나 와석종신(臥席終身)을 했던들,
"가난한 여러분은 행복합니다. 지금 굶주리는 여러분은 행복합니다. 지금 우는 여러분은 행복합니다."
라고 외치고 나서기에는 최소한 어울리지 않았을 것으로 여겨진다.
그런데 저러한 크리스마스가 오늘날 우리에게 있어 그 행사나 치장은 더욱 요란스러워지고 화려해 가는지는 몰라도 솔직히 말해서 그 의의는 희박해 가고 외면되어 간다고 하여도 과언이 아니다.
한마디로 말해 저 예수의 가르침을 믿고 따른다는 교회부터가 실제로 예수의 가르침이나 그 삶의 자취와는 거리가 멀고 반대되는 현상을 얼마든지 드러내고 있다. 도처에 수억, 수십억대의 건축비를 들인 교회당이 해마다 늘고, 갈수록 그 실내 설비나 장식도

호화스러워지지만 그 속에서 가르치고 가르침을 받는 이들의 삶 자체는 저 이스라엘 백성들처럼 황금 송아지를 받들고 섬겨서야 그 교회당은 저 아돌프스의 말마따나 "신의 회칠한 무덤"이 아니고 무엇이랴.

좀더 구체적으로 말하면 나자렛 예수가 하느님 나라의 선포, 즉 진리의 세상을 이룩하기 위한 설교와 대화를 나눈 장소는 초기의 얼마 동안과 최후의 며칠 동안 말고는 회당이나 성전에서가 아니라 거의 산이나 바닷가나 행길과 같은 노천과 여염집 방이나 마당이 그의 포교소였다. 물론 이것은 시대적인 조건이나 상황에서 오는 면도 없지 않으나 보다 더 그의 그리스도로서의 모습의 본질적 요소인 것이다.

그렇다면 우리의 오늘의 교회들이 주일날 '예배자들의 전원 수용'을 명목으로 고대광실을 지어서 '하느님의 성전'이라는 지성소를 만들어 평일에는 결혼식장으로나 쓸까 텅텅 비워 놓아 그 큰 공간을 사장시켜 놓는 것부터가 저 예수의 탄생이나 가르침이나 행적에 합치되는 일일까. 국민학교 교실들은 콩나물시루같이 비좁고 도서실이란 도서실은 식전부터 줄을 서도 들어가기가 힘들고, 모든 자선봉사 기관들은 수용 공간이 없어서 쩔쩔매는데 모든 교회는 이것을 방관하면서 예수의 대속(代贖)으로 찢어진 성전의 장막을 도로 치고 있는 것이 과연 옳은 일인가.

내가 하와이에 체류할 때 호놀룰루의 어느 개신교의 한 교회는 거기 목사와 신자들의 합의로 교회당을 자선병원으로 내어놓고 자기네들은 그 회의실을 도로 빌려 예배를 보고 있다고 들었다. 저렇게까지는 안 하더라도 우리의 교회당은 그 유휴 시간을 사회적 봉사 목적에 공개, 활용하여야 베들레헴 외양간 말구유에서 탄생하여 사랑과 무소유의 행복을 가르치다가 골고다 언덕에서 강도들

틈에서 십자가에 못박혀 죽어 간 예수의 삶에 어긋나지 않는다고 나는 생각한다.

그런데 입에 올리기도 무엇하지만 풍문으로 들으면 어떤 일부 교회는 그 경제적 조건과 크기에 의하여 성직자가 부임을 하는 데 프리미엄까지 붙는다고 한다. 또 이것은 불교에도 마찬가지여서 이번 수도자끼리 살상까지 낳게 한 사건도 그 저변에는 수입원의 문제와 결부되어 있다고 들었다. 이래서야 석가모니께서도 역시 가르치신 무소유의 정신에 어찌 부합한다고 하랴.

둘째로 잘못 들으면 위의 이야기와 상반된 논리가 될지 모르나 우리 특히 종교인들이 오늘 예수의 탄일을 맞고 축하하면서 반성할 것은 모든 것을 하느님께 구하고 맡김으로써 현실적으로는 철저한 패배자였던 그와는 정반대로 기독교인들도 현대가 지니는 실용주의, 기능주의, 능률주의에 빠져서 눈에 보이는 물리적 힘에다 모든 것을 구하고 의존하고 성취하려 든다는 점이다. 그래서 하느님 앞에 꿇어 기도하고 그 신령한 힘에 의탁하려 들지 않고 그 가르침(말씀 즉 성경)마저도 쇼윈도의 구슬옷처럼 제 나름의 조명을 하여 현실적 효용성에다 변색시키고들 있다.

이러한 일부 기독교인들은 하느님을 섬기는 것은 뒷전이요, 세속화(현실적 인간구제)만 서둘러서 관상기도나 계율 준수는 도피적이고 은둔적이요, 자기구원만을 목적하는 이기적 신앙이라고 비난하고 배척한다. 그리고 하느님에게 나아가는 길은 오직 현실적으로 인간을 구제하는 길이라고 주장한다. 하느님을 먼저 섬기고 사랑한다면 그것은 자연히 이웃을 건지고 돕는 데 나아갈 수 있지만 덮어놓고 이웃을 위하거나 치켜들면 그것이 곧 하느님과 합치된다고 생각하면 그것은 큰 착각이다.

이것은 오늘날 인간중심적 휴머니즘이 그 얼마나 인간의 죄와 악을 호도하고 묵인하고 조장하고 그것과 타협하고 있는지를 한번 머리에 떠올리면 깨달을 것이다. 이러한 인간중심적 휴머니즘이 선악의 혼동과 도치(倒置) 상태를 초래한다는 것을 저 도스토예프스키의 명작 〈죄와 벌〉만 읽어도 알 것이다.

여기서 이야기는 좀 달라지지만 10년 동안이나 사하라 사막에서 관상생활을 한 가톨릭의 작은 형제회 수도사 까를로 까레또는 그의 명저 《사막에서의 편지》에서 오늘의 신앙인들의 현실주의적인 경사를 다음과 같이 묵상하면서 척결한다.

"하느님의 아들이시고 전능하신 분인 그리스도께서는 세태를 뜯어 고치려 하시지도 않았고 또한 변혁이 생기도록 해 주십사고 성부께 청하신 적이 없다. 인생에서 죽음을 없애고 지상에서 기아를 몰아내고 독재적 권력자를 분쇄하며 정의가 승리를 거두도록 해 주십사고 그분은 성부께 청하실 수도 있었다. 그러나 그분은 그런 청을 드리지 않으셨다. 내가 알기에는 그분은 오직 한 가지 '아버지의 뜻이 이뤄지게 하소서' 하고 간곡하게 간구하셨을 뿐이다."

이 인용구를 보고 아마도 오늘의 소위 종교적 참여파들은 퇴영적(退嬰的) 신앙의 언사라고 힐난하고 나서며 그렇다면 기독교인들은 현실적 불의나 부조리나 이웃의 불행을 외면하자는 말이냐고 항의할 것이다. 그러나 그러한 항의는 저 말 속에 들어 있는,

"예수께서 눈에 보이는 현실을 전략적 가치나 물리적, 물질적 힘으로 개혁하려 드신 것이 아니라 눈에 보이지 않는 신령한 힘에 구하고 의탁하셨다."

는 사실을 눈감고 하는 말이라 하겠다.

메리 크리스마스!

진실로 하늘 높은 곳에는 하느님께 영광, 땅에서는 마음 가난한

사람들에게 평화가 깃들기를 이 아침에 나무에 오른 자캐오처럼 빌고 외쳐 본다.

■ 《한 촛불이라도 켜는 것이》(1985)

제4부

기독교와 사회참여

현대 가톨릭 문학과 그 문제의식 소고 ǀ 신의 무덤
기독교와 사회참여 ǀ 김대건 신부 약전

현대 가톨릭 문학과 그 문제의식 소고(小考)

1

편집자의 의도는 현대 세계 가톨릭 문학의 개관을 소개하라는 분부 같으나 첫째, 나 자신이 현대 세계 각국에서 활약하고 있는 가톨릭 작가들의 작품이나 그 동향을 그리 많이 읽지도, 알지도 못하고 있고, 그러한 인명이나 작품 목록 소개엔 흥미도 안 갖는다.

오직 현대 가톨릭이 낳은 몇몇 위대한 시인이나 작가들의 작품이나 그 문학적 견해나 발언 등을 나답게 음미해 가면서 현대 가톨릭 작가들의 문제의식의 줄거리를 탐색해 볼까 한다. 또한 여기에 곁들여 가며 이 동방 변방(東方邊方)에서 소위 태중교우(胎中教友)로 태어나 문학이라고 한답시고 살아오면서 무신자(無神者)나 비신자(非信者)가 아니요, 불교도나 유교도도 아니요, 또는 일반 기독신자도 아닌 내가 삶에 있어서 배태하는 문제의식이나 남모르는 고민이나 장벽 같은 것이나, 또한 그 때문에 맛보는 외로움이나 기쁨이 있다면 그런 것을 솔직히 토로해 볼까 한다.

먼저 이 글을 쓰면서 머리에 떠오르는 것은 아주 어릴 때, 가령 성탄날 밤에 산타클로스 할아버지가 선물을 놓고 간다는 것 같은 것을 믿을 때까지는 몰라도 그 후 철이 나서부터는 50을 넘은 오늘날까지 나는 가톨릭 신자이기 때문에 행복했다기보다는 가톨릭 신자이기 때문에 고민했다는 것이 더 정직한 고백일 것이다. 여기서 행복이라는 표현은 물론 현실적인 이불리(利不利)나 안락(安樂)을 가리키는 것이 아니요, 정신적 안정이나 마음의 평화를 의미한다.

흔히들 비신자들의 입에서 나에게 인사치레로 "당신은 신앙을 가졌으니 인생의 동요(動搖)가 없고 마음 든든하겠습니다"라는 말을 듣지만, 나는 그럴 때마다 속으로 '내 마음이 신앙 때문에 얼마나 지랄 같은지 몰라서 하는 말이지, 택도 없는 소릴 다 하는구나' 하고 쑥스럽게 느낀다.

그리고 정말 시원한 얼굴을 하고 있는 성직자들이나 아주 안도의 빛을 띠고 있는 교우들을 대할 때마다 부러운 생각이 든다. 한마디로 말하면, 나는 가톨릭 신앙으로 안심입명(安心立命)에 들어 있기보다는 도리어 자기 안에 모순과 대립으로 불안에 휩싸여 있는 것이다.

즉, 내가 명오(明悟)가 열리자부터 회의하고 고민하는 것은 아주 자연의 신비나 인간 사회의 모순 그 자체보다도 어쩌면 가톨릭이 정해 놓고(?) 가르치는바 우주관, 역사관, 인간관, 나아가서는 신께 향한 회의와 반발과 거기에 따른 불안과 고통이었던 것이다. 그래서 나는 때마다 나만이 특별히 저주받은 영혼이 아닌가 하는 지독한 절망에 빠지는 수가 있다.

그런데 20세기가 낳은 은총의 시인 폴 클로델(Paul Claudel)은 "너희가 신을 알았을 때, 신은 결코 너를 쉬게 안 할 것이다. 왜냐하면 신은 너에게 항상 불안과 동요를 줄 것이기 때문이다"라고 말했다. 내가 '은총의 시인'이라고 관사(冠詞)를 붙였듯, 열아홉인가 스무 살 때 성체강복 중에 "성서에 씌어진 것보다도 더 명백히 천주의 오묘한 계시를 체험했다"는 그가 신은 우리에게 항상 불안과 동요를 줄 것이라고 말한 것을 볼 때, 나만이 저주받은 영혼이 아닌가 하는 저 절망은 이 또한 불측한 생각이 아닐 수 없다.

한국에도 소개된 〈침묵〉이라는 소설과 근작 〈예수의 생애〉, 〈사해(死海)의 주변〉 등으로 문제작을 계속 발표하고 있는 일본의 엔도 슈사쿠[遠藤周作]라는 가톨릭 작가는 〈나와 기독교〉라는 글에서 "하도 자신의 신앙적 동요가 한심해서 어떤 신부에게 솔직히 고백했더니, 그 신부 말씀이 우리는 매일 세례를 다시 받지 않으면 안 된다. 그리스도 신자란 곧 끊임없이 회두(개전[改悛])의 연속이라고 하시더라"고 피력하고 있다. 참으로 음미할 명언이다.

좀 외람된 말인지 모르지만, 나는 일반적인 비신자 문학자나 예술인들의 고민이 무엇일까 궁금히 여길 적이 많다. 엄밀한 의미에서 신에 대한 무감각, 죽음에 대한 불가지(不可知) 속에서 고민할 것이 무엇일까? 오직 문학이나 예술의 표현 형식 때문에 그토록 고민한단 말인가? 하는 의문을 갖는다. 아니다! 이것은 역시 나의 망언(妄言)이요 망발(妄發)이다. 신의 손에서 떨어져 나갈 사람은 아무도 없다. 진실로 자기 존재를 인식하는 사람이면, 그가 신을 거부하고 배격하는 사람이라도 신과 한 번은 아니, 끊임없이 대결해야 한다.

그래서 아편쟁이로 빈민굴을 굴러다니며 노래한 영국의 시인 프랜시스 톰슨(Francis Thompson)은 신을 "뿌리쳐도 쫓아오는 하늘의 사냥개(천구[天狗])"라고 저주하듯 부르짖었다.

2

그런데 신께 대한 인식, 즉 천주를 알아 모시고 그에게 승복(承服)하면 모든 문제가 해소되고 술술 풀리느냐 하면 그렇지는 못해서 신을 우주 만물의 제일원인(第一原因)으로 삼는 데는 무신론자가 아닌 이상 우리나라 비신자들에게도 그리 어렵지가 않다.

또한 이러한 창조의 권능의 신은 그들 선신(善神)으로 믿는 자에게는 찬미를 받고, 악신(惡神)으로 보는 자에게는 저주를 받을 것이다. 이것은 어떤 나라 원시문학에고 대상이 되고 있다. 그러나 문제는 그 신이 만물 중의 예외적(?)이라 할 만큼 인간을 사랑하고 그 역사에 직접 참여하고 미래의 운명에 대해서도 그 참여 결과, 구속공로(救贖功勞)가 직접 작용한다는 것을 믿어야 하는 우리로서는 그리 매사가 간단할 수가 없다.

이것은 물론 신학의 가장 중요한 문제로서 그저 믿으면 되지 않느냐고 선뜻 얘기할지 모르나, 실은 이 속에 우리 가톨릭 작가, 나아가서는 기독교 문학의 테마의 원천(源泉)이 있는 것이다. '인간의 자유와 신의 섭리', '그리스도의 십자가와 우리의 고통', '사랑과 미움', '선과 악', '구제와 영벌(永罰)' 등이 그것이다. 이렇게 말하면 그것이 신학의 테마와 한가지가 아니냐고 하겠지만, 우리 가톨릭 작가에게 있어서 역사나 사회현실이나 인간의 모든 행동과 사건은 최소한 초자연적 세계의 투영(投影)으로 받아들이고 살펴야 한다. 가령 일반적 작가에게 있어서 인간의 한계성은 사고(思考)의 가능성과 비례하는 것이고, 선악은 필경 양심이 최종적 척도(尺度)며, 죽음도 동물적 공포일 뿐 다음엔 영원한 잠뿐이다.

그러나 가톨릭 작가에게 있어서는 천주 자신(성자 예수)이 인간으로 태어나 십자가에 매달리기까지 한 인간의 죄 문제만 해도 간단히 윤회(輪廻)나 인과응보(因果應報)로서 도저히 처리할 수가 없고, 영생(永生)과 영벌(永罰)이 직결되어 있는 죽음이나 선악의 문제를 자연양심에다만 맡기고 안온(安穩)할 수가 없다. 여기서 가톨릭의 인간관에 대하여 다시 한 번 폴 클로델의 말을 빌리자면, 그는 "십자가 위의 그분(예수 그리스도)이 겪으시는, 사방에서 잡아당겨 찢어지는 그 모순, 대립의 극단적인 아픔을 느끼는 것이다"라고 표현한다.

즉, 영혼과 육신의 대립, 선과 악의 대립, 사랑과 미움의 대립, 로고스와 파토스의 대립이 곧 십자가요, 그것이 기독교적 인간이라는 것이다. 이런 것을 문학에다 집약시켜 불란서의 노벨상 작가인 프랑수아 모리악(François Mauriac)은 인간의 드라마는 은총과 악의 싸움이라고 전제하고서, "가톨릭 문학은 그 드라마를 그리지 않으면 안 된다"라고 잘라서 말한다.

우리나라에서도 번역된 그의 작품 〈테레즈 데케이루(Thérèse Desqueyroux)〉는 한 중년 부인이 인생 그 자체에 대한 일종의 갈구(渴求) 때문에 커다란 죄의식도 없이 남편을 살해한 후 재판을 받으면서 회상하는 내면의 심리를 고백체로 그린 것인데, 여기서 우리가 주목할 것은 작가가 살인이라는 용서받지 못할 죄악을 저지른 인간을 변호까지는 않더라도 최소한 애정을 가지고 그리고 있다는 사실이다.

이는 작가가 인간 죄악의 세계를 조명하면서 그 캄캄한 속에서도 천주의 은총을 찾으려 들고 있기 때문이라 하겠다. 실로 인간의 선도 신비스럽지만, 인간의 악도 그만 못지않게 신비(?)한 면이 있다. 더욱이 우리 일반 인간의 눈에는 악이라고 비춰진 그 심연(深淵) 속에 우리의 지혜로써는 도저히 헤아릴 수 없는 천주의 은총이 깃들어 있을지도 모르고, 또 우리가 선이라고 부르고 성인이라고 부르는 인간 내면에 우리가 상상도 못할 인간의 배역(背逆)과 허위가 숨겨져 있는지 누가 아는가?

3

내가 소년 시절, 고향 덕원 베네딕도 수도원 소속 신학교에서 일어난 일이다. 거기 교수로 목(牧) 신부라는 독일인 신학박사가 계셨는데, 그분은 어느 때 강의를 하다가 신의 자비와 영벌이 양립할 수 없다고 토로하고 보따리를 싼 사건이 일어났다. 쉽게 말하면, 그는 무한히 인자하신 천주는 사람이 아무리 잘못을 저질러도 지옥이라는 영원한 징벌을 스스로 내리지 못하시리라는 이야기다.

당시 나의 소년의 머리로서는 공감이라기보다 학자의 양심이 갖는 용기와 그로 말미암아 당하는 자기희생(수도원에서 추방됨)에 동정을 느꼈었다.

그런데 실은 이 문제가 어쩌면 가톨릭 문학자들, 특히 소설가들의 최대의 고민인 것을 장성해서 알게 된 것이다. 즉 작가들은 자기 스스로가 작품 속에서 인물을 창조함으로써 조물주의 애정을 몸소 체험(?)하고 그 애정으로 인하여 자기가 창조한 인물들이 최소한 구령(救靈)되기를 바라게 하는지도 모른다.

여기서 우리는 작품 실례 하나를 음미해 보자. 우리나라에도 〈제3의 사나이〉, 〈사랑의 종말〉, 〈조용한 미국인〉 등 영화나 번역으로 널리 알려진 영국의 그레이엄 그린(Graham Greene)의 〈사건의 핵심〉을 보면, 주인공 스코비는 서부 아프리카 어느 바닷가 소읍 경찰서 부서장이었다. 그런데 그의 부인 루이즈가 전지요양을 간 사이 조난선에서 자기가 구출해 온 젊은 헬렌을 연민의 마음에서 간호하다가 마침내는 그 고독한 여인과 애정(간음을 의미함)에 빠진다. 그러나 부인이 돌아오자, 그는 차마 부인을 배반할 수가 없어 모령성체(冒領聖體: 대죄인[大罪人]이 성체를 받음 – 필자 주)를 하면서까지 그녀를 속이고, 한편 애인 헬렌도 버릴 수가 없어서 마침내는 선의(善意)만의 약함 때문에 자살을 하고 만다는 줄거리다. 바로 그 비극의 주인공 스코비가 죽기 전에 "나는 살아 있는 한, 그녀들 중 누구도 버릴 수가 없다. 그러나 내가 죽음으로써 그들의 피 속에서 나를 멀리할 수 있을 것이다"라고 독백하고 이어서 "천주여! 나는 이 이상 당신을 모욕할 수가 없습니다. 당신도 나를 영원히 잊으시면 훨씬 편하시겠지요. 내가 당신의 손이 닿지 않는 곳(지옥을 말함 – 필자 주)에 가고 나면 당신은 평안을 얻으시겠지요"라고 절규한다.

그 애절함이야 어떻든 간통을 범하고, 고해(告解)도 안 하고, 모령성체를 하고, 자살이라는 신학적으로 제일 큰 실망의 죄를 범한 그가 구령되었다고는 일반적 교리의 세계에서는 생각할 수가 없다. 그렇지만 그 소설은 마감대목에서 랑크라는 신부의 입을 빌려 "이렇게 말하면 좀 이상하게 들릴지 모르나, 그렇듯 잘못을 저지른 사람 스코비지만 나는 어쩐지 그 사람이 진정으로 천주를 사랑했다는 생각이 드는군요"라고 술회시킨다.

이로 인하여 금세기 가톨릭 문학의 유명한 논쟁이 벌어졌으니, 즉 '스코비는 영벌(지옥)을 받았겠는가?'라는 시비가 바로 그것이다. 이 사건에 대하여 벨기에의 샤를르 뮈레 신부를 비롯한 신학자들은 대체적으로 "그것(구령의 문제에 대해 왈가왈부하는 것 – 필자 주)은 좋건 궂건 천주께서 각자 운명에 가지고 계신 섭리에 부당히 간섭하는 것이다"라고 비난하고 있고, 프랑수아 모리악을 비롯한 가톨릭 문학자들은 "저 피눈물 나는 고통 속에서 자기의 멸망마저 결행한 그의 사후(死後)에 천주께서 안식을 드리워 주실 것을 바라는 것이 왜 나쁘냐?"고 이를 변호하고 있다.

한편, 얘기는 좀 비약하지만 가톨릭 문학의 내면의식을 추구한 또 하나의 효장(驍將) 샤를르 페기(Charles Péguy)도 작품 속의 주인공을 통해 "주여! 지옥에 떨어지는 영혼이 단 하나라도 남을 때까지는 오히려 그를 대신하여 나에게 형벌을 주소서" 하고 갈원(渴願)한다. 마치 우리 동양 불교의 지장보살이 "모든 중생이 성불(成

佛)할 때까지는 지옥에 떨어져 있겠다"고 발원(發願)한 것을 상기시킨다.

  아니할 말로 이러한 타애(他愛)의 발원 없이 어찌 박애(博愛)에 철(徹)할 수가 있으며, 어찌 착한 목자가 될 수 있겠는가? 또한 이것은 나의 독단이지만, 우리 교회가 앞으로 타 종교와의 대화에 있어서 최대의 장벽은 바로 이 영벌 문제라고 본다.

  여기서 내가 생각나는 것은 1963년 6월 3일, 이 땅의 구도자적 시인이셨던 공초(空超) 오상순(吳相淳) 선생이 별세하셨을 때, 나는 그 제자로서 추도문을 쓰게 되었던 일이다. 그런데 그분은 대체적으로 불교로써 그의 생애와 사상을 완성하신 분으로, 가톨릭인 나와는 대척적(對蹠的)인 신앙과 그 방법 속에 사셨는데, 그 사후의 영생을 축원하는 데 있어 나는 가브리엘 마르셀(Gabriel Marcel)이 알베르 카뮈(Albert Camus)에 향한 추도문을 인용하여 "저렇듯 인간으로 더할 바 없는 무신자의 진실이 사후에 영관(榮冠)을 가져오리라고 가톨릭인 내가 왜 믿지 않으랴!"고 쓰고 신의 영광 속에 그분도 깃들 것이라고 기록하였다. 물론 이것은 내가 20세기 가톨릭의 세계적인 사상가였던 가브리엘 마르셀의 위력을 빌렸다고는 하나, 신념을 가지고 표백한 것이요, 한국에서 기독교인이 무신론자의 영생을 공표한 그 효시라 할 것이다.

4

  위에서 내가 너무나 신덕도리(信德道理)에 저촉되다시피 하는 문제만을 끄집어 내고 있고, 또 문학자들은 왜 신앙으로 믿을 줄 모르고 그렇듯 회의와 추구만을 일삼느냐고 하는 사람이 있을지 모른다. 그러나 이러한 내면의 정직과 성실성과 추구력 없이는 실제 진정한 문학은 성립되지 않는다. 아니, 실상 참된 십자가의 신앙도 발동되지 않는다.

여기서 말머리를 돌려 이번엔 가톨릭 문학이 일반 문학과 다른 특수한 의식 내용의 예를 좀 살펴보기로 하자. 앞서 인용한 그레이엄 그린의 〈사건의 핵심〉 속의 모령성체 장면인데, 부인이 정양(靜養)을 간 동안에 정부(情婦)가 생긴 주인공 스코비는 부인이 돌아와도 시치미를 뗀다. 그러나 여자의 본능으로 이를 예감하는 부인은 그 다음 주일, 남편과 성당엘 가면서 만일 남편이 성체를 영하면 마음에 거리낌이 없다는 증거요, 만일 남편이 성체를 안 영하면 이는 무슨 탈(간음을 범함)이 난 증거라고 내심에서 시험한다. 이러한 부인의 속을 환히 아는 남편 스코비는 두 가지 공포에 고민하게 된다. 즉, 그가 성체를 안 영하면 아내에게 자기의 정사(情事)가 발각됨으로써 그녀를 질투와 무한한 고민 속에 몰아넣게 되고, 성체를 영하면 모령성체를 함으로써 예수 그리스도를 모욕하고 십자가를 지고 비틀거리는 그를 자기가 또다시 매질하는 것이 된다는 것을 알고 괴로워한다는 이야기의 줄거리다.

이러한 주인공의 고민과 그 아내의 심리기미(心理幾微)는 가톨릭 신자가 아니고는 도저히 상상도 못할 것으로 대죄를 짓고서 고해를 받지 않고 성체를 모신다는 것이 신자로서 얼마나 공포가 따르는 범죄인가를 불공(佛供)이 끝나면 마음에 죄가 있거나 없거나 참여했던 사람은 다 함께 음복(飮福)을 하는 불교도나, 시제(時祭)를 모시고는 제수(祭需)를 동네사람들이 모두 나누어 먹는 유교풍습에 젖은 사람이거나, 성사(聖事)와 미사를 모르는 일반 기독교 신자들에게는 이해가 안 갈 것이다.

주인공 스코비는 이어서 탄식하기를, "오오! 천주여, 저는 언제나 스스로 당신의 대답(교리나 교회의 가르침)을 너무나 잘 알고 있기 때문에 저만이 죄인이올시다"라고 한다. 이 '언제나 스스로 대답을 알고 있다'는 말이야말로 가톨릭에 뿌리박은 신앙을 가지지 않고서는 나오지 않는 말이다. 앞에서도 언급했지만, 일반 비신자들은 우주나 인간이나 사회의 본질적 의미를 암중모색하지만, 가톨릭인들은 이미 신이나 인간이나 만물만사에 대해서 너무나도 명백한 정의와 결론을 갖고 있기 때문에, 또 그 행동규범마저도 명시되어 있기 때문에 거기서 벗어난다는 것 그 자체가 벌써 죄의식을 불러일으키는 것이다.

그래서 스스로가 '죄를 범하는 줄 알면서' 간통을 하고, 모령성체를 하고, 자살을 하고, 이러한 공포와 전율을 느끼면서 자기를 영원히 멸망시킬 각오마저 가지고 스코비는 그것을 택했던 것이다. 그래서 그는 신에게 "당신 손이 닿지 못할 곳(지옥)으로 제가 가면, 당신이 평안하실 것입니다"라고 부르짖는 것이다.

우리 동양 불교에는 다정불심(多情佛心)이라는 직관(直觀)의 세계가 있어 오히려 이러한 소식을 이해하기 용이한 면도 있다. 그러나 여기서 주목해야 할 것은, 이러한 서구 가톨릭 작가의 치열한 추구는 동양의 범신적(汎神的) 이해가 아니라, 곧 문학의 신앙적 대결의 경지인 것이다. 이는 어떤 의미에서 교리신학에 향한 도전이라고도 할 수 있다.

그 외에도 가톨릭 문학자들만이 치르고 겪는 고민과 대결의 세계란 헤아릴 수가 없이 많다. 왜냐하면 그들은 인간의 악을 그려가는 데에는 그 죄와 악과의 색다른 공범자(?)가 되어야 하기 때문이다. 그래서 현대 가톨릭 문학의 대표라고까지 말할 수 있는 조르주 베르나노스는 그의 작품 〈악마의 태양 아래서〉의 주인공 도니산 신부의 입으로, "나도 이전에는 악마에게 이기지는 못했어도 싸우려는 투지만은 지니고 있었다. 그러나 이제는 악마의 발 아래 깔려 있다"고 탄식케 한다. 이것은 널리 알려지다시피 현대의 성자 비안네 신부를 모델로 하였다고 하지만, 한편 그 작가의 내면의 토로이기도 할 것이다.

5

이제 마감으로, 그러면 가톨릭 문학자들은 왜 저와 같은 주제넘은 문제의식을 안고 고민하고 있는가? 여기에 덧붙여 몇 마디 해두어야 하겠다. 한마디로 말하면, 작가들은 신학자나 철학자들처럼 인식의 명제(命題)로서가 아니라 생명 있는, 즉 살아 있는 인간을 그려야 하기 때문이다. 작가들이 인간의 가장 내부 속을 들여다 볼 때 인간의 무한한 모순과 분열과 대립을 통찰 안 할 수 없으며 그 영혼 속에 비밀리 작용하고 있는 은총의 세계는 물론, 죄악의 세계도 직시 안 할 수가 없는 것이다. 이때 작가는 파고들면 파고들수록 죄나 악에 고통하고 있는 인간에게 가엾은 생각, 즉 연민을 느끼게 되고, 또 공감마저 일으키지 않고서는 그것을 묘파(描破)할 수가 없다.

그렇지 않고선 〈제자〉를 쓴 부르제(P. Bourget)를 비롯한 수많은 호교(護敎) 문학자들처럼 인간을 이념의 꼭두각시로 만들기 십상인 것이다. 이것은 아무리 잘 맞춰서 그려 놓았더라도 문학의 타락이요, 참된 예술은 아니다.

그러면 작가는 제 마음대로 제멋대로 그리고 싶은 죄나 악의 세계를 그려서 예술적 감동만 주면 그만인가 하면 가톨릭 작가의 경우는 그렇지도 못하다. 즉, 그 자신이 죄악의 세계를 헤매면서도(묘사하면서도) 동시에 신자로서 그 죄에 물들지 않아야 하는 의무가 있으며, 또한 동시에 독자들을 죄악에 빠지게 해서는 안 된다는 두려운 책임이 있다.

이러한 문제를 이 역시 20세기 가톨릭의 대표적 철학자였던 자크 마리탱(Jacques Maritain)은 "예술은 그 자체가 현덕(賢德)이나 예지(叡智)에 속하지 않지만, 그 주체(작가) 속에 있어서는 예술은 그의 완성에 종속된다"라고 경고한다. 다시 말하면, 예술은 윤리적인 의무가 없지만 그 작가는 자기완성의 윤리적인 책임이 있다는 말이다. 이에 대하여 정면의 반대라기보다는 작가의 고충을 프랑수아 모리악은 다음과 같이 솔직히 털어놓는다.

"높은 곳에서(거룩한 마음으로 - 필자 주) 죄악에 떨어진 피조물을 그릴 수는 없다. 그들(작중인물 - 필자 주)이 작가보다 더 강한 힘을 가져야만 그들은 처음으로 산 인물이 된다. 또 작가가 마음대로 이끌 수는 없다. 만일 그렇게 되면 작가는 작중인물에 대해 비판과 간섭이 생기며 이래서는 그 작품은 실패한다. 가령 성인(聖人)이 된다면 몰라도 그러나 그때(성인이 된 때 - 필자 주)는 소설을 쓰지 못할 것이다."

이렇듯 그는 "나는 소설가다, 가톨릭이다, 여기에 나의 싸움이 있다"라고 잠언 같은 말을 남긴다.

이러한 모든 가톨릭 작가의 문제의식과 그 고민들은 필경 십자가의 예수 그리스도의 오뇌와 고통, 즉 천주 친히 우리 앞에 체현(體現)하신 수고 수난을 이들 역시 따르는 것이라 하겠다. 실상 우리는 싸우지 않고 저러한 고통 없이 예수의 제자가 될 수는 없다. 더욱이 그 승리의 보상을 기대할 수는 없다. 흔히 우리는 얼마나 많이 부전승(不戰勝)을 이룬 듯한 구역질 나는 가톨릭 신자들의 얼굴을 대하고 있는가!

가톨릭 작가들에게 있어, 아니 참된 작가라면 이러한 모순과 갈등은 언제나 그를 괴롭힐 것이다. 그리고 신앙과 자기성실의 파열 속에 언제나 살지 않으면 안 될 것이다. 어쩌면 이 비극적인 함정에 기꺼이 몸을 내던지지 않으면 안 될 것이다. 이러한 심연에 무아(無我)의 투기(投企)야말로 승리, 곧 부활을 가져다 주는 것이리라.

신(神)의 무덤

내가 요사이 감명 깊게 읽은 우리 가톨릭의 두 가지 저작이 있다. 그 하나는 정진석 주교의 번역인 토머스 머턴의 《칠층산》이요, 또 하나는 박갑성 교수의 번역인 R. 아돌프스의 《신의 무덤》이다.

실로 두 책이 다 명저요, 또 명역들로서 《칠층산》은 현대정신의 미로(迷路) 속을 방황하는 사람들에게 등불이 될 것이며, 《신의 무덤》은 현대사회의 격랑 속에 뒤흔들리고 있는 오늘의 교회에 등대 구실을 할 것이다. 여기서는 우선 《신의 무덤》을 소개해 볼까 한다.

우선 이 책의 충격적인 제목을 저자의 글의 한 대목을 빌려 해명해 보자. "교회가 세계 속에 현존한다는 것은 단순하게 피동적으로, 혹은 인상적(印象的)으로 '거기 존재한다'의 문제가 아니다. 그것은 여기, 그리고 지금의 상황 속에 개입되어 현실적으로 존재하는 것이 문제다. ……내가 보는 바로는 교회는 이러한 뜻으론 현존하고 있지 않다. 그래서 내려지는 논리적 귀결로 만일 교회가 현재하는 그대로의 일을 계속하고 현재 있는 그대로 있게 된다면, 교회는 미래가 없다. 그 아름다운 교회 건물과 우아한 대성당들은 묘비가 될 것이고, 신과 그리스도교의 무덤들이 될 것이다."

이러한 관점에서 붓을 든 저자는 그 제1장 '문제의 상황'에서 오늘날 교회가 당면하고 있는 위기적인 문제의식들을 기독교 각 파 신학자들이나 교회 사상가들의 소견과 주장을 총동원하다시피 인용해 가며 종횡무진, 예리한 메스로 해부하듯 파헤쳐 놓고 있다.

그리고 제2장 '미래'에서는 현대 기술시대에 있어서의 사회구조나 거기에 따른 인간 생태에 대한 자기 나름의 미래학적 고찰을 하면서 교회의 가르침이나 그 형태가 이와 너무나 모순, 괴리, 부조화 속에 있음을 지적하고, 제3장의 '세속적 상황 속에 있는 교회'에 가서는 교회의 세속화는 그리스도교 신앙의 본질에서 오는 것으로 그 필연성을 여러모로 제시한다.

즉, 그는 신학자 요하네스 B. 베츠의 견해인 "세속화의 현대적 과정에서 나타난 세계의 세속성은 기본적으로 그리스도교에도 불구하고가 아니라 바로 그리스도교에 의하여 이루어진 것이다. 그것은 그 근원에 있어서 그리스도교적인 사건인 것이다"라는 말을 인용하여 신학적 반성을 제기하면서 피엘 버튼의 "교회가 질서를 세우려고 하는 대상인 현실적인 인간상황보다 교회 자체의 율법적인 구조가 더욱 귀중하다고 간주하는 한, 교회가 전교해야 할 메시지보다 교회가 스스로를 더 위대한 결실이라고 보는 한, 그리고 교회 스스로의 쇄신보다 세계의 혁신을 더욱 긴요하다고 생각하는 한, 교회의 미래는 없다"는 말로써 공의회 이후의 교회 쇄신의 부진한 상황마저 신랄하게 비판하고 있다.

제4장 '교회와 케노시스', 제5장 '교회와 미래'에서는 이러한 문제의 제시와 그 비판 위에서 저자 자신이 갖고 있는 교회의 본질적인 회귀와 현실적인 구체적 쇄신안을 실로 대담하게 제출한다. 즉, 그는 교회가 먼저 예수 친히 창설하신 당시의 그 모습으로 돌아갈 것을 주장한다. "당신의 것을 모두 버리시고 종의 신분을 취하셔 오신" 그분을 따라 "먼저 자기의 모든 것을 버려야" 한다는 것이다. 바오로 서간의 찬가 케노시스는 바로 이 '자기를 버리고 비우는 것'을 뜻한다. 그는 이 교회의 본질적 회귀를 "몸의 생명은 머리의 생명과 같으며 신부(新婦)는 신랑을 따라야 한다. 만일 교회에

미래가 있어야 한다면, 교회는 모든 권력에 대한 요구와 갈망, 모든 명예와 전시효과에 대한 애착을 버려야 한다. 그리스도를 위해서 교회는 복음성서의 가장 깊은 뜻에서 청빈해져야 한다. 권력을 행사해서 사람을 행동시키는 종이 아니라, 다만 사랑으로만 다스리는 자가 되어야 한다"라고 절규하고 호소하는 것이다. 그리고 그는 교회가 자기를 버리고 비우는 현실 모습으로서,

-교회국가, 즉 로마시국(市國)의 철폐
-무류지권을 포함한 교황권의 군주적 형태의 제거
-교회 재판 제도의 철폐
-세속신부의 독신제 배제와 기혼자들의 성직 허용
-평신도들의 신학교육
-교구의 속지적(屬地的) 조직의 철폐

등 실로 대담무쌍한 제안을 하면서 "내가 제안한 것이 지극히 극단적인 개혁인 것같이 보일 수도 있을 것이다. 그러나 나는 교회의 본질에서 아무것도 변질시키지 않았다. 내가 제안한 것은 모두가 교회의 뿌리를 무한한 풍요성에로 이끌어 주려는 데 있었다. 하나의 케노시스적인 교회가 제왕적 권력의 교회보다 그리스도의 신비에 더욱 웅변적인 증거가 될 것이다"라고 부언하고, 결론으로 복음성서의 '하얗게 칠한 무덤과 빈 무덤' 중 우리 교회는 신인(神人) 예수 그리스도의 부활의 상징인 빈 무덤이 되어 다시 살아나야 한다고 감동적으로 표현하고 있다.

나 역시 저자에 대하여는 역자가 그 후기에서 "화란인으로 성 아우구스띠노회의 수사 신부(修士神父)"라고 소개한 것밖에 아는 바 없고, 또 그의 사상의 깊이도 이 책 한 권으로 헤아릴 바 없으나, 오직 이 책만으로도 오늘날 유럽의 기독 신학자들이나 교회 사상가들의 그 심각한 신학적, 교회적 반성의 소론(所論)들을 단편적으

로나마 접할 수 있었다는 다행과 아울러 이 책이 버젓이 '교회 인준'을 받고 출판되었다는 그것 하나만으로도 동방 변방(邊方)에서 우물 안 개구리로 있는 나에게마저 교회 쇄신에 대한 자유로운 의욕을 불러일으켰다 하겠다.

그리고 또 한 가지, 이 책을 읽으면서 내가 느낀 것은 교회의 세속화, 즉 중생화(衆生化)가 이루어지고 교회의 공허화(空虛化-무소유화라고 하면 좋겠다)를 실현하기 위해서는 결국 그 주체인 인간들이(교직자와 신도) 불교에서 말하듯 상구보리 하화중생(上求菩提 下化衆生)이 되어야 하는데, 그러한 아공(我空) 상태에 들어가는 영성수덕(靈性修德)에 대한 새로운 제시가 아쉬웠다면 나의 욕심일까?

그래서 나는 이 글 머리에서 언급한 토머스 머턴의 《칠층산》을 이 책과 함께 읽을 것을 권장하는 바이다. 더욱이 《신의 무덤》이 삼성문화 문고판으로 출간되어 있어 어느 독자들이나 부담 없이 구입할 수 있게 된 점은 퍽 다행한 일이라 하겠다.

기독교와 사회참여

복음(福音)의 사회성

우리가 복음에서 어떤 구체적인 사회문제를 직접적으로 해결하려 들 수는 없다. 한마디로 말해 예수 그리스도는 경제문제라든가 정치문제에 구체적인 방침이나 의견을 표시하지는 않았다.

가령 오늘날 우리가 그런 그리스도의 발언을 상상해 볼 때 당시 이스라엘 사회에 아무리 유익한 교훈이 되었다 하더라도 모든 사정이 일변되고 복합화한 현대에 맞출 때에 모순까지는 일으키지 않는다 하더라도 빈약하거나 공허한 것이 되었을 것이다.

이와는 달리 유태교는 하나의 정치 방침이기도 하였다. 이스라엘의 민중 지도자인 모세는 종교법과 동시에 일단 속사법(俗事法)의 입법자이기도 하였다.

그런데 그리스도는 도덕적, 종교적 생활의 의무를 사회생활의 의무와 엄연히 구별하였던 것이다. 그러나 이 구별은 어디까지나 인간생활의 분리를 의미하는 것은 아니다. 왜냐하면 종교적, 도덕적 양심이나 속사적, 경제적 양심을 분리할 수는 없으며 양자는 필연적인 관련을 갖기 때문이다.

그리스도는 민법을 만들지도 않고 경제학 원론을 쓰지도 않았지만 개인으로서 또는 사회인으로서의 인간에게 관심을 기울이고 있다. 즉 그는 윤리적이며 종교적인 원리를 제시함으로써 새로운 사회의 새로운 정신을 진작시켰던 것이다.

어떤 특정된 행위를 명령하지는 않았지만 정신의 근저를 개선시킬 것을 요구하였고 이것을 다시 말하면, 인간의 전 행위의 개선을 명령한 것이나 다를 바 없다.

그리스도는 '하느님의 나라'라는 절대자를 중심으로 하는 새로운 사회를 조성한 것이다. 즉, 이 세상을 무한을 위한 조직으로 개혁시킨 것이다. 이것이야말로 그리스도가 이 세상 여러 문제에 관심을 가졌던 증거가 되기도 한다. 그는 인간 사회를 보다 더 높은 차원에서 개편하려고 하였다.

이 세상의 모두 사라 없어질 무상한 것을 무한한 것으로, 일순의 행위를 영원한 상벌과 결부시켜 지상사회(地上社會)를 천상적인 것으로 재건하려는 것이다. 여기에는 역시 그의 신인성(神人性)이 작용하였다 하겠다.

그리스도 이전의 구약 사회는 그 자체 속에 기준을 가지고 있었으며 그 최고 목표는 '국가'였다. 그러나 그리스도의 새로운 사회의 기준과 목적은 그 자체 속에 있는 것이 아니라 이를 초월한 것이었다. 그래서 개인이나 사회인으로서의 인간도, 또는 가정이나 국가도, 자기를 초월하고 자체의 가변성을 초월해서 항상 불변하는 제일원리(第一原理)에 합치시킴으로써 이루어진다.

바꿔서 말하면 그리스도는 사회의 제도가 아니라 마음의 개혁을 행했던 것이며 그것은 일시적이 아닌 본질적 혁명이었던 것이다. 그래서 예수 그리스도의 교훈은 오늘날도 불변하는 가치를 지니고 있다. 가령 그가 오직 당시의 민족 해방자나 노예 해방자로 끝났달 것 같으면 간디나 링컨과 더불어 숭배를 받음으로써 족했을 것이다. 그리고 오늘날에 와서 그의 교훈은 세계 평화라든가 군비 축소라든가 민족해방과 국가의 자립이라든가 경제의 균등에 대하여 아무엇도 가르치는 것이 없어졌을 것이다.

그러나 그리스도가 가르친 정의와 인인애(隣人愛)는 오늘의 모든 위기에 있어서도 사회를 조명하고 있는 것이다. 그래서 가톨릭 교회는 1891년의 교황 레오 13세 회칙 '근로인의 상태에 대하여'나 1931년 교황 비오 11세의 '사회질서의 재건에 대하여'나 또 현재 세계 평화 전진의 지침이 되고 있는 1963년 선교황 요한 23세의 '지상의 평화'와 같은 역사적인 사회 회칙을 냄으로써 그리스도의 사회의 절대원리인 애덕과 정의를 생성 발전하는 사회에 적용하고 해석하고 방침을 준다.

앞서도 말한 바와 같이 그리스도는 표면적으로나 직접적으로 가르치지는 않는다. 개개의 사정에는 될 수 있는 한 작용하지를 않고 그가 움직인 것은 인간의 마음속에 불변하는 생명의 핵심을 문제로 삼았다.

왜냐하면 인간 행위의 진원은 마음에 있는 것이니 그는 부정이나 범죄를 금한다든가 벌하는 것으로 인간문제가 해결되는 것이 아니라 그런 불의한 것을 일으키는 마음을 뜯어고침으로써 말하자면 발본색원하여야 된다고 여겼기 때문이다.

즉 "사람을 더럽게 하는 바는 사람 속에서 나오는 것이니 대개 사람의 마음속에서 악한 생각과 간음과 사음과 살인함과 도적질함과 간린(교활)과 비리행사(사기)와 속임과 음란함과 악하게 봄과 설독(독성[瀆聖])함과 교만함과 광패(狂悖)함이 나오나니 이 모든 악이 속에로조차 발하여 사람을 더럽게 하나니라" 한 복음의 기록대로 인간의 교정이 형법처럼 살인자를 형벌하는 데 그치지 않고 그 근본에서 개전시키려 드는 것이다. 이렇게 그리스도의 교훈이 직접적이 아니라고 해서 복음의 역할이 가볍다고 누가 결코 말할 수 있으랴.

그래서 교회는 국가권력과는 달리 인간행동의 가장 심부에서 작용하게 된다. 그렇다고 교회가 시민의 사회교육에 등한한 것이 아님은 현실적으로도 알 수 있다. 오직 교회는 그 방법으로서 먼저 기독의 준봉자를 만드는 것이다.

 이를테면 사회에 있어 기독교도는 시민이지만 동시에 기독교도로서 행동하는 까닭에 그들의 최고의 윤리방침으로서 기독교의 원리를 수행하는 것이다.

기독교적 한계

 이상과 같이 기독교는 사회생활에서 일어나는 구체적인 현상이나 문제를 해결하지는 않는다. 거기서 강조하는 가르침은 그런 협소한 것이 아니라 보편적이며 내질적인 문제들인 것이다. 그러나 기독교도 새로운 사회제도를 희구하고 있다. 즉 그것은 '악마의 나라'가 아니라 '하느님의 나라'이며 또한 그 중심은 인간이 아니고 하느님인 것이다.

 "너 먼저 주의 나라와 그 의를 구할지니 이외의 것은 거기 따를지니라" 한 프로그램은 실증론자나 유물적 견지로 보면 비현실적으로 들릴지 모르나 가치 단계의 원리를 확정시킴으로써 사회학적으로도 풍부한 내용을 가지고 있는 것이다. 여기에서는 인간의 목표를 '하느님의 나라'에 두고 있다. 이 '하느님의 나라'란 영원한 정의와 사랑에서 기초 지어진 종교적, 도덕적 율법을 가지는 하느님을 중심으로 조직된 사회를 의미한다.

 그러므로 물질 위에다 정신을 놓는다. 그러나 "먼저 주의 나라를 구하라" 하는 것은 그것만을 구하라는 의미가 아니라 오히려 그것을 구한 후 그 도움을 얻어서 그 결실로서 다른 것을 구하라는 것이다. 이런 소식은 천주경(속칭 주기도문)에 명백히 되어 있다. 즉 "네 거룩하신 뜻이 하늘에서 이룸과 같이 땅에서도 이루어지고"라고 구한 후 "오늘날 우리에게 일용할 양식을 주시고"라고 명기된다.

만일 이것이 양식만에 한정된다면 인간생활은 오직 밥버러지에 지나지 않을 것이다. 그러나 인간은 빵의 문제도 정신에 종속되는 것이니 하느님의 나라에 구한 정의만이 필시 빵의 평등분배도 원만히 이룰 수 있을 것이다.

이렇듯 기독교는 모든 사물을 그의 타당한 위치에 놓고 그 밖에서 그것을 초월하는 힘을 가지고 해결한다. 즉 하느님의 나라가 지배하는 종교적, 윤리적 율법에 따르게 하는 것이니 정의와 애덕(愛德)을 따라 의인이 되라고 하는 것은 부정과 악행을 피하게 함이요, 이는 곧 불의와 죄악의 폐지를 의미한다.

이래서 인간 사회에 있어서도 하느님과 인류, 이렇게 배역은 둘이 된다. 아버지인 하느님은 결핍도 없고 제한도 없이 만유 위에서 모든 것을 안배하고 그 밑에 인간은 갖가지 결핍에 쌓여서 행동한다. 기독교의 사회적 활약은 이런 이원론적인 범위에서 행동하게 된다.

첫째 기독교의 직접적이며 구체적인 행동의 하나는 계급과 국가와 민족을 불문하고 고통받고 굶주린 사람들을 보호하고 조력해야 된다는 것이다. 이 의무는 기독교 사회율법의 제일의적인 것이다. 그래서 기독교가 병인(病人)을 간호하고 아동을 교육하고 노동문제에 정의를 권장하는 것은 예수 그리스도가 중풍 든 자와 나병 환자를 치료하고 어린이들을 가까이하고 이웃을 사랑하라고 한 교훈을 본받는 것이며 이런 사명감이 오늘날 전 세계의 기독교 사회자선사업 기관을 조성한다.

정치문제나 사회문제에 있어서도 간접적이긴 하지만 광범하고도 논리적인 기독교의 간섭이 이루어진다. 그것은 기독교의 윤리를 개인적으로나 또는 국가적인 모든 제도나 사회에 전파해야 한다는 의무에서 생겨나는 것이다.

기독교는 "헛맹세를 하지 말라, 간음을 말라, 도둑질을 하지 말라, 약한 자를 협박 말라"고 구호로만 부르짖는 게 아니라 어떤 나라의 주권자라도 허위는 허위로서 규탄하고 어느 여왕이나 공주에게도 결혼의 일체성에 위반될 때에는 이를 질책한다.

또 도둑질을 한 어떤 사람이나 사기를 한 어떤 사회나 정의와 자연법을 거슬린 어떤 나라라도 그 비리를 훈계하며 약한 자를 억누르는 자는 그가 신성 로마의 제왕이라도 지탄한다. 가령 교회가 적극적으로 물질적이나 도덕적 불행에 대하여 이를 구조할 힘이나 의무가 없다 할지라도 또는 사회의 도덕이나 정의문제에 참여치 않는다손 치더라도 적어도 기독교의 율법에 가해지는 비위에 대하여서만도 가만히 있을 수는 없는 것이다.

이를테면 예수 그리스도는 병자를 낫게 하고 군중에게 설교를 하면서는 당시의 중의회(衆議會)의 제도를 문제 삼지 않는다. 그러나 그 중의회를 구성하고 있는 '바리사이'들의 위선과 율법학자들의 이기심에 향하여는 통박을 가한다. 또한 당시 헤로데 정치에 대해서는 아무 언급이 없지만 도덕에 관해서는 여우[狐]와 같다고 부르고 자신의 포교에 대해서는 일체의 간섭을 거부한다. 언뜻 이것을 보고 종교에 관계없는 지나친 개입이 아니냐고 생각할지도 모른다. 그러나 예수 그리스도가 그러했듯이 기독교의 자율 자체가 사회성을 필연적으로 지니게 되는 것이다.

실제에 있어 기독교는 지상 사회의 종교 간섭을 거부하지만 동시에 기독교의 도덕을 지상 사회에 선포한다. 다시 말하면 국가 사회를 우유(偶有)의 범주 속에 몰아넣고 기독교 자신만이 절대성을 갖는다 하겠다.

　예수 그리스도가 손수 세우고 그 속에 항상 직접적으로 작용하는 사회인 기독교는 천상의 것인 동시에 지상의 것이다. 그리고 이 지상에도 하느님의 나라를 실현하고자 그리스도와 더불어 이 세상과 싸우며, 가르치며, 보호하며, 울며 살고 있다.

　그들의 목적은 하느님이요, 천국이지만 그 목표는 이 세상에서 행한 그들의 행위로써 보상되는 것이니 이로써 기독교인들의 행위는 대체로 사회적이라고 말할 수 있다.

　그러므로 기독교는 사회적 활동에 대하여 그 어떤 방침과 어느 한계를 지닌다. 특히 국가의 절대성을 부정하고 인간이 물질에만 종속되는 것을 금하며 하느님을 목적으로 하는 초월계(超越界)를 제시한다. 한편 기독교는 애덕을 의무로 삼고 직접 사회에 참여하여 전 사회의 제도를 개선하고 자극하고 교도하고 감화한다. 이것은 사회제도까지도 인간 구제의 수단으로 삼으려 하는 까닭이다. 이것이 곧 기독교의 신학이며 여기에 사회적 원리가 귀일한다.

　이러한 기독교의 방침은 고대의 이교사회(異敎社會)를 개혁하고 개선하였다. 즉 사회의 절대원리로서 애덕을 폭력에 대치함으로써 고래(古來)의 사회관을 뒤집어엎었다.

　오늘에 있어서도 기독교와 비기독교 간의 사회운동의 근본적 상위점은 여기 있다. 실례로써 유물사관적 사회운동의 물질적 힘으로서의 세계 통일을 대비하면 명백해진다.

　기독교의 애덕은 사회 덕 그 자체다. 이 애덕은 한 개인을 개인의 탐욕 속에서 이끌어 낼 뿐 아니라 가능한 한 자기 스스로가 희구하는 도덕적, 물질적 상태에 이웃(인인[隣人])도 끌어올리려고 노력케 한다. 그리고 여기서 처음으로 인간의 유대는 혈연(血緣)으로 맺어진 일가족이 된다. 이 혈연은 선조 아담의 피와 예수 그리스도의 피로써 이룩되는 것이다.

이렇게 볼 때 기독교는 가장 사회성이 풍부한 종교임을 알 수 있다. 또한 가장 큰 사회며 조직체인 기독교의 오늘이 이를 반증하고 있다.

■ 《우리 삶, 마음에 눈이 떠야》(1993)

김대건 신부 약전(略傳)

1925년 7월 5일, 가톨릭의 총본산인 로마 대성전(大聖殿)에서는 장엄하고도 화려한 시복식전(諡福式典)이 거행되었다. 시복식이라 함은 가톨릭교회가 죽은 사람들 중에서 만인이 공인하고 모범할 만한 덕행이나 순교자를 복자(福者)로 선언하는 예식을 말한다. 복자라 함은 교회가 공식적으로 추존(推尊)하는 성자로서, 먼저 이러한 인물을 가경자(可敬者)로 선정하여 엄밀히 그 덕행과 그에 따르는 사적(事蹟)을 조사한 후 복자 위(位)에 올리고 또다시 현저한 영적을 발견했을 때는 성인 위(聖人位)에 추존하는 것이다.

식전의 클라이맥스라고 할 수 있는 제막식이 벌어졌다. 주인공들의 초상화의 휘장이 벗겨지자, 휘황찬란한 불빛을 받으며 오색 화면에 나타난 것은 바로 김대건(金大建)을 비롯한 한국의 순교자 79위의 모습이었다. 이들 중 세 사람의 프랑스 선교사를 제외하고는 모두가 자기 신분에 맞는 의관과 의상을 한 한국의 아들딸들이었다.

70여 세의 노인이 있는가 하면 12, 13세의 소년 소녀가 있고, 명문대가의 자녀들이 있는가 하면 왕실의 궁녀들이 있고, 당대의 거유(巨儒)가 있는가 하면 두메산골의 초부, 촌부도 있었다.

대성전 안을 메운 회중의 눈은 일시에 이 동방의 군선도(群仙圖)로 집중되었다. 그리고 신비한 흠모와 감격이 선남선녀들의 가슴속을 전류와 같이 흘러들었다. 이 순간 천상의 음률인 듯 울려오는 파이프 오르간에 맞춰 그레고리오 성가 감사곡(Te Deum)의 합창이 터졌다. 성가대와 일반 회중은 눈물어린 감흥으로 화창(和唱)하여 대성전 안은 감격의 도가니로 화하였다. 이윽고 모든 회중은 무릎을 꿇었고 그 위에 하느님에게 새 복자들을 통한 첫 전달기도를 드리는 소리가 들려왔다.

"복자 노렌조[범(范)주교, 프랑스 선교사]와 안드레아(김대건)와 모든 치명자(致命者: 순교자)여! 우리를 위하여 빌으소서."

백 년 전, 동방의 한구석 반도에서 사학죄인(邪學罪人)으로 몰려 참혹한 죽음을 당한 그들은 이제 영원한 도성 로마 성전에서 '하느님의 용사요', '천상의 복자'로서 추대와 찬양을 받을 뿐 아니라, 그때부터 전 세계 5억 신도들의 존경과 축복을 받게 된 것이다.

난민촌(難民村)의 소년

김대건은 1821년 8월 20일 충청도 내포(內浦) 지방 솔뫼(송산리[松山里])에서 김해 김씨 안경공파(安敬公派)의 후예 김제준(金濟俊)을 아버지로 하고 장흥(長興) 고(高)씨를 어머니로 하여 그 장남으로 태어났다. 아명은 재복(再福)이고, 족보명은 지식(芝植)이며, 대건은 그가 성장한 후 스스로 붙였을 것이라 추측되는 관명(冠名)이나 아호다.

그의 증조부되는 김진후(金震厚)는 솔뫼에서 향반(鄉班)이며 부호였는데, 사돈(查頓)되는 중인계급의 석학(碩學) 이존창(李存昌)의 권고로 천주교에 입교함으로써 10여 년이란 옥중생활을 치르게 되었고, 이 동안에 가산은 기울어지고 가족은 산지사방으로 흩어졌다.

그리하여 그의 조부되는 택현(澤鉉)도 1827년경에 그의 둘째아들인 제준(김대건 부친)의 가족과 함께 경기도 용인(龍仁) 땅 깊숙한 산골 곰배마실(한덕동[寒德洞])로 피난하였다. 이 산골에는 신유(辛酉, 1801)년, 을해(乙亥, 1815)년, 정해(丁亥, 1827)년의 천주교 박해에 쫓겨 충청도와 경기도, 혹은 서울 방면에서 피난 온 교도들이 한 집 두 집 모여 살게 된 것이 여러 동네를 이루었으며, 그중에서 은이(남곡리[南谷里])라는 부락이 제일 크고 중심지였다.

김대건은 이 난민촌에서 자랐다. 어렸을 때부터 조부에게서 한문을 배웠고, 몸은 약하나 천성이 명민하고 단정하였으며, 용모 또한 단아하여 집안과 동네 어른의 귀여움과 기대를 독차지하였다. 그가 15세 되던 해인 1836년 6월, 이 마을에는 더없이 진귀한 손님을 맞았으니 그것은 바로 프랑스 선교사 나백다록(羅伯多祿: 베드로 필리벨도 모방) 신부의 방문이었다.

나 신부는 임진왜란 때 일본 군대의 군종신부로 왔던 세스페데스 신부 다음에 들어왔으며 한국을 위해 일한 최초의 서양인으로서, 이해 정월에 육로로 국경을 넘어 서울에 들어왔다. 교난민(敎難民)들이 처음 그들의 목자(牧者)를 맞는 기쁨은 어떠했으랴!

변장(變裝)인 방갓과 상복(喪服)을 벗은 나 신부의 노란 머리카락, 푸른 눈동자, 높은 코, 긴 수염을 대했을 때, 그들은 성화(聖畵)에서 본 예수 그리스도를 바로 눈앞에 대하는 황홀한 기분이었으리라.

김대건은 그때 교리시험을 마치고 세례를 받았으며, 세례명은 끝까지 전도를 하다 순교한 종조부 김한현(金漢鉉)을 따라 안드레아로 정하였다. 갓 세례를 받았다고는 하나 김대건의 신앙의 열정과 명민한 재능을 주목해 보고 그 집안 조상들의 순교의 내력을 들은 나 신부는 쇄국조선에 포교(布敎)를 오기는 했으나 외국인 신부의 입국이 곤란할 뿐 아니라 활동이 금지되어 있으며 또한 언어와 풍습이 통하지 않으므로 하루속히 한국인 신부를 양성하는 것이 가장 좋을 것 같아 이미 서울에다 두 소년을 뽑아 곧 외국으로 유학시키려 하고 있다는 것을 말하였다.

이러한 나 신부의 의향을 듣자 신앙 하나만으로 살아가는 그의 부모나 그에게는 더없이 영광스러운 기회가 아닐 수 없었다. 그리하여 나 신부가 그 마을을 떠난 지 한 보름이 지난 뒤에 "대건을 곧 서울로 올려 보내라"는 기별이 왔다.

이 소식을 접한 그의 집안은 무슨 과거나 벼슬에 오른 것같이 기뻐했고, 온 동네는 경사를 만난 듯 떠들썩하였다. 그러나 한편 이것이 육친으로서의 생이별임을 각오해야 했을 때, 석별의 정을 금치 못함은 아마 인간의 상정이었으리라.

중원만리(中原萬里)를 답파(踏破)

김대건이 서울 나 신부 댁에 와서 이미 선발된 충청도 홍주(洪州) 출신의 최 프란치스코와 경기도 과천(果川) 출신의 최양업(崔良業, 교명 도마)과 합류한 것은 그해 7월 11일이었다. 이때부터 그들은 풍속과 언어와 생활과 사고방식이 다른 나 신부와 종교적 수련생활을 하였으며, 또한 일과적인 종교의식 외에 성서 공부와 라틴어·중국어를 배웠다. 15, 16세가 되도록 궁벽한 산골에서 조용히 자란 그들에게 있어 이러한 신학문이나 문명 교육은 신기함보다 불안과 향수를 자아내게 하였으며 그들로서는 감내하기 힘든 것이었다.

이러한 나 신부와의 고국에서의 생활도 불과 몇 달 만에 끝나고, 같은 해 12월 9일 밤 중국으로 돌아가는 중국인 신부 유 파치피코와 함께 일행 8명이 마치 저승과 같이 아득한 장도에 올랐다. 초겨울 날씨라고는 하나 살을 에는 듯한 북국의 강풍을 받으며 연일

도보로 국경을 밀행해 넘는 이 어린 소년들의 정경은 상상만 해도 애처롭다.

그들이 목적지인 마카오에 도착한 것은 1837년 6월 7일이니, 서울을 떠난 지 4일 부족한 7개월이다. 그동안 이 세 소년이 북경, 천진(天津), 제남(濟南), 남경(南京), 항주(杭州), 복주(福州), 하문(厦門), 광동(廣東)을 거쳐 마카오로 가는 도중에 각지 교회의 보호를 받았다고는 하나 그 끊임없는 노독(路毒)과 신산한 객고(客苦), 언제 잡히게 될지 모르는 불안, 언어의 불통 등을 극복하며 중원(中原) 만리를 답파하였다는 사실은 놀랍고 신기한 일이며, 한국인 여행사상 특기할 만한 일이 아닐 수 없다.

마카오에서의 유학생활

마침내 김대건을 비롯한 한국의 세 소년은 당시 소서양(小西洋)이라고 불리는 마카오에 무사히 도착하였다. 마카오는 당시 포르투갈의 조차지(租借地)로서 서양 사람들이 동양으로 진출하는 유일한 관문이었다.

거기에는 로마 교황청 포교성성(布敎聖省) 직속의 경리부가 있고, 또 처음 독립된 조선 교구의 포교를 담당한 파리 외방전교회(外邦傳敎會) 경리부 주관자 리부아 신부가 있었다. 그는 세 명의 조선 신학생들을 맞아 단시일에 공부를 마칠 수 있도록 연구한 결과, 그 경리부 안에서 자신들이 교육하도록 하였다. 이 세 신학생들은 얼마 동안 휴양을 취한 후 곧 학업생활을 시작하였는데 그들의 책임 교수로는 칼르리(M.Callery) 신부와 데플레슈(M. Desflèches) 신부였다.

그들은 차차 라틴어를 익히게 되었으며, 얼마 안 되어 쉬운 불어 회화도 하게 되었다. 이러한 그들의 능률적인 학업과 굳센 신앙심과 행동은 그들의 스승들을 흐뭇하게 해 주었다. 더욱이 그들을 경탄하게 한 것은, 극동의 중국 변방으로밖에는 보이지 않는 조그만 조선나라 민족이 전 세계의 유례가 없이 자발적으로 중국에 와서 복음(福音)을 가지고 가서는 한 사람의 선교사도 없이 10년 동안 독창적으로 교회를 세우고 4천 명의 신도를 가지게 되었으며, 정부의 그 무서운 탄압 속에서도 명맥을 보존하고 이제는 마카오까지 신부 지망의 세 소년을 보내게끔 되었다는 사실이다.

한편 김대건과 두 소년은 나날이 신심생활과 학업에 익숙해 갔으나, 사계(四季)가 뚜렷한 한국에서 자란 이들에게 열대 지방의 더운 기후는 큰 고통이었다. 그중에도 골격은 크나 약질인 김대건은 안질과 기타 여러 병으로 고통을 당해야만 했으며, 그러던 중 그들은 가장 큰 슬픔을 당했다. 즉, 마카오에 온 그 이듬해 11월에 동창 최 프란치스코가 그만 병으로 죽었던 것이다. 이역의 하늘 아래서 똑같이 웅지(雄志)를 품어 왔던 다정한 벗의 죽음이 그들에게 얼마나 큰 슬픔과 상처를 주었던가는 넉넉히 짐작할 수가 있다.

또한 그들 신상의 변동으로는 민란(民亂)으로 인해 마카오에서 마닐라로 두 차례나 피난을 갔었다는 사실이다. 그러나 스승들의 세심한 보호는 그들의 면학을 중단시키지 않았고, 드디어 1840년에 그들은 라틴과를 졸업하고 조선의 4대 주교가 될 베르뇌(P. Berneux) 신부와 장차 조선에 들어와 포교할 메스트르 신부의 문하에서 철학과 신학을 배우기 시작했다.

기해박해(己亥迫害)와 중국 정세

김대건이 학업에 정진하는 중 고국인 쇄국조선에서는 기해년

(1839)에 또다시 무서운 천주교 박해가 있었다. 그동안 침투하였던 프랑스 선교사 범세형(范世亨, 앙베르) 주교와 나백다록 신부와 정아각백(鄭牙各伯, 샤스탕) 신부가 체포되어 학살당하고 3백여 명의 교도들이 무참하게 죽음을 당했다.

그러나 나라 안에서 저지른 일이라 외부에서는 알 수 없었으며, 겨우 살아난 교포들이 사정을 중국 교회나 파리 외방전교회에 알리려 했지만, 국경의 경비가 너무 심하여 빠져나갈 수가 없었다. 이리하여 강 하나를 사이에 둔 만주교회에서도 이러한 조선 사정을 전혀 모르고 있었다. 해마다 동지사(冬至使) 일행 속에 끼어 소식을 전하러 오던 조선 교우들이 4년 동안이나 소식이 없게 되자, 그제야 이상하게 생각한 만주교회에서는 중국 상인들을 통해 조선의 소식을 알아보게 되었다. 그 결과, 서양인 3명과 천주교인들이 수없이 죽었다는 소식을 듣게 되었다.

한편 중국에서는 영국과 중국 사이에 소위 아편전쟁(阿片戰爭)이 벌어져 그 승리로서 1842년 영국이 수많은 이권과 배상금을 받게 되자, 프랑스도 어떤 이권을 얻어 볼 심산으로 에리곤 호(號)와 파브리트 호의 두 군함을 동양에 파견하였다. 이때 에리곤 호의 제독은 세실이었고, 파브리트 호의 함장은 바거였는데, 이들은 중국 가까이 있는 조선이란 나라에 접근하여 통상할 계획을 세웠다. 물론 그들은 조선에서 자기 나라 선교사들이 학살당한 사실은 전연 몰랐을 뿐 아니라, 아직 문호를 개방하지 않은 신비의 처녀국 조선과 평화롭고 우의 깊은 교섭을 해 볼 작정이었던 것이다.

세실 제독은 우선 마카오에 두 군함을 정박시키고 앞서 말한 파리 외방전교회 경리부 리부아 신부를 찾아가 조선어를 통역할 사람을 청했다. 세실이 그 신부 밑에 조선 학생들이 수학하고 있다는 말을 듣고 왔었는지의 여부는 알 수 없다. 그러나 그들이 동양에 와서 조선 독립 교구의 포교를 맡은 자기 나라 사람에게 조선 사정을 조회한 것은 그리 이상한 일이 아니다.

이러한 세실 제독의 청원에 그렇지 않아도 조선 포교에 지대한 관심을 가지고 있던 리부아 신부가 그들의 요구에 쾌히 응한 것은 그 나름의 뜻이 있었다. 즉, 이런 기회에 신부와 조선 신학생을 조선에 보내어 조선 정부와 원만한 교섭이 성립되면, 그들은 그대로 상륙하여 평화적으로 포교사업을 할 수 있지 않을까 하는 은근한 희망을 가졌던 것이다.

그리하여 에리곤 호에는 김대건과 메스트르 신부를 타게 하고, 파브리트 호엔 최양업과 만주로 가게 된 브르니에르 신부가 소개되었다. 김대건과 최양업은 이 뜻밖에 이루어진 귀국에 가슴이 뛰었다. 고국을 떠난 지 6년, 이제는 진리의 학업을 닦았을 뿐 아니라 21세의 헌헌장부가 되어 그 포부를 펼 날을 마음속에 다짐하고 있던 그들, 더욱이 꿈에도 잊지 못하던 그 고국산천에 이렇게 돌아갈 수 있다니 이것은 너무나 꿈 같은 사실이 아닐 수 없었다.

모험과 고난의 연속

1842년 2월 15일, 에리곤 호는 은사들과 작별한 김대건을 싣고 마카오를 출항하였다. 기쁨에 부풀어야 할 그의 가슴엔 고국에 돌아간다는 기쁨보다 숨 막히는 고국의 정경과 앞으로 닥칠 고난이 눈앞에 어른거렸을 것이다. 이러한 그의 심경은 첫 번째 기항지였던 마닐라에서 은사 르그레주아 신부에게 보낸 서한 가운데 "이 길이 비록 고난의 길인 줄 압니다만, 천주께서 저희들을 보호하사 무사하게 해 주실 줄 빌고 있나이다"라는 구절로써 넉넉히 엿볼 수 있다. 이러한 그의 예측은 불과 얼마 안 가서 시작되었으니, 에리곤 호는 마닐라와 대만과 주산(舟山)을 거쳐 남경으로 갔다가 양자강 어귀로 왔는데, 거기서 세실 제독은 조선행의 계획을 돌연 포기하고 마닐라로 되돌아가고 만 것이다. 이리하여 그들을 보낸 리부아 신부나 그들이 에리곤 호에 걸었던 자유로운 복음전파의 꿈은 허무하게 깨어지고 말았다. 오직 에리곤 호 탑승 중 특기할 만한 사건은, 영청(英淸)이 남경(南京)조약을 체결할 때 김대건이 세실 제독과 함께 지리학자라는 명목으로 참가한 사실이다.

에리곤 호에서 내린 김대건과 메스트르 신부는 그렇다고 이미 부여된 임무와 초지를 굽힐 수는 없었다. 그들은 그때부터 양자강 유역의 교회와 신자 집을 전전하며 조선 입국의 새로운 계획을 세우던 중 이곳에서 기해년에 있었던 조선의 천주교 박해사건의 소식을 풍문에 듣게 되었으며, 그로 인해 더욱더 그들의 발길을 재촉하게 되었던 것이다.

1842년 12월 9일, 김대건이 요동(遼東)에서 쓴 서한 중에는 다음과 같은 글이 적혀 있다.

> 이렇게 사실(고국의 소식)이 불확실한 중에 메스트르 신부와 저는 12월 20일을 기하여 조선으로 출발할 준비를 하고 있나이다. 그러나 통신꾼들과 다른 여러 사람들이 이 계획을 무모하고 극히 위험한 일이라고 하여 조선과의 연락은 천주께서 큰 영적(靈蹟)을 행하지 않는 한, 불가능하다고 하며 우리의 계획을 반대하고 있습니다. 그러나 우리의 편의를 위함이 아니고 다만 천주의 영광을 위하여 이것을 계획하는 우리로서 조선에 들어갈 가능성이 있는 이상에야 무슨 위험을 상관하겠나이까.

말하자면 그들의 조선행은 바로 그들의 불타는 신앙이요, 그 실천이었다. 이러한 그들의 불굴의 정신은 아슬아슬한 모험과 봉변의 고비를 넘기면서 그해 12월 25일에는 중국 변문(邊門)에 당도하였고, 여기서 마침 북경으로 가는 조선 사절단의 배행(陪行)으로 끼인 교우 김 프란치스코를 만났다.

김대건은 그로부터 기해년 박해의 처절한 진상을 자세히 듣고, 그의 부친 김제준(金濟俊)이 순교한 것도 알게 되었다. 그리하여 그는 단신 입국을 결행하여 나무꾼으로 변장하고 의주(義州) 읍내까지 들어갔으나 뒤쫓는 정탐꾼들을 피할 길 없어 그대로 돌아가고 말았다.

그러나 이 첫 입국의 실패에 굴할 그가 아니었다. 그는 거점을 만주교회가 있는 몽고 파가즈[八家子]에 두고 1845년 입국에 성공할 때까지 경원(慶源) 쪽을 모두 세 번이나 내왕하고 네 번째에 성공하였던 것이다. 그동안의 그의 행동은 모험의 연속이었다. 내왕 4, 5천 리의 빙산설야(氷山雪野)를 성공의 기약도 없이 치닫는 이 젊은이의 열정을 무엇이라고 표현하랴! 또한 그 목적지란 곳이 그의 고국이라고는 하나 죽음을 기다리고 있는 것이나 마찬가지인 고국이 아닌가.

이러는 동안에도 김대건은 동행인 메스트르 신부에게서 틈틈이 신학공부의 남은 부분을 마치고, 1844년 12월 15일에는 학우 최양업과 함께 정부제품(正副祭品: 신부가 되는 위계로서 마감 위[位])을 받았으나 나이가 모자라 신부 위에는 오르지 못했다.

1845년 1월 1일, 김대건은 이번에는 한국 교황 대리인 페레올(한국 성은 고[高]) 주교와 함께 중국 변문까지 왔으나, 서양인의 입국은 도저히 불가능하다는 김 프란치스코 등의 만류로 단신 입국을 결행하게 되었으며 마침내 성공하였다.

제1차 입국과 출국

섣달의 추위를 무릅쓰고 16세 소년의 몸으로 고국을 등지고 넘어선 국경을 24세의 청년이 되어 다시 고국 땅을 넘어섰을 때 그의 감회는 과연 어떠했을까? 아무리 신앙과 고초 속에 단련된 김대건이라 해도 남모르는 회포와 말할 수 없는 슬픔을 느꼈으리라. 1월 15일에 서울에 도착한 그는 교우들이 성직자를 위해 마련해 둔 돌우물(석정동[石井洞]) 집으로 갔다.

김대건은 조선의 정세와 교회 및 교우 실황을 속히 파악하는 것이 이번 입국의 목적이었으므로 외인이나 일반 교우들과 만나는 것을 피하고 교역을 맡은 소수의 인사만을 찾았으며, 자기 성직(聖職)의 정체도 밝히지 않았다. 심지어는 부친이 순교한 후 의탁할 곳이 없어 유리걸식한다는 어머니에게마저도 소식을 전하지 않았다. 이것은 두 번째로 귀국했을 때와 옥중에서 그가 마지막 편지에서 어머니의 보호를 부탁한 그의 효성과는 상반되는 행동 같으나 그야말로 자기의 큰 사명에 차질을 가져올까 두려워함에서 온 태도였으리라.

그는 순교사료(殉敎史料)를 수집하는 한편, 후배 신학생을 선발하여 수련을 시키면서 하루속히 페레올 주교를 비롯한 선교사들을 입국시킬 계획을 세웠다. 그러던 중 그는 이름 모를 중병으로 약 1개월 동안 신고(辛苦)하였는데, 하늘이 그를 보살폈음인지, 또는 아직도 그의 사명이 끝나지 않음을 보았음인지 3월에는 어느 정도 회복되어 출국 준비를 서둘렀다.

김대건은 이번에는 해로(海路)를 택해 1백50냥가량을 주고 배 한 척을 샀는데, 그 배는 길이가 약 27척이고, 넓이가 9척 8촌, 높이가 7척 6촌가량 되는 목선이었으며, 뱃사공은 교우들 중에서 11명을 뽑았는데, 그중 네 사람만이 나룻배의 경험이 있고, 나머지 사람들은 바다 구경도 못한 사람들이었다.

1845년 7월 23일, 리부아 신부에게 보낸 김대건의 서한을 보면, 그 항해 실황이 역력히 적혀 있는데, 서두에 다음과 같은 구절이 있어 그들의 항해가 얼마나 무모하고 모험적이었는가를 밝혀 준다.

> 이리하와 음력 3월 24일에 돛을 달고 바다로 나갔더이다. 교우들(사공)은 바다를 보고 이상히 여기며 어디로 가는 것이냐고 서로 물어보기는 하나 내게는 감히 묻지를 못함은 아무라도 나의 하는 일에 대하여 질문하지 말라는 금령을 내려 두었던 연고이었나이다.

이렇듯 김대건은 무변황해(無邊黃海)에 배 부릴 줄도 모르는 사공을 데리고 일엽편주(一葉片舟)를 띄웠던 것이다. 오직 그가 믿는 것은 초자연적인 힘이요, 거기에 부합하려는 의지와 열정뿐이었다.

1845년 4월 30일, 제물포 앞바다에서 돛을 올려 출항하였으나 이틀도 못 가서 풍랑을 만나게 되자, 우선 종선(從船)을 끊어 버리고 돛대를 떼어 버렸다. 그러다가 마침내는 양식과 바닥에 깔았던 나무토막과 자리마저 바다에 던져 버리고는 산더미 같은 파도에 오르내리며 대양으로 밀려 표류하기 5일, 그들은 오직 부제(副祭) 김대건의 "천주, 우리와 함께 계신다"는 격려의 말만을 믿고 그만 지쳐 쓰러지고 말았다.

깨어 보니 파도는 잔잔해졌으며 어떻게 되어 중국 상선을 만나 거기 매달려 가게 되었다. 그러나 또다시 해적선을 만나 위기일발에서 모면하고 영국 상선의 보호를 받으며 상해(上海)에 다다르게 되었다. 여기서도 페레올 주교가 올 때까지 중국 관헌들의 위협과 군중들의 성화로 여러 번 위험한 고비를 만났으니 김대건의 담력과 기민, 그리고 언변과 외교수완으로 이를 모면하곤 했다.

사제서품(司祭敍品)과 금의(錦衣)의 밀입국

김대건 일행이 천신만고로 중국에 와서 기다리던 페레올 주교가 상해에 왔다. 그리하여 1845년 8월 17일에 김대건은 마침내 사제서품(司祭敍品: 신부 위[神父 位])을 받게 되었다. 상해에서 30리 떨어져 있는 금가항(金家港)성당에서 페레올 주교의 집전으로 조선의 초대신부가 탄생된 것이다. 이 식전에는 뱃사공으로 가장한 조선 교우 11명도 참여하였다.

수선탁덕(首先鐸德: 초대신부)이 된 김대건은 그 다음 주일에 만당(萬當)이라는 그 옆 신학교에서 첫 미사를 올렸다. 그날 그의 미사와 기도야말로 오늘날 한국의 풍성한 천주교 복음전파의 결실을 맺을 표적이기도 했다.

1845년 8월 31일, 김대건은 사제서품의 기쁨을 맛볼 겨를도 없이 페레올 주교와 다블뤼(한국 성은 안[安]) 신부, 그리고 11명의 교인 뱃사공들과 함께 타고 온 배를 수선하여 다시 고국을 향해 떠났다. 물이 철석보다 굳고 사랑이 폭력보다 강하다더니, 진리에 대한 사랑은 그들을 이 죽음의 땅으로 주저함 없이 발길을 향하게 하였던 것이다.

상해를 떠나 두 달 만에 조선 강경(江景) 황산포(黃山浦) 근처에 이르기까지 그들의 경로를 페레올 주교의 서한이 자세히 기술하고 있다. 그들은 먼젓번 항해 때와 같은 풍랑과 조난을 겪으면서 제주도까지 밀려갔다가 다시 되돌아 10월 12일에야 이 땅을 밟았던 것이다. 이때의 광경을 페레올 주교의 서한에서 잠깐 엿보기로 한다.

우리가 하륙(下陸)하는 것은 될 수 있는 대로 비밀리에 하여야 겠기에 사람을 보내어 그곳 교우들에게 우리가 도착한 사실을 알려 주었더니 교우들이 우리를 인도하려고 밤에 왔습니다. 그들은 우리가 상복(喪服)을 입고 하륙하는 것이 가장 안전하다 하여 굵은 마포로 지은 옷을 내게 입히고 대나무로 만든 큰 모자(방갓)를 내 머리 위에 씌워 주었습니다. 이것은 어깨까지 덮는 것인데, 그 모양은 반만 열린 우산 같은 것이었습니다. 그리고 손에는 막대기 둘을 쥐어 주는데, 그 두 막대기 사이에는 사람의 눈을 피하여 내 얼굴을 가릴 만한 헝겊이 달려 있고, 발에는 삼으로 엮은 짚신을 신겨 주었습니다. 이렇게 변장을 마치자, 사공들이 우리를 등에 업어 치명자(致命者)의 땅에 옮겨 놓으니, 이와 같이 우리가 전교지대에 취임하는 광경은 그다지 호화롭지는 않았습니다.

김대건은 이 외국 주교의 사연대로 변장은 안 했을지 모르지만, 금의환향하는 그의 마음은 밀입국자의 불안과 공포와 장래에 향한 암담뿐이었다. 그러나 그에게 있어 이런 것들이 문제될 리 없었다. 그들은 상륙하자, 페레올 주교만 겨울까지 그곳 교우들 집에 숨어 있기로 하고, 다블뤼 신부는 그곳 가까운 공소(公所: 교도집회소[敎徒集會所])에 가서 조선말을 배우기로 하였으며, 김대건은 서울로 올라가 교내의 형편도 살피고 수습하며 앞으로의 포교 준비를 하게 되었다.

그는 서울에 올라오자, 이번에는 교우들과 적극적으로 접촉하면서 여러 곳으로 수소문하여 그의 어머니를 찾아 10여 년 만에 모자 상봉의 기회를 가졌다. 김대건의 기쁨도 기쁨이려니와 남편이 순교한 뒤 오직 아들의 성공만을 빌면서 유리걸식하는 생활까지 하던 그 어머니의 기쁨이야 무엇에 비하랴! 그는 이러한 어머니를 모시고 12월에는 어릴 때 자란 용인 은이마을을 찾았다. 이곳은 그야말로 산천은 옛과 같으나 인걸은 간 데 없다는 말과 같이 기해년 교난(敎難)으로 소문이 난 천주교 동네라 수많은 사람들이 학살당했고 흩어져 버렸다. 김대건의 집안은 친가에서만도 증조부, 종조부를 비롯하여 6명이나 순교자를 냈다.

그는 두 달 동안이나 이 마을에 은신하면서 그 부근 부락 교우들의 영적(靈的) 생활을 돌아보았으며, 서울에 돌아와서도 돌샘(석정리[石井里]), 서빙고(西氷庫), 미나릿골(미근동[美芹洞]), 양지동(陽智洞) 등을 순회하면서 전도하였던 것이다.

순위도(巡威島)에서 피체(被逮)

서울로 온 조선 교회의 최고 책임자인 페레올 주교는 자신이 조선으로 들어오려고 6년 동안 몽고와 만주에서 온갖 방도를 강구하다가 결국 용감무쌍한 김대건의 인도로 목적지인 조선에 들어왔다. 그리고 그는 곧 진리에 목마른 이 땅에 무엇보다도 선교사가 필요하다는 것을 느꼈다. 복음에 "추수할 것은 많으나 일꾼이 적다"는 것을 직접 체험하게 된 페레올 주교는 우선 국경 가까이 와서 기다리고 있는 메스트르 신부와 최양업 부제를 속히 데려오는 것이 당면과제라고 생각하게 되었다. 그러나 소식을 들으니 그들은 1846년 1월에 경원(慶源) 쪽으로 오다가 만주 관리에게 발각되어 요동으로 압송되었다는 것이다. 그래서 페레올 주교와 김대건은 그들의 입국 방도를 여러모로 연구한 결과, 해로(海路)를 이용하기로 하였다. 이번엔 페레올 주교를 인도할 때와 같이 상해로 가는 방책은 엄두도 못 내었다. 그러나 중국 산동(山東) 어선들이 해마다 음력 3월이면 조기잡이를 하러 황해 앞바다로 몰려왔다가 5월 말경에나 돌아가니 이 어선을 이용하면 가능성이 있다는 것이었다.

이런 결론 끝에 김대건은 그해 5월 14일 서울 마포에서 임성룡(林成龍)의 배를 타고 황해도로 떠났다. 참으로 지칠 줄 모르는 모험이며 용기였다. 그 배에는 선주(船主) 임성룡 외에 8명이 함께 탔다. 그는 배 안에서 한강 유역과 인천 제물포 부근을 스케치하며 강화 앞바다에 다다랐다.

5월 27일경, 김대건은 백령도(白翎島)에 도착하여 고기잡이에 분주한 백여 척의 중국 어선 중 한 배에 올라 페레올 주교의 편지와 그 자신의 편지를 합한 도합 6통의 편지와 황해의 섬과 바위와 이름난 곳을 그린 지도(地圖) 두 장을 전해 줄 것을 부탁하였다. 또한 31일에는 장연(長淵) 목동(牧洞)에서 또 다른 중국 배에 편지 한 통을 전하고, 6월 1일에는 순위도(巡威島) 등산진(登山鎭)으로 돌아왔다.

일은 바로 여기서 벌어졌다. 소금에 절여 둔 생선이 채 마르지 않아 그곳에서 묵고 있는데, 6월 5일에 관장(官長)이 부하를 데리고 공교롭게도 김대건이 탄 배에 와서 중국 배를 쫓으려 하니 그 배를 빌리자는 것이다. 이에 시비가 벌어져 그 관원은 배에 있는 사람들에게 욕설을 하며 사공 하나를 끌고 가 버렸다. 그리고 저녁때 다시 와서 사공 하나를 더 잡아다가 족쳤다. 사공들은 무서운 매에 못 이겨 마침내 김대건의 신분과 행동을 아는 대로 고백하게 되자, 관장은 30여 명의 포졸들을 데리고 와서 그를 결박하고 등산진으로 압송하였다.

거기서 김대건은 천주교도인 것이 발각되어 6월 9일에 해주(海州)감옥으로 이송되었으며, 먼저 잡혀간 사공들로부터 그의 서울 주소와 근친자 및 교우들의 주소와 이름이 고발되고, 중국 어선에 편지를 전한 사실까지 탄로되어 그것도 압수되었다. 이렇게 사태가 확대되자, 감영(監營)에서는 김대건을 중대 국사범(國事犯)으로 인정하여 목에 칼을 씌우고 정부에 보고하였으며, 정부에서는 포교(捕校)를 보내어 서울 포도청으로 김대건을 압송하게 하였다.

40차의 문초(問招)와 군문효수(軍門梟首)

김대건은 이렇게 하여 체포되고 전무후무한 40차의 심문이 계속되었다. 그가 서울 마포에서 배를 타고 떠난 그때부터 서울 포도청에서의 심문 경위를 옥중에서 일일이 기록하여 페레올 주교에게 보낸 편지가 오늘날까지 보존되고 있으며, 이와 더불어 사학죄인(邪學罪人) 김대건의 심문기인 《일성록(日省錄)》이 그대로 전하고 있어 체포에서 효수형(梟首刑)을 받기까지의 경위를 명백하고도 완전히 알 수 있다.

여기서 심문기의 기록을 요약해 보면 김대건은 처음 5, 6차 조서까지는 "나는 중국 사람으로 한국에 들어와 산천 구경을 하며 교를 전하려는 사람으로서 특별히 만난 사람도 없으며 일정한 기식처도 없었다"라고 딱 잡아떼었으나, 사공들과 증인들이 잡혀 본색이 탄로나자, 이미 나타난 한도 내의 신변이나 사실을 승인할 뿐, 주교나 교우들에게 해가 미치지 않게 하기 위해 혹독한 고문을 당해 가면서도 시종일관 "한 번 나고 한 번 죽는 것은 사람이 면하지 못하는 것이어늘, 이제 천주를 위하여 죽는 것이 도리어 나의 소원이니 오늘 묻고 내일 물어도 이 같을 뿐이요, 때리고 죽여도 역시 이 같을 뿐이니 빨리 때려 죽여 달라"고 하였다.

그런가 하면 김대건은 그림지도에 대한 해명이나 페레올 주교의 편지 등을 역시 자필이라고 끝까지 말했으며, 또 "연루자가 있을지라도 잡지 않겠고, 죽이지 않겠다는 계약서를 쓰라"고 항변하기도

하였다. 또한 그는 "저의 천주학(天主學)은 다른 사람을 고하지 않는 것을 법계(法戒)로 삼으니, 비록 교우가 있을지라도 고하지 못하리라"고 조금도 변함없는 답변을 하였다. 또한 영국이나 중국 정세에 대한 언급에서 그는 강철 같은 의지와 뛰어난 지략과 불타는 신앙의 면목을 생생하게 나타내었다.

그의 사건은 묘당(廟堂: 정승회의[政承會議])과 어전회의(御前會議)까지 찬부로 양립되다가 마침내는 그해 9월 15일에 군문효수의 사형선고가 내려졌다. 이 처형을 촉진시킨 사건의 하나로는 앞서 8월 9일에 한국을 향하다 돌아간 프랑스의 세실 제독이 이끄는 군함 세 척이 홍주(洪州) 외연도(外煙島)에 나타나 조정(朝廷)에 대해 "프랑스의 선교사 살해에 대해 명년 다시 올 때까지 해명하라"는 어설픈 항의통첩이 영향을 미쳤던 것 같다.

사형선고에 앞서 김대건은 머지않아 죽을 것을 예감하고 8월 29일에 그가 전 생애와 전 생명을 다해 사랑한 그의 양떼인 교우들에게 마지막 회유(誨諭)와 작별의 서한을 썼다.

여기 김대건의 '회유서' 끝에 부언한 구절만을 소개하면 다음과 같다.

> 세상 온갖 일이 막비주명(莫非主命)이요, 막비주상주벌(莫非主賞主罰)이라. 고로 이런 교난(敎難) 역시 천주의 허락하신 바니 너희는 감수 인내하여 오직 천주를 위하고 주께 슬피 빌어 빨리 평안함을 주시기를 기다리라. 내 죽는 것이 너희 육정(肉情)과 영혼대사에 어찌 거리낌이 없으랴! 그러나 천주 오래지 아니하여 너희에게 내게 비겨 더 착실한 목자를 상 주실 것이니 부디 서러워 말고 큰 사랑을 이루어 한몸같이 주를 섬기다가 사후에 한가지로 영원히 천주대전에서 만나 길이 누리기를 천만 천만 바란다.

김대건의 30여 종의 서한 중 거의가 라틴어와 한문이요, 순전히 우리 글로 된 것은 이것 하나뿐이다.

1846년 9월 16일, 마침내 운명의 날은 왔다. 한강 새남터 형장에 끌려나온 김대건에게 마지막 군령이 내렸다. "사학죄인 김대건의 목을 베어 달아 모두 이를 경계할 것을 명하노라."

군령과 더불어 칼날이 번뜩하였다. 이리하여 조선이 낳은 진리의 사도요, 혁명가요, 신사상가요, 지리학자요, 탐험가요, 외교가요, 웅변가이던 위대한 성웅(聖雄) 김대건은 마침내 푸른 물이 유유히 흐르는 한강 새남터 백사장에 순교의 피를 뿌린 것이다.

"무죄한 자의 피가 너희 자손의 머리 위까지 미치리라" 하였으니 위정자들이 저지른 죄의 값을 우리 애매한 백성은 오늘날까지 받는 것이며, 또 저러한 순교의 피로써 축성된 민족의 축복된 앞날을 진정 우리는 가질 것이다.

제 5 부

나자렛 예수

서문 | 수태예고 | 베들레헴 탄생 | 동방박사들의 예방
에집트 피난 | 아기들의 학살 | 소년 시절의 삽화
세례를 받음 | 악마의 유혹 | 첫 제자들
가나의 혼인잔치 | 병자를 낫게 함 | 산 위의 설교
탕자의 비유 | 사마리아 여인과 | 빵의 기적
물 위를 걸음 | 어린이들을 축복함 | 착한 이웃
나르드의 향유 | 예루살렘 입성 | 간음한 여자
최후의 만찬 | 마금 기도와 체포 | 재판을 받음
매질과 조롱을 당함 | 십자가를 짐 | 십자가에 못박힘
시체의 뒤처리 | 부활과 빈 무덤 | 부활과 발현
하늘에 오름

☧
나는 이 묵상집을 내가 강단에서 마주한 수많은 제자들,
내가 주례를 선 쌍쌍의 부부들, 내가 그들 영세와 견진 때 대부가 된 여러
대자들, 나와 의리로 맺은 아들과 그 가족들, 그리고 나의 친아이들에게
평소 나의 부실한 의표(儀表)의 사과(謝過)로 대신하고자 한다.

서문

예수는 누구인가?

누구이길래 그는 2천 년 전 사람이었는데 오늘날까지 아직도 헤아릴 수 없이 많은 사람들의 관심, 존경, 믿음과 사랑의 대상이 되어 있는가? 더구나 그 믿음 때문에 무수한 사람들이 순교하였고 지금도 수난을 겪고 있는 사람들이 적지 않은데 어찌해서 그는 좀처럼 과거의 인물로 사라지지 않는가? 오히려 현대인들도 수없이 그로 말미암아 죽기도 하고 살기도 하는가?

"사람들이 나를 누구라고 하더냐"(마르코 8:27)고 그 스스로 제자들에게 질문을 던진 일이 있다. 헌데 그 질문은 오늘도 여전히 모든 이에게 던져지고 있다. 도무지 인류역사가 그를 외면할 수가 없다. 작가이면서 사가(史家)이기도 한 웰즈(H. G. Wells)는 신자가 아닌데도 이렇게 말한 적이 있다. "나는 사가(史家)이다. 신자가 아니다. 하지만 갈릴래아 출신의 저 가난뱅이 설교가—예수—가 역사의 중심이라는 사실은 도저히 부인할 수 없다."

예수가 역사의 중심이라면… 모든 나라와 그 영화, 모든 전쟁, 모든 위인전, 모든 제왕과 영웅호걸, 모든 학문과 예술, 모든 문화, 현대의 과학발전, 오늘날에도 톱 뉴스거리로 등장하는 모든 사건과 인물들, 이 모든 것이 예수 자신의 이력보다도 훨씬 무게가 있고 화려하고 거창해 보이지만 모든 것이 이차적이요, 예수와의 관련하에서만 그 의미가 있다는 것이다.

또 이것이 사실이라면 제자들이 예수를 가리켜 "하느님이 사람에게 주신 이름 가운데 우리를 구원할 수 있는 이름은 이 이름밖에는 없다"(사도행전 4:12)고 한 말은 바로 진실이다. 부자도 가난뱅이도, 성인(聖人)도 악인도, 지체 높은 사람도 창부나 거지 같은 비천한 존재들도 ―그 신분의 고하나 그 유무식― 그들의 국적, 그들의 피부, 그들의 덕, 부덕(不德), 그들의 종교까지도 이차적인 문제이다. 근본문제는 이 예수를 어떻게 보느냐? 믿느냐? 않느냐?에 달려 있다.

어떻게 예수가 이렇게까지 역사의 중심이요 인간의 구원 자체인가?

우리는 그 답을 알기 위해 부득이 예수가 누구인지 진지하게 이 문제에 부딪쳐 볼 수밖에 없다. 그를 만나볼 수 있다면 삶의 길목 어디선가 그와 맞부딪치다시피 대면해 보아야 할 것이다. 왜냐하면 그와 나와는 무관할 터인데 그렇지 않은 모양이니 말이다. 오히려 나의 삶과 죽음이 그에게 달려 있을 만큼 깊이 유관하니 말이다.

그를 아는 가장 보편적인 방법은 "예수가 누구인가?" 하는 문제의식을 진지하게 가지고 그에 관해서 서술한 복음성서를 천천히 생각하며― 묵상하며― 읽는 것일 것이다.

이제 여기 한 시인이 복음서를 충실히 따라가면서 예수와의 참다운 상봉을 시도한다. 그러나 세상에는 신학자, 성서학자가 적지 않지만 누구도 예수에 대해서 할 말을 다한 사실은 없고 그 모습 그대로 그려 낸 사람이 없듯이 이 시인의 예수도 마찬가지로 그 자신이 내적으로 체험한 예수로서, 때문에 그의 주관적 생각이 없을 수 없다. 또한 바로 그 때문에 이 시인의 예수는 그의 안에 살아 있는 예수요, 그를 살리고 해방시키고 구원하는 예수이다.

이 책을 읽는 이는 이 시인의 예수와 공감할 수도 있고, 또 공감

못할 수도 있을 것이다. 당연한 일이다. 왜냐하면 예수는 모든 이에게 모든 것이 되는 분이요, 모든 이 안에 살아 있으면서 각자와 고유의 인연을 맺고 있기 때문이다.

이런 취의(趣意)에서 나는 한 시인이 일상의 신앙 체험, 기도와 묵상으로 쓴 이 예수전을 많은 분들이 읽고 이 시인이 소망하고 또한 독자 자신이 의식, 무의식중에 간절히 바라는 바 문제의 예수와 직접 만나게 되기를 기원해 마지않는다.

1979년 주의 공현대축일
추기경 김수환

수태예고
요한 1:46; 루가 1:28, 29~32, 34, 35, 37, 38; 마태오 5:8

"나자렛에서 무슨 신통한 것이 나올 수 있겠소?" 하고 첫 제자 중의 하나인 나타나엘이 예수를 만나기 전 필립보에게 핀잔 주듯 말했듯이 갈릴래아의 나자렛이란 고장은 아무도 거들떠보지 않는 두메시골의 한 마을이었다.

또한 '마리아'란 이름도 당시 팔레스티나에서는 '참한 여자'라는 정도의 뜻을 지닌 우리네 관습으로 치자면 '순이'나 '이쁜이'처럼 흔한 이름으로서 멀지 않아 예수의 엄마가 될 마리아도 그런 평범한 이름에 적당한 아가씨였을 뿐이다.

더욱이 그 혈통이나 가계는 훌륭했다고 전해지지만 이미 부모마저 여읜 혈혈단신으로서 오직 목수인 약혼자 요셉과 떨어진 산골에 살고 있는 친척언니 엘리사벳 내외밖에 없는 외롭고 가엾기까지 한 열네 살짜리 처녀였다.

저런 마리아가 점토(粘土)로 된 오두막집 안에서 양털의 물레질이나 하다가 기도에 잠겼을 그런 순간, 난데없는 천사 가브리엘의 출현은 그녀에게 있어 그야말로 혼비백산할 사건이 아닐 수 없다.

그래서 천사가 "은총을 가득히 받은 이여, 기뻐하여라. 주께서 너와 함께 계신다" 하고 인사하였을 때, 마리아는 몹시 당황하며 도대체 그 인사말이 무슨 뜻일까 하고 곰곰이 생각하였다.

그러자 천사는 다시 "두려워하지 말라. 마리아, 너는 하느님의 은총을 받았다. 이제 아기를 가져 아들을 낳을 터이니 이름을 예수라 하여라. 그 아기는 위대한 분이 되어 지극히 높으신 하느님의 아들이라 불릴 것이다"라고 메시아, 즉 구세주(救世主) 점지(點指)의 소식을 알린다.

이 말을 들었을 때 마리아가 그 신탁(神託)의 구체적 내용이나 의미를 완전히 이해하고 있었다고는 말할 수 없지만 최소한 그녀는 메시아 강생에 대한 확고한 믿음과 열렬한 바람 속에 살고 있었음만은 틀림이 없다. 왜냐하면 아무리 두메시골의 평범하고 순박한 처녀였지만 이스라엘 중에서도 신심 깊은 가문의 딸로서 구약이 전하는바 메시아에 대한 각가지 예언과 설화들이 환하게 몸에 배어 있었을 것이기 때문이다.

그래서 마리아는 천사의 메시지 중 메시아 강생이라는 엄청난 사실에는 한마디도 회의를 표시하지 않고 오직 그것이 자기를 통하여 이루어진다는 사실에 대해서만 "이 몸은 처녀입니다. 어떻게 그런 일이 있을 수 있겠습니까?" 하고 아주 간결 솔직하게 반문한다.

실상 마리아에게 있어 전 이스라엘 백성들이 4천 년이나 고대하는 메시아가 자기와 같은 하잘것없는 여자에게 태어난다는 사실도 기쁨보다 놀라움이었으려니와 자기는 숫처녀인 데다 한편 이미 정혼한 몸이라는 사실에도 결코 단순치 않은 두려움이 —당시 율법으론 약혼한 여인의 혼전사음(婚前邪淫)은 사형에 해당되었음— 앞섰을 것이다.

이러한 놀람과 당황과 두려움 속에서 마리아는 실로 용케도 부끄러움마저 무릅쓰고 그러한 신비한 일이 자기에게 어떻게 무슨 힘으로 이루어지는가에 대한 핵심문제를 묻고 있다.

이에 대하여 천사 가브리엘은 "성령이 너에게 내려오시고 지극히 높으신 분의 힘이 감싸 주실 것이다"라고 대답하면서 불임증이라고 하던 늙은 엘리사벳의 회임 소식을 실례로 들고는 "하느님께서 하시는 일은 안 되는 것이 없다"라고 결론짓는다.

이렇게 되면 마리아에게 있어 그것이 아무리 거창하고 비극적인 운명이라 할지라도 주저할 바가 못 된다. 왜냐하면 그녀는 하느님께 대한 절대적 신앙과 완전한 신뢰 속에 있었기 때문이다. 그래서 그녀는 바로 "이 몸은 주님의 종입니다. 지금 말씀대로 제게 이루어지기를 바랍니다" 하고 전폭적 수락과 전면적 순종에 나아간다.

이러한 무아(無我)의 헌신에 나아간 마리아의 심신에 신령한 힘이 깃들어 하느님의 말씀의 잉태를 보며 또한 "천지가 창조되기 전부터 하느님과 함께 계신 빛이요, 생명이요, 진리요, 은총인 그 말씀"의 육화(肉化)가 이루어진다.

우리가 흔히 과학적이라고 부르는 사리(事理)나 물리(物理)의 발견과 그 수용(受容)에 있어서도 정신의 순수 상태를 필요로 한다. 더욱이나 예수가 직접 저 산상설교에서 말했듯 우주의 원리인 하느님을 인식하고 체험하기 위해서는 "순결한 마음" 이외엔 다른 길이 없다. 하물며 그 진리의 화신(化身)인 메시아를 수태함에 있어 그 심신의 절대적 순결이 전제되는 것은 지극히 당연한 일이다. 이것을 나는 마리아의 동정(童貞)수태로 안다.

한편 이것은 여담이지만 오늘의 과학자들도 어떤 종류의 동물은 암컷만으로도 수정(受精) 없이 임신이 가능하며 인류에게 있어서도 현재 몇 억 명의 한 사람 정도는 처녀생식에 의한 완전 무부친(無父親)의 아기가 탄생한다고 주장한다.

그러나 나는 마리아의 동정수태를 그러한 일반이 말하는 자연적 변이(變異) 현상에서 찾을 것이 아니라 하느님의 영능력의 무한성과 신비성을 소박히 인정함으로써 믿고 이해하게 되는 것이라고 생각한다. 그리고 나아가서는 저 마리아를 본받아 하느님의 말씀,

즉 예수를 자기 마음 안에 회태(懷胎)시키는 노력이야말로 모든 신앙인의 과제로 여긴다.

베들레헴 탄생
루가 2:7; 6:20~21; 2:9~12, 14

나자렛에서 베들레헴까지는 150킬로나 된다고 한다. 약혼녀의 임신을 부정(不貞)으로 오해하고 고민하다가 꿈에 나타난 천사의 설득으로 마음을 돌이켜 결혼에 나아간 지아비 요셉이 만삭이 된 아내 마리아를 이끌고 호구조사의 등록을 하러 관향(貫鄕: 시조[始祖]가 난 고장)을 찾아가기에는 닷새도 더 걸렸을 것이다.

저러한 여행의 피로에다가 막상 베들레헴에 당도해서도 여관에는 그들이 머무를 방이 없어서 외양간으로나 쓰이는 동굴에서 묵다가 "드디어 첫아들을 낳아 포대기에 싸서 구유에 눕혔다"니 그 궁핍한 행색이야 이루 말해서 무엇하랴.

그들 내외가 아무리 천사의 말을 전적으로 신뢰하고 있었으며 또 메시아 탄생과 베들레헴에 관한 구약의 예언을 잘 알고 있어서 이런 행려출산(行旅出産)을 그 징조로 받아들이고 있었다 한들 당장에 겪고 당하는 그 호된 고생이야 감소될 리가 있었겠는가?

물론 강보 등이 마련되었던 것으로 미루어 보아 마리아도 어느 정도는 물심의 준비를 한 모양이지만 열다섯 살, 초산이니 그 산고가 얼마나 혹독했을 것이며, 어쩌면 너무 선량하여 얼뜨기까지 하였을 요셉의 그 곤혹(困惑)은 얼마나 극심했으랴? 또한 내외에게 있어서는 마음 깊이 간직하고 있는 아기의 지존함에 대한 유다른 애정으로 말미암아 자기들이 당하는 고통보다도 이러한 쓰라림이 아기에게 미치는 것이 마치 자신들의 죄고로나 여겨져 더욱 마음이 아팠을 것이다.

그런데 결과적으로 하는 이야기지만 예수에게 있어선 이러한 탄생이 그에게 가장 합당한 것이었다고나 하겠다. 좀 망측한 생각이지만 가령 그가 석가모니처럼 궁성에서 태어났던들 그야, 사랑의 하느님과 사랑의 인간을 주장 못할 배야 없지만,

"가난한 사람들아, 너희는 행복하다…….

지금 굶주린 사람들아, 너희는 행복하다…….

지금 우는 사람들아, 너희는 행복하다……."

라고 외치고 나서기에는 최소한 어울리지 않았을 것이 틀림없다.

예수의 저러한 탄생을 인간적인 견지에서 애처로워하는 이도 있고, 감동하는 이도 있고, 또 구약의 예언들을 맞췄음에 대하여 강조하는 이도 없지 않으나 거듭 말하거니와 이 베틀레헴 곡경(曲境) 속의 탄생은 그의 행적이나 최후에 가장 부합하는 것으로 오늘의 온 세계가 크리스마스를 기념하는 자랑스런 요소 중의 하나라고 하겠다.

한편 저러한 아기 예수의 탄생을 제일 먼저 알고 제일 먼저 찾는 사람들이 그 고장 들판에서 밤을 지새우며 양떼들을 지키던 목자들이었음도 결코 그 밤에 일어난 하나의 사건으로만 보아 넘길 수는 없다.

이제 그 경위부터 살펴보면 그들도 역시 이 소식을 신비로써 체험하는데 즉 "주님의 영광의 빛이 그들에게 두루 비치면서 주님의 천사가 나타났다. 목자들이 겁에 질려 떠는 것을 보고 천사는 '두려워하지 말라. 나는 너희에게 기쁜 소식을 전하러 왔다. 모든 백성들에게 큰 기쁨이 될 소식이다. 오늘 밤 너희의 구세주께서 다윗의 고을에 나셨다. 그분은 바로 주님이신 그리스도이시다. 너희는 한 갓난아이가 포대기에 싸여 구유에 누워 있는 것을 보게 될 터인

데 그것이 바로 그분을 알아보는 표이다'"라고 소상하고 친절하게 일러 주었던 것이다.

그래서 양지기들은 바로 그 길로 천상의 메시지를 확인하려고 호기심에 부풀어 마을로 달려갔고, 그다지 어렵지 않게 성가족이 묵고 있는 동굴을 찾아냈으며, 또한 포대기에 싸여 구유에 누워 있는 그 거룩한 아기와 대면한다. 그리고 그들은 자기들의 이 신기한 증험(證驗)을 거기 모인 여러 사람들에게 자랑삼아 이야기했다고 루가복음은 전한다.

여기에 덧붙여 우리가 생각할 수 있는 것은 저러한 양지기들의 뜻밖의 방문과 축하를 받은 마리아나 요셉도 저들의 증험이 자기네 신탁과 일치함을 "마음속에 새기며", 그 고생을 견디는 데 한결 위로가 되었으리라는 점이다.

그러나 이러한 사실보다 앞서 천사가 성탄의 소식을 양지기들에게 전하고 나자 하늘에서는,

"하늘 높은 곳에는 하느님께 영광, 땅에서는 그가 사랑하시는 사람들에게 평화"

라는 찬미가 우렁차게 합창되었는데 이 노랫구야말로 예수 탄생의 의의를 더없이 잘 요약해서 나타내 주고 있다.

하느님, 즉 진리의 화신인 예수의 탄생은 바로 그 하느님 자체의 영광을 드러냄이요, 또 예수가 세상에 오심은 그 하느님의 사랑인 인간들로 하여금 눈먼 삶에서 오는 불안과 고통을 해소하고 평화를 얻게 하는 데 목적이 있기 때문이다.

여하간 우리는 저 외양간 탄생이나 순박한 양지기들의 방문에서 예수가 장차 이룰 인류 해방의 이념이나 그 방법에 강력한 시사를 받는다. 즉 우리는 그 사실만으로도 인간의 유한한 소여(所與)가 빚어내는 불행 속에서 너무나 무고하게 신음하는 사람들의 그 쓰

라림과 괴로움을 자신의 삶에 보다 짙게 체현(體現)함으로써 그들에게 무한한 위로와 영원한 보람을 주려는 십자가의 길이 이미 시작되었음을 깨달을 수 있는 것이다.

동방박사들의 예방

루가 2:25~26; 2:34~35; 마태오 2:2, 3, 4, 7~8, 11~12; 이사야 60:3~4

마치 버림받은 것처럼 처량해 보이는 출생이지만 아기 예수의 탄생을 에워싸고 극적인 사건이 잇따른다. 이것은 우리 사화(史話)에도 귀인(貴人)이나 대덕(大德)들의 출생에는 몽사(夢事)나 이적(異蹟)이 나타나고 점술가의 예언이나 도사(道士) 방문 등이 있었던 것처럼 너무나 있을 법한 일이요, 마땅히 있어야 할 사건들이었다고나 하겠다.

그 사적들을 복음에 따라 살펴보면 그 하나는 아기 예수가 난 지 40일이 되자 요셉과 마리아는 쉽게 말하면 종교적 출생신고인 정결례(淨潔禮)를 드리려고 10킬로 안팎 거리인 예루살렘으로 올라갔는데 성전에서 그 예식 끝에 아기 예수가 바로 메시아임을 알아보는 시므온이라는 경건한 할아버지를 만나는 것이다.

시므온에게는 항상 "성령이 머물러 계셨는데 성령은 그에게 주님께서 약속하신 그리스도를 죽기 전에 꼭 보게 되리라고 알려 주셨던 것이다"라고 하니 영통(靈通)한 노인이었음이 틀림없다.

저러한 그가 자기 두 팔에 아기 예수를 받아 안고 비원(悲願)이 이루어진 감격에 차서 하느님께 감사와 찬양을 보낸 것은 오히려 당연한 일이므로 이를 생략하나 그 찬송 끝에 아기 엄마 마리아에게 건넨 말은 너무나 의표(意表)를 찌르고 있고 그 의미 또한 아주 심장한 것이어서 흘려 넘길 수가 없다.

즉 "이 아기는 수많은 이스라엘 백성을 넘어뜨리기도 하고 일으키기도 할 분이십니다. 이 아기는 많은 사람들의 반대를 받는 표적이 되어 당신의 마음은 예리한 칼에 찔리듯 아플 것입니다. 그러나 그는 반대자들의 숨은 생각을 드러나게 할 것입니다"라고 하였는데 이처럼 예수의 진면목(眞面目)과 특히 그 어머니의 처지를 에누리 없이 나타낸 예언은 또 없을 것이다.

조금 풀이해 보면 이 예언은 무엇보다 이제 막상 세상에 오신 메시아가 당시 이스라엘 민중들이 바라고 있는 국민적 영웅이나 현세적 위인이 결코 아님을 분명히 하고 있을 뿐 아니라 예수의 수난을 미리 알리면서 어머니 마리아에게도 예수를 일반적인 훌륭한 아들이나 효성스런 아들로 기대하지 말 것을 못박아 얘기하고 있다. 그리고 나아가서는 오늘날 우리에게까지도 진리의 본 모습을 밝혀 주고 깨우쳐 주고 있다 하겠다.

다음은 뜻밖의 큰 환난을 불러일으키는 동방박사들의 예방인데, 그들은 현세적으로 받아들였지만 예수의 탄생을 이스라엘 백성들만의 경사가 아니라 모든 겨레와 모든 나라의 경축사임을 가장 효과적으로 드러내고 있다. 대체로 아라비아나 페르시아, 혹시는 갈대아 사람들이었다고 짐작되는 그들은 점성(占星)에 능통하였던 것으로 미루어 제정(祭政)을 함께했던 부족장들로 보인다.

그들이 위대한 군왕 탄생의 조짐인 '베들레헴의 별'에 이끌리어 각각 딴 나라에서 떠나서 합류하였는지, 처음부터 한곳에서 함께 떠났는지는 분명치 않지만 여하간 유다 나라에 들어서 왕자(王者)의 탄생을 우선 예루살렘에서 찾은 것은 너무나 당연하다. 그리고 대뜸 "유다인의 왕으로 나신 분이 어디 계십니까? 우리는 동방에서 그분의 별을 보고 그분에게 경배하러 왔습니다" 하고 아무에게나(?) 물은 것을 보면 그들은 어느 정도 이스라엘 민족의 메시아 신앙에 대한 이해가 있었으리라고 여겨진다.

이러한 고귀한 이방인의 출현과 그들의 신기하고 놀라운 질문은 금시 전파되어 "헤로데 왕이 당황한 것은 물론 예루살렘이 온통 술렁거렸다"는 것이다. 그래서 헤로데가 "대사제들과 율법학자들을 다 모아 놓고 그리스도께서 나실 곳이 어디냐고 캐어 물었다"는 것이나, 예언서의 지식을 생업으로 삼고 있는 대사제들과 율법학자들이 '유다 베들레헴'을 찾아내는 데 시간이 걸리지 않았으리라는 것은 그리 상상키 어렵지가 않다.

여기서 폭군이면서도 교활하기로 유명한 헤로데는 그 역시도 메시아 탄생에 대한 민중의 갈망을 아는지라 표면상으론 자기 왕권 및 그 세습욕(世襲慾)과의 상반에서 오는 분노와 흉계를 감추고 "그 박사들을 몰래 불러 별이 나타난 때를 정확히 알아본 다음에 베들레헴으로 보내며, '가서 그 아기를 잘 찾아보시오. 나도 가서 경배할 터이니 찾거든 알려 주시오'" 하고 허울 좋게 말하였던 것이다.

그래서 박사들이 다시 길을 재촉하자 문제의 별은 다시 나타나 "그들을 앞서 가다가 마침내 그 아기가 있는 곳 위에 이르러 멈추었고," 그때는 이미 예수네 가족에게도 셋집 단칸방이나마 마련되었던지 동방박사들은 "그 집에 들어가 어머니 마리아와 함께 있는 아기를 보고 엎드려 경배하였다. 그리고 보물상자를 열어 황금과 유향과 몰약을 예물로 드렸다." 그리고 "박사들은 꿈에 헤로데에게로 돌아가지 말라는 하느님의 지시를 받고 다른 길로 자기 나라에 돌아갔다"는 것이다.

앞에서도 말했지만 이 동방박사들의 예방은 지극히 현세적인 취향에서 행해진 것이었지만 그것은 저 이사야의 "민족들이 너의 빛을 보고 모여들며, 제왕들이 솟아오르는 너의 광채에 끌려오는구나. 머리를 들고 사방을 둘러보아라. 모두 너에게 모여 오고 있지 않느냐?"라는 예언이 성취되는 하나의 상징적 본보기라 하겠다. 이 말은 오늘날 기독교의 세계 전파만을 보아도 수긍이 갈 것이다.

에집트 피난

마태오 2:13~15; 요한 9:1~3; 로마서 8:22; 이사야 49:15; Ⅰ베드로; 1:6; 로마서 8:18

"박사들이 물러간 뒤에 주의 천사가 요셉의 꿈에 나타나서 '헤로데가 아기를 찾아 죽이려 하니 어서 일어나 아기와 아기 어머니를 데리고 에집트로 피신하여 내가 알려 줄 때까지 거기에 있어라' 하고 일러 주었다. 요셉은 일어나 그 밤으로 아기와 아기 어머니를 데리고 에집트로 가서 헤로데가 죽을 때까지 거기에서 살았다"고 복음은 아주 간단하게 전한다.

폭군 헤로데의 온갖 횡포에 전전긍긍하고 지내던 시대요, 영몽(靈夢)에 의한 하느님의 지시라 어쩔 수 없는 일이긴 하지만 산후 백 날도 안 되었을 모자를 이끌고 이스라엘 백성에겐 숙원(宿怨)의 땅인 에집트로의 피난은 요셉에게 일대 모험과 용단이 아닐 수 없었을 것이다.

여기 영사(映寫)뿐 아니라 이 주제의 성화에 흔히 나타나는 바처럼 아기 예수를 껴안은 마리아가 탄 나귀를 몰고 어느 통로를 택하든 1백 킬로는 실히 되었으리라는 아득한 광야를 터벅터벅 걸어 국경을 넘으면서 우직한 목수 요셉은 이 모자로 인하여 자기가 짊어진 험난하고 기구한 운명에 어떠한 생각을 하였을까?

한편 마리아에게 있어선 인간적 허물이나 잘못으로 낳은 아기가 아니요, 또 이 피난길을 솔선한 바도 아니지만 어쩌면 자기네 모자로 인하여 애매하게 겪는(?) 남편 요셉의 그 고초에 그가 고맙게 하면 할수록 미안과 민망함이 더하지나 않았을까? 또한 일가족이 에집트 어느 고장에 얼마나 어떻게 머물렀는지 복음은 생략하고 있지만 사고무친(四顧無親)한 이국땅 피난살이의 피눈물 나는 생활이야 기록이 없은들 짐작 못할 바 아니다.

그런데 저러한 역경 속에서도 요셉이나 마리아는 경건한 신앙심으로 결코 하느님을 원망치는 않았다손 치더라도 어쩌면 기박한 것만 같은 아기 예수의 생애의 출발이나 그 아기와 연결된 자신들의 운명에 대해서 한 가닥 회의와 기우가 없었을까? 아니 그들이 목석이 아닌 이상 그러한 마음이 없었다면 오히려 거짓이 될 것이다.

아니 어찌 하필 마리아나 요셉에게다 이것을 물으랴? 인간은 동서고금 누구를 막론하고 이러한 스스로가 만들지도 택하지도 않은 인간고에 접할 때마다 그 악의 존재와 거기에서 초래되는 불행에 회의와 비탄과 절망에 빠지는 것이 보통이다. 그래서 이러한 인간고와 그 불행을 이 세계에서 없이하고 그 위협과 비극에서 인간을 지키려는 것이 인문(人文)이나 과학, 즉 인간 문화활동의 목적이라 하겠고, 그 본질을 밝혀 이를 극복케 함으로써 영원한 구제를 가능케 하려는 것이 종교라 하겠다.

이에 대하여 동서고금의 여러 종교가들이 저마다 그 해답을 내리고 있지만 예수처럼 간결하고 알기 쉽게 해답을 내린 분은 또다시 없다. 즉 "예수께서 길을 가시다가 태어나면서부터 눈먼 소경을 만나셨는데 제자들이 예수께 '선생님, 저 사람이 소경으로 태어난 것은 누구의 죄입니까? 자기 죄입니까? 그 부모의 죄입니까?' 하고 물었다. 예수께서는 이렇게 대답하셨다. '자기의 죄 탓도 아니고 부모의 죄 탓도 아니다. 다만 저 사람에게서 놀라운 일을 드러내기 위한 것이다'"라고.

저 말은 인간고란 것이 진리의 창조세계에 깃든 것 자체가 그 진리의 신비를 시현(示顯)하고 있다는 말이다. 즉 인간은 자기의 죄가 있든 없든 개인적으로나 집단적으로나 유한(有限)이 빚어내는 고난을 면할 길이 없다. 아니 "모든 피조물이 오늘날까지 다 함께 신음하며 진통을 겪고 있다"는 것을 체득한다. 그런데 이 유한성에 대한 자각이야말로 인간 특유의 것으로 바로 무한에 대한 자각을 의미하며 우리 유한한 생명이 영원한 생명을 감지하고 갈망하고 추구하고 나아가서는 획득하는 능력인 것이다.

저러한 예수의 가르침으로 말미암아 저 아우구스티누스의 "하느님은 조그만 악도 존재하지 않는 세계보다 악을 선의 자극으로 만들기 위하여 악이 있는 세계를 원하셨다"라든가 "인간은 선에 있어서 스스로를 높이기 위하여 악으로 고통을 받는다"라는 수용적(受容的) 태도를 낳게 한다.

물론 저러한 고통의 신비의 기조(基調)는 이미 구약에서 하느님이 모세를 통하여 "죽이는 것도 나요, 살리는 것도 나며, 찌르는 것도 나요, 고쳐 주는 것도 나다"라고 하는 한편 이사야를 통하여 "여인이 자기의 젖먹이를 어찌 잊으랴! 자기가 낳은 아이를 어찌 가엾게 여기지 않으랴! 어미는 혹시 잊을지 몰라도 나는 결코 너를 잊지 아니하리라"라고 계시되어 있다.

또한 신약에서 베드로는 "여러분이 지금 얼마 동안은 갖가지 시련을 겪으면서 슬퍼할 수밖에 없겠지만 그것은 여러분의 믿음을 순수하게 만들기 위한 것입니다" 하였고 바울로는 "장차 우리에게 나타날 영광에 비추어 보면 지금 우리가 겪고 있는 고통은 아무것도 아니라고 생각합니다"라고 증언하고 있다.

이제 저러한 이로(理路)에서 성가족의 에집트 피난을 묵상할 때 마리아나 요셉의 예수의 양친으로서의 영광이 그에게 이루어지기에는 등가량(等價量)의 고난이 수반되었음을 우리는 쉽게 깨달을 수가 있는 것이다.

아기들의 학살

마태오 2:16, 18

헤로데는 자기의 명령이나 다름없는 부탁을 받고 베들레헴으로 간 동방박사들이 장차 유다인의 왕이 되리라는 갓난아기에 관한 세밀한 정보를 가져다 줄 것을 믿고 기다렸으나 그들 자체가 깜깜 소식이라 아마 직접 사람을 보내 조사시켰을 것이라고 짐작된다.

그 결과 그들이 어떤 아기를 방문하고 선물을 바친 것까지는 확실한데 그 후 그들이나 그 아기의 행방이 묘연해졌다는 보고를 받고서 "헤로데는 박사들에게 속은 것을 알고 몹시 노하였다. 그래서 사람을 보내어 박사들에게 알아본 때를 대중하여 베들레헴과 그 일대에 사는 두 살 이하의 사내아이를 모조리 죽여 버렸다"는 것이다.

하기야 헤로데에게 있어 '유다인의 왕의 탄생'이란 자기 왕권과 그 세습의 붕괴를 뜻하는 것이므로 그 진부(眞否)야 여하간 말만 들어도 못마땅하고 고약한 소식이요, 그렇지 않아도 가뜩이나 민족혼 깊숙이 뿌리박혀 있는 메시아 강림 사상으로 말미암아 자기 상전인 로마에의 예속과 그 괴뢰인 자기의 통치를 승복지 않고 있는 이스라엘 민중들에게 불에다 기름을 끼얹는 소식으로서 이러한 민심 교란의 화근은 당장 송두리째 뿌리 뽑아야 한다고 수단과 방법을 가리지 않고 나선 것은 그의 편에서 본다면 해괴할 것도 없다 하겠다.

베들레헴의 그 당시 인구를 한 2천 잡는다면 두 해에 출산된 어린애 수는 4, 50명 가량 되었을 것이고 그중 반 수를 사내애로 보아 스무 명 이상이 이 무참한 학살의 해당자가 된다.

살육의 명령을 받은 헤로데의 하수인들은 베들레헴을 아닌 밤중의 홍두깨 격으로 습격해서 집집마다 샅샅이 뒤져 가며 어미 품에서 젖을 빨고 있는 아기, 어미 품에서 쌕쌕 잠들고 있는 아기, 어미 무릎에서 재롱을 떨고 있는 아기들을 잔인하게 빼앗아 인정도 사정도 없이 죽였을 것이니 그 학살에 빼앗긴 부인네들의 광란과 비탄은 그야말로 아비규환을 이뤘을 것이다.

그래서 복음사가 마태오는 이 어머니들의 비탄을 저 예언서의 이스라엘 자손들이 포로로 끌려 갈 때 무덤에서 일어나 통곡하였다는 라헬 여인의 고사(故事)가 깃든 대목, 즉,

"라마에서 통곡 소리가 들린다.
애절한 울음소리가 들린다.
라헬이 자식을 잃고 울고 있구나.
그 눈앞에 아이들이 없어
위로하는 말이 하나도 귀에 들어가지 않는구나!"
를 인용하여 상기시키고 있다.

그런데 우리는 저러한 헤로데의 영아 학살사건을 그저 2천 년 전 고대사화(古代史話)로만 받아들여 무심하게 넘길 것이 아니라 현대 우리가 사는 세계 도처에서도 저러한 만행이 계속적으로 일어나고 계속적으로 행해지고 있다는 사실에 경각심과 자기성찰을 지녀야 한다.

즉 오늘날도 세계 많은 나라와 여러 곳에서는 '하느님 나라'의 건설을 두려워하는 헤로데 왕과 같은 통치자와 집권자들이 마치 저의 수법처럼 그 앞잡이와 졸개들을 시켜 진리의 새순들을 자르기에 영일(寧日)이 없이 눈 뒤집혀 있는 것이다.

이것을 좀더 현실적으로 풀이하면 저 공산세계의 여러 나라의

통치자들은 메시아 내림의 신앙을 부정함은 물론이려니와 그 복음의 전파를 금지하고 있고 그 외에도 수많은 정권의 집권자들은 오직 현실적으로 배치되거나 무효하다는 이유에서 하느님의 정의와 예수의 가르침을 거부하고 이를 추구하고 실천하려는 사람들을 배격하고 나아가서는 그들을 박해하고 투옥하고 학살하고 있는 것이 숨기지 못할 사실이다.

또한 여기서 우리 스스로가 성찰해야 할 것은 메시아의 내림을 허울 좋게 찬양하며 하느님의 정의와 예수의 가르침을 때마다 입에 올리면서 설사 저와 같은 포악한 명령자나 집행자는 아니라도 진리에 대한 간접적인 살해나 박해에 나아가고 있지나 않은가 하는 점이다.

이는 바로 우리 그리스도인 자신의 문제로서 우리의 교회생활이나 사회생활이 복음의 가르침을 실천하고 있는지 없는지의 여부가 예민한 양심으로 따져져야 한다. 그래서 만약 교회가 율법적인 구조의 타성에 떨어졌다든가 신자들의 실생활이 이기적 생활에서 벗어나지 못했다면 이것이 곧 진리에 대한 간접적 가해가 아니고 무엇이겠는가?

이제 사건으로 다시 돌아가 헤로데는 이 학살사건이 그의 단말마적 발악의 신호였던지 그 후 한 해도 못 가 죽고 그의 세 아들, 안티파스와 아르켈라오와 필립이 계승권 분쟁으로 인한 우여곡절 끝에 로마 아우구스토 황제로부터 영토를 셋으로 쪼개 받는다.

한편 이때쯤 요셉은 다시 현몽으로 이스라엘 귀환의 천사 지시를 받고 돌아왔는데 처음엔 그는 다시 예루살렘이 가까운 베들레헴에 살려고 든 모양이나 그 지역 유다의 새 영주 아르켈라오는 아비 헤로데에 못지않는 폭군이라는 소문이라 이리저리 망설이던 중 또다시 꿈에 지시가 있어 마침내 본래 살던 갈릴래아 나자렛에 정착하게 되었다.

　저러한 예수 탄생을 전후한 요셉의 영몽사(靈夢事)는 일찍부터 예수와 생활한 마태오가 마리아로부터 직접 들었을 가능성이 짙다 하겠다.

소년 시절의 삽화

루가 2:40, 43~47, 48~49, 50, 51

예수의 소년 시절의 이 일화를 전하는 루가복음은 이를 소개하기에 앞서 그 성장 상태를 "아기는 날로 튼튼하게 자라면서 지혜가 풍부해지고 하느님의 은총을 받고 있었다"라고 기록하고 있다.

저러한 예수의 소년기의 출중한 모습은 장성한 후 그가 공적 활동에서 발휘한 인품이나 언동으로 미루어 보아도 넉넉히 짐작되는 바요, 한편 신탁으로 점지된 이 아해를 그의 양친이 얼마나 지극한 애정과 큰 소망을 가지고 키웠고 그 건강이나 교육에 유의하였으며 특히 종교적 훈도에 힘썼으리라는 것은 상상하기에 어렵지 않다.

그래서 소년 예수는 옛 우리 가정에서도 3, 4세부터 민족의 전승 설화들을 들려주고 천자와 통감과 사서삼경을 읽혔듯 일찍부터 구약의 설화를 익혔음은 물론 시편과 지혜서와 예언서 등을 따로 외웠을 것이며 또 당시 예배소이며 학교인 회당에 다니면서 율법사들로부터 언어나 문자 또는 구약에 대한 주석 교육을 받았을 것이라고 여겨진다. 또한 이러한 종교적 수련은 소년 예수에게 있어 그의 자질에 부합했을 뿐 아니라 그 탁월성을 드러내는 기회이기도 하였을 것이다.

저러한 소년 예수가 열두 살이 되던 해, 이스라엘 민족이 에집트에서의 탈출을 기념하는 해방절에 예년과 마찬가지로 부모와 함께 예루살렘으로 명절을 지내러 올라갔다가 행방불명이 되는 사건이 벌어진다. 그런데 여기서 한 가지 먼저 이해해 둘 것은 당시 이스라엘의 율법으로는 남아 열두 살이면 성년이 되고 그 행동의 자유와 책임이 본인에게 속하게 되므로 소년 예수도 막말로 하면 한참 건방질 나이에 속해 있었다는 점이다.

이제 이야기의 줄기로 옮기면 "명절의 기간이 다 끝나 집으로 돌아올 때에 어린 예수는 예루살렘에 그대로 남아 있었다. 그런 줄도 모르고 그의 부모는 아들이 일행 중에 끼어 있으려니 하고 하룻길을 갔다. 그제야 생각이 나서 친척들과 친지들 가운데서 찾아보았으나 보이지 않으므로 줄곧 찾아 헤매면서 예루살렘까지 되돌아갔다. 성전에서 그를 찾아보았는데 거기서 예수는 학자들과 한 자리에 앉아 그들의 말을 듣기도 하고 그들에게 묻기도 하는 중이었다. 그리고 듣고 있던 사람들은 모두 그의 지능과 대답하는 품에 경탄하고 있었다"고 하는데 앞서 말한바 성년이 된 예수가, 특히나 지적 탐구욕과 진리에의 추구심이 강한 예수가 시골 회당의 율법사들에게서는 도저히 만족한 해답을 얻지 못하던 문제들을 가지고 서울 성전에 모인 저명한 학자들에게서 그 지적 욕구를 마음껏 채우기에 정신이 팔려 부모와 함께 집으로 돌아가는 일마저 잊고 있었다는 사실을 나는 그리 신기해 할 것이 없다고 생각한다.

또한 반가워 어쩔 줄을 모르면서 "얘야 왜 이렇게 우리를 애태웠느냐? 너를 찾느라고 아버지와 내가 얼마나 고생했는지 모른다"고 마리아가 말했을 때 "왜 나를 찾으셨습니까? 나는 내 아버지의 집에 있어야 하는 줄을 모르셨습니까?"라고 한, 얼핏 듣기엔 매정하고 퉁명스럽게까지 들리는 예수의 대답도 그 장소와 환경과 앞서 말한 연령 등을 미루어 살피면 인간적 취향에서도 나는 별로 이상할 것이 없다고 여긴다.

왜냐하면 소년 예수에게 있어서, 아니 전체 이스라엘 백성들에게 있어서 예루살렘 성전은 '하느님 아버지가 계신 집' 즉 '아버지의 집'이라는 관념이 철저히 박혀 있었을 것으로 거기에 머물러 있는 것은 어디까지나 떳떳하고 자랑스러운 일로서 부모의 힐난을 받을 건덕지가 없다고 어느 소년이나 여겼으리라고 보기 때문이요, 또 저러한 자기 자신의 정당성을 제시하기 위한 항변과 같은 강력한 어조는 보통 부모의 질책 앞에서 소년들이 변명 대신 사용하는 방법이기 때문이다.

물론 나는 루가복음의 그 다음 대목인 "그러나 부모는 아들이 한 말이 무슨 뜻인지 알아듣지 못하였다"든가 "그 어머니는 이 모든 일을 마음속에 간직하였다"라는 말을 소홀히 하려거나 이 사건의 복음 삽입 자체가 예수의 신성(神性)에 대한 전개라는 것을 몰라서 하는 풀이가 아니다.

오히려 나는 우리의 실제 가정 경험과 엇비슷한 소년 예수의 일화 자체를 너무나 신학적으로 치우쳐 해석하기보다는 자연스럽게 받아들임으로써 어버이와 자식의 참된 관계란 어떤 것인가? 실상 동물과 같은 본능적 사랑 이외에 다른 게 무엇인가?라는 등의 심각한 의문에 부딪쳐 마침내 어버이와 자식도 서로 하느님의 자손으로서 어버이는 자식을 하느님에게서 맡았고, 자손은 하느님이 삶을 어버이를 통해 주었다는 자각과 신뢰 속에서 새로 맺어져야 한다는 결론에 도달하는 것이 이 사건을 음미하는 데 더욱 바람직하다고 생각하기 때문이다.

그 다음 복음은 "예수는 부모를 따라 나자렛으로 돌아와 부모에게 순종하며 살았다"고 전하고 또다시 반복하여 "예수는 몸과 지혜가 날로 자라면서 하느님과 사람의 총애를 더욱 받게 되었다"고 기록되어 있는데 이렇듯 '이웃의 총애'가 첨기된 것은 소년 예수가 저렇게 유다른 자질을 가지면서도 괴벽하거나 유난스럽지 않았음을 알려 주고 있다.

세례를 받음

마태오 13:55; 루가 3:7~14; 마태오 3:14~15, 16~17

뒷날 예수가 고향 나자렛을 찾았을 때 사람들이 "저 사람은 그 목수가 아닌가?"라고 한 것만을 보아도 그가 서른 살에 이르러 출가하기 전까지는 부친 요셉의 목공업을 이어받아 지극히 평범한 생활을 하고 있었음을 알 수 있다.

그리고 외전(外典)에 의하면 열아홉 살에 그지없이 착한 부친 요셉을 여의었다니 너무나 큰 슬픔이었겠지만 인자한 어머니에다 복음의 스쳐가는 기록 속에는 사촌들이라고 여겨지는 남매들이 수두룩이 있었다니 그리 외롭지 않게 지냈음도 알 수가 있다.

한편 이와 함께 구체적인 기록은 없지만 앞서 루가복음이 지적하듯 "지혜에 가득 차고 하느님 은총을 받고" 있던 예수가 그 청소년기에 자기 소명(召命), 즉 삶의 보람과 사명에 대한 끊임없는 탐구와 모색과 명상 속에 있었으리라는 것도 짐작하기 어렵지 않다.

그래서 예수는 전통적 유다교의 소위 바리사이파나 사두가이파에 대한 면밀한 관찰과 판단을 갖고 있었을 것은 물론 당시 우리나라 점복가 정도로는 흔했을 거리의 예언자나 정도령 출현처럼 자칭 메시아로 행세하는 사이비 종교가에게는 눈을 돌리지 않았겠지만 광야나 산간에 은둔하면서 수도하는 명상가나 수도자들의 동태와 그 집단의 사정에는 남달리 관심을 기울였을 것이라고 여겨진다.

저러한 예수가 그 결론으로 통탄해 마지않았을 것은 사이비 예언가나 사교(邪敎) 집단은 말할 것도 없거니와 소위 정통적인 유다교 파들까지도 종교적 본질 즉 하느님의 뜻에서 이탈되어 있다는 사실이었을 것이다. 한마디로 말해 그들의 가장 신앙의 줄기가 되는 메시아 강생에 대한 기대란 것도 한갓 민족적 선민의식과 현세적 구원에 대한 희망에 불과해서 로마 권력의 붕괴와 그 소탕이요, 이스라엘 백성들의 영속적인 번영과 안락이 그 담뿍이었다.

이러한 시절에 요르단 강변에 출현한 요한의 메시지는 종교적으로 순수할 뿐 아니라 가장 강렬하였고 또 무엇보다도 메시아의 이념에 아주 부합하는 것이었다.

즉 "요한은 자기에게 세례를 받으러 나오는 사람들에게 이렇게 말하였다. '이 독사의 족속들아 (중략) 너희는 회개했다는 증거를 행실로 보여라. 그리고 〈아브라함이 우리의 조상이다〉 하는 말은 아예 하지도 말라. 사실 하느님은 이 돌들로도 아브라함의 자녀를 만드실 수 있다. 도끼가 이미 나무뿌리에 닿았으니 좋은 열매를 맺지 않는 나무는 다 찍혀 불 속에 던져질 것이다'" 하니 "군중은 요한에게 '그러면 우리는 어떻게 해야 하겠습니까?' 하고 물었다. 요한은 '속옷 두 벌을 가진 사람은 한 벌을 없는 사람에게 주고, 먹을 것이 있는 사람도 이와 같이 남과 나누어 먹어야 한다' 하고 대답하였다. 세리들도 와서 세례를 받고 '선생님 우리는 어떻게 했으면 좋겠습니까?' 하고 물었다. 요한은 '정한 대로만 받고 그 이상은 받아 내지 말라' 하였다. 군인들도 '저희는 또 어떻게 해야 합니까?' 하고 물었다. 요한은 '협박하거나 속임수를 써서 남의 물건을 착취하지 말고 자기가 받는 봉급으로 만족하여라' 하고 일러 주었다."

저렇듯 요한은 메시아 내림에 대한 시간적 성숙을 주창할 뿐 아니라 그 구원의 대상이 되려면 헛된 선민의식을 버리고 인인애(隣人愛)와 윤리적 생활에 나아갈 것을 신랄한 표현과 격정적 어투로 주장하고 나섰던 것이다.

이렇게 볼 때 그 무렵 출가를 결심한 예수가 제일 먼저 이 요한을 방문하고 그에게서 세례를 받는 것은 결코 우연한 일이 아니었던 것이다. 그래서 그들의 종교적 예지는 만나자마자 요한으로 하여금 "'제가 선생님께 세례를 받아야 할 터인데 어떻게 선생님께서 제게 오십니까?' 하며 굳이 사양하였다. 예수께서 요한에게 '지금은 내가 하자는 대로 하여라. 우리가 이렇게 해야 하느님께서 원하시는 모든 일이 이루어진다' 하고 대답하셨다. 그제야 요한은 예수께서 하시자는 대로 하였다."

하기는 이 문맥(文脈)을 앞서 예수와 요한이 출생 때 소개된 바처럼 아주 가까운 친척관계였던 점으로 미루어 보아 이미 서로가 도반(道伴)으로서의 충분한 교류가 있었으리라고 해석 못할 바도 아니요, 또 그래도 무방하리라고 나는 본다.

그야 여하간 이 행적에서 무엇보다도 중요한 것은 예수가 세례를 통한 자기 봉헌에서 비로소 자기 성소(聖召)에 대한 신비적 체험에 나아간다는 점이다.

즉 "예수께서 세례를 받으시고 물에서 올라오시자 홀연히 하늘이 열리고 하느님의 성령이 비둘기 모양으로 당신 위에 내려오시는 것이 보였다. 그때 하늘에서 이런 소리가 들려왔다.

'이는 내 사랑하는 아들,

내 마음에 드는 아들이다!'"

이로 말미암아 예수는 메시아로서의 특수한 삶의 사명뿐만 아니라 그 영능력도 동시에 받았다고 나는 본다.

그리고 예수는 이러한 신비적 체험을 그 당시에는 아무에게도 알리지 않았을 것이고 뒷날 제자들에게 가령 성신강림의 예비지식과 같은 그 어떤 목적이 있어 술회했을 것이라고 나는 생각한다.

악마의 유혹

마태오 4:2~4, 5~7; 12:39; 4:8~10, 11

  예수는 성소(聖召)에 대한 신령한 증험을 한 후 그 신비적 몰입(沒入) 상태에서 들짐승들이 득실거리는 광야로 가서 40일 동안 단식생활을 하며 기도와 명상에 잠긴다. 이때에 완전한 절식을 하였는지 야생의 열매나 자연수(自然水)로 연명하였는지 그런 것이야 별로 문제삼을 바가 아니다.
  오직 예수의 이 은신(隱身)과 초험적(超驗的) 명상의 주제가 무엇이었겠느냐? 하는 것이 중요한데 이 사적의 에피소드로 보아 예수는 이때 하느님의 뜻, 즉 진리를 이 세상에 선포하는 데 있어 그가 선택할바 방법은 그 어떤 것이냐 하는 것이 초점이 되었으리라고 나는 본다.
  그래서 예수는 그 문제의식을 구체적으로 가로놓고 문자 그대로의 악전고투를 벌이는 것이다. 이러한 예수의 심전(心戰) 내용이 형상화된 것이 악마로부터의 세 가지 유혹인데 거기에는 아주 심오한 내용이 상징적으로 표시되고 있다.
  이제 예수가 그 악마의 유혹과 이를 물리치는 정경들을 복음을 따라 살펴나가면 첫 번째는 "사십 주야를 단식하시고 나서 몹시 시장하셨을 때에 유혹하는 자가 와서 '당신이 하느님의 아들이거든 이 돌더러 빵이 되라고 해 보시오' 하고 말하였다. 예수께서는 '성서에 〈사람이 빵으로만 사는 것이 아니라 하느님의 입에서 나오는 모든 말씀으로 살리라〉고 하지 않았느냐?' 하고 대답하셨다."

우리는 여기서 예수의 심전 속에 제1차적으로 제기된 '빵이냐 진리냐, 물질이냐 정신이냐' 하는 문제가 어찌 보면 너무나 흔해 빠진 고민처럼 여기기 쉽지만 실은 이 인류구제에 대한 양분(兩分)된 명제는 당시뿐 아니라 오늘날에도 대립하고 있고 세상에는 물질적 해결에 우선적 기대를 거는 인간이 당시뿐만 아니라 오늘날에도 더 많다는 사실에 주목하여야 한다.

그러므로 예수는 이 인간의 물질적 불행을 개선하는 문제에 무관심할 수는 결코 없었으나 모든 사람이 보다 먼저 진리에 살게 되어야 이 물질적 문제도 해결된다는 신념에 도달함으로써 빵을 상징으로 하는 물질 위주의 방법을 물리치게 되는 것이다.

두 번째는 "그러자 악마는 예수를 거룩한 도시(예루살렘-필자 주)로 데리고 가서 성전 꼭대기에 세우고 '당신이 하느님의 아들이거든 뛰어내려 보시오. 성서에 〈하느님이 천사를 시켜 너를 시중들게 하시리니 그들이 손으로 너를 받들어 너의 발이 돌에 부딪히지 않게 하시리라〉하지 않았소?' 하고 말하였다. 예수께서는 '〈주님이신 너의 하느님을 떠보지 말라〉는 말씀도 성서에 있다' 하고 대답하셨다."

이것은 예수가 성소의 증험과 더불어 자기에게 접해진 신령한 능력에 대하여 그 진부(眞否)의 회의나 현세적 사용충동의 극복을 뜻한다고 나는 본다. 그래서 후일 예수는 자기의 신령한 능력을 자신이나 세속적 용도에 사용하지 않았을 뿐 아니라 오직 믿음이 발하는 신령한 표적을 삼기 위하여 기적을 행하면서도 이를 과시하지 않음은 물론 이에 엽기적 흥미를 갖는 것을 기피하였다. 즉 자기의 영능력으로 치유를 받은 병자들이나 이를 목격한 제자들에게 그것을 비밀에 붙이라고 당부하기도 하고 또 "악하고 절도 없는 이 세대가 기적을 요구하나 요나의 기적밖에는 따로 보여 줄 것이 없다" 하고 잡아떼기도 하였다.

세 번째는 "악마는 다시 아주 높은 산으로 예수를 데리고 가서 세상의 모든 나라와 그 화려한 모습을 보여 주며 '당신이 내 앞에 절하면 이 모든 것을 당신에게 주겠소' 하고 말하였다. 그러자 예수께서는 '사탄아, 물러가라! 성서에 〈주님이신 너희 하느님을 경배하고 그분만을 섬기라〉고 하시지 않았느냐? 하고 대답하셨다."

이 마지막 내적 갈등에서 우리는 현세주의적 통치자들의 지배욕에 대한 배격만을 떠올릴 것이 아니라 현세주의적 이상가들의 포부도 함께 거절되었다고 보아야 한다. 왜냐하면 가령 공자(孔子)나 마호멧이 지향하듯 먼저 실권을 잡고 천리(天理)에 맞는 도덕적 정치를 펴는 것이 구세(救世)의 방법이라고 여기는 것은 메시아의 구원의 길과는 배치되기 때문이다.

그래서 예수는 이러한 현세적 권력에 대한 치중이나 타협이나 굴종이 진리에의 배역임을 최종적으로 가장 힘들여서 확인하는 것이다.

그런데 예수는 이상의 자기 해답을 모두 구약성서에서 발견하고 있는데 이것으로 미루어 보아도 그가 성서에 얼마나 통달해 있었으며 또 큰 결단을 내리는 데 있어 성서를 본보기로 삼았음을 알 수 있다. 왜냐하면 그것은 예언자의 입을 통한 하느님의 말씀이기 때문이다.

저렇게 해서 광야에서의 유혹은 끝났다. "드디어 악마는 떠나가고 천사들이 와서 예수의 시중을 들었다"는 표현으로 미루어 예수는 심전과 그 승리에서 오는 마음의 평안과 기쁨을 누렸음이 확인되지만 한편 "악마는 이렇게 여러 가지로 유혹해 본 끝에 다음 기회를 노리면서 예수를 떠나갔다"는 기록으로 미루어 예수의 저러한 극한적(極限的)인 심전이 또다시 있을 것을 암시하고 있다.

첫 제자들
요한 1:36, 41, 42; 루가 5:1~10

예수는 그의 선교활동의 전개와 함께 제자들을 선정한다. 그들은 거의 겐네사렛 호숫가에서 물고기를 잡던 어부들로서 먼저 부름을 받는 사람은 요한의 아들 시몬, 즉 베드로와 안드레아, 제베대오의 아들 야고보와 요한, 이렇게 두 형제였다.

맨 처음엔 두 동생인 요한과 안드레아가 그들의 신봉자인 세례자 요한이 마침 예수께서 걸어가시는 것을 보고 '하느님의 어린양이 저기 가신다' 하는 바람에 호기심(?)으로 예수를 따라붙어 그 거처까지 가서 하루를 함께 지내고 와서는, 그러니까 저들 나름대로는 예수의 인품을 샅샅이 살피고 난 다음 자기 형들에게 "우리가 찾던 메시아를 만났소" 하고 보고를 함으로써 그 형들도 예수를 찾게 된다.

그런데 특히 이때 안드레아가 형 시몬을 데리고 가니 "예수께서 시몬을 눈여겨 보시며 '너는 요한의 아들 시몬이 아니냐? 앞으로는 너를 게파(베드로 곧 바위라는 뜻)라 부르겠다'" 하고 이름까지 고쳐 지어 주며 유달리 그 만남에 적극성을 보인다.

그러나 저러한 만남으로 말미암아 그들이 예수를 추앙하게 되지만 실제로는 출가를 안 하고 있다가 그들의 직업과 관련된 기적의 풍어(豊漁)사건을 계기로 완전히 예수를 따라 공동생활을 하며 그 포교전선에 나서게 되는 것이다.

그리고 이 기적은 이미 예수가 성령의 능력으로 가득 차서, 갈릴래아 각 지방을 돌아다니며 여러 회당에서 설교를 할 뿐 아니라 가나 혼인잔치에서 물을 술로 변하게 한 것을 비롯하여 바로 수제자가 될 시몬의 장모 등 중풍환자와 마귀 들린 자들을 고치는 기적을 보여 사방에 소문이 두루 퍼지고, 가는 곳마다 군중들이 줄줄이 따르는 그런 시기, 다시 말하면 예수의 초기 포교활동이 활발해짐에 따라 일손이 필요하게 된 때 행해진다.

즉 "하루는 많은 사람들이 겐네사렛 호숫가에 서 계시는 예수를 에워싸고 하느님의 말씀을 듣고 있었다. 그때 예수께서는 호숫가에 대어 둔 배 두 척을 보셨다. (중략) 그중 하나는 시몬의 배였는데 예수께서는 그 배에 올라 시몬에게 배를 땅에서 조금 떼어 놓게 하신 다음 배에 앉아 군중을 가르치셨다. 예수께서는 말씀을 마치시고 시몬에게 '깊은 데로 저어 가서 그물을 쳐 고기를 잡아라' 하셨다. 시몬은 '선생님 저희가 밤새도록 애썼지만 한 마리도 못 잡았습니다. 그러나 선생님께서 말씀하시니 그물을 치겠습니다' 하고 대답한 뒤 그대로 하였더니 과연 엄청나게 많은 고기가 걸려들어 그물이 찢어질 지경이 되었고 배가 가라앉을 정도로 두 배를 가득히 채웠다. 이것을 본 시몬 베드로는 예수 앞에 엎드려 '주님, 저는 죄인입니다. 저에게서 떠나 주십시오' 하고 말하였다. (중략) 그의 동료들과 제베대오의 두 아들 야고보와 요한도 똑같이 놀랐는데 그들은 다 시몬의 동업자였다. 그러나 예수께서는 시몬에게 '두려워하지 말라. 너는 이제부터 사람들을 낚을 것이다' 하고 말씀하셨다."

앞서 말한바 이미 만나서 내정하다시피 했던 그들에게 그들의 실생활 속에다 이렇듯 기적을 보이는 것은 그들로 하여금 하느님에게 향한 용기를 북돋아 출가를 결행시키려는 예수의 아주 자연스러우면서도 의도적인 행적이었음이 사건의 전말을 통해 명백히 드러난다.

또한 이렇듯 학문도 없고 지위도 없고 순박하고 가난한 어부들을 흡사 매혹(?)하다시피 기적까지 행하여 가면서 최초의 제자로 삼는 데는 예수의 '가난한 사람들이 하느님의 나라를 차지하리라'는 구세이념(救世理念)에 뿌리한 것이겠지만 한편 그들의 타고난 대로의 곧은 생각과 꾸밈이 없는 마음이나 거친 현실 속에서도 낙망을 모르는 불굴의 의지나 인내력, 그리고 복음에도 '동료'니 '동업자'니 하고 표시된 바처럼 공동체의 일원으로서의 경험 등이 하느님의 교회를 새로 창건하려는 예수의 포부나 그 구상(構想)에 현실적으로 부합하였기 때문일 것이다.

그리고 우리가 이 풍어사건에서 또 하나 주목할 것은 시몬 베드로의 태도로서 자기들의 능숙한 기술로도 밤새도록 허탕을 친 바로 그 호수에다 고기잡이에는 생판 백지인 예수의 지시를 받고서 "그러나 선생님께서 말씀하시니 그물을 치겠습니다" 하고 전폭적 신뢰와 무조건 순종에 나아가 무아(無我)의 헌신을 보여 주고 있다는 점과 또 대어(大漁)에 놀란 그가 예수 앞에 무릎을 꿇고 "주님, 저는 죄인입니다. 저에게서 떠나 주십시오" 하면서 자기처럼 죄 많고 미천한 사람에게 예수처럼 거룩하고 신령한 능력을 지닌 분이 가까이 하는 것은 오히려 부당하다고까지 토로함으로써 그의 겸허(謙虛)와 경외(敬畏)를 함께 나타내고 있다는 점이다.

저러한 베드로의 진정에 넘치는 언행을 확인한 후 예수는 '그렇듯 너의 인간적 부실을 걱정하지 말라'고 안심시키면서 이제부터는 자기와 함께 고기가 아니라 사람을 하느님께로 모으는 일을 할 것을 종용한다.

이리하여 베드로를 비롯한 첫 제자들은 '곧 그물을 버리고' '배를 버리고' '모든 것을 버린 다음' '아버지와 삯꾼들을 배에 남겨둔 채' 예수를 따라나서는 것이다.

가나의 혼인잔치
요한 2:1~11

인간적인 표현에다 막말로 하자면 예수만큼 그 어머니의 애를 태운 아들도 드물 것이다. 그래서 가톨릭에서는 예수의 모친 마리아를 칠고(七苦)의 어머니라고 부른다. 이 마리아의 가슴팍을 비수(匕首)보다도 더 아프게 한 일곱 가지 고통 중에는 아들 예수가 십자가에 못박혀 악형(惡刑)의 참척(慘慽)을 당하는 어머니로서의 고통은 두말할 것도 없거니와 이와는 달리 열두 살 때 예루살렘 성전에서의 무단실종(無斷失踪)과 같은 예수의 메시아적 면목(面目)에서 오는 비정(非情)도 있다. 이런 점을 인간적으로만 이해한다면 예수같이 인자한 분이 그 어버이에게 어쩌면 그렇듯 몰인정스러울까 하는 느낌마저 든다.

그런데 복음에 꼭 한 대목 이러한 우리의 사념(邪念)을 털어 주고도 남는, 또한 예수네 모자간(母子間)만이 주고받을 수 있는 그윽한 장면이 있다. 즉 요한복음을 보면,

"이런 일이 있은 지 사흘째 되던 날 갈릴래아 지방 가나에 혼인잔치가 있었다. 그 자리에는 예수의 어머니도 계셨고 예수도 그의 제자들과 함께 초대를 받고 와 계셨다. 그런데 잔치 도중에 포도주가 떨어지자 예수의 어머니는 예수께 포도주가 떨어졌다고 알렸다. 예수께서는 어머니를 보시고 '어머니, 그것이 저에게 무슨 상관이 있다고 그러십니까? 아직 제 때가 오지 않았습니다' 하고 말씀하셨다. 그러자 예수의 어머니는 하인들에게 '무엇이든지 그가

시키는 대로 하여라' 하고 일렀다. 유다인들에게는 정결의식을 행하는 관습이 있었는데 거기에는 그 예식에 쓰이는 두 세 동이들이 돌항아리 여섯 개가 놓여 있었다. 예수께서 하인들에게 '그 항아리마다 모두 물을 가득히 부어라' 하고 이르셨다. 그들이 여섯 항아리에 물을 가득 채우자 예수께서는 '이제는 퍼서 잔치 맡은 이에게 갖다 주어라' 하셨다. 하인들이 잔치 맡은 이에게 갖다 주었더니 물은 어느새 포도주로 변해 있었다. 물을 떠 간 그 하인들은 그 술이 어디에서 났는지 알고 있었지만 잔치 맡은 이는 아무것도 모른 채 술맛을 보고 나서 신랑을 불러 '누구든지 좋은 포도주는 먼저 내놓고 손님들이 취한 다음에 덜 좋은 것을 내놓는 법인데 이 좋은 포도주가 아직까지 있으니 웬일이요!' 하고 감탄하였다. 이렇게 예수께서는 첫 번째 기적을 갈릴래아 지방 가나에서 행하시어 당신의 영광을 드러내셨다. 그리하여 제자들은 예수를 믿게 되었다."
라고 되어 있다. 이상의 기록을 좀더 구체적으로 그 분위기 등을 떠올리면서 음미해 가 보면 우리는 몇 가지 주목할 점을 발견하게 된다.

즉 "이런 일이 있은 지 사흘째 되던 날"이라 함은 예수가 그의 첫 제자들인 요한, 안드레아, 베드로, 필립보, 나타나엘을 만난 일을 말함으로써, "예수도 그의 제자들과 함께 초대를 받고 와 계셨다"는 바로 그 다섯 사람과 함께라고 여겨진다. "그런데 잔치 도중에 포도주가 떨어지자 예수의 어머니는"이라고 되어 있음은 아마 그 잔칫집에 예상보다 손님이 더 많이 밀려왔던 모양일 뿐 아니라, 그 집 주인네는 마리아와 더없이 친근한 사이였다고 짐작된다. 왜냐하면 일반적으로는 잔칫집에 술 떨어진 것은 그 집 주인이 알아서 할 노릇이지 손님이 참견하고 나설 바가 아니요, 더욱이 마리아가 주책없이 자기 아들 예수의 영능 자랑을 이런 기회에 하려 들었다고는 결코 생각되지 않기 때문이다. 그야 여하간 여기서 첫째로 주목되는 것은 마리아가 "예수께 포도주가 떨어졌다"고 알렸다는 말 속에는 이미 자기 아들 예수가 무(無)에서 유(有)를 낳게 하는 초자연적인 능력을 갖고 있다는 것을 믿고 있다기보다 알고 있었다는 것이 명확해진다는 점이다. 그리고 둘째로는 이에 대하여 "예수께서는 어머니를 보시고 '그것이 저에게 무슨 상관이 있다고 그러십니까? 아직 제 때가 오지 않았습니다'" 하고 말함으로써 자기의 신령한 능력은 메시아의 사명을 완수하기 위한 공적(公的)인 것으로 어머니의 인간적이요, 사적(私的)인 것이 관여할 바 못됨을 밝히면서 일단은 거절하고 있음이 주목되는 점이요, 셋째로는 그런 아들 예수의 거절에도 불구하고 일방적으로 "하인들에게 '무엇이든지 그가 시키는 대로 하여라'" 하고 기적을 자기 나름대로 진행시켰다는 사실이 크게 주목되는 점이다.

즉 예수는 이러한 자기 모친의 마치 압력을 가하는 듯한, 또는 억지나 떼를 쓰는 듯한 청탁과 분부를 말로는 거절하면서도 실제로는 행하는 것이다. 우리는 이 장면을 읽으며 그야말로 그 어머니와 그 아들만이 서로 믿고, 알고, 또 나누는 대화와 행동과 애정을 엿보고 맛볼 수 있다. 그래서 가톨릭에서는 마리아를 성모라 존칭하고 그녀에게 기도하기를 권하고 즐기는 것이다. 하느님의 은총을 당신 아들 예수가 맹물 항아리를 술 항아리로 변하게 하듯 얻어 내달라고 성모 마리아에게 조르는 것이다.

끝으로 "그리하여 제자들은 예수를 믿게 되었다"고 한 대목은 바로 첫 제자 중에 하나인 요한의 자기체험의 술회일 것으로서 그들 모두가 불과 사나흘 전 예수를 만나 첫눈에 홀리듯 하여 여기까지 따라나서기는 하였으나 어쩌면 삶의 근본문제에는 우매하기까지 하였을 그들이 쉽사리 믿고 따르는 데는 그들의 순박성도 있었지만 이러한 기적의 직접 체험이 시초부터 밑받침이 되었음을 솔직히 밝히고 있는 것이라 하겠다.

병자를 낫게 함

루가 7:15~17; 5:20, 24~25

예수는 '성령의 능력으로 가득 차서,' 백성들에게 하느님의 나라, 즉 진리의 세상을 선포하는 한편 수많은 병자를 '자기 안에 내린 성령의 힘으로' 낫게 한다.

그가 고친 병의 종류는 문둥병, 소경, 귀머거리, 벙어리, 중풍 환자, 열병, 하혈증, 수종증(水腫症), 수족마비증, 외상(外傷)의 정형 등 육체적 질병뿐 아니라 갖가지 형태로 악령들에게 사로잡혀 있는 이상적(異常的) 질환들과 심지어는 이미 죽은 사람을 셋이나 소생시킨다.

그런데 먼저 우리는 예수의 이 병고침이 당시 이스라엘 사회의 종교적 풍습을 배경으로 하고 있다는 사실에 유의해야 한다. 즉 복음에도 나타나 있듯이 당시 유다교의 제사장들은 그 직무수행의 일부로 구마(驅魔)행위를 담당하고 있었으며, 그 외에도 잡다한 교파와 사이비 종교가들이 횡행하던 그 사회엔 오늘 우리 한국의 무당들이나 자칭 영능자(靈能者)들 유가 아니게 종교적 의술행위가 성행했으리라고 보아야 한다. 저러한 분위기 속에서 예수가 사람들을 끌어모으고 자기의 가르침이 바로 하느님의 뜻이라는 것을 증거하기 위해서는 보다 신령한 구료(救療)행위를 벌이지 않을 수 없었을 것이다.

그리고 우리가 헤아려야 할 것은 예수가 항상 자신의 언행을 '구약성서의 성취'로 임하고 있음에 비추어 구약의 병고침에 대한 예언과 사례들이 그로 하여금 저러한 구료행위를 서슴없이 하게 하였으리라는 점이다.

또 하나 빼놓지 못할 것은 자비스러운 예수가 그의 인간적 동정심에서 즉 '측은한 마음이 들어' '한숨을 내쉬고' '눈물을 흘리시면서' 그 신분의 여하를 가리지 않고 불쌍한 사람들을 만나면 병을 고쳐 주었다는 점일 것이다.

그런데 오직 한 가지 예수가 병을 고치려는 상대방에게 어떤 때는 사전에 요구하였거나 어떤 때는 사후에 명백히 한 것이 있으니 그것은 자신이 영능을 발휘하는 데 있어 당사자 자신의 믿음을 필요로 하였다는 사실이다.

즉 "내가 너의 소원대로 이루어 줄 수 있다고 믿느냐?" 하고 다짐을 받는가 하면 "네 믿음대로 되어라"라고 응낙을 하고 "네 믿음이 너를 살렸다"라고 주석도 붙였다.

또 이것은 좀 취의(趣意)를 달리하는 얘기지만 "사람들이 없을 때에 제자들이 예수께 와서 '왜 저희는 마귀를 쫓아내지 못하였습니까?' 하고 물었다. 예수께서는 이렇게 대답하셨다. '너희의 믿음이 약한 탓이다. 나는 분명히 말한다. 너희에게 겨자씨 한 알만 한 믿음이라도 있다면 이 산더러〈여기서 저리로 옮겨져라〉해도 그대로 될 것이다. 너희가 못할 일은 하나도 없을 것이다'"라고까지 믿음의 위력을 강조한다.

물론 이 말을 현실로서는 예수의 믿음을 강조하는 상징적 표현으로 해석해야겠지만 한편 미래 할 인간 영성의 그 무한한 성취능력을 시사하고 있다고도 하겠다.

이왕 믿음 이야기가 나왔으니 말이지만 하느님, 곧 진리가 실재한다는 믿음이 있어야 비로소 하느님과의 독자적인 관계가 성립되고 마음의 통로가 생긴다.

쉬운 예로 이웃과의 사이에도 믿음이 없이 마음의 문을 닫아 놓고선 아무리 가까이 살아도 진정한 사귐이나 사랑은 나눌 수가 없다. 하물며 하느님과의 생활, 즉 종교생활에 있어서 무엇무엇해 봐야 이 믿음이 없이는 하느님의 무한량한 은혜를 받아들일 수 없을 뿐 아니라 더욱이나 하느님이 이 인류 역사 속에 시현하려는 구원(久遠)의 계획에 참여할 수가 없을 것은 당연하지 않겠는가? 이렇듯 믿음은 모든 인간의 삶에 있어 가장 본질적인 필수품인 것이다.

이제 다시 이야기의 줄거리로 돌아가 예수는 그의 신령한 구료 사업에 있어 그 치료 형식을 때로는 만지고, 때로는 손을 얹고, 때로는 흙에다 침을 섞어 약 같은 것을 만들어 바르고, 때로는 동작을 요구하고, 때로는 구두(口頭)로 지시만 하는 등 여러 가지로 취하고 있지만 그 자신부터가 이 점에는 별로 구애된 흔적이 없으며 그저 상대방의 심기(心氣)를 도와주는 친절행위에 불과했다고 여겨진다.

그러나 명심할 바는 이렇듯 수월하게 보이는 예수의 구료 행적이 단순한 백성들의 육체적 질병을 퇴치하는 목적에서 이루어진 것이 아니라 오히려 그들의 영혼의 질병, 즉 죄악에서 인간을 구제할 힘을 자기가 지니고 있다는 것을 증거하기 위하여 행해졌다는 점이다.

복음을 보면 예수는 그 어느 때 "군중의 쇄도 때문에 지붕으로부터 구멍을 뚫고 요에 눕힌 채 내려 보내진 중풍 환자에게 '너는 죄를 용서받았다'라고 말하여 율법학자와 바리사이파 사람들의 반감을 사자 '이제 땅에서 죄를 용서하는 권한이 사람의 아들에게 있다는 것을 보여 주겠다.' 그리고 나서 중풍 환자에게 (중략) '일어나 요를 걷어 가지고 집으로 돌아가라' 하셨다. 그러자 병자는 사람들이 보는 앞에서 벌떡 일어나 자기가 깔고 누웠던 요를 걷어들고 하느님을 찬양하며 집으로 돌아갔다. 이를 목격한 사람들도 모두 황홀하여 하느님을 찬양하였다"는 것이다.

거듭 말하거니와 예수의 신령한 구료행위는 사람들의 믿음에 의한 육체적 치유에서 인간 죄고로부터의 해방을 확인케 하며 또한 하느님의 그 무한량한 자비를 실지로 체득하게 하는 데 목적이 있었던 것이다.

산 위의 설교

루가 6:20~26

　예수의 하느님 나라 선포, 즉 진리의 세상을 이룩하기 위한 설교와 교훈과 대화의 행각은 갈릴래아와 유다 여러 지방을 전전하면서 행해졌다.

　그런데 그가 공중집회 장소인 회당이나 예루살렘 성전에서 가르친 것은 초기의 얼마 동안과 최후의 며칠뿐이고 거의는 산이나 바닷가나 행길과 같은 노천(露天)에서 즉석으로 행해졌으며 때로는 여염집 방이나 마당이 그의 포교소가 되었다.

　이것은 예수가 어느 교파에서 임명받은 성직자도 아니요, 또 어느 누구에게서 의발(衣鉢)을 전수받은 수도자도 아니기 때문에 그에게 공식적인 설교의 기회나 장소가 주어지지 않았을 것은 당연하다 하겠고 한편 유다인 일반에게도 비교적 개방적이었을 회당에서도 그 독창적이며 혁신적인 가르침과 직업 종교가들에게 향한 신랄한 공격이 그로 하여금 얼마 못 가서 발을 붙이지 못하게 하였을 것이다.

　그러나 예수의 설교나 교훈, 또는 토론 응수의 내용이나 표현은 오늘날 우리가 복음의 기록을 읽는 그 감동만 가지고라도 혀를 차리만큼 매력적이고 권위에 차 있었음을 넉넉히 짐작할 수가 있다.

　저러한 예수의 특출한 설교에다 앞서 말한 신령한 병고침이 알려져 그가 가는 곳마다 백성들을 모이게 하였고 각 지방에서 모여들게 하였는데, 그런 군중의 자연발생적인 산 위의 대집회에서 저 유명한 참된 행복의 설교가 행해진다.

이 산상설교에 대하여는 마태오와 루가 두 복음이 그 내용과 양에 있어 다소 차이를 보이는데 특히 마태오는 예수의 일상 교훈 중에서 동질적(同質的)인 여러 개를 여기에다 한데 집합 정리해 놓은 것으로 여겨진다.

그야 여하간 예수는 이 설교에서 자기가 펼치는 하느님 나라, 즉 진리의 세상의 참된 행복은 누가 어떻게 차지하는 것이며, 일단 자기의 가르침을 따라 하느님 나라의 시민이 된 자는 그 삶에 있어서 어떤 마음가짐과 행실에 나아가야 하며 또한 자기의 가르침과, 율법의 규제에만 매달리고 있는 직업 종교가들의 가르침과는 무엇이 어떻게 다르다는 것을 실례(實例)와 비유를 일일이 들어 가며 설명하였던 것이다.

이제 그 교훈 중 첫머리에 행해진 '참된 행복'의 대목만을 루가복음의 요약에 따라 여기다 옮기고 음미해 보기로 한다.

"가난한 사람들아, 너희는 행복하다.

하느님 나라가 너희의 것이다.

지금 굶주린 사람들아, 너희는 행복하다.

너희가 배부르게 될 것이다.

지금 우는 사람들아, 너희는 행복하다.

너희가 웃게 될 것이다.

사람의 아들 때문에 사람들에게 미움을 사고 내쫓기고

욕을 먹고 누명을 쓰면 너희는 행복하다.

그럴 때에 너희는 기뻐하고 즐거워하라.

하늘에서 너희가 받을 상이 클 것이다.

그들의 조상들도 예언자들을 그렇게 대하였다(하략)."

여기서 가장 주목되는 루가의 '가난하다든가' '굶주린다든가'

'운다든가' 하는 표현은 어떤 사람의 경제적 빈곤이나 사회적 지위의 빈약을 뜻하는 것이 아니라 인간의 마음가짐이나 그 정신이나 영혼의 순수 상태를 의미하고 있음은 같은 가르침을 마태오가 '마음이 가난한 사람들, 슬퍼하는 사람들, 온유한 사람들, 옳은 일에 주리고 목마른 사람들, 자비를 베푸는 사람들, 마음이 깨끗한 사람들, 평화를 위하여 일하는 사람들'이라고 구체적으로 풀이해 전하고 있는 것만 보아도 알 수가 있다.

그리고 한편 우리는 예수의 이 말씀이 역설적인 논리나 기발한 상징적 표현이 아니라 구약성서에 전거(典據)를 둔 표현임을 특히 중시해야 하는데 즉 시편에는 가난하고 무력하고 천대받는 사람들의 '울부짖음이 바로 하느님에게 향한 신뢰와 소망과 공경으로' 나타나 있고, 또 바로 이것이 '하느님의 자비와 사랑을 이끌어 내는 힘이 되고' 또한 '하느님의 계약의 축복받는 대상으로' 나타나 있는 것이다.

저러한 구약의 개념으로 예수는 가난하고 불행한 이들에게 그 기쁜 소식을 전하기 위하여 성령을 받았고 이제 그 가난하고 불행한 사람들, 즉 고기잡이, 농사꾼, 품팔이, 나귀나 낙타의 몰이꾼, 창녀와 세리, 그리고 육체적 정신적 질병 환자와 불구자들을 상대로 하여 가난과 불행의 보람을 설파하는 것이며 또한 스스로가 그 생애를 가난과 불행과 고통에다 내어맡기는 것이다.

그러나 거듭 말하거니와 예수의 말씀은 어디까지나 물질적 소유로부터의 정신적 초탈과 그릇된 욕망으로부터의 자기해방을 의미하는 것으로 결코 이것이 '현실적 재물의 있고 없음이나 어떤 계층에 대한 옹호'가 아님을 우리는 명심해야 한다.

그리고 이러한 예수의 정신의 우위성(優位性), 즉 마음가짐에 대한 강조는 산상설교뿐 아니라 그의 가르침 전반에 일관되어 있는 것으로 인간 모든 행실과 선악의 기준은 그 마음가짐의 진실성 여하로서 판가름된다고 말끝마다 덧붙이고 있는 것이다.

탕자의 비유

루가 15:11~32

예수는 동서고금의 다시없는 비유의 명인으로서 복음 속에 나오는 약 40개의 비유가 모두 일품(逸品)이지만, 그중에서도 가장 백미(白眉)라고 할 것은 루가복음 15장에 나오는 바로 이 '잃었던 아들'의 삽화라 하겠다.

그런데 이 이야기는 너무나 기므로 복음대로 옮기지는 못하고 줄거리를 적고 그 골자만을 음미해 보려고 한다.

어떤 사람에게 아들 둘이 있었는데 그중 작은아들이 제 몫의 재산을 갈라 가지고 타관으로 가서 방탕한 생활로 이를 다 없애 버리고 알거지가 된다. 그는 하는 수 없이 남의 집 더부살이로 들어가 돼지를 치게 되었는데 때마침 그 고장은 흉년이라 그에게는 돼지 먹이 같은 먹을거리조차도 잘 주어지지 않았다.

그제서야 제정신이 돌아온 그는 "아버지 집에는 품꾼들도 양식이 풍족한데 나는 여기서 굶어 죽게 되었구나! 이럴 바에야 아버지에게로 돌아가 '이제 아들 자격은 없으니 품꾼으로라도 써 주십시오' 하고 매달려 보자" 생각하고 집으로 돌아온다. 그 아들이 돌아오는 것을 먼발치로 본 아버지는 달려 나와 아들의 목을 끌어안고 입을 맞추며 반가워한다.

그러자 아들은 "아버지 저는 하늘과 아버지께 죄를 지어 감히 아버지의 아들이라고 할 자격이 없습니다" 하고 말하고 마음먹고 있는 "품꾼으로 써 주십시오" 하는 말을 미처 털어놓기도 전에 아버지는 하인들을 불러 "어서 제일 좋은 옷을 꺼내다 입히고 가락지를 끼워 주고 신을 신겨 주어라. 그리고 살진 송아지를 잡아라. 죽었던 내 아들이 살아왔다. 먹고 즐기자" 하고 잔치를 벌였던 것이다.

이상이 그 삽화의 전반부로서 우리는 먼저 이 작은아들이 하느님의 소여(所與)와 은혜를 정당하고 보람 있게 살려 쓰지 못하고 이것을 악용함으로써 인과응보적으로 받는 곤경과 고통에 대해서 쉽게 이해할 수가 있다.

그러나 그는 바로 그 극한적인 고통 속에서 '제 정신을 차리고' 뉘우치는데 이 뉘우침 자체가 아버지 즉 하느님의 사랑을 소생시켰던 것이다. 그래서 그는 개과천선(改過遷善)! 아버지 집으로 돌아온다.

이때 아버지가 먼발치에서 먼저 알아보고 달려 나가 아들을 껴안는데 이것은 하느님도 저 아버지처럼 자기를 거슬려서 떠난, 죄를 지은 인간이라도 한시도 잊지 않고 측은히 여기며 언제나 되돌아오기를 문전에 나와 기다리듯 하다가 그가 회개할 경우는 먼저 알아차리고 반가워 달려 나오듯 무조건 받아들인다는 것을 뜻한다.

다음 이 삽화의 후반부를 간추려 가면,

밭에 나가 있던 큰아들이 돌아오다가 난데없이 집 안에서 풍악 소리가 나고 사람들이 즐기는 소리를 듣고서 하인 한 사람을 불러내다 자초지종을 캐내고는 화가 치밀어 올라 집에 들어가지도 않는다.

그래서 아버지가 나와 달랬지만 그는 "아버지, 저는 이제껏 아버지를 위해서 종처럼 일을 하며 아버지의 명령을 한 번도 어긴 일이 없었습니다. 그런데, 제게는 친구들과 함께 놀라고 염소 새끼 한 마리라도 주신 적이 없더니 창녀들한테 빠져서 아버지의 재산을 몽땅 날려버린 그 애를 위해서는 살진 송아지까지 잡아 주시다니요!" 하고 투덜댄다.

이 말을 듣고 아버지는 "얘야, 너는 늘 나와 함께 있고 내 것이 모두 네 것이 아니냐? 그런데 네 동생은 죽었다가 다시 살아온 셈이니 잃었던 사람을 되찾은 것이 아니냐? 그러니 어찌 이 기쁜 날을 즐겁게 지내지 않을 수가 있겠느냐?" 하고 타이르는 것이다.

여기서 돌아온 동생에 대한 큰아들의 냉혹한 감정은 우리가 죄나 허물이 있는 사람을 용서하지 못하고, 더구나 그 죄인이 죄를 뉘우쳤음에도 이를 형제로서 받아들이지 못하는 태도를 지적한 것이라 하겠다.

그리고 아버지에 대한 큰아들의 시비와 불평과 역정은 아버지의 그늘 속, 즉 하느님의 자비 속에 살고 이를 누리면서도 그것을 몰각하는 데서 오는 망발인 것이다. 즉 그 큰아들의 거친 언사의 내면을 자세히 관찰해 보면 삶의 타성에 떨어진 영혼 속에 깃든 독선과 오만이 자기도 모르는 사이에 고개를 쳐들고 있는 것이다.

저 형처럼 자기를 살필 줄 모르고 아버지 하느님에게서 돌아서는 교만한 마음씨를 신학적으로 '죄'라고 부르고, 저 동생처럼 자기를 뉘우쳐 아버지 하느님에게로 되돌아오는 순수해진 마음씨를 '사(赦)함을 받았다'고 한다.

다시 이야기로 돌아와 저렇듯 반발하고 나서는 맏아들에게 아버지는 다함없는 자애로써 이를 어르고 달래는데 이는 하느님이 죄 중에 있는 우리 인간들을 끊임없이 되부르고 있음을 나타낸다. 어쩌면 그 맏아들의 소견머리 없는 투정도 아버지나 하느님에게는 사랑스럽게 여겨진다고 흥그럽게 느낄 정도로 절묘하게 표현되어 있다.

그리고 저 비유엔 마침내는 큰아들이 아버지의 저러한 설유를 받아들여서 함께 동생을 환영하게 되었는지, 그 반대로 이번엔 그가 분가(分家)를 서둘렀는지에 대한 언급이 없다. 이러한 극적 구성(劇的構成)의 취사(取捨)야말로 더욱더 이 비유의 핍진성(逼眞性)을 약여(躍如)하게 한다.

사마리아 여인과

요한 4:7~10, 11~12, 13~14, 15, 16, 19~20, 21~24, 25~26

예수의 선교활동은 갈릴래아 지방이 중심이었지만 명절을 지내러 예루살렘을 오르내리면서 그곳을 비롯해 유다 지방 각처에도 뻗혀졌다.

저러한 어느 때 예수는 갈릴래아로 되돌아오면서 유다인들이 아주 꺼리는 사마리아 횡단코스를 택하여 시카르라는 곳에 이르러 거기 유서(由緖)가 있는 야곱의 우물가에서 여행의 피로를 풀게 되었다.

"마침 그때 한 사마리아 여자가 물을 길으러 나왔다. 예수께서 그를 보시고 물을 좀 달라고 청하셨다. (중략) 사마리아 여자는 예수께 '당신은 유다인이고 저는 사마리아 여자인데 어떻게 저더러 물을 달라고 하십니까?' 하고 말하였다. (중략) 예수께서는 그 여자에게 이렇게 대답하셨다. '너에게 물을 청하는 내가 누구인지 알았더라면 오히려 네가 나에게 청했을 것이다. 그러면 내가 너에게 샘솟는 물을 주었을 것이다.'"

서로 상종을 안 하는 타관 사람, 더욱이나 여자한테다가 함부로 말을 거는 것도 당치 않은데 거기다 그 수작의 내용이 그 여자로선 막말로 되먹지 않게 들렸을 것이다. 그래서 그 여인은 "두레박도 없으시면서 어디서 그 샘솟는 물을 퍼다 준다는 겁니까? 이 우물은 우리의 조상 야곱이 친히 파서 마시고 물려준 우물인데 당신은 샘솟는 딴 물을 주겠다니 그럼 당신이 야곱보다 더 위대하다는 말씀입니까?(필자 풀어 씀)" 하며 그 희떠운 소리 좀 작작하라고 반박하고 나선다.

그런데 예수는 한술 더 뜬달까? "이 우물물을 마시는 사람은 다시 목마르겠지만 내가 주는 물을 마시는 사람은 영원히 목마르지 않을 것이다. 내가 주는 물은 그 사람 속에서 샘물처럼 솟아올라 영원히 살게 할 것이다" 하고 나오는 것이다.

이 말을 듣고 그 여자는 "선생님, 그 물을 제게 좀 주십시오. 그러면 다시는 목마르지도 않고 또 물을 길으러 여기까지 나오지 않아도 되겠습니다" 하고 예수에게 정중히 청한 듯 기술되어 있지만 나의 느낌으로는 "어디 그 물맛 좀 봅시다. 한 번 마시면 다시 안 마셔도 되고 샘물처럼 솟아오른다니 수고스레 물 길으러 다닐 필요도 없게요!"라는 정도의 비꼼이나 핀잔이었을 것이라고 여겨진다.

그랬기에 예수도 여기쯤에서 그 여자가 자기 말의 진의(眞意), 즉 진리의 샘을 주려는 것을 깨닫기에는 그냥은 도저히 통하지 않을 것을 알고 말을 슬쩍 비켜서 "가서 당신의 남편을 불러오시오〈그러면 내가 그 영생의 물을 주겠소(필자의 첨가)〉" 하고 자기의 영능을 드러내는 계기를 만드는 것이다.

그래서 그 여자가 "제게는 남편이 없습니다" 하고 실토를 하자 예수께서는 "남편이 없다는 말은 숨김없는 말이다. 너에게는 남편이 다섯이나 있었고 지금 함께 살고 있는 남자도 사실은 네 남편이 아니니까 너는 바른 대로 말하였다" 하고 그런 무지한 여자에게 가장 알맞은 영시력을 보임으로써 그 여자를 승복케 한다.

그러자 그 여자는 "과연 선생님은 예언자이십니다. 그런데 우리 조상은 저 산에서 하느님께 예배드렸는데 선생님네들은 예배드릴 곳이 예루살렘에 있다고 합니다" 하고 사마리아인과 유다인의 분열의 초점이자 맹점(盲點)에 대해 의견을 물음으로써 이 예언자의 지혜를 좀더 시험해 보려고 든다.

이에 대해 예수는 "내 말을 믿어라. 사람들이 아버지께 예배를 드릴 때에 '이 산이다' 또는 '예루살렘이다' 하고 굳이 장소를 가리지 않아도 될 때가 올 것이며 (중략) 실상 지금 그때가 왔다. 아버지께서는 이렇게 영적으로 참되게 예배하는 사람들을 찾고 계신다. 하느님은 영적인 존재이시다. 그러므로 예배하는 사람들은 영적으로 참되게 하느님께 예배드려야 한다" 하고 새로운 예배정신과 그 방법을 열심히 설명한다.

그러나 그 여자에게는 예수의 그 대답이 석연치 않고 미흡하다. 하지만 예수에게서 연상되는 것이 있었던지, "저는 그리스도라 하는 메시아가 오실 것을 알고 있습니다. 그분이 오시면 저희에게 모든 것을 다 알려 주시겠지요" 하고 말한다.

여기서 예수는 "너와 말하고 있는 내가 바로 그 사람이다" 하면서 다른 데서는 그렇게 불리기마저 꺼려하는 메시아로서의 자기 정체를 여기서만은 쾌히 밝히는 것이다.

그러면 예수가 이 앙숙으로 지내는 타 고장 여자에게 그토록 애를 써서 설득하려는 것은 무엇이었을까?

그것은 다름이 아니라 예수가 비록 자기의 출생지는 유다요, 또 유다교의 전통적 하느님을 계승하지만 바로 그 하느님은 유다인들이나 그 종교가들의 의식이나 관념 속에 있는 그런 민족신이 아니라 이 지상 전체의 모든 인간이 종족, 국가, 계층, 유무식, 성별을 초월해서 섬겨야 할 분이라는 것과 또 그 섬기는 데 있어서도 양이나 비둘기 등을 제물로 하는 형식적 제사가 아니라 하느님은 영적인 존재이니만큼 영적으로 참되게 예배를 드려야 한다는 그의 종교혁명의 핵심적 이념과 방법을 사마리아라는 실제 이방에서 제시하고 있는 것이다.

빵의 기적

마르코 6:31, 34, 35~36; 마태오 14:16, 17~21; 마르코 8:1; 요한 6:15, 26~27, 48~51, 42, 52, 60, 61~63

복음을 보면 예수의 빵에 대한 기적은 두 번 있었는데 이것이 행해진 것은 그 선교활동의 절정기로서 "찾아오는 사람이 너무 많아서 그들은 음식을 먹을 겨를조차 없었을" 정도의 시기였다.

그래서 어느 때는 예수가 제자들과 함께 배를 타고 티베리아 호수 건너편으로 피해 갔는데 이 소문을 들은 군중들은 육로로 앞질러 거기에 모여들었다.

예수는 "목자 없는 양과 같은 그들을 측은히 여기시어 병자들을 고쳐 주고 가르치기도 하다가 해가 기울자 제자들이 '여기는 외딴 곳이고 시간도 이미 늦었습니다. 그러니 군중들을 헤쳐 제각기 음식을 사 먹도록 농가나 근처 마을로 보내는 것이 좋겠습니다' 하고 말하였다. 그러나 예수께서는 '그들을 보낼 것 없이 너희가 먹을 것을 주어라' 하고 말씀하셨으므로 제자들은 '우리에게 지금 있는 것이라고는 빵 다섯 개와 물고기 두 마리뿐입니다' 하고 다시 말하였다. 그러자 예수께서는 '그것을 이리 가져오너라' 하시고는 군중을 풀 위에 앉게 하셨다. 그리고 빵 다섯 개와 물고기 두 마리를 손에 들고 하늘을 우러러 감사의 기도를 드리신 다음 빵을 떼어 제자들에게 주셨다. 제자들은 그것을 사람들에게 나누어 주었다. 사람들은 모두 배불리 먹었다. 그리고 남은 조각을 주워 모았더니 열두 광주리에 가득 찼다. 먹은 사람은 여자와 어린이들 외에 남자만도 오천 명가량 되었다."

이상이 첫 번째요, "그 무렵 사람들이 또 많이 모여들었는데 먹을 것이 없어서" 예수는 앞서와 같은 방법으로 약 사천 명을 양껏 먹이는 두 번째 기적을 행한다.

예수의 모든 기적행위가 그렇듯이 이 빵의 기적도 그것을 단순한 현실로서가 아니라 과거[舊約]와 미래[新約]의 성취의 상징으로 삼고 있다는 점을 우리는 먼저 유의해야 한다. 가령 예수가 장님의 눈을 뜨게 한 기적은 자신이 '세상의 빛'임을 드러내는 것이요, 죽은 자를 부활시킨 기적은 자신이 곧 '부활이며 생명'임을 드러내는 것이요, 여기서 빵을 많게 한 기적은 자신이 '생명의 빵'임을 드러내는 것이다.

그래서 예수는 자기의 이러한 기적을 현실적으로만 오해하여 "억지로라도 왕으로 모시려는 낌새를 알아채시고" 군중들을 피하였다가 그 다음날 다시 호수를 건너 가파르나움으로 오는데 또 거기로 몰려든 사람들을 보고,

"정말 잘 들어 두어라. 너희가 지금 나를 찾아온 것은 내 기적의 뜻을 깨달았기 때문이 아니라(자기가 영능으로 증거한 하느님의 힘 – 필자 풀이) 빵을 배불리 먹었기 때문이다. 썩어 없어질 양식을 얻으려고 힘쓰지 말고 영원히 살게 하며 없어지지 않을 양식을 얻도록 힘써라."

하고 자신의 기적이 상징하는바 진리의 불멸성과 그 절대적 위력을 명백히 한다.

그러나 군중들은 어디까지나 동상이몽(同床異夢)으로 "당신도 우리를 믿게 하려면 모세처럼 우리 조상들을 광야에서 만나로 먹이듯 하늘에서 빵을 내려다가 계속해서 항상 우리를 먹여 달라(필자 풀이)"는 등 끝내 현실적 빵만을 추구하고 있으므로 예수는 계속해서,

"나는 생명의 빵이다. 너희의 조상들은 광야에서 만나를 먹고도 다 죽었지만 하늘에서 내려온 이 빵을 먹는 사람은 죽지 않는다. 나는 하늘에서 내려온 살아 있는 빵이다. 이 빵을 먹는 사람은 누구든지 영원히 살 것이다. 내가 줄 빵은 곧 나의 살이다. 세상은 그것으로 생명을 얻게 될 것이다" 하고 어디까지나 빵이 상징하는바 자기가 전하는 하느님의 말씀, 즉 진리의 무한한 공궤(供饋)가 바로 그것임을 설득한다. 하지만 군중은 이 말의 진의(眞意) 파악에 힘쓰거나 이를 믿으려고 힘쓰지 않고 도리어 그 차원 높은 가르침을 궤변이나 횡설수설로 오해하여 당황과 반감과 낙망을 일으키며,

"아니 저 사람은 요셉의 아들 예수가 아닌가? 그의 부모도 우리가 다 알고 있는 터인데 자기가 하늘에서 내려왔다니 말이 되는가? 이 사람이 어떻게 자기 살을 우리에게 먹으라고 내어줄 수 있단 말인가?" 하고 서로 논란과 비난에 나아간다.

저러한 예수의 말은 일반 군중들에게뿐만 아니라 예수를 이제까지 신봉하던 제자들에게마저 "이렇게 말씀이 어려워서야 누가 알아 들을 수 있겠는가?" 하며 수군거렸고 예수도 자기의 말을 못마땅해하는 제자들의 속을 들여다보고는 "내 말이 귀에 거슬리느냐? (중략) 육체적인 것은 아무 쓸모가 없지만 영적인 것은 생명을 준다. 내가 너희에게 한 말은 영적인 것이며 생명이다"라고까지 친절하게 설명하지만 예수가 이렇듯 강조하면 할수록 세속적인 구세주 관념에 사로잡혀 있던 그들에게 그것이 받아지기는커녕 이것을 분수령으로 하여 열두 제자를 내놓고는 많은 추종자들이 예수에게서 이탈해 버렸던 것이다.

이러한 사태는 예수 자신이 미리 알고 의식적으로 야기시켰다고 보아도 무방한데 왜냐하면 예수는 저 설교에서 "나를 보내신 아버지께서 이끌어 주시지 않으면 아무도 내게 올 수 없다"고 거듭 말

함으로써 진리는 누구에게나 무조건 쉽사리 얻어지거나 받아들여지는 성질의 것이 아님을 단호하게 천명하고 있기 때문이다.

물 위를 걸음
마태오 14:25~27, 28~32; 16:21~23

빵의 기적으로 5천 명을 먹인 직후 예수는 제자들만 먼저 배로 호수 건너편 가파르나움으로 돌아가게 하고 자기는 혼자 산으로 올라가 밤 이슥하도록 기도에 잠겼었다.

그런데 제자들은 배를 저어 4, 5킬로쯤 가다가 풍랑을 만나 몹시 시달리게 되었다. 이때가 새벽 4시쯤, 예수는 이 조난을 산 위에서 보았는지 아니면 그의 신령한 투시력으로 알아냈는지 "물 위를 걸어서 제자들에게 오셨다. (중략) 제자들은 엉겁결에 '유령이다' 하고 외치며 비명을 올렸다. 그러자 예수께서는 제자들을 향하여 '나다, 안심하여라. 겁낼 것 없다' 하고 말씀하셨다."

이상과 같은 예수의 물 위 걷기를 소위 현대인들은 비과학적이요, 허황하다고 일소(一笑)에 붙이며 이러한 예수의 일련(一連)의 기적행위가 오히려 그들로 하여금 예수를 경원(敬遠)케 하는 경향마저 없지 않다.

그러나 기적은 종교생활 전체의 원천인 신앙심이 없이는 어디까지나 이해되지 않는다. 즉 진리와 생명의 근원인 하느님의 절대적인 위력은 우리 인간이 현재의 지능으로서 자연법칙이라고 여기는 그 인식력을 초월하고 있기 때문에 신앙의 눈으로 이것을 보기 전에는 기껏해야 불가지론(不可知論)을 벗어나지 못한다.

그래서 저런 사람들은 예수의 물 위 걷기뿐 아니라 저 갠지스 강을 한순간에 훌쩍 넘는 석가모니의 이적이나, 우리나라 고승대덕

(高僧大德)들의 신령한 일사(逸事)나, 오늘날도 세계 도처에 현재(顯在)하는 종교적 신비사들은 인간몽매에서 오는 현상으로 돌리고 만다.

하지만 한번 신앙의 눈으로 만물 만상을 살피면 아우구스티누스의 말대로 곡물(穀物)의 수확 속에서도 예수의 빵의 증가와 같은 하느님의 조화와 자비의 표적을 발견할 수가 있으며 한번 믿음으로 깨우치면 가장 평범한 손가락이 열 개인 것에서도 우리는 하느님의 신비한 힘과 그 오묘함을 만끽(滿喫)할 수가 있다.

저러한 믿음과 기적의 상호(相互)작용 관계를 본보기처럼 제시하듯 마태오복음은 저 예수의 물 위 걷기에다 그 현장에서 벌어진 베드로의 실태(失態)를 첨가해서 보고하고 있다.

즉 그때 예수의 음성을 듣고 "베드로가 예수께 '주님이십니까? 그러시다면 저더러 물 위로 걸어오라고 하십시오' 하고 소리쳤다. 예수께서 '오너라' 하고 말씀하시자 베드로는 배에서 내려 물 위를 걸어 예수께로 향하여 갔다. 그러나 그는 바람이 거세게 부는 것을 보고 그만 무서워졌다. 그리고 물에 빠져 들어가게 되자 '주님, 살려 주십시오' 하고 비명을 질렀다. 예수께서 곧 손을 내밀어 그를 붙잡으시며 '왜 의심을 품었느냐? 그렇게도 믿음이 약하냐?' 하고 말씀하셨다. 그리고 함께 배에 오르시자 바람이 그쳤다."

빵의 기적을 직접 체험한 지 하루도 못 되어 예수의 수제자인 베드로마저가 그 '믿는 마음의 문이 닫힘으로써' 금세 돌아서서는 조그만 위난(危難)에도 이렇듯 신앙의 동요를 일으켜 그 기적의 영험을 실패로 끝나게 하고 있는 것이다.

그래서 예수가 직접 가르쳐 준 '주의 기도' 중 "우리를 유혹에 빠지지 말게 하시고"의 '유혹'은 희랍어의 원의(原意)로는 '신앙을 위협하는 유혹'을 뜻하는 것으로서 우리는 나날의 행운 속에서나 불운 속에서 끊임없이 신앙을 재확인하고 다짐하고 견지해야 한다.

한편 저 일화에서 보듯이 베드로는 예수의 제자 중에서 가장 인간적인 선량함이나 약함을 때마다 드러내고 있다. 그런데 예수는 베드로의 이런 인간적인 면에 대하여 어느 때는 저 물 위에서의 경우처럼 관대히 받아들이고 어느 때는 비정(非情)이라 할 만큼 이를 냉혹히 물리치고 있음을 알 수가 있다. 여기서 그 냉정한 경우의 한 예를 들면,

"그때부터 예수께서는 제자들에게 자신이 반드시 예루살렘에 올라가 원로들과 대사제들과 율법학자들에게 많은 고난을 받고 그들의 손에 죽었다가 사흘 만에 다시 살아날 것임을 알려 주셨다. 베드로는 예수를 붙들고 '주님 안 됩니다. 결코 그런 일이 있어서는 안 됩니다' 하고 말리었다. 그러나 예수께서는 베드로를 돌아다보시고 '사탄아 물러가거라. 너는 내 장애물이다. 너는 하느님의 일을 생각하지 않고 사람의 일만을 생각하는구나' 하고 꾸짖으셨다."

베드로의 이 충고가 그의 선의와 충정(衷情)에서 나온 것임은 물론이려니와 이것을 모르는 예수도 아니다. 예수는 오직 저렇듯 인간의 뜻이나 그 정황(情況)만을 앞세워 하느님의 뜻이나 섭리를 뒷전으로 하는 인간중심적 선의, 즉 휴머니즘 속에서 그 자체로도 의식하지 못하는 타락한 악마적 사고가 엿보이기 때문에 저렇듯 호되게 꾸짖는 것이다.

현대는 휴머니즘의 시대라고들 한다. 그러나 인간적이란 간판 아래서 '사람의 일만'을 생각하여 얼마나 그 인간의 죄악이 묵인되고, 방치되고, 타협되고, 동정되고, 조장(助長)되고 또 발호(跋扈)하는 것일까? 인간중심적 휴머니즘이 선악의 가치판단마저 마비시키고 있다 하여도 과언이 아니다. 여기에 저 예수가 단호히 판별하

듯 '하느님의 일'을 먼저 생각하는 신 중심적 휴머니즘이 소생되어야 한다고 나는 생각한다.

어린이들을 축복함
마르코 10:13~16; 마태오 18:3~5; 루가 17:20~21; Ⅱ베드로 3:13

　예수의 어린이들에게 향한 애정은 일반적인 정서 즉 천진난만함에 대한 귀여움이나 사랑만이 아니라 한 걸음 더 나가서 어린이들의 그 속성(屬性) 자체에다 하느님 나라의 시민상(市民像)을 발견하고 이를 강조하고 있음에 우리는 주목해야 한다.
　"사람들이 어린이들을 예수께 데리고 와서 손을 얹어 축복해 주시기를 청하자 제자들이 그들을 나무랐다. 그러나 예수께서는 화를 내시며 '어린이들이 나에게 오는 것을 막지 말고 그대로 두어라. 하느님의 나라는 이런 어린이와 같은 사람들의 것이다. 나는 분명히 말한다. 누구든지 어린이와 같이 순진한 마음으로 하느님 나라를 받아들이지 않으면 결코 거기 들어가지 못할 것이다' 하고 말씀하셨다. 그리고 어린이들을 안으시고 머리 위에 손을 얹어 축복해 주셨다.
　어느 나라 고풍(古風)에도 다 있는 일이지만 팔레스티나에서도 아이들을 덕망 높은 사람에게 축복을 받게 하는 풍습이 있었던 모양으로 그 즈음 새로 나타난 신령한 예언자 예수가 가는 곳마다 일반 군중들보다 앞질러 아이들이나 어린것을 안은 부녀자들이 몰려들었을 것을 우리는 쉽사리 짐작할 수가 있다. 또 어떤 집회에서도 그렇듯이 이럴 때 그 주인공의 시종자들은 이런 부수적인 하찮은 손들을 물리치는데 그 말씨부터가 부드럽지 않은 것이 보통이다.
　그래서 예수가 저런 제자들의 불손한 언사에 성을 냈다는 것도 아주 자연스럽게 여겨지는데 한편 이것은 단순한 어린이의 접근 제지에 대한 질책이 아니라 앞에서 말한바 예수의 어린이들에게 대한 독자적(獨自的) 관점을 제자들이 몰각한 데 대한 일갈(一喝)로 받아들여야 한다.

즉 예수는 이에 앞서 제자들이 스승의 경륜하는 하늘나라가 어떤 것인지는 잘 모르지만 그것이 성취되는 날에는 '누가 더 높은 자리에 앉을 것이냐' 하는 문제로 다투는 것을 알고 아주 구체적이게도 어린이 하나를 불러 그들 가운데 세우며,

"나는 분명히 말한다. 너희가 생각을 바꾸어 어린이와 같이 되지 않으면 결코 하늘나라에 들어가지 못할 것이다. 그리고 하늘나라에서 가장 위대한 사람은 자신을 낮추어 이 어린이와 같이 되는 사람이다. 또 누구든지 나를 받아들이듯이 이런 어린이 하나를 받아들이는 사람은 곧 나를 받아들이는 사람이다."

하고 가르쳤던 것이다. 그럼에도 불구하고 저 때 제자들의 태도에는 저러한 예수의 어린이들에게 대한 근본적 관점을 깨달으려 들거나 소중히 여김이 없이 오직 어린이들의 집합에서 오는 그 분답을 오히려 스승의 정력의 낭비나 그 인기 있는(?) 설교의 방해자로 돌린 데 문제가 있었다고 하겠다.

여기서 예수의 어린이들에게 대한 독자적 관점이라는 것을 풀이해 보면 어린이처럼 작고 약한 것은 가난한 사람, 병든 사람, 죄를 우는 사람들과 함께 '마음이 깨끗한 사람들!'로서 '그들을 하느님을 뵙게 될' 즉 하늘나라의 시민이 될 자격을 갖추고 있는 것이 된다.

저렇듯 예수는 본시거나 뉘우쳐서거나 어린이처럼 순전(純粹)해진 마음에다 자기 가르침의 모든 희망을 걸고 온 정열을 쏟고 있는데도 불구하고 세상욕심에 눈이 가리워진 율법학자나 바리사이파들은 예수의 가르침을 일일이 악의로 해석하여 비난의 화살과 흉

계의 밧줄을 조여 오고, 일반 군중들도 자기에게서 현세적인 욕망만을 채우려다가는 돌아서고 하는 마당에 어린이나 그 어머니들만은 그야말로 순진한 마음을 가지고 영적인 축복을 구해 온다는 사실 자체가 무엇보다도 예수에게는 기뻤을 것이다.

이제 여기에 예수가 선포하는 '하느님의 나라'에 대해서 좀더 명료한 인식을 구해 본다면 루가복음에,

"하느님 나라가 언제 오겠느냐"는 바리사이파 사람들의 질문을 받으시고 예수께서는 이렇게 대답하셨다. "하느님 나라가 오는 것을 눈으로 볼 수는 없다. 또 '보아라 여기 있다' 혹은 '저기 있다' 하고 말할 수도 없다. 하느님 나라는 바로 너희 가운데 있다."

라고 있듯이 눈에 보이는 영토적, 군사적 지배와 평정이 아니라 보이지 않는 하느님의 뜻, 즉 진리가 예수의 가르침을 통하여 이 세상에 전해짐으로써 인간들의 삶 속에 구현되고 성취되는 것을 의미한다.

그리고 예수의 삶과 죽음과 부활에 이미 실재한 악마와 죄와 죽음의 지배가 끝난 승리의 상태가 그의 가르침에 호응하여 하느님을 임금 중의 임금으로 섬기면서 가장 보잘것없는 이웃(어린이들, 가난한 이들, 병든 이들, 죄를 우는 이)들을 받아들이고, 사랑한 모든 인간들에게 그 어느 날(세상 종말에) 재현된다는 것을 뜻한다.

그래서 그렇듯 예수와 함께 살면서도 곧잘 하느님 나라와 현세적 이상국가를 혼동하던 베드로도 후일 초대 신자들에게 보내는 글발에서 "우리는 하느님의 약속을 믿고 정의가 깃들어 있는 새 하늘과 새 땅을 기다리고 있는 것입니다"라고 힘차게 설파하는 것이다.

착한 이웃
루가 10:25~37

이 비유는 그 질문자가 '일어서서'라는 복음의 표현으로 보아 예수가 어느 회당이나 혹시는 예루살렘 성전에서 설교 도중 어떤 율법교사가 그를 시험하려고 "선생님, 제가 무슨 일을 해야 영원한 생명을 얻을 수 있겠습니까?" 하고 종교생활의 핵심문제를 질문함으로써 발단된다.

마태오나 마르코 복음은 이에 대하여 예수가 바로 대답한 것으로 되어 있으나 루가복음은 반문 형식을 취하고 있는데 즉,

"예수께서는 '율법서에 무엇이라고 적혀 있으며, 너는 그것을 어떻게 읽었느냐?' 하고 반문하셨다. '〈네 마음을 다하고 네 목숨을 다하고 네 힘을 다하고 네 생각을 다하여 주님이신 네 하느님을 사랑하라. 그리고 네 이웃을 네 몸같이 사랑하라〉고 하였습니다.' 이 대답에 예수께서는 '옳은 대답이다. 그대로 실천하여라. 그러면 영원히(필자 삽입) 살 수 있다' 하고 말씀하셨다. 그러나 율법교사는 짐짓 제가 옳다는 것을 드러내려고 '그러면 누가 저의 이웃입니까?' 하고 물었다."

이래서 예수의 이 유명한 비유가 나오는데,

예수께서는 그 질문을 받고 이렇게 말씀하셨다. "어떤 사람이 예루살렘에서 예리고로 내려가다가 강도들을 만났다. 강도들은 그 사람이 가진 것을 모조리 빼앗고 마구 두들겨서 반쯤 죽여 놓고 갔다. 마침 한 사제가 바로 그 길로 내려가다가 그 사람을 보고는 피

해서 지나가 버렸다. 또 레위 사람도 거기까지 왔다가 그 사람을 보고 피해서 지나가 버렸다. 그런데 길을 가던 어떤 사마리아 사람은 그의 옆을 지나가다 그를 보고는 가엾은 마음이 들어 가까이 가서 상처에 기름과 포도주를 붓고 싸매어 주고는 자기 나귀에 태워 여관으로 데려가서 간호해 주었다. 다음날 자기 주머니에서 돈 두 데나리온을 꺼내어 여관 주인에게 주면서 '저 사람을 잘 돌보아 주시오. 비용이 더 들면 돌아오는 길에 내가 갚아 드리겠소' 하며 부탁하고 떠났다."

라는 게 그 전제로 사용된 예화(例話)다.

여기서 우선 이 이야기를 구성하는 몇 가지 사실부터 검토해 보면 첫째 예루살렘에서 예리고에 이르는 길은 약 27킬로나 되는 한적하고도 긴 내리막길로서 지금도 강도의 출몰로 소문이 나 있는 곳이라 이 비유는 그 장면 설정에서부터 핍진성(逼眞性)을 띠고 있다 하겠고, 둘째 등장인물 중 사제와 레위 사람은 둘 다 예루살렘 성전의 교직자로서 그들은 하느님이 주신 율법을 몸소 생활한다고 자처하는 사람들이면서도 이렇듯 막상 곤경에 처해 있는 인간을 보고도 냉혹과 비겁으로 꽁무니를 빼고 있음을 여실히 보여 준다.

설령 그들의 저러한 행동이 그 피해자가 죽은 것으로 오해하고 '시체에 몸이 닿은 사람은 7일간 부정(不淨)하다'는 계율을 지켜서 성전의 예식을 봉행하려는 뜻에서였다고 가정한다 해도 그것은 종교의식을 사랑의 실천보다 더욱 중요시하는 그들 사고방식 자체의 오류를 우리는 발견할 수가 있다.

셋째, 여기 등장하는 사마리아 사람은 유다인이라고 짐작되는 피해자를 아무런 지방적 적대관념('사마리아 여인과' 참조)이 없이 접근하여 응급치료를 하고 자기 나귀에 태워 여관으로 데리고 가 함께 자면서 간호를 해 주고 또 거기다가 여관 주인에게 얼마간의 돈까지 맡기면서 회복될 때까지 잘 돌봐 주라고 당부를 할 뿐만 아니라 자기가 돌아올 때 들러 비용이 더 들었으면 그것도 자기가 갚을 터라고 이르고 떠난다.

이 사마리아 사람이야말로 상대방에 대한 차별이나 그 보응(報應)을 바라지 않는 무제한과 무상(無償)의 사랑을 실천하고 있으며, 바로 '이웃을 자기 몸같이 사랑'하고 있는 것이다.

예수는 이 비유 끝에 율법교사에게 역시 환문법(喚問法)을 써서, "'자, 그러면 이 세 사람 중에서 강도를 만난 사람의 참된 이웃이 되어 준 사람은 누구였다고 생각하느냐?' 율법교사가 '그 사람에게 동정을 베푼 사람입니다' 하고 대답하자 예수께서는 '너도 가서 그렇게 하여라' 하고 말씀하셨다."

이 대화에서도 우리가 주목할 것은 율법교사가 앞서 '누가 나의 이웃인가?' 하고 사랑의 대상을 물은 데 대하여 예수는 '누가 이웃으로 행동하였는가?' 하고 사랑의 주체를 묻고 있다는 점이다. 즉 순전한 사랑은 자기중심에서 대상을 골라서 그 기호(嗜好)에 쏠리는 것이 아니라 그 대상을 초월한 자기 자비심의 발동이요, 발휘인 것이다.

우리는 복음의 이 비유를 읽고서 저러한 이웃에 대한 냉혹과 비겁을 한갓 저 이스라엘 고대 종교가들에게만 돌릴 수 없는 것이 오늘날 세계에는 예리고처럼 한적한 곳이 아니라 도처의 거리 한복판에서 저러한 인간 비정(非情)이 집단적으로 노출되고 있기 때문이다.

그래서 예수의 반문은 그 율법교사에게뿐 아니라 우리 모든 사람에게 항상 행해지고 있는 질문이며 또한 "너도 가서 그렇게 하여라" 하는 권고 역시 끊임없이 받아들여야 할 불멸의 충고임을 명심해야 할 것이다.

나르드의 향유

요한 12:2~3; 루가 10:38~42; 요한 12:4~5, 7~8; 마르코 14:9 ; 루가 7:41~43

대사제들과 바리사이파들의 예수를 죽일 음모가 익어갈 무렵 예수는 광야 근처 지방으로 가서 일시적 피신을 하다가 해방절이 다가오자 예루살렘으로 올라갈 것을 결심하고 그 엿새 전에 도성(都城)에서 불과 2킬로 상거에 있는 베다니아에 도착한다.

그곳에는 예수가 죽은 것을 소생시키기까지 한 라자로가 그의 누이동생들과 함께 살고 있었는데 그날 저녁 영접잔치는 이 역시 불치의 나병을 예수에게서 고친 시몬의 집에서 벌어졌다.

그래서 "라자로는 손님들 사이에 끼어 예수와 함께 식탁에 앉아 있었고 마르타(맏누이동생 - 필자 주)는 시중을 들고 있었다. 그때 마리아(작은누이동생 - 필자 주)는 매우 값진 순 나르드 향유 한 근을 가지고 와서 예수의 발에 붓고 자기 머리털로 그 발을 닦아 드렸다. 그러자 온 집 안에 향유 냄새가 가득 찼다."

여기서 저 사건과 직접 관련은 없지만 예수를 접대함에 있어 시중이라는 수동태(受動態)의 마르타와 향유로 발을 닦아 주고 나서는 능동태(能動態)의 마리아와의 또 하나의 에피소드를 소개함으로써 예수의 인간심리에 대한 형안(炯眼)을 엿보기로 하자. 즉,

"예수의 일행이 여행하다가 어떤 마을(베다니아 - 필자 주)에 들렀는데 마르타라는 여자가 자기 집에 예수를 모셔 들였다. 그에게는 마리아라는 동생이 있었는데 마리아는 주님의 발치에 앉아서 말씀을 듣고 있었다. 시중드는 일에 경황이 없던 마르타는 예수께 와서

'주님, 제 동생이 저에게만 일을 떠맡기는데 이것을 보시고도 가만 두십니까? 마리아더러 저를 좀 거들어 주라고 일러 주십시오' 하고 말하였다. 그러나 주께서는 이렇게 대답하셨다. '마르타, 마르타, 너는 많은 일에다 마음을 쓰며 걱정하지만 실상 필요한 것은 한 가지 뿐이다. 마리아는 참 좋은 몫을 택했다. 그것을 빼앗아서는 안 된다.'"

저 대목을 읽고서 우리는 예수가 발치에 앉아 자기 말에만 귀 기울이는 마리아를 편애하는 데서 오는 두둔이라고 여기거나 마르타의 헌신적 시중이나 그 수고를 소홀히 함에서 오는 박정한 말로 오해해서는 안 된다.

그리고 조금만 마르타의 말을 깊이 관찰해 보면 "주님, 제 동생이 저에게만 일을 떠맡기는데 이것을 보시고도 가만두십니까?" 하는 말머리에서부터 그 어떤 독선과 교만의 빛을 발견할 수가 있을 것이다. 항용 그녀처럼 바르고 얌전하고 부지런한 사람이 자기의 삶이나 행실의 옳음을 자신하는 나머지 남의 삶이나 처지를 경시하거나, 자기에게 맞추고 닮기를 바라거나, 특히 남의 허물이나 죄를 용서하는 데 인색하게 되기가 쉽다. 이러한 마르타의 무의식 속의 자홀심(自惚心)을 예수는 깨우치고 있는 것이다.

한편 예수는 마르타에게 세상살이나 세상치레에 골몰하는 인간의 타성을 지적한다. 즉 마르타처럼 너무나 눈에 보이는 현실생활에만 충실하다 보면 우리 삶에 더욱 필요한 눈에 안 보이는 정신이나 영혼생활에 등한하기가 쉽다. 그래서 예수는 마르타에게 지금 눈에 안 보이는 진리에 귀 기울이고 있는 마리아를 쉬거나 노는 줄로 여기지 말라고 타이르는 것이다.

저러한 예수의 가르침을 마르타가 역하게 받아들이지 않고 소곳이 마음에 새겼음은 뒷날 오라비 라자로가 죽었을 때 예수를 맞아 그 영접을 동생 마리아에게 앞장세우기 위하여 "선생님이 오셔서 너를 부르신다"고 시키지도 않은 말을 살짝 일러 줄 만큼 된 것을 보아도 알 수가 있다.

이제 다시 본 이야기로 되돌아가면 마리아가 고급 향유를 저렇게 많이 예수의 발에 부은 것을 본 예수의 제자 중에서,

"장차 예수를 배반할 가리옷 사람 유다가 '이 향유를 팔았더라면 3백 데나리온을 받았을 것이고 그 돈을 가난한 사람들에게 나누어 줄 수 있었을 터인데 이게 무슨 짓인가?' 예수께서는 이렇게 말씀하셨다. '이것은 내 장례일을 위하여 하는 일이니 이 여자 일에 참견하지 말라. 가난한 사람들은 언제나 너희와 함께 있겠지만 나는 언제나 함께 있지는 않을 것이다.'"
라고 하였다는 것이다. 저러한 유다의 힐난에 다소 면구스러웠으리라고 여겨지는 예수의 답변을 좀더 풀어 말하면 마리아나 자기는 결코 인간적인 허영이나 향락이나 속정(俗情)에서 향유를 허비하고 있는 것이 아니라 이것은 임박한 자기 죽음의 시체를 미리 염(殮)하는 의식(儀式)에 불과하다고 잘라 말함으로써 이 사실이 자기의 행적 중에서 무슨 염문(艶聞)이나처럼 와전(訛傳)되는 것을 막는다.

그리고 마리아의 행위에 대해서는 "온 세상 어디든지 이 복음이 전해지는 곳마다 이 여자가 한 일도 알려져서 사람들이 기억하게 될 것이다" 하고 여성의 한 완미(完美)한 사랑의 행적으로 못을 박는다.

이것은 소위 과거가 있는 여자로 여겨지는 마리아의 저러한 행위가 바로 "어떤 돈놀이꾼에게 50데나리온과 500데나리온 빚진 사람이 둘 다 빚을 탕감해 받았을 때 더 많이 빚졌던 사람이 이를 더 크게 감사하고 그를 더 사랑하듯" 예수가 대신한 하느님의 자비와 은혜에 더욱 뜨거운 사랑을 보내고 있는 것이기 때문이다.

예루살렘 입성

마태오 21:6~9; 요한 12:19; 루가 19:40, 42~44

예수가 앞 장[前章]에서 본 바처럼 베다니아에 머물 즈음 역시 해방절을 지내러 시골로부터 예루살렘으로 모여든 백성들 사이에는 소문에 죽은 사람마저 살려냈다는 영능의 예언자요, 한편 교권 당국으로부터는 체포령이 내려 있는 극단의 이단자 예수가 명절을 쇠러 나타날 것인지 안 나타날 것인지 물의가 자자했다.

이러한 민중들의 호기심과 기대와 긴장이 복합적으로 팽창한 분위기 속에서 죽음을 예견하고 각오한 예수의 예루살렘 입성이 감행되는데, 당자인 그 역시 저러한 군중에 대응하여서랄까? 의표(意表)를 찌른달까? 다소 극적인 채비를 하고 나서는 것이다.

즉 "그 제자들은 가서 예수께서 일러 주신 대로 나귀와 새끼 나귀를 끌고 와서 그 위에 겉옷을 얹어 놓았다. 예수께서 거기에 올라앉으시자 많은 사람들이 겉옷을 벗어 길에 펴 놓는가 하면 어떤 사람들은 나뭇가지를 꺾어다가 길에 깔아 놓기도 하였다. 그리고 앞뒤에서 따르는 사람들이 모두 환성을 올렸다.

'호산나! 다윗의 자손! 주의 이름으로 오시는 이여, 찬미 받으소서! 지극히 높은 하늘에서도 호산나!'"

이렇게 해서 "예수께서 예루살렘에 들어가시자 온 시민이 들떠서 예수의 화제로 뒤덮였다(필자 요약해 씀)."

저러한 민중들의 환호 갈채 속에서 마치 개선장군이나 군왕의 즉위식 행진 같은 예루살렘 입성은 앞서 말한 바처럼 예수의 의도적인 면이 있다고 하지만 그것은 메시아 군림을 다윗 왕국의 재건으로 여기는 대중심리에 영합하거나 이를 폭발시키려는 것이 결코 아니요, 오직 자기가 그렇듯 가르치고 또 가르쳤으나 그들이 탈피 못하는 메시아의 진면목(眞面目)을 이렇게라도 부각(浮刻)시켜서 뒷날 그들이 이를 회상하고 그 뜻을 이해하고 삶의 힘을 찾게 하기 위한 것이었다.

그리고 예수의 이 착상(着想)은 그의 모든 중대한 결심이 그렇듯이 구약에서 받고 거기에 따르고 또 그 성취에 속한다. 왜냐하면 모든 구약의 예언은 하느님 뜻의 구상적(具象的) 표현이기 때문이다.

그래서 예수는 비록 민중들이 당시 군주의 행차 때처럼 자기들의 옷을 벗어 길에 깔고 유다의 정치적 상징인 종려나무 가지를 꺾어 흔들면서 "다윗의 자손! 주의 이름으로 오시는 이여! 찬미 받으소서!" 하고 노골적인 구호로 그를 영접하며, 일촉즉발의 태세에 있음에도 불구하고 거기다 어떤 정치적 계획이나 방법을 가지고 불을 붙이기는커녕 "멍에 메는 짐승의 새끼, 어린 나귀를 타고……" 서실로 겸허하게 어디까지나 비정치적 평화적 시위에 나아감으로써 이 입성을 오직 '하느님 나라 임금의 군림'으로서의 상징으로만 삼는다.

그러나 이러한 군중들의 열광에 놀라고 당황한 것은 교권 당국과 바리사이파 사람들로서 "자, 이제는 다 틀렸습니다. 모든 사람이 다 그를 따라가고 있지 않습니까?" 하고 서로 낭패해하는가 하면, 한편 이를 당장 제지하거나 해산시키려 드는 것은 불에 기름을 붓듯 위험한 일인 줄 그들도 아는지라 군중 틈에 있던 몇은 "선생님, 제자들이 저러는데 왜 꾸짖지 않으십니까?" 하고 시위의 자발적 중지를 예수에게 종용하고 나서기까지 하였다.

하지만 예수는 이에 대해서는 "잘 들어라. 그들이 입을 다물면 돌들이 소리지를 것이다" 하고 단호하게 거부한다. 이것은 예수가 자기의 거동이나 민중의 환호가 따지고 보면 결코 우연발생적이거나 인위적인 것이 아니라 하느님의 뜻과 그 힘으로 이루어지는 것으로서 가령 자기의 이날의 예루살렘 입성 목적인 인류 평화의 선포를 민중 전체가 거부하여 외면한다 해도 무생물인 돌이 소리를 내서라도 이 거사(擧事)의 불멸성을 증거하여 기념하게 할 것이라고 밝히는 것이다.

한편 예수는 이 시가행진에 앞서 예루살렘 가까이 이르렀을 때에 등성이에서 도시를 내려다보며 자기의 참된 목적을 받아들이지 않고 이를 적대시하여 말살하려는 예루살렘의 현세적 세력과 그 추종자들의 맹목성(盲目性)에 대하여 눈물까지 흘리면서,

"오늘 네가 평화의 길을 알았더라면 얼마나 좋았을까? 그러나 너는 그 길을 보지 못하는구나. 이제 네 원수들이 돌아가며 진을 쳐서 너를 에워싸고 사방에서 쳐들어와 너를 쳐부수고 너의 성 안에 사는 백성을 모조리 짓밟아 버릴 것이다."

하고 한탄하는 것이다. 이러한 예수의 심경은 이스라엘 동족으로서 "하느님의 특별한 가호 아래 있던" 예루살렘 도성이나 그 백성들에게 장래할 현실적 비극성(기원 70년 유다는 완전 멸망함)을 예견하는 데서 오는 인간적 감정도 곁들였지만 보다 더 이 세계 안의 어느 시대를 막론하고 예루살렘이나 그 백성들처럼 하느님의 평화를 이룩하려는 예수의 가르침에 맹목하고 외면함으로써 악마의 세력들이 에워싸고 쳐들어와 그들을 모조리 짓밟아 버릴 가능성을 개탄한 것이라고 보아야 한다. 또한 우리의 개인적인 나날에서도 "하느님이 너를 구원하러 오신 그때를 네가 알지(알아내지 - 필자 풀이) 못함"에 대해서도 예수는 똑같은 경고를 보내고 있는 것이다.

간음한 여자
요한 8:4~6; 8:6~9 마태오 5:28; 요한 8:10~11

이 사건은 예수가 예루살렘에 입성하여 그 마지막 날들을 성전에서 해방절을 쇠러 몰려온 백성들에게 미진한 가르침을 펴는 한편 율법학자나 바리사이파들과 최종적 대결을 벌이고 있을 때 일어난 일이다.

그런데 이때 율법학자나 바리사이파 사람들도 제 발로 자기들 울안에 걸어 들어온 예수를 우선 여러 가지로 시험을 해 보고 논쟁을 걸어 보기도 하는데 이것은 그의 가르침의 정당성 여부를 따져 보려는 것이 아니라 어떻게 하면 그에게서 독성(瀆聖)이나 반란(叛亂)의 죄목이 될 언동을 유도해 내는 동시에 그에게 대한 고조(高潮)된 민중의 추앙을 반전(反轉)시킬 기회를 노리기 위한 것이었다.

그러한 악의에 찬 위계(僞計)의 그 하나의 도구로 끌고 온 것이 바로 간음하다가 현장에서 들킨 여자였다. 그들은 여자를 예수에게 데리고 와서 앞에 내세우고,

"'선생님, (중략) 모세법에는 이런 죄를 범한 여자는 돌로 쳐 죽이라고 하였는데 선생님 생각은 어떻습니까?' 하고 물었다. 그들은 예수께 올가미를 씌워 고발할 구실을 찾으려고 그런 말을 하였던 것이다."

그 올가미란 예수가 만일 이 여자를 죽여서는 안 된다고 하면 모세 율법을 거역하는 것이 되어 교권 당국이 문죄(問罪)할 구실이 서고, 또 만일 율법대로 쳐 죽여야 한다고 하면 당시 로마 총독만

이 지니고 있는 사형 권한을 침해하는 것이 되어 현실 정권의 반역자로 제소(提訴)할 구실이 마련되는 것이다.

어쩌면 그들은 당시 자기들 자체의 모순이기도 한 이 교활한 트릭으로 예수를 영락없이 함정에 빠뜨릴 것이라 믿었고, 또 객관적으로 보아도 도저히 어느 누가 그 쌍덫에서 헤어나리라고는 상상할 수가 없다. 그런데 예수는 이 흉계를 역전시켜 오히려 이를 꾸며 낸 자들을 곤혹 속에 몰아넣을 뿐 아니라 그들의 잔인한 도구로 쓰인 여인을 그 죄와 수모와 죽음에서 구출해 내는 것이다. 즉,

"그러나 예수께서는 몸을 굽혀 손가락으로 땅바닥에 무엇인가 쓰고 계셨다. 그들이 하도 대답을 재촉하므로 예수께서는 고개를 드시고 '너희 중에 누구든지 죄 없는 사람이 먼저 저 여자를 돌로 쳐라' 하시고 다시 몸을 굽혀 계속해서 땅바닥에 무엇인가 쓰셨다. 그들은 이 말씀을 듣자 나이 많은 사람부터 하나하나 가 버리고 마침내 예수 앞에는 한가운데 서 있던 여자만이 남아 있었다."

이야기의 이음[承]이라고 할 부분에서 예수는 "몸을 굽혀 손가락으로 땅바닥에 무엇인가 쓰고" 있으면서 그들의 음모를 무관심으로 거절하다가 다음 바꿈[轉]이라고 할 부분에서,

"죄 없는 사람이 먼저 저 여자를 돌로 쳐라"는 서릿발 같은 말을 토하는데 그 태도와 말의 대조가 예수의 직지일봉(直指一棒)을 더욱 약여(躍如)케 한다.

그야 여하간 우리가 여기서 주목할 것은 예수가 당시의 율법학자나 바리사이파 사람들은 물론이려니와 오늘의 속세법에 젖은 사람들도 흔히 범하는 정의와 사랑을 분리해서 생각하고 죄와 죄인을 혼동해 버리는 사고방식을 척결(剔抉)하고 나섰다는 사실이다.

즉 하느님의 정의와 자비는 사랑의 표리(表裏)로서 이것을 명백히 인식하지 못하면 정의와 사랑은 서로 상반되는 것으로 여겨 마

치 정의는 보복으로 간주되고 사랑은 무력해지며 한편 죄와 죄인은 동일시되어 율법은 죄인에게 고통을 주거나 그를 죽이기 위해서 있는 것처럼 착각하게 되는 것이다.

또한 예수는 여기서 인간의 죄를 상대적으로 평가하지 않음을 명백히 한다. 즉 당시 율법학자나 바리사이파들과 오늘의 세속의 법률가들이나 일반 사람들의 도덕적 감각은 죄악의 경중(輕重)을 상대적으로 평가하지만 하느님 편에서 볼 때 가령 그 현장에서 발각된 간음이거나 발각되지 않은 간음이거나 여자를 보고 마음속에 음란한 생각을 품고만 있었거나 별다른 차이가 있을 수 없는 것이다.

그래서 하느님 앞에서 모든 인간은 불완전할 뿐 아니라 죄에서 벗어나지 못한 존재이기 때문에 "형제의 눈 속에 있는 티는 보면서 제 눈 속에 들어 있는 들보는 깨닫지 못하고" "남을 심판하고 남을 단죄해서는 안 되며" "남을 용서해야 자기도 용서받을 수 있는 것이다."

이제 이야기의 매듭[結] 부분으로 돌아가면,

"예수께서 고개를 드시고 그 여자에게 '그들은 다 어디 있느냐? 너의 죄를 묻던 사람은 아무도 없느냐?' 하고 물으셨다. '아무도 없습니다. 주님.' 그 여자가 이렇게 대답하자 예수께서는 '나도 네 죄를 묻지 않겠다. 어서 돌아가라. 그리고 이제부터 다시는 죄 짓지 말라' 하고 말씀하셨다."

로서 예수는 악을 악으로 갚지 않을 뿐 아니라 이를 선으로 대함으로써, 죄의 절망 속에 내던져졌던 삶을 다시 이룩할 수 있도록 새 사람을 만들어 보내는 것이다.

나는 이 복음을 읽을 때마다 동서고금의 그 수많은 명작이 이 한 토막 삽화의 그 간결하고 심오하고 완벽함을 당할손가 하는 느낌을 받는데, 이것은 내가 크리스천이기 때문만일까.

최후의 만찬
루가 22:14~16, 22:24, 25~26; 요한 13:4~15; 루가 22:19~20

예수는 이 해방절 만찬 준비에 있어서도 신령력을 발동하여 '예루살렘 성내 어느 집 큰 다락방'을 하나 직접 지정한다.

"만찬시간이 되자 예수께서 사도들과 함께 자리에 앉아 '내가 고난을 당하기 전에 너희와 이 과월절 음식을 함께 나누려고 얼마나 별러 왔는지 모른다. 잘 들어 두어라. 나는 과월절 음식의 본뜻이 하느님 나라에서 성취되기까지는 이 과월절 음식을 다시는 먹지 않겠다.'"

과월절 음식, 즉 누룩 없는 빵을 먹는 역사적 유서야 누구나 잘 알듯이 하느님의 계시로 이스라엘 민족이 에집트를 탈출하던 날 밤, 경황없이 나오느라고 누룩을 지니지 않아 한동안 맨밀가루 반죽으로 과자를 구워 먹은 것을 기념하는 것으로 여기서 예수가 말하는 음식의 본뜻이란 저러한 이스라엘 민족의 에집트 노예 상태에서의 해방이 시사하는 바 인류가 죄악의 쇠사슬로부터 해방되어 하느님 나라가 이룩되는 것을 의미한다.

물론 예수의 이 인사말에는 이 세상에서의 마지막 식사라는 인간적 감회가 포함되어 있긴 하지만 그보다 저러한 하느님 나라에서의 재회(再會)의 기약이 더욱 중요하다 하겠다.

그런데 이렇듯 침통한 석별의 자리인데도 식탁을 둘러앉으며 "제자들 사이에서 누구를 제일 높게 볼 것이냐는 문제로 옥신각신하는 것이 있었다"는 것이다.

예수께서 이것을 보시고 그들에게 말씀하셨다. "이 세상의 왕들은 강제로 백성을 다스린다. 그리고 백성들에게 권력을 휘두르는 사람들은 백성의 은인으로 행세한다. 그러나 너희는 그래서는 안 된다. 오히려 너희들 중에서 제일 높은 사람은 제일 낮은 사람처럼 처신해야 하고 지배하는 사람은 섬기는 사람처럼 처신해야 한다."

그 말을 한 후 그 실상(實像)을 보이기 위해 예수는,

"식탁에서 일어나 겉옷을 벗고 수건을 허리에 두르신 뒤 대야에 물을 떠서 제자들의 발을 차례로 씻고 허리에 두르셨던 수건으로 닦아 주셨다. (중략) 그리고 겉옷을 입고 다시 식탁에 돌아와 앉으신 다음에 '내가 왜 지금 너희의 발을 씻어 주었는지 알겠느냐? (중략) 내가 너희에게 한 일을 너희도 그대로 하라고 본을 보여 준 것이다.'"

라고 하였던 것이다. 이것은 예수가 세속적 지도자와 종교적 지도자의 본질적 차이를 깨우쳐 주고 앞으로 교회를 이룩하고 이끌어 나갈 사도들에게 새로운 성직자상(聖職者像)을 몸소 실천해 보여 가며 가르친 것이다.

이제 예수는 "빵을 들어 감사기도를 올리신 다음 그것을 떼어 제자들에게 주시며 '이것은 너희를 위하여 내어주는 내 몸이다. 나를 기념하여 이 예식을 행하여라' 하고 말씀하셨다. 음식을 나눈 뒤에 또 그와 같이 잔을 들어 '이것은 내 피로 맺는 새로운 계약의 잔이다. 나는 너희를 위하여 이 피를 흘리는 것이다.'"

하고 성찬의 비의(秘儀)에 나아가는 것이다.

고대 모든 민족의 제사 풍속이 그렇듯이 이스라엘에 있어서도 번제(燔祭)의 영험은 우리의 음복(飮福)처럼 그 제물을 먹음으로써 얻어진다는 생각이었다. 즉 그 음복행위로써 인간은 바치는 제물과 일체가 되고 또 이것을 받아들이는 하느님과 일치가 되어 그 영

험 즉 은혜를 받게 된다.

저러한 관념에 부합시켜 예수는 모든 인간을 위하여 하느님에게 바쳐질 제물인 자기 몸의 살과 피를 빵과 포도주라는 일상적인 음식에다 포함시킴으로써 그것을 사람들이 먹고 마심으로 말미암아 자기와 하나가 되고 또 그것을 받아들이는 하느님의 은혜를 입도록 한 것이다.

이러한 비의(秘儀)의 방법은 예수에게 있어 이미 계획되고 예정된 것으로서 저 '빵의 기적'을 행한 후 그 육신의 배부름만을 요구하는 군중들에게 예수는 "내 살을 먹고 내 피를 마시는 사람은 영원한 생명을 누릴 것이다"라고 천명한 것만을 보아도 그 사실이 분명해진다.

그리고 실상 우리의 삶이 저 빵과 포도주가 상징하는바 유형적이거나 무형적인 예수의 실체와 일치 없이는 하느님 나라의 시민으로서 진리의 생활을 해 나갈 수가 없을 것이다.

그래서 예수는 제자들에게 이 예(禮), 즉 최후의 만찬에서 자기 스스로가 설정하는 제의(祭儀)를 되풀이할 것을 명하고 있으며 바로 이것이 하느님이 모세를 통해 인간과 맺었던 옛 약속(구약 - 메시아 파견)에 대신하는 새 계약(신약 - 죄에서의 인류 해방)임을 명시하고 있다.

예수는 그 만찬석상에서 가리옷 유다의 배반이나 시몬 베드로의 일시적 이반(離反)을 예언도 하고 그 외에도 "이 세상에서 사랑하시던 제자들에게 더욱 극진한 사랑을 보여 주시면서" 앞날에 대한 여러 가지 주의와 당부와 위로의 말들을 남긴다.

그 유언들 중에서도 모든 것을 하나로 요약하는 것은 "내가 너희를 사랑한 것처럼 너희도 서로 사랑하여라. 너희가 서로 사랑하면 세상 사람들이 그것을 보고 너희가 내 제자라는 것을 알게 될 것이다"로서 자기의 삶과 가르침의 실체인 사랑이 우리 삶 속에 침투되고 구현되어야만 비로소 크리스천이라고 잘라 말하고 있는 것이다.

마금 기도와 체포

루가 22:39~42; 마태오 26:47~56; 마르코 14:43~50; 루가 22:47~53; 루가 22:43

최후의 만찬을 "찬송으로 끝내고" 예수는 제자들과 함께 다락방을 떠나 항용 노숙(露宿) 장소였던 올리브 산으로 올라가 기름 짜는 터인 게쎄마니에 이른다.

"예수께서는 그곳에 이르러 제자들에게 '유혹에 빠지지 않도록 기도하여라' 하시고는 돌을 던지면 닿을 만한 거리에 떨어져서 무릎을 꿇고 기도하셨다. '아버지, 아버지의 뜻에 어긋나는 일이 아니라면 이 잔을 저에게서 거두어 주십시오. 그러나 제 뜻대로 하지 마시고 아버지의 뜻대로 하십시오.'"

예수의 체포나 그 죽음은 어떤 의미에선 자진해서 마련하는 것이요, 또 이미 그 각오가 서 있음은 예루살렘 입성이나 최후의 만찬을 통해서도 너무나 잘 알 수 있는 바지만 저러한 자진의 각오가 그 고통을 덜어 주는 것은 아니다. 오히려 저러한 영능으로서의 예견이 이제부터의 십자가의 혹형을 미리 상기(想起)하게 함으로써 그 공포와 고통을 배가(倍加)시킨다 하겠다.

그래서 좀체 스승으로서 자기 내심의 갈등이나 고민을 내보이지 않던 제자들에게 오죽해서야 "내 마음이 죽도록 괴롭다" 하고 토로하였겠으며 숫제 땅에 엎드려 하느님에게 "이 잔을 제게서 거두어 주십시오" 하고 하소연하였겠는가?

'잔'이란 구약성서에서 상징하는 바처럼 하느님의 소명을 말하는 것으로 메시아로서의 예수가 이제 그 사명 완수에 따르는 육체적, 정신적 고통을 못 이겨 저렇듯 비명을 발하는 것은 너무나 인간적이요, 어찌 들으면 자기부정으로 들릴지 모르나 만약 예수가 저 극한적 상황 속에서 그 고통에 대하여 긍정적 수용적 태도만을 보였다면 우리는 예수에게서 고통의 감수 능력은 발견할지 모르나 그 고통의 실체에 대해서는 의심했을 것이다.

그리고 저 처절한 기도의 표백(表白) 속에 담긴 예수의 지향이 더욱 큰 교훈으로서 그것은 어디까지나 "아버지의 뜻에 어긋나는 일이 아니라면"이라는 전제와 "제 뜻대로 마시고 아버지 뜻대로 하소서"라는 결론이 따르고 있는 것이다.

즉 기도에 있어서 어떠한 간절한 소망이라도 우리는 먼저 하느님의 뜻을 전면적으로 받들려는 지향이 전제되어야 한다. 아니 이렇게 말하기보다 참된 기도는 우리의 소망으로 하느님의 뜻을 변화시키려 드는 것이 아니라 우리의 소망을 하느님의 뜻에 부합시키고 하느님 뜻에 순응시키려는 원망(願望)이라 하겠다.

이야기로 되돌아가면 예수는 저러한 기도 중에 가장 가까이까지 데리고 왔던 베드로와 야고보와 요한 세 제자들에게 두 번이나 돌아와 잠에 취해 있는 그들을 일깨우며 "너희는 나와 함께 단 한 시간도 깨어 있을 수 없단 말이냐? 유혹에 빠지지 않도록 깨어 기도하라. 마음은 간절하나 몸이 말을 듣지 않는구나!' 하시며 한탄하셨다"는데 이 말은 예수 자신의 인간적인 고절감(孤絶感)이나 제자들의 유약성에 대한 개탄만이 아니라 인간 육신의 안이성(安易性)이 정신의 이완(弛緩)을 초래하는 것을 지적하고 있다.

이제 예수의 체포되는 장면인데 네 복음의 기록을 간추려 보면,

"예수께서 세 번째 기도를 끝내시고 아직도 잠들어 있는 제자들에게로 와서 '자, 때가 왔다. 일어나 가자. 나를 그들에게 넘겨 줄 자가 벌써 와 있다' 하고 말씀이 채 끝나기도 전에 열두 제자 중의

하나인 유다가 교권 당국이 보낸 무장한 포졸들과 함께 떼지어 나타났다. 앞장선 유다는 '내가 입 맞추어 인사하는 사람이 바로 예수'라고 미리 짰던 모양으로 예수께 다가서면서 '선생님, 안녕하십니까' 하고 입 맞추자 예수께서는 이 신호마저 벌써 알고 계신 듯 '유다야 입을 맞추어 사람의 아들을 잡아넘기려느냐? 자, 어서 할 일을 하라' 하고 포졸들 앞으로 나서셨다. 그리고 예수께서 '너희는 누구를 찾느냐?' 하고 물어서 그 무리들이 '나자렛 예수를 찾소' 하고 대답하자 '내가 그 사람이다' 하고 말씀하셨을 때 그 포졸들은 한 발 뒤로 물러서다가 그만 땅에 나가넘어지기까지 하였다. 예수께서는 또 한 차례 '누구를 찾느냐'는 문답을 교환하신 후 '내가 바로 그 사람이라고 하지 않았느냐? 그렇다면 너희들이 찾고 있는 사람이 나 하나라면 이 사람들(제자 - 필자 주)은 손대지 말고 가게 내버려 두어라' 하고 (중략) 포승을 받으셨는데 이때에 제자들은 예수를 버리고 모두 달아났다."

저렇듯 예수의 체포되는 장면에 나타난 사실들은 조금 전 기도 때에 드러내 보이던 번민과 비탄과는 대조적으로 애정의 표시인 입맞춤을 배신의 표적으로 삼은 유다의 인사에 흔연히 응할 만큼 여유가 있고, 그의 위엄서린 태도는 포졸들에게 엉덩방아를 찧게 할 만큼 압도했으며 그 험악한 찰나 속에서도 제자들의 신병(身柄)을 보호하고 위에 기술에서는 생략했으나 베드로의 폭력 대항을 만류할 뿐 아니라 그 때문에 베드로의 칼에 잘려진 포졸의 귀를 고쳐 줌으로써 원수를 사랑하는 모범마저 보인다.

이것이 바로 저 신음이라고도 할 기도를 통하여 예수가 도달한 공포와 번민과 그 고통에서의 극복이요, 또한 하느님에게서 얻어 낸 힘, 즉 기도의 성과인 것이다. 이 소식을 루가복음은 "이때에 하늘로부터 내려온 한 천사가 예수께 나타나 힘을 북돋우어 드렸다"고 전한다.

재판을 받음

마태오 26:63~66; 요한 18:33-37, 38, 39~40, 19:12~16

예수의 재판은 올리브 산에서 붙잡힌 자정서부터 그 이튿날 오정까지 불과 열두 시간밖에 걸리지 않은 속성(速成)의 억지재판이었지만 그 과정은 퍽으나 복잡하고도 미묘한 것이었다.

네 복음을 간추려 살펴 가 보면 예수는 먼저 당시의 가장 세도가(勢道家)인 안나스에게 끌려갔었는데 그는 한두 마디 물어 보고는 도저히 항복을 받을 것 같지가 않아서였던지 예수를 자기 사위이며 현직 대사제인 가야파에게로 넘긴다.

이미 대사제 관저에는 국민의회가 소집되어 있었는데, 그들은 교권 당국의 대표인 사제들과 귀족계급인 사두가이파의 원로와 지배적 당파인 바리사이파들의 대표들이었다.

저들이 벌인 소위 율법 재판정은 예수를 사형에 처할 수 있는 증거를 찾으려고 기를 썼으나 실제론 하나도 얻지 못하였고 또 많은 사람이 거짓증언을 하였으나 예수는 침묵을 지킬 뿐이었다.

이러한 예수의 침묵은 자기의 혐의를 석명하지 못해서가 아니라 거기에 답하는 것은 그들의 비열한 행동만을 조장하는 데 불과하기 때문이다. 그러나 이러한 예수의 침묵이 그들에게 모욕을 느끼게 하고 증오와 격분만을 더하게 하였을 것은 쉽사리 짐작된다.

그래서 마침내 대사제 가야파는 그들이 결정적 죄목이라고 믿는 예수의 메시아 사기행세(?) 여부에 심문의 화살을 돌렸던 것이다. 즉,

"대사제는 '내가 살아계신 하느님의 이름으로 명령하니 분명히 대답하여라. 그대가 과연 하느님의 아들 그리스도인가?' 하고 물었다. 예수께서는 그에게 '그것은 너의 말이다' 하시고는 '잘 들어 두어라. 너희는 이제부터 사람의 아들이 전능하신 분의 오른편에 앉아 있는 것과 또 하늘의 구름을 타고 오는 것을 볼 것이다' 하고 말씀하셨다. 이 말을 듣고 대사제가 자기 옷을 찢으며 '이 사람이 이렇게 하느님을 모독했으니 이 이상 무슨 증거가 필요하겠소? 여러분은 방금 하느님을 모독하는 말을 듣지 않았소? 자 어떻게 했으면 좋겠소?' 하고 묻자 모두 '사형에 처해야 합니다' 하고 아우성쳤다."

저렇듯 예수는 이제까지의 침묵을 깨고 자기가 메시아임을 대담 솔직하게 인정하는 동시에 구약성서의 예언을 쳐들어 자기에게 메시아의 권능과 영광이 올 것마저 공언한다.

이 마당에서 어쩌면 저러한 예수의 강경태도가 사태를 아주 치명적으로 몰고 간 것처럼 생각될지 모르나 가령 여기서 예수가 무엄한 말로 자신이 메시아임을 부정하고 나섰다 한들 결과는 마찬가지였을 것이다. 왜냐하면 이미 이 물음에는 쌍올가미가 준비되어 있어서 긍정하면 하느님의 모독이 되고 부정하면 하느님을 판 사기꾼으로 어차피 몰게끔 되어 있기 때문이다.

이제 남은 것은 저들의 사형선고를 집행하기 위해서는 그 형식적 절차를 갖추는 일이었다. 즉 당시 사형집행의 권한만은 로마 총독 빌라도에게 있으므로 의원들은 예수를 끌고 총독 관저로 몰려 갔는데 때는 이른 아침이었다.

그들은 빌라도에게 "우리는 이 사람이 백성들에게 소란을 일으키도록 선동하여, 카이사르(로마 제왕 – 필자 주)에게 세금을 못 바치게 하고 자칭 그리스도요, 왕이라고 하기에 붙잡아 왔습니다" 하고 혐의 내용을 변조하여 고발하는데 이는 그들이 설독죄만으론 예수를 로마법의 사형감으로 적용시키기 어렵다는 것을 알기 때문이다.

그러나 빌라도는 예수에게 로마 통치권의 저촉 여부만을 따져서,

"'네가 유다인의 왕인가?' 하고 물었다. 예수께서는 (중략) '내 왕국은 이 세상 것이 아니다. 만일 내 왕국이 이 세상 것이라면 내 부하들이 싸워서 나를 유다인들의 손에 넘어가지 않게 했을 것이다.' 빌라도가 '아무튼 네가 왕이냐?' 하고 또다시 묻자 예수께서는 '내가 왕이라고 네가 말했다. 나는 오직 진리를 증언하려고 났으며 그 때문에 세상에 왔다. 진리 편에 선 사람은 내 말을 귀담아 듣는다.'"

이상 문답에서 보더라도 빌라도는 처음부터 유다인들의 이 고발을 별로 탐탁하게 여기지는 않는 눈치며 적어도 예수를 로마 통치의 위험인물로는 보지 않았다고 여겨져서 이에 예수도 비교적 순순히 자기의 비정치적 입장을 밝히는 것 같다.

그래서 빌라도는 "나는 이 사람에게서 아무런 죄목도 찾지 못하였다" 하고 예수의 무죄를 선언하고 나섰으나 시간이 갈수록 의원과 그 졸개들뿐 아니라 그들에게 선동된 백성들까지도 한 패가 되어 더욱 강경하게 우겨대므로 그는 한 계책을 쓰기를,

"과월절이 되면 나는 너희의 관례에 따라 죄인 하나를 놓아주곤 했는데 이번에는 이 유다인의 왕을 놓아주는 것이 어떻겠느냐?" 하고 물었다. 그러자 그들은 악을 쓰며 "그자는 안 됩니다. 바라빠 (실제 정치적 반란가 – 필자 주)를 놓아주시오" 하고 소리 질렀다.

그리고 군중들은 폭동을 일으킬 기세를 보였을 뿐 아니라, "만일 그자를 놓아준다면 총독님은 카이사르의 충신이 아니십니다. 누구든지 자기를 왕이라고 하는 자는 카이사르의 적이 아닙니까?"라는 관리들에게는 가장 허점인 유다인들의 위협에 굴복하여 마침내 "빌라도는 예수를 십자가에 못박으라고 그들에게 내어주었다."

매질과 조롱을 당함

요한 18:20~23; 마태오 26:67~68; 루가 23:11, 15~16; 요한 19:1~3, 13~15; 이사야 53:2~3

예수는 재판을 받는 도중 여러 차례 매질과 조롱을 당한다. 복음의 보고를 순서대로 가려 나가 보면 첫 번째는 세도가 안나스가 예수를 심문하며 그 가르침에 관해 물었을 때 "나는 세상 사람들에게 버젓이 말해 왔다. (중략) 내가 숨어서 말한 것이라고는 하나도 없다. 그런데 왜 나에게 묻느냐? 내가 무슨 말을 했는지 들은 사람들에게 물어보아라. 내가 한 말은 그들이 잘 알고 있다"고 하자 곁에 서 있던 경비병 하나가 "대사제님께 그게 무슨 대답이냐?" 하며 예수의 뺨을 때렸다. "예수께서는 그 사람에게 '내가 한 말에 잘못이 있다면 어디 대 보아라. 그러나 잘못이 없다면 어찌하여 나를 때리느냐?'" 하고 조리 있는 항변을 한다.

두 번째는 가야파 대사제 집에서 열린 국민의회 재판에서 사형이 선고된 후,

"어떤 자들은 예수께 침을 뱉으며 그의 얼굴을 가리고 주먹으로 치면서 '자, 누가 때렸는지 알아맞추어 봐라' 하며 조롱하였다. 경비원들도 예수께 손찌검을 하였다."

고 하는데 그들은 같은 종교가로서 이제까지 예수의 기적행위에 대한 민중들의 열광에 가장 시기와 반감을 지니고 있었던 터라 이제 포박되어 무력해 보이는 예수를 능욕함으로써 그들의 사혐(私嫌)을 풀고 그 잔인성을 만족시켰던 것이다.

세 번째는 빌라도가 재판 도중 의원들로부터 예수가 갈릴래아

출신임을 알고 회피책의 하나로 재판 관할권을 내세워 마침 해방절로 예루살렘에 와 묵고 있는 자치 영주인 헤로데에게 예수를 넘겼는데 예수는 동지였던 세례자 요한을 죽인 장본인일 뿐 아니라 '여우 같은 악한'인 그의 심문을 시종일관 침묵으로 거절함으로써,

"헤로데는 자기 경비병들과 함께 예수를 조롱하며 모욕을 준 다음 화려한 옷을 입혀 빌라도에게 돌려보냈다."

여기서 조롱과 모욕의 내용이란 저 의원들이나 그 졸개들의 행패와 별다를 것이 없을 것으로 예수의 예언과 영능의 그 사기성(?)을 폭로하는 것이 능욕의 대상이었을 것이다. 그리고 화려한 옷이란 연구가들에 의하면 흰 옷이었을 것이라고 하는데 이것은 왕후 귀족이 입기도 하지만 또한 미친 사람의 옷이기도 하여서 예수를 광인 취급한 것이 된다.

네 번째는 예수가 헤로데에게서 반환된 후 빌라도는 이번엔 고발자인 국민의회파들에게도 어느 정도 만족을 주려는 회유책(懷柔策)의 하나로서,

"'헤로데가 이 사람을 우리에게 돌려보낸 것을 보면 그도 아무런 죄를 찾지 못한 것이 아니냐? 보다시피 이 사람은 사형에 해당하는 일은 하나도 하지 않았다. 그래서 나는 이 사람을 매질이나 해서 놓아줄 생각이다' 하고 빌라도는 안으로 들어가서 부하들을 시켜 예수를 데려다가 매질하게 하였다. 병사들은 가시나무로 왕관을 엮어 예수의 머리에 씌우고 자홍색 용포를 입혔다. 그리고 예수 앞에 다가서서 '유다인의 왕 만세!' 하고 소리치면서 그의 뺨을 때렸다."

스스로 말했듯 빌라도에게 있어서는 이 태형(笞刑)이 고발자들의 살기를 진정시키기 위한 전시용(展示用)이었지만 이를 집행하는 로마 병사들에게 있어서는 좀 돈 것같이 보이는 이 식민지 정치

범이 그들의 무료와 잔인성을 푸는 데 가장 알맞은 노리개였을 것은 짐작키 어렵지 않다.

그리고 빌라도가 그의 계획대로 망측한 꼴이 된 예수를 막상 군중들 앞에 끌어내자 군중들은 진정이 되기는커녕 오히려 주린 짐승 떼가 피를 보듯 그 포악의 열도는 더욱 가해져서 "십자가에 못 박으시오" 하고 외치며 폭동이 일어나려는 기세까지 보였다니 바로 그 예수가 며칠 전 예루살렘 입성 때 자기에게 보였던 군중의 열광적 환영을 상기(想起)하면서 맛보았을 조석변(朝夕變)하는 인심에 대한 환멸감이 그 어떠하였으랴? 이것은 그가 인간의 카인적 잔혹성을 몰랐대서가 아니라 안다는 것이 체험의 고통을 반드시 감소하는 것이 아니기 때문이다.

예수의 십자가형이 확정된 것은 '낮 열두 시쯤'이었다니 지난밤부터 눈도 못 붙인 데다 여기저기 끌려 다니며 억지심문을 당하고 거기다 저러한 폭력과 능욕이 곁들였으니 예수는 구약성서의 예언대로 "저의 몰골은 망가져 사람이라고 할 수가 없었고 인간의 모습은 찾아볼 수가 없었다"였기 십상이었으리라.

예수의 저러한 폭력과 능욕의 감수는 하느님의 뜻을 드러내고, 하느님의 사랑과 인내를 드러내고, 또 고통의 구원적 가치와 그 의의를 드러내기 위한 것임은 말할 것도 없다.

그래서 제자들도 뒷날 이를 본받아 같은 교권 당국으로부터 심문을 받고 매질을 당하면서도 "예수의 이름으로 말미암아 모욕을 당하게 된 특권을 하느님께 받은 것을 기뻐하면서 의회를 물러났다"라고 전하듯이 우리도 진리를 살고 진리를 증거하는 데 수반되는 고통을 예수를 따라 잘 참고 견디고 이겨 내야 할 것이다.

십자가를 짐

마르코 15:20, 21; 루가 23:27~31

    십자가의 책형(磔刑)은 언도 즉시 그 집행이 서둘러졌다. 당시에도 사형 판결과 집행 사이에는 얼마간 유예를 두는 것이 보통이었으나 예수에게는 법률이나 관례가 있으나 마나였다.
    여기에는 과월절을 하루 앞둔 유다 교권 당국뿐 아니라 빌라도 총독에게 있어서도 민심의 동향과 직결되어 있는 이 양심수(良心囚)를 이왕 죽이기로 한 바에야 한시 바삐 처치해야 한다고 여겼기 때문이었을 것이다.
    그래서 명령을 받은 로마 병사들은 예수에게 놀림으로 입혔던 '자주색 옷을 벗기고 예수의 옷을 도로 입혀서' 바로 형장으로 끌고 나갔다.
    총독 관저로부터 히브리 말로 해골산이라는 뜻의 골고타 언덕까지는 불과 7백 미터밖에 안 되는 거리지만 연구가들의 보고에 의하면 세로 열 자, 가로 일곱 자에 무게가 70킬로 가량 되었으리라는 십자가를 지고 굽은 길과 언덕을 올라가기엔 평상시 건장한 사내에게도 그리 쉬운 일이 아닌데 하물며 철야의 심문과 혹독한 태형으로 심신이 쇠잔할 대로 쇠잔한 예수에게 이것은 어쩌면 형 자체보다도 감당키 어려운 것이었으리라.
    때문에 전설대로 하면 예수는 도중 세 번이나 넘어져서 그를 채찍질하며 끌고 나가던 병사들도 하는 수 없이 "그때 마침 알렉산더와 루포의 아버지 시몬이라는 키레네 사람이 시골에서 올라오다가 그곳을 지나가게 되었는데 병사들은 그를 붙들어 억지로 예수의 십자가를 지고 가게 하였다"는 것이다.

복음이 그 두 아들을 아주 친밀하게 적어 놓고 있는 것을 보면 이 아프리카 키레네의 유다 교포 삼부자는 이 십자가의 강제 징용으로 그 후 예수의 신봉자가 되고 사도들의 동지가 되었음이 틀림없다.

그야 여하간 시민에게 대한 경고전시(警告展示)이기도 한 이 십자가의 가두행진은 살인강도의 사형수 두 명이 첨가됨으로써 과월절로 그러지 않아도 인산인해(人山人海)가 되어 있는 예루살렘 도성을 벌컥 뒤집게 하는 구경거리가 되었을 뿐 아니라 군중들에게는 일종의 원시적 잔인 본능을 북돋아 포악한 흥분을 불러일으키게 하였다. 그래서 특히 거짓 예언자와 영능 사기꾼으로 몰린 예수에게는 한때 그들의 강렬했던 호기심에 비례하는 온갖 욕설과 저주와 조롱이 가해졌던 것이다.

그런데 이 역시 외전(外典)에 속하지만 저러한 포악한 분위기 속에서 한 여인이 인정의 꽃을 피운다.

즉 "그때 홀연 훌륭한 옷차림을 한 부인이 길 옆에 있는 집에서 뛰어나와 길을 막는 병사들을 뿌리치고 예수 앞에 나아가서 그 형편없이 변해진 얼굴을 우러러 보고는 피와 침과 먼지와 땀으로 뒤범벅이 된 그 얼굴을 자기의 이마를 가렸던 수건을 벗어서 닦아 주었다. 예수는 그 부인의 호의를 눈으로만 감사하고 걸음을 계속했다. 그런데 여인이 집에 돌아와서 그 수건을 펼쳐 본즉 거기에는 예수의 얼굴이 사진처럼 찍혀져 있었다. 제자들은 이 사적을 기념하기 위하여 그 용기 있는 여인을 베로니카라고 불렀다."(P. 베르트의 《예수전》에서 인용)

이것이 루오를 비롯해 서양의 여러 화가들이 즐겨서 그린 '베로니카의 수건'인데 우리는 저 처참한 십자가의 길을 되새기면서 그래도 한 여인이 주위의 악랄이나 병사들의 위협을 아랑곳하지 않고 인정을 베풀고 나섰다는 사실에서 어둠 속의 샛별을 보듯 인간 구원의 가능성을 발견하는 것이다.

하기는 이 외에도 군중 속에 예수에게 대한 호의가 아주 없었던 것은 아니다. 즉,

"수많은 군중이 예수를 뒤따랐는데 그중에는 예수를 보고 가슴을 치며 통곡하는 여자들도 있었다. 예수께서는 그 여자들을 돌아보시며 '예루살렘의 여인들아, 나를 위하여 울지 말고 너와 네 자녀들을 위하여 울어라. 〈아기를 낳지 못하는 여자들과 아기를 낳아 보지 못하고 젖을 빨려 보지 못한 여자들이 행복하다〉(구약의 예언 – 필자 주)고 사람들이 말할 때가 이제 올 것이다. (중략) 생나무가 이런 일을 당하거든 마른 나무야 오죽하겠느냐?'"

라는 기록이 있다. 여기서 '예루살렘의 여인들'이라고 불리는 일군(一群)의 여성들은 일설에 의하면 당시 귀부인들로 조직된 자선단체 회원들로서 관혼상제의 친목은 물론 이런 사형수들의 괴로움을 덜기 위하여 마취제의 술을 준비한다든가 또는 상제(喪制) 대신 울어 주는 소위 곡인(哭人) 노릇도 하였다는 것이다.

그 신분이나 정체야 여하간 루가복음은 이를 호의적으로 받아들이고 있는데 예수는 그녀들에게 도리어 "예루살렘 여인들아 너희는 나를 위하여 울지 말고 너와 네 자녀들을 위하여 울어라" 하고 일깨우고 있다. 즉 예수는 그 극한적 고통 속에서도 자신의 고통보다 이러한 진리에의 배역(背逆)이 초래할 유다인과 그 후손과 그들의 성도(聖都) 예루살렘의 참상을 구약성서를 인용하여 '재삼 상기시키면서' 그 재앙을 가슴 아파하고 또한 그녀들을 통하여 회심을 끝까지 촉구하고 있는 것이다.

아니 그것은 어찌 그녀들이나 당시의 유다인뿐이랴? 우리 모든

진리와 등진 인간들에게 그 죄고와 죄업에서 일어날 참변과 참화를 시대를 초월하여 경고함으로써 우리의 즉각적인 회개와 회심을 재촉하는 것이리라.

십자가에 못박힘

루가 23:33~37, 39~43; 마태오 27:45~47; 요한 19:28~30; 루가 23:40

"해골산이라는 곳에 이르러 사람들은 거기서 예수를 십자가에 못박았고 죄수 두 사람도 십자가형에 처하여 좌우편에 한 사람씩 세워 놓았다. 예수께서는 '아버지, 저 사람들을 용서하여 주십시오! 그들은 자기가 하는 일을 모르고 있습니다' 하고 기원하셨다. (중략) 사람들이 곁에 서서 쳐다보고 있는 동안 그들의 지도자들은 예수를 보고 '이 사람이 남들을 살렸으니 정말 하느님께서 택하신 그리스도라면 어디 자기도 살려 보라지' 하며 조롱하였다. 군인들도 또한 (중략) '네가 유다인의 왕이라면 자신이나 살려 보아라' 하며 빈정거렸다."

차마 여기선 서설(序說) 같은 것을 늘어놓는 것을 삼가고 루가복음을 먼저 그대로 옮겼는데 우리는 이 처참한 광경 속에서 그 표면적 사실보다 그것이 지니고 있는 몇 가지 의미를 음미하고 넘어가자.

첫째는 예수가 탄생에는 말구유에서 양지기 무리들을 첫 이웃으로 맞았고, 이제 죽음에는 십자가에서 강도들을 마지막 길벗으로 삼게 되었다는 사실이 그 기구망측(崎嶇罔測)함을 넘어서 우리를 숙연하게 하고 있음이요,

둘째는 예수가 그 십자가의 참형 속에서도 자기를 못박아 매단 악당들을 위하여 하느님께 용서를 청하고 변호까지 하는데 이런 무한량한 사랑을 그는 이미 "너희는 원수를 사랑하여라 (중략) 너희를 저주하는 사람들을 축복해 주어라" "남을 용서하여라. 그러면

너희도 용서를 받을 것이다"라고 가르쳤고 이제 그 가르친 바를 이렇게 처절하게 몸소 실천하고 있음이요,

셋째는 예수에게 향한 의원들의 모욕 중 "남들을 살렸으니 자기도 살려 보라지" 하는 말은 그야말로 그들 자신이 예수의 영능력을 스스로 증거하는 것이 되는데, 실상 그가 행한 기적만 미루어 보아도 이러한 악형을 사전 예방하는 것은 물론 당장에서라도 모면할 영능력을 지니고 있다는 사실이다.

이제 복음의 다음 대목으로 옮기면 "예수와 함께 십자가에 달린 죄수 중 하나도 예수를 모욕하면서 '당신은 그리스도가 아니오? 당신도 살리고 우리도 살려 보시오!' 하고 말하였다. 그러나 다른 죄수는 '너도 저분과 같은 사형선고를 받은 주제에 하느님이 두렵지 않으냐? 우리가 한 짓을 보아서 우리는 이런 벌을 받아 마땅하지만 저분이야 무슨 잘못이 있단 말이냐?' 하고 꾸짖고는 '예수님, 예수님께서 왕이 되어 오실 때에 저를 꼭 기억하여 주십시오' 하고 간청하였다. 예수께서는 '오늘 네가 정녕 나와 함께 낙원에 들어가게 될 것이다' 하고 대답하셨다."

저 한 편 강도처럼 무지나 포악은 같은 상황 속에서도 남의 불행이나 고통에 부채질하는 것이 상례(常例)다. 그러나 저러한 완악(頑惡)의 구렁 속에서도 자기의 마음의 문을 조금만 열면 또 한 편 강도처럼 그 찰나에 하느님의 은총이 날빛처럼 채워지는 것이다.

"낮 열두 시부터 온 땅이 어둠에 덮여 오후 세 시까지 계속되었다. 세 시쯤 되어 예수께서 큰 소리로 '엘리 엘리 레마 사박타니!' 하고 부르짖으셨다. 이 말씀은 '나의 하느님, 나의 하느님, 어찌하여 나를 버리셨나이까?'라는 뜻이다. 거기에 있던 몇 사람이 이 말을 듣고 '저 사람이 엘리아를 부르고 있다' 하고 말하였다."

이 운명 전에 남긴 예수의 말은 저 십자가 아래 있던 무식한 사람

들처럼 때마다 오해를 낳는데, 실은 예수가 어려서부터 자주 염송해서 곤경 속에선 거의 우리의 '하느님 맙소사' 정도로 흘러 나왔을 시편의 첫 구절에 불과하다. 언뜻 듣기엔 무슨 절망적 외침으로 들리나 그 시편의 전체를 보면 이러한 고뇌의 울부짖음에서 시작하여 하느님께 대한 완전한 신뢰와 의탁으로 끝맺음을 하고 있고, 또 전체의 압축으로 된 이 첫 구절만 하더라도 조금만 깊이 음미해 보면 그것이 심신의 극한적 고통에서 발해진 신음이긴 하지만 결코 하느님께 대한 원망이거나 예수 자신의 절망이 아니라 오히려 진정한 신뢰와 의탁에서 우러나온 말임을 알 수 있다. 왜냐하면 이러한 정한(情恨)의 표시는 실로 가장 사랑하는 사이에서만 존재하기 때문이다.

"예수께서는 모든 것이 끝났음을 아시고 '목마르다'고 말씀하셨다. (중략) 마침 거기에는 신 포도주가 가득 담긴 그릇이 있었는데 사람들이 그 포도주를 해면에 담뿍 적셔서 히솝 풀대에 꿰어 가지고 예수의 입에 대어 드렸다. 예수께서는 신 포도주를 맛보신 다음 '이제 다 이루었다!' 하시고 큰 소리로 '아버지, 제 영혼을 아버지 손에 맡깁니다' 하고 부르짖으셨다. 이 말씀을 마치시고 예수께서는 고개를 떨어뜨리시며 숨을 거두셨다."

여기서 '이제 다 이루었다'는 말은 예수의 메시아로서의 지상적(地上的) 사명의 완수를 뜻한다. 그리고 마지막 "제 영혼을 아버지 손에 맡깁니다"라는 부르짖음은 역시 시편에 있는 '고난 속에서 해방된 인간이 하느님에게 감사와 찬미를 드릴 때' 읊는 구절로서 예수의 자기 봉헌을 끝맺는 데 알맞는 사세구(辭世句)라 하겠다.

저러한 예수의 십자가 상 정사(釘死)에 내가 덧붙일 말이 무엇이겠는가? 오직 인류 시초로부터 종말까지 이 사건보다도 더 끔찍하고 더 크고 더 뜻 깊고 더 숭고한 사건을 나는 모른다.

시체의 뒤처리

마태오 27:51~53, 54; 요한 19:31~32; 마태오 27:57~60; 마르코 15: 43~46; 루가 23:55~56; 마태오 27:62~66

예수가 마지막 숨을 거뒀을 때 "별안간에 성전 휘장이 위에서 아래까지 두 폭으로 찢어지고 땅이 흔들리며 바위가 갈라지고 무덤이 열리면서 잠들었던 많은 옛 성인들이 다시 살아났다. 그들은 무덤에서 나와 예수께서 부활하신 뒤에 거룩한 도시(예루살렘 - 필자 주)에 들어가서 많은 사람에게 나타났다"고 전하고 있는데 이 초자연적 현상은 극히 중요한 의미를 지닌다.

즉 예루살렘 성전의 휘장은 그 성전 안 지성소(至聖所)에 드리워진 것으로 당시 유다인들 신앙에 의하면 매년 그 속에서 대사제가 하느님의 신탁(神託)을 받는 것으로 되어 있었는데 이것이 찢어져 버린 것은 예수가 그들 손에 죽음을 당한 순간 하느님도 그들에게서 떠났음을 뜻한다. 또한 이것은 옛 계약, 즉 구약시대가 끝나고 새로운 계약, 즉 신약시대가 시작되었음을 알리는 것이기도 하다.

동시에 지진이 일고 바위가 갈라지고 무덤이 열리면서 성인들이 살아나 예루살렘의 여러 사람들에게 나타났다 함은 자연현상의 변이(變異)와 더불은 인간의 내적(內的) 체험을 기술한 것으로 여기 선령(善靈)들의 부활은 생신(生身)으로서의 환원(還元)이 아니라 다음 장(章) 예수의 부활에서 좀더 자세히 언급하겠지만 무속(巫俗) 신앙 등에서 말하는 바와 같은 유체(幽體)로서의 발현(發顯)이라고 나는 보고 싶다.

한편 예수의 운명을 전후한 모든 광경을 본 사형집행 지휘관이었던 백부장(百夫長)은 "이 사람이야말로 죄 없는 사람이었구나!" 하고 말하였으며 골고타에 모여 있던 군중들도 "이 사람이야말로 정말 하느님의 아들이었구나!" 하고 몹시 두려워하고 가슴을 치며 집으로 돌아갔다고 하는데 이것은 오직 그들의 자연현상의 괴변에서 오는 외포(畏怖)만이 아니라 숭고한 비극의 시종(始終)을 직접 목격함에서 오는 인간 내면의 감동과 그 변화 작용을 뜻한다 하겠다.

"그날은 과월절 준비일이었다. 다음날 대축제일은 마침 안식일과 겹치게 되었으므로 유다인들은 안식일에 시체를 십자가에 그냥 두지 않으려고 빌라도에게 시체의 다리를 꺾어 치워달라고 청하였다. (중략) 날이 저물었을 때에 아리마태아의 부자 요셉이라는 사람이 왔는데 그는 명망 있는 의회의원이었으며 남몰래 예수를 따르던 제자였다. 그는 용기를 내어 빌라도에게 가서 예수의 시체를 내어달라고 청하였다. 빌라도는 백부장을 불러 예수의 죽음을 확인하고 나서 시체를 요셉에게 내주었다. 그래서 요셉은 예수의 시체를 내렸는데 그때 이 또한 어느 밤중에 예수를 찾아왔던 바리사이파 의원인 니고데모가 몰약에 침향을 섞은 향료를 백 리트라쯤 가지고 왔으므로 두 사람은 함께 예수의 시체를 골고타 근처 동산 요셉이 자기를 위해 바위를 파서 만들어 놓았던 새 무덤에다 모신 후 큰 돌을 굴려 무덤 입구를 막아 놓았다. 이것을 갈릴래아에서부터 함께 온 여인들이 따라와 예수의 시체를 어떤 무덤에 어떻게 모시는지 눈여겨보아 두었다. 그리고 집으로 돌아가 향료와 향유를 마련하였다."

저러한 복음의 보고로서 예수의 시신(屍身)을 안장(安葬)한 인물들이 바로 그를 매달아 죽인 그 일파 중에서 나왔다는 사실을 알 수 있는데 기록대로 그들은 평소 예수를 사숙(私淑)하였으나 세상의 이목(耳目)을 꺼려서 숨기고 있다가 막상 예수의 무고한 십자가

상 죽음의 전말(顚末)을 보고는 그 추앙심이 오히려 확고해져서 모든 세속적 지위나 재산의 위험과 세상의 비난 중상을 돌보지 않고 저렇듯 용기 있게 나서는 것이다.

즉 죈것은 예수가 직접 "내가 이 세상을 떠나 높이 들리게 될 때에는 모든 사람을 이끌어 내게로 오게 할 것입니다" 한 말이 이미 성취되기 시작하였음을 반증하고 있다.

그리고 복음은 이 예수의 장례 때에도 성화 '피에타'의 모자상(母子像)과는 달리 그 어머니 마리아를 비롯한 친근 여성들의 동정(動靜)에 대한 기술이 비정(非情)하게 보이리 만큼 간략한데 이것은 복음 기자들의 신약성서 전편에 일관된 태도로서 즉 신앙적 의의를 갖지 않는 인간사나 인정사는 일체 배제함에서 오는 결과인 것이다.

"그 다음 날 대사제들과 바리사이파 사람들은 빌라도에게 몰려와서 이렇게 말하였다. '각하, 그 거짓말쟁이가 살아 있을 때에 사흘 만에 자기는 다시 살아난다고 말한 것을 저희가 기억하고 있습니다. 그러니 사흘이 되는 날까지는 그 무덤을 단단히 지키라고 명령하십시오. 혹시 그의 제자들이 와서 시체를 훔쳐다 감추어 놓고 백성들에게는 그가 죽었다가 다시 살아났다고 떠들지도 모릅니다. 이렇게 되면 이번 속임수는 처음 것보다 더 심한 혼란을 일으킬 것입니다.' 빌라도는 그들에게 '경비병을 내어줄 터이니 가서 너희 생각대로 잘 지켜보아라' 하고 말하였다. 그들은 물러가서 그 돌을 봉인하고 경비병을 세워 무덤을 단단히 지키게 하였다."

이 대목은 더 부연(敷衍)할 것도 없으나 오직 저 유다교 교권 당국자들의 언동 속에는 예수에게 대한 치열한 적개심이나 경계와 함께 은연중에 십자가에 못박아 죽인 예수의 신령성에 대한 불안과 공포가 깃들어 있음을 엿볼 수가 있다.

부활과 빈 무덤

마르코 16:1, 3~6; 루가 24:2~11; 요한 20:4~9; 마태오 28:2~4, 11~15

예수의 부활에 대한 복음을 보면 '빈 무덤의 발견'과 '천사의 전언'과 '예수의 발현' 등 세 부분으로 기술되어 있다.

그런데 그 첫머리에는 "안식일이 지나자 막달라 마리아와 야곱의 어머니 마리아와 살로메 이렇게 세 여인은 예수의 몸에 발라 드릴 향료를 사 가지고 무덤으로 갔다"면서 예수의 죽음에서 부활까지가 3일이라는 현세적 시간의 경과를 밝히고 있다.

이것은 물론 예수 자신이 생전에 여러 번 죽은 지 사흘 만에 부활할 것을 예고하였고 또 비유로도 표시한 바로서 현실적으로 보면 그 시간적 적중이지만 그 의미 내용은 모름지기 예수가 육신의 완전한 죽음, 즉 인간의 실존 조건을 남김 없이 수행한 것이 된다.

그리고 그 시간의 경과 속에서 예수의 영혼은 림보[古聖所]라는 선령(善靈)들이 머물고 있던 곳에 갔었다고 하는데 이것을 우리의 무속(巫俗)신앙이나 유불선(儒佛仙)적 인식으로 한다면 유계(幽界: 황천[黃泉], 명부[冥府], 염라국[閻羅國] 등)가 된다.

그곳은 쉽게 말하면 혼령들이 아직도 종국적 생명으로 완성되기 이전의 상태로서 무속이나 불교에서의 천도(薦度) 이전, 왕생극락(往生極樂)이나 또는 전생법칙(轉生法則)에 들기 이전을 뜻한다.

그야 여하간 이야기를 줄거리로 옮기면,

"그 여자들은 무덤으로 가면서 '그 무덤 입구를 막은 돌을 굴려 내 줄 사람이 있을까요?' 하고 서로 말을 주고받았다. 가서 보니 그렇게도 커다란 돌이 이미 굴려져 있었다. 그들이 무덤 안으로 들어갔더니 웬 젊은이가 흰 옷을 입고 오른편에 앉아 있었다. 그들이 보고 질겁을 하자 젊은이는 그들에게 '왜 살아계신 분을 죽은 자 가운데서 찾고 있느냐? 그분은 여기 계시지 않고 다시 살아나셨다. 그분이 전에 갈릴래아에 계실 때에 무어라고 말씀하셨느냐? 사람의 아들이 반드시 죄인들의 손에 넘어가 십자가에 처형되었다가 사흘 만에 다시 살아나리라고 하시지 않았느냐?' 하고 말해 주었다. 이 말을 듣고 여자들은 예수의 말씀이 생각나서 무덤에서 발길을 돌려 열한 제자와 그 밖의 여러 사람들에게 와서 이 모든 일을 알려 주었다. (중략) 그러나 사도들은 여자들의 이야기가 부질없는 헛소리려니 하고 믿지 않았다."

저렇듯 여인들의 행동으로 보나 제자들의 태도로 보나 구약에서 예언되고 예수 자신이 여러 번 예고하였음에도 불구하고 그들에게 부활은 전혀 예기치도 상상치도 않았던 사건임에 틀림없다.

그러나 이 소식을 듣고 그중 예수의 사랑을 가장 많이 받던 베드로와 요한만은 가만히 앉아 있을 수 없었던지 무덤으로 달려간다.

"두 사람이 같이 달음질쳐 갔지만 다른 제자가 베드로보다 더 빨리 달려가 먼저 무덤에 다다랐다. 그는 몸을 굽혀 수의가 흩어져 있는 것을 보았으나 안에 들어가지는 않았다. 곧 따라온 시몬 베드로가 무덤 안에 들어가 그도 역시 수의가 흩어져 있는 것을 보았는데 예수의 머리를 싸맸던 수건은 수의와 함께 흩어져 있지 않고 따로 한곳에 개켜져 있었다. 그들은 그때까지도 예수께서 죽었다가 반드시 살아나실 것이라는 성서의 말씀을 깨닫지 못하고 있었던 것이다."

이렇듯 요한은 자기 체험을 필름에 담아 놓았듯 여실(如實)하게 술회하는데 그 끝부분의 부활에 대한 믿음이란 결국 빈 무덤의 확인에서 왔다기보다 그들 마음 안에 죽은 예수에게 대한 신앙이 그 순간에 부활했다고 보는 것이 옳다. 왜냐하면 부활의 현장을 직접 목격했다 하여도 그러한 신앙의 부활 없이는 환각적(幻覺的) 체험이거나 괴이현상(怪異現象) 이외에 아무것도 아니기 때문이다.

그래서 마태오는 이런 이로(理路)를 전하기 위해 이때 현장에 있던 경비병들의 체험을 "갑자기 큰 지진이 일어나면서 하늘에서 주의 천사가 내려와 그 돌을 굴려 내고 그 위에 앉았다. 이 광경을 본 경비병들은 겁에 질려 떨다가 까무러쳤다"고 구약에서 빌린 전통적 묘사를 하고선,

"여자들이 떠나간 뒤에 경비병 중 몇 사람이 성 안으로 들어가 그 동안에 일어난 일들을 대사제들에게 낱낱이 보고하였다. 대사제들은 원로들과 만나 의논한 끝에 병사들에게 많은 돈을 집어 주며 '너희가 잠든 사이에 예수의 제자들이 밤중에 와서 시체를 훔쳐 갔다고 말하여라' (중략) 하고 말하였다. 경비병들은 돈을 받고 시키는 대로 하였다."

라고 적어 넣고 있다. 즉 예수에게 대한 믿음이 없는 저들에겐 그의 부활은 아무래도 좋고, 돈이라도 얼마 더 받으면 그만인 사건에 불과했던 것이다.

그러나 부활에 대한 이 첫 번째의 부정적 시도에는, 아니 어쩌면 자연스럽게 보이는 조작된 데마고그에는 그 나름의 함정이 없지 않다. 왜냐하면 그들 말대로 만일 시체가 없어지는 줄도 모를 정도로 잠에 빠져 있었다면 제자들이 시체를 훔쳐 갔는지 어쨌는지도 몰랐어야 마땅하기 때문이다. 더구나 그것이 제자들의 소행인 줄 알아냈다면 교권 당국이 소위 청원 경비병까지 세웠던 시체의 도난사건을 그렇듯 유야무야해서 끝냈을 리가 있겠는가?

부활과 발현

요한 20:11~15, 16~17; 루가 24:28~31, 36~41; 요한 21:1~12; 마태오 28:16~18

예수 부활에 있어 특히 발현에 대한 네 복음의 기록은 그 장면이나 장소나 횟수에 대해서 제 나름대로다. 그리고 더구나 그 발현 체험에 있어서는 어떤 때엔 아주 신령적 존재로서, 어떤 때엔 아주 육신적 존재로서, 또는 어떤 때엔 아주 생소하게, 또 어떤 때엔 아주 여실하게 대면한 것으로 그려져 있다.

저러한 기술의 혼란과 모순은 부활이란 신비 중 신비사에 대한 유한한 인간의 체험과 그 표현의 한계에서 오는 것으로 오직 공통되는 것은 그 체험자들로 하여금 구약시대로부터 예언되어 왔고 또 예수가 직접 예고한 부활, 즉 영원한 생명의 모습을 확인하게 된 것이라 하겠다.

이제 여기서는 그 발현 전체의 사실을 소개하기보다 부활 당일의 제일 먼저인 막달라 마리아에게 이뤄진 예수의 발현을 사례(事例)로 삼아 그 내용과 의미를 살펴보기로 한다.

제자들이 빈 무덤을 확인하고 돌아간 후, "한편 무덤 밖에 서서 울고 있던 마리아가 몸을 굽혀 무덤 속을 들여다보니 흰 옷을 입은 두 천사가 앉아 있었다. (중략) 천사들이 마리아에게 '왜 울고 있느냐' 하고 물었다. '누군가가 제 주님을 꺼내 갔습니다. 어디에다 모셨는지 모르겠습니다.' 마리아가 이렇게 대답하고 나서 뒤를 돌아다보았더니 예수께서 거기에 서 계셨다. 그러나 그분이 예수인 줄은 미처 몰랐다. 예수께서 마리아에게 '왜 울고 있느냐? 누구를 찾고 있느냐?' 하고 물으셨다. 마리아는 그분이 동산지기인 줄 알고 '여보셔요. 당신이 그분을 옮겨 갔거든 어디에다 모셨는지 알려 주셔요. 내가 모셔 가겠습니다' 하고 말하였다."

저렇듯 발현한 예수는 육신의 모습을 완전히 갖추고 있었음에도 불구하고 그의 마지막 운구(運柩)까지 지켜본 막달라 마리아에게 마저 이렇게 낯설어서 심지어 동산지기로 오해하는 것이다.

이러한 발현의 생소한 체험은 마리아에게뿐 아니어서 엠마오로 가는 두 제자는 약 11킬로 길을 발현한 예수와 동행하며 말을 주고받으면서도 그를 알아보지 못했고 사도들에게 첫 번째 발현하였을 때에도 그들은 몹시 놀라고 두려워한 나머지 유령을 보는 줄로 생각하였고 그 후 갈릴래아 티베리아 호숫가에서 베드로를 비롯한 일곱 제자들에게 발현하였을 때에도 그들은 예수인 것을 깨닫지 못하였던 것이다.

그러므로 우리가 여기서 먼저 인정해야 할 것은 예수의 발현이 생신(生身)으로서의 재생(再生)이 아니라 다른 차원의 생명으로서의 출현이었다는 점이다.

그래서 저 발현 체험의 제2단계라고 할 예수의 현영(現影)의 접촉에 있어서도 그것은 육신적 감각만으로서의 포착이 아니라 어디까지나 영성(靈性)이 수반된 즉 믿음에 의한 체험이라 하겠다.

이 점을 복음으로 되돌아가 막달라 마리아의 경우를 보면 그렇듯 몰라보는 그녀에게,

"예수께서 '마리아야!' 하고 부르시자 마리아는 예수께 돌아서서 히브리 말로 '라뽀니(선생님)!' 하고 불렀다. 예수께서는 마리아에게 '내가 아직 아버지께 올라가지 않았으니 나를 붙잡지 말라'"고 되어 있다. 저 장면만 보아도 예수의 현영의 접촉은 앞서 말했듯 영성의 눈이 뜸으로써 비로소 실현되는 것을 알 수 있다.

이러한 사례들은 앞서 쳐든 엠마오로 가는 제자들이 목적지에 당도하여 예수와 식탁을 함께하고 예수께서 빵을 드시고 감사기도를 드리신 다음 그것을 떼어 나누어 주실 때서야 그들은 눈이 열려 예수를 알아보나 그 순간 예수께서는 그들의 시야에서 사라지셨으며, 사도들에게 나타나셔서도 "'내 손과 발을 보아라. 틀림없이 나다! 자 나를 직접 만져 보아라. 유령은 뼈와 살이 없지만 보다시피 나에게는 있지 않느냐?' 하시며 손과 발을 보여 주셨다. 그들은 기뻐하면서도 믿어지지가 않아서 어리둥절해" 있었고, 티베리아 호숫가에 나타나 기적적으로 고기를 많이 잡게 해 주시고 아침식사마저 준비해 주시는 예수를 제자들 중에는 감히 "당신은 누구십니까?" 하고 묻는 사람이 없었던 것은 그분이 바로 주님이시라는 것이 분명하였기 때문이지 그들이 생전과 똑같은 예수를 만났던 것은 아니고 또 예수가 열한 제자에게 장소를 지정까지 해 가며 발현한 갈릴래아 산에서도 일부 의심하는 사람들이 있었던 것이다.

이렇게 볼 때 예수의 발현에 대한 체험은 그것이 비록 감각적이었다 하더라도 그 자체가 신비사(神秘事)에 속하므로 그것은 영적(靈的)인 것이라 하겠다.

그러나 예수의 발현에 대한 체험이 영적이란 말은 결코 복음의 기록이 허구요, 비사실적이란 말이 아니라 어디까지나 그 뜻하는 바가 비물질적이라는 말이다. 즉 예수를 메시아로 그나마 인정하던 제자들에게 있어서도 예수의 십자가상 죽음은 숙명적 종결로 보여졌고 그래서 어쩌면 실망과, 환멸과, 공포와, 비애와, 허무로 가득 차 있었을 그들에게 예수의 발현이 있음으로 해서 비로소 그들에게 예수의 삶과 가르침과 그 영능이 되살아났던 것이다.

즉 생물적 죽음이 진리의 종말이 아니라는 것과, 사랑은 죽음을 쳐 이긴다는 사실을 체득하기에 이르는 것이며, 그럼으로써 예수의 현존과 진리의 현존을 이 세상과 자기 안에 확인하였던 것이다.

하늘에 오름

요한 20:21, 26~29, 21:15~17; 마태오 28:19~20; 사도 1:3~9

예수의 승천이란 쉽게 말하자면 생전에 그와 함께 생활한 제자들이나 그를 따르던 신봉자들에게 대한 마지막 발현을 뜻한다.

그런데 우리는 먼저 예수가 발현 시 제자들에게 행한 유훈이나 유교(遺敎)의 중요한 대목들을 음미해 보고 그 장면을 살펴보기로 하자.

순서대로 옮기면 예수는 부활 당일 저녁 제자들에게 발현해서,

"'너희에게 평화가 있기를! 내 아버지께서 나를 보내 주신 것처럼 나도 너희를 보낸다' 하신 다음 예수께서는 그들에게 숨을 내쉬시며 말씀을 계속하셨다. '성령을 받아라. 누구의 죄든지 너희가 용서해 주면 그들의 죄는 용서받을 것이고, 용서해 주지 않으면 용서받지 못한 채 남아 있을 것이다.'"

라고 하였다. 이렇게 예수는 제자들에게 먼저 진리의 사도로서의 소명을 부여하면서 입김을 내불어 축성(祝聖)한 다음 성직(聖職)의 신령한 역할을 제시한다. 이러한 비의(秘義)의 영역은 나의 능력 밖이므로 오직 저러한 유교(遺敎)가 가톨릭 사제(司祭)의 사죄권(赦罪權)으로 오늘날까지 계승되고 있음만을 밝혀 둔다.

다음은 바로 위의 발현 당시 불참하였던 제자 토마는 다른 제자들의 발현 체험을 완강하게 불신하였는데,

"여드레 뒤에 제자들이 다시 집 안에 모여 있었는데 그 자리에는 토마도 같이 있었다. 문이 다 잠겨 있었는데도 예수께서 들어오셔

서 (중략) 토마에게 '네 손가락으로 내 손을 만져 보아라. 또 네 손을 내 옆구리에 넣어 보아라. 그리고 의심을 버리고 믿어라' 하고 말씀하셨다. 토마가 예수께 '나의 주님, 나의 하느님!' 하고 대답하자 예수께서는 '너는 나를 보고야 믿느냐? 나를 보지 않고도 믿는 사람은 행복하다' 하고 말씀하셨다."

이 대목은 모든 불신자들이 범하는 인간의 공통적인 오류를 예수가 토마를 통하여 지적한 것이라 하겠다. 즉 흔히 사람들은 하느님, 즉 진리의 실재나 그 신령한 힘을 보이지 않는다는, 아니 자기가 볼 수 없다는 그 하나만의 이유로 부정한다. 그러나 실제 이 세상 사물의 사리(事理)나 인간의 도리(道理)에 속하는 것들만 하더라도 육신의 눈만으론 감측되는 것이 아니지 않는가?

다음은 갈릴래아 티베리아 호숫가에 발현하였을 때 예수가 손수 준비해서 나누어 준 아침밥을 제자들이 모두 먹은 후,

"예수께서 시몬 베드로에게 '요한의 아들 시몬아, 네가 이 사람들이 나를 사랑하는 것보다 더 나를 사랑하느냐?' 하고 물으셨다. 베드로가 '예, 주님, 아시는 바와 같이 저는 주님을 사랑합니다' 하고 대답하자 예수께서는 '내 어린 양들을 잘 돌보아라' 하고 이르셨다. (중략) 예수께서 똑같은 물음을 세 번씩이나 거듭하시는 바람에 베드로는 마음이 슬퍼져서 '주님, 주님께서는 모든 일을 다 알고 계십니다. 그러니 제가 주님을 사랑한다는 것을 모르실 리가 없습니다' 하고 말하였다. 그러자 예수께서는 '내 양들을 잘 돌보아라' 하고 분부하셨다."

이것은 불교적 표현을 빌리면 예수가 자기의 가르침을 전수하는 의발(衣鉢), 즉 사목(司牧)의 수위권(首位權)을 부여하는 장면인데 그 무류성(無謬性) 여부는 논외로 하고 오늘의 가톨릭의 교황제도(敎皇制度)는 이 사적에서 유래(由來)한다.

그리고 예수의 세 번이나 거듭되는 물음과 다짐은 베드로에게 있어 저 의회 재판 당시 대사제 관저 마당에서 그가 스승 예수를 모른다고 '세 번이나 부인한 배반사건'을 회상시켰을 것이며 또한 뼈저린 뉘우침을 되새기게 하였을 것이다.

다음은 예수가 열한 제자를 한꺼번에 만나는 갈릴래아 산에서인데,

"나는 하늘과 땅의 모든 권한을 받았다. 그러므로 너희는 가서 이 세상 모든 사람들을 내 제자로 삼아 아버지와 아들과 성령의 이름으로 그들에게 세례를 베풀고 내가 너희에게 명한 모든 것을 지키도록 가르쳐라. 나는 세상 끝날 때까지 항상 너희와 함께 있겠다."

라고 하였다. 이것이 예수의 마지막 유교로 간주되는데 그가 여기서 '하늘과 땅의 모든 권한을 받았다' 함은 하느님, 즉 진리와 그 영능에 귀일(歸一)을 뜻한다. 그래서 진리와 예수의 가르침과, 그 영능은, 일체(一體)를 이룸으로 진리와 그 영능이 이 세상에 동태적(動態的)으로 실재하듯 자기의 가르침도 영원불멸할 것이니 그것을 세상 널리 펴서 준행(遵行)토록 하라는 것이다.

저렇게 "예수께서는 돌아가신 후에 다시 살아나셔서 사십 일 동안 사도들에게 자주 나타나시어, 여러 가지 확실한 증거로써 당신이 여전히 살아계시다는 것을 보여 주시며 하느님 나라에 관한 말씀을 들려주셨다. (중략) 사도들이 지켜보는 앞에서 승천하셨는데 마침내 구름에 싸여 그 모습이 보이지 않게 되셨다."
라고 사도행전은 전한다. 그런데 바로 같은 보고자인 루가가 복음에서는 예수의 승천이 부활 당일 제자들에게 발현한 후 잇달아서 일어난 사건으로 기록하는 모순을 보인다.

이것은 앞서도 말했지만 시공(時空)을 초월한 비물리적 내용을 물리적 시공 속에서 감각적으로 포착하고 표현하려는 데서 오는

자연적인 상치(相馳)로서 예수의 발현 체험이 소요한 현세적 시간 경과와 예수의 운명과 부활과 승천이 하나라는 비시간적 관념이 혼성(混成)되어 이런 모순을 빚어냈으리라고 나는 본다.

이러한 표현의 한계성은 '구름에 가려 눈에 보이지 않게 되었다' 든가 '하늘로 올라가셨다' 든가 하는 묘사도 그 범주를 벗어나지 못하는 것으로서 이는 고대로부터 모든 민족이 소박하게 믿어 온 하느님, 즉 진리의 영원성을 공간적으로 표현하는 방법일 따름이다.

저작 연보

1946   북한 원산에서 시집 《응향》에 작품이 수록되어 필화를 입음.
1951   시집 《구상》 펴냄.
1953   사회평론집 《민주고발》 펴냄.
1956   시집 《초토의 시》 펴냄.
1961   수상집 《침언부어(沈言浮語)》 펴냄.
1975   《구상 문학선》, 수상집 《영원 속의 오늘》 펴냄.
1977   수필집 《우주인과 하모니카》, 신앙 에세이 《그리스도 폴의 강(江)》 펴냄.
1979   묵상집 《나자렛 예수》 펴냄.
1980   시집 《말씀의 실상》 펴냄.
1981   시집 《까마귀》, 시문집 《그분이 홀로서 가듯》 펴냄.
1982   수상집 《실존적 확신을 위하여》 펴냄.
1984   자전 시집 《모과 옹두리에도 사연이》, 시선집 《드레퓌스의 벤취에서》 펴냄.
1985   수상집 《한 촛불이라도 켜는 것이》, 서간집 《딸 자명에게 보낸 글발》, 《구상 연작시집》 펴냄.
1986   《구상 시전집》, 수상집 《삶의 보람과 기쁨》 펴냄. 파리에서 불역(佛譯) 시집 《타버린 땅》 펴냄.
1987   시집 《개똥밭》 펴냄.
1988   수상집 《시와 삶의 노트》, 시집 《다시 한번 기회를 주신다면》, 시론집 《현대시창작입문》, 이야기 시집 《저런 죽일 놈》 펴냄.
1989   시화집 《유치찬란》 펴냄.
1990   한영대역(韓英對譯) 시집 《신령한 새싹》, 영역(英譯) 시화집 《유치찬란》 펴냄, 런던에서 영역(英譯) 시집 《타버린 땅》 펴냄.
1991   런던에서 영역(英譯) 연작시집 《강과 밭》 펴냄. 시선집 《조화(造化) 속에서》 펴냄.
1993   자전 시문집 《예술가의 삶》 펴냄.
1994   독일 아흔에서 독역(獨譯) 시집 《드레퓌스의 벤치에서》 펴냄. 희곡 ·

	시나리오집 《황진이(黃眞伊)》 펴냄.
1995	수필집 《우리 삶, 마음의 눈이 떠야》 펴냄.
1996	연작시선집 《오늘 속의 영원, 영원 속의 오늘》 펴냄.
1997	프랑스 라 디페랑스 출판사로부터 세계 명시선의 하나로 선정되어, 한불대역(韓佛對譯) 시집 《오늘·영원》 펴냄. 스톡홀름에서 스웨덴어역(譯) 시집 《영원한 삶》 펴냄. 영국 옥스퍼드 대학 출판부에서 출간한 《신성한 영감 – 예수의 삶을 그린 세계의 시》에 신앙시 4편이 수록됨.
1998	도쿄에서 일역(日譯) 《한국 3인 시집 – 구상·김남조·김광림》 펴냄. 시집 《인류의 맹점에서》 펴냄.
2000	한국문학영역총서 《초토의 시》 펴냄. 이탈리아 시에나 대학교 비교문학연구소에서 《구상 시선》 펴냄.
2001	신앙시집 《두이레 강아지만큼이라도 마음의 눈을 뜨게 하소서》 펴냄.
2002	시선집 《홀로와 더불어》, 《구상》 펴냄. 구상문학총서 제1권 자전 시문집 《모과 옹두리에도 사연이》 펴냄. 이탈리아 시에나 대학교 비교문학연구소에서 《초토의 시》 펴냄.
2004	구상문학총서 제2권 시집 《오늘 속의 영원, 영원 속의 오늘》 펴냄. 제3권 연작시집 《개똥밭》 펴냄.
2005	구상문학총서 제4권 희곡·TV드라마·시나리오 전집 《황진이》 펴냄. 국내에서 영역(英譯) 시집 《영원 속의 오늘》 펴냄. 이탈리아에서 이탈리아어역 시집 《그리스도 폴의 강》 펴냄.
2006	구상문학총서 제5권 시론집 《현대시창작입문》 펴냄.
2007	구상문학총서 제6권 에세이집 《시와 삶의 노트》 펴냄.
2008	구상문학총서 제7권 사회비평집 《민주고발》 펴냄.

일반 경력

학력
1938 덕원 성 베네딕도 수도원 부설 신학교 중등과 수료
1941 일본대학 전문부 종교과 졸업

경력
언론계
1942-1945 북선매일신문 기자
1948-1950 연합신문 문화부장
1950-1953 국방부 기관지 승리일보 주간
1953-1957 영남일보 주필 겸 편집국장
1961-1965 경향신문 논설위원 겸 동경지국장

교육계
1949-1953 서라벌예술학원 강사(서라벌예술대학 전신)
1952-1956 효성여자대학교 문리과대학 부교수
1956-1957 서울대학교 문리과대학 강사
1960-1961 서강대학교 문리과대학 강사
1970-1974 하와이대학교 극동어문학과 조교수
1982-1983 동 대학교 부교수
1985-1986 동 대학교 부설 동서문화연구소 예우작가
1973-1975 가톨릭대학 신학부 대학원 강사
1976-2000 중앙대학교 예술대학 및 대학원 대우교수
　　　　　(전임교수가 되지 않은 것은 2차의 폐수술로 정규 강의를 못 하고
　　　　　1주 4시간만 하였기 때문임.)

공직
1986 제2차 아시아시인회의 서울대회장

1991 세계시인대회 명예대회장
1993 제5차 아시아시인회의 서울대회장

그 외
한국 최초 민권수호연맹 문화부장, 국방부 정책자문위원, 독립기념관 이사, 문예진흥원 이사, 대한민국 예술원 회원, 국제펜클럽 한국본부 고문, 한국문인협회 고문, 성천아카데미 명예원장 등 역임

상훈
1955 금성화랑 무공훈장
1957 서울시 문화상
1970 국민훈장 동백장
1980 대한민국 문학상 본상
1993 대한민국 예술원상
2004 금관 문화훈장